文化名家暨"四个一批"人才工程项目成果

美育双年文选
2017—2018

王德胜 李雷

主编

时代出版传媒股份有限公司
安徽教育出版社

图书在版编目(CIP)数据

美育双年文选:2017—2018 / 王德胜,李雷主编. —合肥:安徽教育出版社,2021.4
 ISBN 978-7-5336-9320-6

Ⅰ.①美… Ⅱ.①王…②李… Ⅲ.①美育—文集
Ⅳ.①G40—014

中国版本图书馆 CIP 数据核字(2021)第 053586 号

美育双年文选(2017—2018)
MEIYU SHUANGNIAN WENXUAN(2017—2018)

| 出 版 人:费世平
| 责任编辑:徐 宇
| 助理编辑:罗翔宇 卢唯琪
| 装帧设计:许海波
| 责任印制:陈善军

出版发行:时代出版传媒股份有限公司 安徽教育出版社
地 址:合肥市经开区繁华大道西路 398 号 邮编:230601
网 址:http://www.ahep.com.cn
营销电话:(0551)63683012,63683013
排 版:安徽时代华印出版服务有限责任公司
印 刷:安徽联众印刷有限公司

开 本:710×1010 1/16
印 张:25.25
字 数:310 千字
版 次:2021 年 4 月第 1 版 2021 年 4 月第 1 次印刷
定 价:78.00 元

(如发现印装质量问题,影响阅读,请与本社营销部联系调换)

目录

前　言

辑一　美育理论研究

003｜王　确　勿以艺术教育绑架审美教育
016｜王德胜　"以文化人"：现代美育的精神涵养功能
　　　　　　——一种基于功能论立场的思考
031｜杜　卫　论美育的内在德育功能
　　　　　　——当代中国美育基础理论问题研究之二
055｜周　星　审美三题：从中国视角审视美育的审美观念认知
068｜王亚芹　身体美育：一种美育新形态

辑二　中外美育思想研究

085｜曾繁仁　儒家礼乐教化的现代解读
096｜祁海文　试论董仲舒的"礼乐教化"美育思想
113｜王宏超　中国现代"美育"概念的形成及其学制基础
144｜刘毅青　中国现代美育思想的修养美学资源
166｜左剑峰　蔡元培美育思想与孔门仁学
185｜潘黎勇　中国现代美学的美育化叙事
　　　　　　——以蔡元培美学为中心
195｜周　勇　蔡元培与中国课程改革的美育传统
211｜刘彦顺　朱光潜美育思想中的审美时间哲学
229｜朱立元　对《西方美育思想史》书写的几点思考

244 | 孟　丽　高迎刚　席勒"中介论"美育思想简论
264 | 邹　蕴　未竟的审美教育之路
　　　　　　——席勒对启蒙时代的反思
278 | 李　震　杜威对审美经验的身体重释及其美育指向

辑三　"以美育代宗教"讨论专题

295 | 彭　锋　对"以美育代宗教"的批判性分析
304 | 潘知常　"以美育代宗教"的四个美学误区
333 | 刘成纪　蔡元培"以美育代宗教说"的历史语境和现代价值
345 | 杨　光　再思"美育代宗教"
　　　　　　——在20世纪早期美学与佛学关系中的一个考察
362 | 王文革　关于蔡元培"以美育代宗教"的思想及其逻辑可能性

辑四　大学美育研究

377 | 王一川　美育树信仰
　　　　　　——互联网时代大学美育的目标
388 | 赵　勇　和同之辨：大学审美教育的一个重要视角

前　言

早在一百多年前，蔡元培等现代中国的思想先驱者们便提出诸如"以美育代宗教"等思想口号，试图在整个社会的教育实践中以审美引领的方式，为中国人寻获精神信仰的维度，实现中国社会和人的生活的自觉改造、中国新文化的积极创造。此后的百年间，作为一种在理论上直接引自席勒以后的近代西方、在实践指向上内蕴着传统中国价值目标的人的生命发展追求，美育不仅在观念意识层面，同时在实践层面成为中国社会、特别是学校教育的一个亮眼的存在，越来越广泛地渗透在整个社会对人的教育观念之中。

不过，与社会性的美育观念普及相对照，长期以来，对于美育的真正深刻的理论探讨却一直较为单薄，并且在一定程度上还大多停留在席勒以来的观念基础之上。无论是围绕美育问题的理论建构性探索，还是针对美育实践的应用性研究，很多时候，美育理论还基本上处在一种思想倡导多于学理深化、观念堆砌多于系统建构的局限性之中。应该说，这样一种实际的情况，显然同美育研究中问题意识较为空泛、理论视野较为局促、学理论证大多停留于观念重复循环等有着很大的关系。也因此，在过去的很长时间里，虽然我们有强烈的美育实践要求，却往往对美育问题缺少深刻的学术理性；有高举的美育理想，但建构性的美育理论研究却又常常缺位，以至于我们很难肯定今天的美育研究已可能超越席勒时代的理论高度，或者说它已经成为一个真正呈现出当代性意识高度的理论领域。

近年来，随着国家层面对美育的大力提倡，特别是社会和学校美育实践的广泛推行，美育在发展和提升人的全面素质与能力方面的特殊作用越来越受到人们的关注，围绕美育诸基本问题的理论探讨也由此迅速活跃起来，其中还更加直接地引入了对于当代文化大变革处境中人的生命发展问题的自觉思考。这些都为美育研究在现实发展中积极寻获新的思想材料、不断超越既往而实现自身理论深刻化提供了必要前提，也为当代美育理论建构不断向着聚焦问题、深化意识、创新观念、引领实践的深层方向发展提供了有价值的思想资源。

社会和人的发展的新的现实与需求，造就了美育研究新的发展机遇。近年来，国内报刊每年都有数量十分庞大、内容相当广泛、观点各有异同的美育理论文章发表，这些文章不仅具体反映了各个年度里美育研究的实际状况，也一定程度地提供了值得进一步探索深入的问题。这部文选的编选，便意在通过对年度成果的具体检视，遴选出具有较高理论显示度、体现新的美育理论思考的代表性成果，以集中呈现中国学者在美育领域的理论探索，积极助力美育研究的视野拓展与理论深化。

2017年是蔡元培先生"以美育代宗教"主张提出一百周年，国内学界为此集中开展了很有理论建构意义的学术反思工作。我们从中选出5篇论文编入本文选，以为一种纪念。

为保持各篇选文的原貌，在编选过程中，我们仅对文章注释体例做了必要的统一并修改了一些较为明显的错漏。谨此说明。

2020年10月10日

辑一

美育
理论研究

勿以艺术教育绑架审美教育

王确◆（东北师范大学文学院）

从民国到中华人民共和国，人们在美育的事业上虽谈不上做得风生水起，但也付出了多方面的努力，取得了不少积极的成果。然而，针对美育实践的理论回应和学术声音则显得不那么相称，从20世纪初我们对美育有了某种自觉之后，美育研究或学术讨论仿佛是一条始终未能变成大江大河的小溪，绵延不绝又涓涓细流。虽然西方的美育史也是如此，但我想，这并不是一个很好的格局。我期待，有更多的美学工作者拿出一点精力介入美育的讨论。

我和大家一样，常读到或听到"审美教育"和"艺术教育"这两个词，但我没太入心，近几年越来越觉得这两个词的使用现状实在值得关注，倘若再关切一下这两个词的实践所指，更觉得大有疑虑了。

一、艺术教育与审美教育的混用

本来，"审美教育"与"艺术教育"这两个词在专业术语的解释里并无什么问题，但我们细心关注一下实际情况，还是会发现用得有些乱。这一乱象不仅仅是个认识和理解的问题，认识乱了，有可能会导致行动的错位，所以我们不能再持观望态度，应该站出来为厘清认识做出努力。

实践的盲目会带来不尽人意甚至事与愿违的结果，这种盲目是来自于理论认识的错误，因而，我们对认识的厘清不能掉以轻心。

近几年教育部的工作要点连续强调美育，这显示出国家教育主管部门的明智的政策选择，预示着我们的人才培养和国民教育将会迎来一个美好的春天。前年，国务院办公厅也发布了《关于全面加强和改进学校美育工作的意见》（国办发〔2015〕71号），可见国家对美育的重视程度。

然而越是国家重视和大力推动美育，越是要求美育理论和认识的高质量，从而使实际的美育产生良好的效果。但是我们仔细读读这些文件，能够看到其中所体现出来的认识依然存在着不少的含混。当与这些不该有的含混相遇之时，我深觉学术界应有对此的担当，我们作为美学研究者更应对现实有愧疚，对未来有担当。为了说明问题，我把教育部2013—2017年工作要点中有关美育部分列在下面，以便读者理解：

2013年工作要点：

24. 全面推进学校艺术教育。印发全国学校艺术教育发展规划（2013—2020年）。研究制订加强学校艺术教育的若干意见，开展全国农村学校艺术教育实验县工作，继续大力开展高雅艺术进校园活动，继续推进高校音乐学、美术学（师范教育类）本科专业教学改革。开展全国中小学生、大学生艺术展演活动。

2014年工作要点：

13. 改进美育教学。不断提高学生审美和人文素养。印发关于推进学校艺术教育发展的若干意见。研究制订学生艺术素养标准、测评指标和操作办法，建立完善艺术教育工作评价制度。开齐开足艺术课。重点加强农村学校艺术教育，开展农村学校艺术教育实验县工作。建设中华优秀文化艺术传承学校与基地。开展好全国大中小学生艺术展演和高雅艺术进校园活动。

2015年工作要点：

25. 改进美育教学。印发《关于全面改进美育教学提高学生审美和人文素养的意见》，召开全国学校艺术教育工作会议。开齐开足艺术课，多渠道解决艺术师资短缺问题。建立艺术教育工作评价制度。推进全国农村学校艺术教育试验县工作。开展好全国大中小学生艺术展演、高雅艺术进校园、中华优秀文化艺术传承学校创建等活动。

2016年工作要点：

9. 切实加强学校体育美育工作。出台关于深化学校改革、强化体育课和课外锻炼的实施意见，提升学生健康素养和体质健康水平。实施学校体育改革示范引领项目。举办全国第十三届学生运动会。推动学校体育场馆向社会开放。加快推进校园足球的普及，广泛开展校园足球活动竞赛，加强校园足球特色学校和试点单位建设。落实《国务院办公厅关于全面加强和改进学校美育工作的意见》，深化学校美育综合改革，进一步强化美育的育人功能，启动学校美育改革发展备忘录签署工作，推动以省为单位确定推进学校美育综合改革的时间表和路线图。深入推进全国农村学校艺术教育实验县工作，抓好中华优秀传统文化艺术传承学校与基地建设。探索建立学生军事营地育人长效机制。

2017年工作要点：

23. 加强学校体育艺术工作。办好第十三届全国学生运动会。开展2017年全国青少年校园足球特色学校及试点县（区）的遴选工作，完善校园足球教学、训练、竞赛体系，推动学校体育改革发展。办好高雅艺术进校园、全国第五届大学生艺术展演活动。深入推进中华优秀文化艺术传承学校和基地创建工作。以开齐开足美育课程为重点，持续推进全国农村学校艺术教育实验县工作，研制《学校美育兼职教师管理办法》。强化青少年学生国防教育，举办第四届全国学生军事训练营。①

很显然，上述文字是对中国审美教育具有直接指导力和推动力的官方话语，从中我们可以看出三点：一是近些年（连续5年）教育部都在强调并推动美育，说明国家教育主管部门开始特别重视学校美育，除了近5年的教育部工作要点中单列一条来规划学校美育，而且体育卫生与艺术教育司还分别在2013年和2014年颁布了《教育部关于开展农村学校艺术教育实验县工作的通知》（教体艺函〔2013〕6号）和《教育部关于推进学校艺术教育发展的若干意见》（教体艺〔2014〕1号）文件，可见国家教育主管部门不仅提倡美育，而且还在实际地有效推动这项工作。这是令人欣慰的。二是教育部连续5年的工作要点中，无论是以美育为题，还是以艺术教育为题，具体的说明都是谈艺术。即便在《教育部关于推进学校艺术教育发展的若干意见》中的第1条里有那么一句"学校艺术教育是实施美育的最主要的途径和内容"。这认识本来是正确的，可整个文件说的还都是艺术教育，并未明确把艺术教育当作美育的途径或手段来看待。三是从上述情况可以看出，国家教育主管部门的认识

---

① 以上每条前面的数字均为"要点"中的条序。

中，并没有把"美育"与"艺术教育"当作两个术语，两个概念，两件事情来对待。从一系列文件看几乎可以说是用艺术教育取代审美教育，甚至是让人有艺术教育在绑架审美教育的感觉。即便是在《国务院办公厅关于全面加强和改进学校美育工作的意见》（国办发〔2015〕71号）中，虽各条款题目多使用"美育"一词，但下面的具体解释、说明和意见也基本全是围绕艺术教育，美育不过一个"帽子"或标签。可想而知，这些意见背后的认识会对从大学到幼儿园，从城市到乡村的学校美育带来什么影响？这些问题，我们美学界不该介入吗？我们的美学或美育研究者不该讨论吗？

二、美育边界含混之认识有根无据

官方如此理解美育，不是孤立的，更不是空穴来风，它是民间的认识、学术界的看法和既成理论的某种投影。无论是大历史或专门史，学术史或思想史，值得借鉴与必须摒弃的东西同时存在，尤其是我们在立足于当下立场，寻找现实有效性之时，更需头脑清醒，明辨是非，紧扣问题的针对性。

首先是已有理论的问题。美与艺术的混淆，我们也许在美学理论领域可以视为百家争鸣的一种现象，但在美育问题上，这一现象则是贻害无穷的。在美学史上，鲍姆加登之后，虽然不是所有谈论艺术与美的人都不加区别或含混其界限，但我们会在很多文本或言论中看到把艺术与审美（美）混用的情况，一些人一会儿用艺术，一会儿用美或审美，当我们在具体语境中理解时，会发现其所指是一个。在费希特（《艺术哲学》）、黑格尔（《美学》）、H.帕克（《美学原理》）、比厄斯利（《西方美学简史》）、迪萨纳亚克（《审美的人》）等西方美学家的心目中，艺术与美的界限是模糊的、无所谓的,如比厄斯利这位重视语词的分析美学家就说:"关于术语,我不愿与那些想在'美学'与'艺术哲学'之间保留某种区别的人发生任何争吵。但我发现,短一点的术语非常方便,因此我用它来概括那些某些人放在后一个术语,即艺术哲学之下的东西。"① 持如此认识的人不在少数,他们几乎不在意艺术与美有何区别,或者说他们认为艺术与美大体是一个东西。也许有人会认为,西方美学与中国美学本来就不同,西方人认为艺术是表现美的最典型形式,所以把艺术作为美学主要研究对象,不认为美与艺术、美学与艺术哲学存在着鲜明的界限。但是,这与鲍姆加登提出美学这一现代学科的合理性依据,与"美学之父"的初衷是明显不同的,正是这一不同,把一个很合理的现代学科设置引向了后来我们看到的歧途。以艺术哲学代替美学,使美学既无须担当人类感性研究的使命,也不必关心人在大自然、在日常生活中的美感体验,只需针对既往定义过的那若干种艺术样式就万事大吉了。柏拉图在美本身与美的东西之间的关系面前,竟然认为"美是难的"②,何况把人的自然体验、日常感性及人伦感悟、艺术创造和欣赏全般作为美学的研究对象呢。所以,我经常在想,费希特和黑格尔是不是为了避重就轻才把美学做成了艺术哲学呢?至今这一疑问也挥之不去。在世界美学史中,尽管有把美学作为感性学或作为美的科学的做法,但直接质疑作为美学的艺术哲学的人却少之又少。有这样的理论土壤和语境,一些人把艺术教育与审美教育混为一谈,是不是就算作一种"正常"的逻辑结果呢?

关于黑格尔们把美学说成是艺术哲学是否避重就轻,我们当然

---

① 门罗·C.比厄斯利:《西方美学简史·序言》,高建平译,北京,北京大学出版社2006年版,第3页。
② 柏拉图:《大希庇阿斯篇》,见《文艺对话录》,朱光潜译,北京,人民文学出版社1963年版,第210页。

清楚把艺术作为研究对象与把美作为研究对象谁更有难度。任何知识遗产都是历史的产物，也是历史和个人局限的产物，我们要有判断，要有选择。难怪特别景仰鲍姆加登的克罗齐坚持认为美与艺术不同。① 李泽厚在质疑把美学作为艺术哲学的做法时就说此种说法："过于狭窄又过于宽泛。现实生活、自然美和许多审美现象并不属于艺术，却仍然在美学研究范围，例如美育便不只是艺术教育问题，而科技也有美学方面的问题，等等。"② 因此，从学理上说，淡化甚至取消美与艺术的区别都是错误的，何况与实践联系紧密的美育理论怎么可以不去划清美育与艺教的界限呢？

不是没有关于美育与艺教的合理认识，而是未被足够重视。如《中国大百科全书》③ 和《辞海》④ 的认识就较为妥当，而且在新世纪伊始就有学者在公开发表的文章中澄清过此问题。⑤ 可事到如今，多数人还是在美育与艺教边界的认识上模模糊糊，实在令人担忧。实际上，其忧患的重点还不在认识本身，而在美育的实践。

---

① 克罗齐：《美学的历史》，王天清译，北京，中国社会科学出版社1984年版，第9页。
② 李泽厚：《美学三书》，天津，天津社会科学院出版社2003年版，第401页。
③ 《中国大百科全书》的解释是，美育是"培植、陶冶人的审美意识、审美情趣，发展鉴赏美和创造美的能力，培养高尚情操和文明素质的教育。与智育、德育、体育相对，又贯穿于智育、德育、体育之中，是审美教育或美感教育的简称。在人全面发展教育中，美育占有重要地位"。（第15卷，北京，中国大百科出版社，《中国大百科全书》总编委会编，2009年版，第515页）
④ 《辞海》的解释是，美育"亦称'审美教育'、'美感教育'。关于审美与创造美的教育。通过对艺术美、自然美、社会美的审美活动和理性的美学教育，使人树立正确的审美观念，培养健康的审美趣味，提高对于美的欣赏力与创造力。……美育对于改造人性，改造社会，造就全面发展人才，建设社会主义精神文明具有特殊的意义"。（中册，上海，上海辞书出版社，辞海编辑委员会编，1999年普及本，第2879页）
⑤ 王旭晓：《美育与艺术教育的异同——对以艺术教育取代美育现象的一点思考》，《河北师范大学学报（哲学社会科学版）》2005年第4期。

其次，艺术教育的确是美育的重要途径。通过艺术教育来完成审美教育的任务，使其实施过程具有抓手，方便落实。这不仅在艺术资源上，历史给当代留下了丰富的艺术作品，同时艺术作品作为一种流传物，在所流经过的任何一个时代、任何一个人时，也都可能唤醒新的意义，使其作品的效果史意义越发丰富。随着社会的逐渐进步、富有和文明，艺术专业人才的不断增多，进而使更多艺术爱好者可以拥有更好的学习艺术的客观条件，等等；艺术又是典型地汇聚着审美元素，据黑格尔所言："只有艺术美才是符合美的理念的实在。"[①] 在这样一种情况下，人们大体把专业的艺术教育内容和教学方式搬到美育的空间，似乎也是顺理成章，情有可原的。因而，不论在中国还是欧美各国，这都是一种较为主流的做法。人们多用艺术欣赏或艺术的某种体验性创作如演剧、声乐、乐器的学习和演奏等来代替美育，这也许可以说是一种美育的重要传统，但传统的延续并不一定是正确的选择。艺术教育如何实现大家心中审美教育的目标呢？在这里，美育与艺教二者界限上的任何模糊或含混，都会给实际的美育带来消极影响，或是导致错误的方向，或是导致意愿与效果的错位，或是导致途径选择的缺失进而造成资源的浪费。

三、勿以艺教绑架美育

我们之所以对以艺术教育取代审美教育的认识和做法充满忧虑，原因是艺教只是实现美育的途径之一，不在美育自觉之下的艺教或许隐藏着偏离美育方向的可能性。

首先，众所周知，艺术教育分为两类：一类是专业艺术教育；

---

① 黑格尔：《美学》第 1 卷，朱光潜译，北京，商务印书馆 1979 年版，第 183 页。

另一类是作为美育途径的艺术教育。美育借助的艺术教育显然是指后者。所以不加区分、不加选择地把艺术教育作为实施审美教育的基本途径和手段自然难以如愿。实施美育，艺术教育是必不可少的途径。毋庸置疑，音乐、美术、舞蹈、戏剧等艺术样式本身包含着不可低估的美育资源，关键的问题是我们应该以怎样的立场、视点、方式和方法来展开以艺术教育为途径的审美教育。类似于哈佛大学开设过的"音响风景""舞蹈穿越文化边界"的美育课大概是以艺术来进行美育的有效努力。前者虽以音乐为载体，但其课程并未停留在音乐的视域之内，而是真正把艺术形式作为美育的手段，解析音乐作品中所蕴含的多族裔传统，探察多传统交融汇合所形成的新风格，穿透音乐形式呈现其背后的音乐文化和亚文化风景；后者的教学意识和目的则是瞄着舞蹈的文化信息，音乐的动觉表现，动作与情感的关系，舞蹈的跨文化意义等。① 这些艺术教育方式显然是颇有启发的。国内一些学校也在探索和实验，但要想真正实现借助艺术教育来完成美育目标，不仅需要自觉的美育意识，还需要适合的师资和其他教学条件，从中国目前以艺术教育来进行美育的实际情况看，实在是任重而道远。没有明确的美育目的的艺术教育，从美育的立场来估价，最好的结果也只是事倍功半。

  其次，我们都很清楚，接触艺术现象最多、受到艺术教育或训练最多的人，是那些艺术专业出身或是职业艺术家们，按说这一人群应该是相对更接近于审美教育目标的人。我们每个人都可以回忆一下你所接触到的艺术家与非艺术家人群，哪一个人群符合或接近美育目标的比例更多呢？我们也会在艺术史中了解到许多艺术家，

---

① 王毅、傅晓微：《哈佛美育类通识课堂个案评析：〈音响风景·舞蹈穿越文化边界〉——哈佛通识教育（美育类）实地考察报告之四》，《美育学刊》2012年第3期。

他们都显示出某种艺术天分，具有非凡的想象力、创新力和艺术表现能力，但他们多为特殊的人才，或许并不接近博雅课和美育课的教学目的。不少艺术家也并非是我们希望的审美人格，比如米开朗基罗、卡拉瓦乔、戈雅、高更、罗丹、培根、大卫霍克尼、弗洛伊德，等等。从这一艺术史的经验出发，我们实在难以确定艺术教育本身具有培养人的审美人格的突出功效和实现我们的美育任务的实际作用。

第三，在后历史时代，许多艺术已经与美分离，我们如何笼统地用艺术教育来覆盖美育？100多年来，前卫艺术就在表明着与美的分离，不要说1990年代以后出笼的路易丝的装置艺术"囚室系列"，雷·惠蒂德的雕塑《房子》，基·史密斯的装置雕塑《童话》，查甫曼兄弟的雕塑《脸之淫乱》，乌克兰艺术家阿·沙瓦多夫的摄影作品《血腥的玛丽》等以其自我妖魔化和丑恶化彻底颠覆了艺术之美。甚至当代前卫艺术所颠覆的目标——20世纪初的一些现代主义艺术，如毕加索的油画《丹-亨利·卡恩韦勒肖像》、勃拉克的油画《小提琴的陶罐》和毕卡比亚的纸上水彩画《摇椅上的裸女》等被称为立体主义的绘画也同样呈现着忽略乃至拒绝美的明显倾向。①就是从这点上看，丹托才说："在好多年里，美学隐匿在哲学与艺术之间的乌有乡里备受磨难。"② 的确，艺术的内容不仅不都是美的而且也不应该都是美的，美的范畴不仅有美还有丑，不仅有优美还有崇高，不仅有喜剧还有悲剧。但在审美教育的视域中，无论是认识还是实践，不单是要培养人的感性能力和理解艺术的能力，以及通过艺术的复杂性理解生活的真实，与此同时还特别强调在人的经

---

① 王确：《前卫艺术的好处与坏处——兼论艺术对人类应该有用》，《文艺争鸣》2008年第11期。
② 阿瑟·C.丹托：《美的滥用——美学与艺术的概念》，王春辰译，南京，江苏人民出版社2007年版，第2页。

验中对感性的积极价值的自觉选择，在审美愉悦中获得文明能量、形象和气质的样板，追求美好的心理、思维和行为习惯，建构主体的内在美的尺度等。也就是说，审美教育应该具有某种形式的价值导向。因此，不是所有的艺术都可以作为审美教育的手段，不能简单地认为艺术教育可以作为审美教育的途径。

应该说，美育本身就包含着一种道德维度。① 当美指向人时，其美便不仅仅是一种感性形式。当用美的规律来塑造人的美育在现实中展开时，其目标是全面发展的人。正如马克思所说："动物只生产自身，而人再生产整个自然界；动物的产品直接属于它的肉体，而人则自由地面对自己的产品。动物只是按照它所属的那个种的尺度和需要来构造，而人懂得按照任何一个种的尺度来进行生产，并且懂得处处都把内在的尺度运用于对象；因此，人也是按照美的规律来构造。"② 又说："人以一种全面的方式，就是说，作为一个总体的人，占有自己全面的本质。"③

不仅马克思如此看待人格的全面发展，席勒也认为美育应使人格中的自然人与理性人结合为完全意义上的人。席勒认为人有两种冲动，即感性冲动与形式冲动，前者代表着感官天性，后者代表着理性天性，其中的任何一种都是片面的，④ 只有在"游戏冲动"这个"集合体"的联系下，"才会使人性的概念完满实现"，而"美是两个冲动的共同对象，也就是游戏冲动的对象"，"实际存在的美同

---

① 在审美装置中的道德成分与通常说的德育并不相同。
② 马克思：《1844年经济学哲学手稿》，中共中央马克思恩格斯列宁斯大林著作编译局译，北京，人民出版社2000年第3版，第58页。
③ 马克思：《1844年经济学哲学手稿》，中共中央马克思恩格斯列宁斯大林著作编译局译，北京，人民出版社2000年第3版，第58页。
④ 席勒：《审美教育书简》，冯至、范大灿译，上海，上海人民出版社2003年版，第12封信。

实际存在的游戏冲动是相称的"。① 我理解，席勒所说的"游戏冲动"就是"审美活动"，而这一审美活动是由多种人性构成的。现代学科区分出分别以真、善、美、为价值取向的认识论、伦理学与美学，在现代学科分类出现之前，人们的感受方式和思考方式多是综合的或整体的。尽管中国早有表达美的汉字，但古代中国人在面对美，思考美的时候，更是在某种多维关联中来把握对象或问题。譬如，先秦典籍中有云："夫美也者，上下、内外、大小、远近皆无害焉，故曰美。"（《国语·楚语》）尽管此种境界并不容易达成，但这是古代中国人悟到的美之真谛。人们熟知的孔子言论："子谓《韶》：'尽美矣，又尽善也。'谓《武》：'尽美矣，未尽善也。'"《论语·八佾》又何尝不是追求某种美善合一的境界呢。

尽管在现代学科视野下，美与善是有明确界限的，但当深入思考问题时，美与善依然是难舍难分，这在许多美学家的文本中都有体现，此种认识正如康德所说的"鉴赏使感性刺激渡转到习惯性的道德兴趣成为可能而不需要一过分强大的跳跃"②。

实际我想说，美不是一个感性平面，不是单纯的形式，虽然艺教能够帮助美育，是美育的有效实现途径之一，但由于美育的使命如此丰富，让艺术教育来全般担当，从某种意义上说，是难为艺术教育，同时也不能全面落实美育的任务。说到此，我们可以再看看前述文件，所言美育问题多是放在"立德树人"的框架之下，这就说明国家教育主管部门推进美育的目的是培养学生内外兼修、美善统一的完美人格，而不是学习艺术、欣赏艺术或体验艺术情境。要

---

① 席勒：《审美教育书简》，冯至、范大灿译，上海，上海人民出版社2003年版，第15封信。
② 康德：《判断力批判》上卷，宗白华译，北京，商务印书馆1964年版，第208页。

完成这一美育任务，我们除了利用前面提到的艺术教育之外，美育的方式方法尚有很大的空间等待开发，如自然（包括科技）、社会等，才能有效地完整地实现美育的目标。

［本文系教育部哲学社会科学研究重大课题攻关项目"中国美学的现代转型研究"（12JZD017）阶段性成果］

（原载《当代文坛》2017年第5期）

"以文化人"：现代美育的精神涵养功能
——一种基于功能论立场的思考

王德胜◆（首都师范大学美育研究中心）

一、精神恢复性的功能实践

在中西方历史上，传统美育观念在突出"本于自心"的个体追求的同时，大多重点指向对人的终极性完善要求。"凡三王教世子，必以礼乐。乐所以修内也，礼所以修外也。"（《礼记·文王世子》）"修内"虽然也要求有外显的"礼"的形式，但其基本前提则是人自身的内在确定，因而最终归于人的存在本体。即如王充所强调的："情性者，人治之本，礼乐所由生也。故原情性之极，礼为之防，乐为之节"；"礼所以制，乐所为作者，情与性也。"（《论衡·本性》）一切都是因"本"而生、缘"本"而行的人的自心行为。由此，传统美育在观念层面坚守着终极性的意义本体，在实践中则具体体现为指向意义本体的修身活动。换句话说，传统美育在观念和实践上着重强调了人的"本体呈现"。

现代美育的兴起，无疑直接针对了现代社会消费性文化生产语境中人的内在精神流散、缺失或不断弱化——由于技术发展本身毫无顾忌的扩张性和现实操纵力，物质的高度丰裕不断遮蔽乃至消解着人在现实生活中的精神目标及其内在发展维度。对此，马尔库塞从其总体性观念出发，曾有过很好的揭示："那些在工业社会初始和早期阶段作为生死攸关的因素和根源的权利和自由，屈从于这个社会的更高阶：它们正在丧失它们传统的存在理由和内容。""发达工业社会的显著特点是，它有效地窒息了那些要求解放的需求——也是从可容忍的、报偿性的和舒适的东西中解放出来——同时它维护和开脱富裕社会的破坏力和压制性功能。这里，社会控制急需的压倒一切的需求是：浪费的生产和消费；不再具有真正必要性的麻木般的劳动；缓和和延长这种麻木状况的娱乐方式；维持一些骗人的自由。"① 人的内在精神动机逐渐被外部活动的麻木性满足所吞噬。而在更早以前，面对现代文明所造成的人的精神迷失流离，席勒也曾一针见血地指出："那种远非能使我们获得自由的文化，随着它在我们身上所形成的每一种力量，只是产生出一种新的欲求。自然的镣铐越来越可怕地收紧，以致失败的恐惧窒息了要求改良的炽烈本能，使被动地顺从的准则成了生活的最高智慧。"② 显然，有关现代社会文明发展及其生活语境对人的自然生命结构的破坏，以及对生活欲望与意义体验、物质需要的日常满足与精神感受的自由发展之间意义制衡关系的撕裂，成为思想家们集中关注的问题。

在美育层面上考察这些现实中被撕裂的关系及其问题，可以认为，其中的关键点已经从人的"本体呈现"维度，实际地转向了如何在现实生活中选择审美教育的特定路径，以审美的方式重新整合业已分裂的人的精神存在，在现实的精神恢复性活动中重新回返人的精神完整性，进而重新建构起人的精神发展力量。这也正是席勒在《美育书简》第六封信中所说的："为了培养个别能力而必须牺

---

① 马尔库塞：《单向度的人》，张峰、吕世平译，重庆，重庆出版社1988年版，第4、8页。
② 席勒：《美育书简》，徐恒醇译，北京，中国文联出版公司1984年版，第48页。

牲它的整体,这样做肯定是错误的。抑或当自然规律还力图这样做时,我们有责任通过更高的教养来恢复被教养破坏了的我们的自然(本性)的这种完整性。"①

从这一点出发,在我们看来,有别于传统美育在观念层面及其实践中对"本体呈现"的终极关注,现代美育首先不是一种指向本体建构的观念形态,而是一种致力于实现精神的现实目标、体现人的内在恢复性要求的功能存在形态。换个方式来说,传统美育作为一种本体性思维,其基本对象是人之为人的意义本身;现代美育则主要落脚于精神恢复性的审美实践,要求在审美的具体展开方式中实现现实精神的"祛蔽",重建人的整体性精神结构,进而在现实文化语境中不断展开人对于精神自我的内在审视——它一方面指向人生现世的价值判断,另一方面指向了人本身的精神流散、缺失和弱化。所以,对于现代美育来说,它的关注重点便不在于如何去揭示精神自觉的终极可能性、人的完善的终极性价值,而是现实地修复人生实际的各种精神困境。也因此,审美功能论的确立便成为现代美育的一项基本理论设计,功能目标的确定、功能方式的完善构成为现代美育的价值核心。质言之,现代美育有着十分明确而具体的功能指向性,要求通过审美活动的必要规划,凸显审美的具体作用方式,不断致力于克服或化解人在现代消费性文化生产语境中的精神缺失危机,在审美意义的发生中形成一种引导精神恢复的实际力量,从心灵意识的内部唤起人在现实中的生活自觉并不断走向生命意义的深度体验与现实提升。这样,现代美育功能便实际地体现出现实审美实践与人的精神修复相一体的建构本质——一种在现代文化语境中获得展开并不断显现自身功能指向性与实践合理性的精神追求。

---

① 席勒:《美育书简》,徐恒醇译,北京,中国文联出版公司1984年版,第56页。

二、从精神缺失之处再度出发

　　强调审美功能论对于现代美育的建构性意义，强调现代美育指向以审美方式不断修复现实中人的精神缺失和精神困境，凸显了现代美育的特定追求：随着文化语境的现实改变，人的具体生存同样面临着巨大的改变。正是在这种改变了的现实中，人的内在精神自觉性不复成为人生现世的引导性力量。经历了工业文明带来的感性与理性分裂、生活功能与存在意义分裂、生活满足与生命感动分裂后，内在精神的方向感和意义感的逐渐失落与极度缺失，成为人所面临的主要问题。或者，就像马尔库塞所说的："发达工业社会引人注目的可能性是：大规模地发展生产力，扩大对自然的征服，不断满足数目不断增多的人民的需要，创造新的需求和才能。但这些可能性的逐渐实现，靠的是那些取消这些可能性的解放潜力的手段和制度，而且这一过程不仅影响了手段，而且也影响了目的。"① 人的精神无从在现实生活的极大丰裕及其占有满足中真正找到它自己的"所出"和"所往"，这才是现代美育所要面对的真正现实。基于此，在理论思考的范围内，现代美育所要解决的，主要不是其自身的本体根据问题——尽管这一问题在自由精神的自我发展层面也规定了我们对于现代美育价值的更深入思考。应该说，在现代美育中，"美育是什么"的问题总是直接服从于"为什么要美育"和"美育可以做什么"问题的理解，美育本体的存在规定被置于功能实现的可能性之中（这一点，当然与现代文化本身的本体缺失相关联，如"何为精神的意义"显然已被"精神意义如何可能"的问题

---

① 马尔库塞：《单向度的人》，张峰、吕世平译，重庆，重庆出版社1988年版，第214页。

所遮蔽)。

就此而言,可以看到,当年蔡元培所提倡的"以美育代宗教",其实也是为了解决现代中国人生活中的基本精神缺失、调和人性的现实分裂、激扬现代中国文化的生命创造热情而找得的一副精神疗治药方。就像蔡元培在《对于教育方针之意见》中所看到的,"人既无一死生破利害之观念,则必无冒险之精神,无远大之计划,见小利,急近功,则又能保其不为失节堕行身败名裂之人乎?……非有出世间之思想者,不能善处世间事,吾人即仅仅以现世幸福为鹄的,犹不可无超轶现世之观念,况鹄的不止于此者乎","现象世界之事为政治,故以造成现世幸福为鹄的;实体世界之事为宗教,故以摆脱现世幸福为作用。而教育者,则立于现象世界,而有事于实体世界者也。故以实体世界之观念为其究竟之大目的,而以现象世界之幸福为其达于实体观念之作用"。① 正由于"失"其所失、"缺"其所缺,所以蔡元培竭力要在"代宗教"而作为现代中国人精神信仰体系的美育那里,确立起现代中国人精神补缺、补失的功能维度。这也是他在《美育与人生》中所肯定的:"人人都有感情,而并非都有伟大而高尚的行为,这由于感情推动力的薄弱。要转弱而为强,转薄而为厚,有待于陶养。陶养的工具,为美的对象,陶养的作用,叫作美育。"② 以审美作为现实中人的精神陶养的功能方式,将美育的功能指向全面修复现代中国人精神弱化的要求——实现精神上的"强"与"厚"放在同一个维度上,鲜明地体现了蔡元培在美育问题上的现代意识和立场。关于这一点,我们从丰子恺那里也同样可以看到。在《艺术的效果》一文中,丰子恺就曾经表

---

① 蔡元培:《蔡元培美育论集》,高平叔编,长沙,湖南教育出版社1987年版,第3页。
② 蔡元培:《蔡元培美育论集》,高平叔编,长沙,湖南教育出版社1987年版,第266页。

示："人生处世，功利原不可不计较，太不计较是不能生存的。但一味计较功利，直到老死，人的生活实在太冷酷而无聊，人的生命实在太廉价而糟蹋了。"面对现代社会中的这种人生处境，美育恰能以艺术审美的方式来"恢复人的天真"，"在不妨碍现实生活的范围内，能酌取艺术的非功利的心情来对付人世之事，可使人的生活温暖而丰富起来，人的生命高贵而光明起来"，其结果则是人"体得了艺术的精神，而表现此精神于一切思想行为之中"①。这种精神就是一种美的情怀、审美的感动。由此，丰子恺得以在《艺术必能建国》中热情地相信，美育的力量可以"支配人的全部生活。故直说一句，艺术就是道德，感情的道德"②。尽管相比较于蔡元培在艺术之外还十分具体地关注包括家庭和社会在内的其他美育途径，丰子恺主要将现代美育的功能实践安排给了艺术，但如果就艺术作为精神修复的特定承担者而言，丰子恺与蔡元培其实都一样地站在了一种特定的功能论立场上，坚决捍卫和张扬了美育在现代生活中的实践张力。也因此，与其说"艺术就是道德"强调了艺术自身的本体归属，莫不如说它在功能层面现实地展现了艺术的精神感动力量——对人生现世的精神修复最终生成了生命价值的伦理肯定。

对于现代美育来说，内在于美育价值意图、外显于美育操作性活动的功能实现问题，直接联系着对"为什么要美育"和"美育可以做什么"问题的回答，也进一步突出了从功能论立场考察和把握现代美育品格的必然性。它不仅在理论层面把"为什么要美育"与"实现什么"的联结确定为现代美育功能定位与功能指向的一致性关系，从而决定了现代美育理论形态的建构与确立，而且在实践层

---

① 丰子恺：《丰子恺论艺术》，丰华瞻、戚志荣编，上海，复旦大学出版社1985年版，第42—45页。
② 丰子恺：《丰子恺论艺术》，丰华瞻、戚志荣编，上海，复旦大学出版社1985年版，第28页。

面将"美育可以做什么"与"如何实现"的功能实现问题推到了现实人生活动的前沿,在直面现代生活中的人生问题之际,进一步具体化了人自身的精神努力方向,凸显着现代美育在具体文化语境中的价值意图——在反思性重建当下的现实努力中,不断展开自我内在的精神修复,不断趋向于人的精神生命的完整体验。

在这个意义上来理解现代美育,它归根结底就是要求能够在功能实践中逐步解决现代生活中人的精神流散、缺失和弱化问题——特别是,在人的欲望实现得以迅速增长和更加便捷的物质丰裕的今天,这种缺失症候由于信息交互叠加、扩张的强大作用和全面助推,已日益具有社会全面性和生活控制力。而精神涵养活动在缺失修复的实践中,完全有可能充分体现现代美育内在的功能满足。它意味着:现代生活如何可能逐步恢复自己的内在气象,并不取决于某种外在于生活现实的"注入性"力量,而要求从生活现实内部发现人的精神成长可能性——明确精神之"所出"及其"所往",从而完成人的精神能力的再一次确立。换句话说,现代美育之于现实生活中人的精神缺失的修复,既具有为现实"补缺"的作用,同时也体现为人以自我实现方式从精神内在层面"再度出发"并向内完成生活意义的表征。

三、"立人"和"人立"的统一

以修复人在现实生活中的精神缺失作为特定功能实现,是现代美育之所以成立、也是其为人在现代消费性文化生产语境中的生活活动提供内在意义的根本。而"以文化人"则在精神涵养的特殊性方面,成为现代美育具体展开这一精神修复活动的功能实践形态。

在人的精神成长、现实生活的发展中,"以文化人"作为精神涵养的实践过程,根本地超越了现实的具体处境,向着人和人的活动不断展示着精神完整性的成长维度。在这一功能实践形态内部，"化"不仅具体地向人呈现了生活内在的精神气象，更在实践指向的统一性上，在人生现世的活动中完成着当下意义的揭示和人的精神充实：其一，以"文"——不仅作为知识构造的具体成果，更大程度上体现为包括艺术在内的人的精神创造的价值形态——作为人在现实中进行自我精神修复的参照系统，由此凸显出精神涵养的价值立场；其二，经由"化"的充分展开而直接体现精神修复的生动能力，突出精神涵养活动对人的现实缺失的持久性补偿，进而充分满足人的精神修复需要。

在一般意识中，文化之为人的活动和人的创造成果，总是直接维系在人的精神努力之上。就像伊格尔顿在讨论文化概念时曾经指出的，由于"在使我们的实践具有创造性的事物与事件本身的平凡事实之间存在着一种紧张关系"，"文化同时既是抽象完美的一种理想，又是努力达到这种目的的不完美的历史过程"。① 就文化本身来看，它所提供的不仅是人与物的对象性关系——而且主要不是这种关系的现实形态，否则也就无所谓"不完美的历史过程"。在最根本的方面，文化提供了一种通过人与物的对象性关系的不断调整而获得展开的人的存在满足。就此而言，"以文化人"作为一种功能实践形态，同时构成了文化对人和人的生活的一种价值表述。它意味着，在现实层面，"以文化人"之"化"，就是要在那种"努力达到这种目的的不完美的历史过程"中不断迎接精神理想的洗礼，亦即不断在人生现世中对接"抽象完美"的理想。而在实践层面，"以文化人"重点着眼于人自身精神发展的价值意图，即在"化人"的具体精神修复活动中，以人生现世作为功能实践范围，不断使

---

① 特里·伊格尔顿：《文化的观念》，方杰译，南京，南京大学出版社2003年版，第21页。

"抽象完美"的精神理想现实地成为生活活动的内在方向,在人的现实需要与人的持久满足之间建立起一种鲜活的功能性关系。

因此,在意义的普遍性上,作为现代美育以精神涵养方式实现人的精神修复的具体功能实践,"以文化人"一方面终极性地表达了精神本来具有的创造性意义,另一方面则为现实生活中人的精神成长提供了具体途径。质言之,"以文化人"的功能实践,实际地建构着人的精神发展与现实处境两方面的统一——落实到"以文化人"内部,便体现为以"化"的过程来实践现代美育功能方式与功能价值的统一。可以看出,这种"以文化人"的精神涵养过程,其核心点显然不在于如何"教人",即不是被拿来作为一套价值规范的指令或一种精神规训的工具,而应该被理解为如何在"化"的持续展开中致力于实现内在精神层面的"立人"方向以及"人立"的意义满足。也可以说,"以文化人"这一功能实践形态所指向的,并非一般知识教育体系的建构,即不是如何确立人之为人的知识本体,而是体现为一种功能实践中的"去知识化"立场与取向:为了人生现世的精神安顿与意义满足,也为着人在现实生活中能够不断趋近于自身精神努力的方向,有意识地从人自身的创造方面("文")来强化和优化精神功能的实现——"立人"与"人立"的统一。

这样,在现代美育所欲达成的人的现实精神缺失修复中,"以文化人"通过"以内安外"的渐进性持续,内在地实现着"以心立身"的意义收获——在不间断的精神努力中,自内而外地为人、人生现世提供意义生成的方向。

站在这一点上再来理解席勒所谓"不论世界作为一个整体由这种人的能力的分隔培养中获得多么大的好处,但仍然不能否认,接受这种培养的个体在这种以世界为目的的灾难中仍要蒙受痛苦",而"为了培养个别能力而必须牺牲它的整体,这样做肯定是错误的。抑或当自然规律还力图这样做时,我们有责任通过更高的教养来恢复被教养破坏了的我们的自然(本性)的这种完整性"①,我们就可以体会到,尽管基于细化"世界整体"的认识需要,由"人的能力的分隔培养"所完成的知识教育有其充分的必要性,并且也为人的认识能力的"个别"发展提供了必要的知性材料,但与此同时,它又是以牺牲人的精神完整性为代价——由外在于人的精神整体性发展需要的知识体系建构("分隔培养")所带来的现实精神分裂。这种精神遭受的必然分裂唯有通过超越一般知识体系的"更高的教养"——美育,才可能得到真正的弥合,从而恢复人的精神完整性。由此,现代美育通过明确自身精神涵养的内化功能,超越"在外的"知识满足而不断从"在内的"精神创造与人的体验性关系上强化"以文化人"的现实作用,应该说是有其历史根据和现代意义的。

四、方法论的特定化与具体化

早在上个世纪20年代,哲学家冯友兰就曾这样指出:

假使人之欲望皆能满足而不自相冲突,此人之欲与彼人之欲,也皆能满足而不相冲突,则美满人生,当下即是,更无所人生问题,可以发生。但实际上欲是互相冲突的。不但此人之欲与彼人之欲,常互相冲突,即一人自己之欲,亦常互相冲突。所以如要个人人格,不致分裂,社会统一,能以维持,则必须于互相冲突的欲之内,求一个"和"。"和"之目的,就是要叫可能的最多数之欲,皆得满足。所谓道德及政治上社会上所有的种种制度,皆是求"和"

---

① 席勒:《美育书简》,徐恒醇译,北京,中国文联出版公司1984年版,第55、56页。

之方法。他们这些特殊的方法,虽未必对,而求"和"之方法,总是不可少的。①

由于现世的利益在精神层面必定存在"互相冲突",所以寻找冲突的克服、分裂的弥合,亦即在冲突中找寻"和"的可能性——一种肯定分裂和冲突的现实存在但又超越其上的新的平衡关系的确立,便实际地指向了现实生活中人的精神需要,希望由此从精神分裂的当下具体出发,为人生现世积极地指引精神前行的方向。这种在现世的肯定中通向现实超越的努力,便构成了人类各种思想活动及其价值实践的存在意义。美育同样是这其中一种"特殊的方法"。只是不同于其他各种道德的、政治的和社会的找寻方法,美育关注的不是某种规范性制度设计,而是在人的具体活动中寻求精神的内在自觉,在人生现世的有限性中发展精神成长的力量、开掘精神超越的前景。这也如同冯友兰所说:"问人生是人生,讲人生还是人生,这即是人生之真相。除此之外,更不必找人生之真相,也更无从找人生之真相。"② 人生现世之有价值,便在于它对人真实,尽管这个真实本身处处存在局限。对于现代美育来说,在现代消费性文化生产语境中修复人的精神缺失,根本上依旧是为了实现人生现世的意义收获。

从这个角度来看,现代美育的具体实践便一定与人在具体生活中的意义建构保持着内在的对应关系——事实上,人在现代消费性文化生产语境中的精神缺失问题,最终便归于意义感的茫然。而"以文化人"作为现代美育实现精神涵养功能的特定形态,正是立足于这种对应关系而又从人自身内部不断强化着这种意义建构的精

---

① 冯友兰:《一种人生观》,北京,中国人民大学出版社2005年版,第14页。
② 冯友兰:《一种人生观》,北京,中国人民大学出版社2005年版,第6页。

神维度。也就是说,"以文化人"不是离开人的现实去启示"人生之真相",而是在人生现世当中不断地趋于精神的表现、不断地丰富精神的意图。它一方面在本体层面向着人的存在完整性趋近,体现为人生意义的精神呈现;而另一方面,也是更现实、更核心的,在功能层面上,"以文化人"的实践形态通过直接体会现实中的缺失与有限性,不仅向人提示着精神发展的宏大旨趣,而且在历史与现实相关联的方面具体丰富着人的现实的精神活动。也因此,对于现代美育来说,"以文化人"具有特殊的方法论意义。我们把现代美育定位于以精神涵养方式来为人的现实精神缺失寻求"补缺",实际上就是表明了这种方法论上的特殊性。

质言之,作为人在现代消费性文化生产语境中寻求自我精神"再度出发",致力于把握人生现世的精神性存在维度的特定功能实践,"以文化人"是现代美育在方法论上的特定化和具体化,实现着现代美育以精神修复为旨归的涵养功能。

第一,在持续的渗透中展开,在潜移默化中释放,这是现代美育超越一般知识教育之"教"的规训、实现"化"的可能性的特殊性所在,也构成了现代美育精神涵养功能的具体意义。所以,对于现代美育来说,便需要特别关注和突出营造"补缺"需要的精神氛围,以便使"化"的活动能够获得积极的助力。实际上,当我们通常强调艺术在现代美育中的特殊地位,期待着艺术能够满足"育人"效应的时候,就是肯定了这种精神氛围的建构性意义。因为很显然,在人的现实生活中,艺术的最大意义就在于"用感性的艺术形象的形式去显现真实","至于其他目的,例如教训、净化、改善、谋利、名位追求之类,对于艺术作品之为艺术作品,是毫不相干的"[①]。艺术可以向人提供精神安顿和精神成长的最适宜环境。如

---

① 黑格尔:《美学》第 1 卷,朱光潜译,北京,商务印书馆 1979 年版,第 68—69 页。

果说，现代美育有必要借助艺术的力量，那么，这并非表示艺术可以用来指称美育或代表美育，而是在功能意义上突出了一点，即精神涵养的过程不能没有实现精神满足的功能实践氛围。宗白华在《我和诗》一文中回顾自己青年时代创作经历的一段话，便很好地说明了这种精神氛围营造与美育功能实现的内在关系：

  唐人的绝句，像王、孟、韦、柳等人的，境界闲和静穆，态度天真自然，寓秾丽于冲淡之中，我顶欢喜。后来我爱写小诗、短诗，可以说承受唐人绝句的影响，和日本的俳句毫不相干，泰戈尔的影响也不大。只是我和一些朋友在那时常常欢喜朗诵黄仲苏译的泰戈尔《园丁集》诗，他那声调的苍凉幽咽、一往情深，引起我一股宇宙的遥远的相思的哀感。①

  艺术（唐人绝句、泰戈尔的诗）——精神氛围的诞生（闲和静穆、天真自然、苍凉幽咽、一往情深）——自我精神的"再度出发"（引起我一股宇宙的遥远的相思的哀感），艺术的力量在这里已不是凝定于文本之中，而是从人置身其间的境界（氛围）来面向着人的心灵活动，它是一种令人精神感动的力量。

  第二，"以文化人"的精神涵养过程，始终指向人的精神归途，内在地呈现着现代美育的基本价值。如果说，在消费性文化生产语境中，现代美育在"以文化人"的具体实践中内在地展现着人的精神缺失修复的持久性前景，那么，其内在本体的规定显然不能离开具体方法论意义的实现。这就意味着，现代美育归根结底是一种功能主导性的存在，并且在不断确立和完成人的精神涵养这一功能实

---

① 宗白华：《宗白华美学与艺术文选》，王德胜编选，郑州，河南文艺出版社2009年版，第311页。

践的展开中对人生现世发生着意义。这同时就向我们揭示出：作为人和人的具体生活的发展性动力，现代美育开始于一种特定的"人为"努力，最终指向不断寻求"为人"的完善性——"人为"的努力源自人生现世的精神局限，"为人"的完善性则导向了精神的内在重建方向，而现代美育便是这两个方面的现实统一。这一点，应该说也同全部教育的目标是相一致的。"教育应该将我们导向人们称为本性的东西，就是那使得我们从'我'中、从'我们'中摆脱的东西"，"这种对我们的本性的探寻可以满足知识上的欲望，因为我们的本性是人类世界和文化的起因。它也是存在于我们身上的最美好和最高尚的东西，从这个意义上讲，这种探寻还可以满足我们对美和崇高的追求"。①"我""我们"的有限性和孤立性，将人生现世狭窄化了，遮蔽了"我们对美和崇高的追求"。在这个意义上，也可以说，现代美育一定程度上地构成了对人的现实的"审美干预"——不断去除这种人生现世的有限性和孤立性。而这种审美干预之所以发生、审美干预的实现之所以可能并最终带来人的精神自觉和丰富，则特定地体现在"以文化人"精神涵养过程的现实取向之中。

第三，"以文化人"作为精神涵养的过程，既高度关注人从现实出发所不断趋向的精神能力建构，同时又不是把这种能力建构直接归为某种制度性的设计，而是以"化"的可能性来强化人自身"习染自得"的精神修复能力养成，亦即在外化于内的过程中触发人的本心感受，把精神的修复满足交还给人自身。因而，现代美育实际上肯定了人生现世本身恰恰可以成为"化人"的起点，精神涵养的不断丰富也不是对现实存在的单一否定，而是在现实之中追求

---

① 阿尔贝·雅卡尔、皮埃尔·玛南、阿兰·雷诺：《没有权威和惩罚的教育？》，张伦译，北京，中国人民大学出版社2005年版，第23页。

实现的人的精神改善。另一方面，由于强调精神缺失的修复根本上归于人的内在能力建构，强调在现实生活的具体活动中实现精神的内在"补缺"，因此精神的"自得"便也进一步巩固了"习染"的过程——一种精神的持续性交流和进入式的发现。事实上，艺术活动之所以构成为现代美育实现精神涵养功能的具体实践，也是在这个意义上来说的，因为艺术最重要的力量，就在于其所生发的巨大感染能在人的精神感动中为人提供本于自心的颖悟。在这里，我们不妨拿朱光潜曾经讲过的一个例子，来说明现代美育这种"习染自得"的实践特性：

  阿尔卑斯山谷中有一条大汽车路，两旁景物极美，路上插着一个标语牌劝告游人说："慢慢走，欣赏啊！"许多人在这车如流水马如龙的世界过活，恰如在阿尔卑斯山谷中乘汽车兜风，匆匆忙忙地急驰而过，无暇一回首流连风景，于是这丰富华丽的世界便成为一个了无生趣的囚牢。这是一件多么可惋惜的事啊！①

  "慢慢走"的过程就是一个精神交流层面的"习染"，"了无生趣"却是因为人受困于具体现实而不能走进这一过程，所以终究不可"自得"，不能引发审美的感动、收获精神的补偿。显然，若不能引发外化于内的精神进入，所谓美育也将无以终其之所终。

  （本文系首都师范大学"北京高校中国特色社会主义理论研究协同创新中心"资助成果）

（原载《美育学刊》2017年第3期）

---

① 朱光潜：《谈美》，见《朱光潜全集（新编增订本）》第3卷，北京，中华书局2012年版，第97页。

论美育的内在德育功能
——当代中国美育基础理论问题研究之二

杜 卫◆（杭州师范大学艺术教育研究院）

一、拓展美育意义的方法论问题

在美育基础理论中，美育和德育的关系是核心问题之一。从逻辑上讲，美育与德育既有所区别，又有着内在联系，所以，美育基础理论的研究者都会或多或少、自觉不自觉地思考二者的关系。例如，席勒在《美育书简》中就明确论述过美育和德育的关系，而在20世纪上半叶，中国研究美育的王国维、蔡元培、梁启超、朱光潜等也都阐述过美育和德育的关系问题。对这一关系的理解既关联着哲学上对美与善、审美与道德关系的理解，又直接受制于特定时期对教育目标的设定。因此，不同历史时期、不同民族对美育和德育关系的理解都有所不同。

对于美育的内在德育功能问题，我国当代学术界研究不多。改革开放以来的相当一段时间里，学术界更多地关注审美和道德的区别，更多地强调审美活动自身的特殊性质和规律。对于审美和道德的内在联系关注不够，研究也有待深入。这种状况也影响到了对美育和德育关系的理解，似乎更多地强调二者的区别，对于它们的相互关联、内在融合却很少有学者关注。实事求是地讲，在思想解放的背景下，针对以前把审美与政治、道德相混同，甚至把艺术直接列为政治的工具的状况，特别关注审美的自身特点和规律，对于深入认识审美和艺术的内在性质、自身规律是完全有必要的，这不仅极大地推动了美学研究的深入，也促进了文艺的繁荣。但是，在人们对于事物特性的认识被过分强调的同时，对该事物的完整性状的全面理解往往会被忽略，而这种非此即彼的认识模式也影响到了对于美育和德育关系的适当把握。事实上，当美育被仅仅限于对审美"无利害性"的应用时，美育的意义就变得稀薄，美育的价值和功能就被狭隘化、抽象化了。这种狭隘的美育"自律论"与粗暴的美育"工具论"一样，都不能全面把握美育的性质和功能，对于美育的实践也会是有害的。从历史上看，狭隘的美育"自律论"有一个理论基础，就是席勒提出来的"审美人格论"。但是，席勒并没有把审美人格当作教养的最高目标，而是把审美人格作为自然人向道德人过渡的津梁："要使感性的人成为理性的人，除了首先使他成为审美的人，没有其他途径。"① "因为道德的人只能从审美的人发展而来，不能由自然状态中产生。"② "审美人格论"作为一种美育观念，忽略了人的现实的全面发展需要，无视我国悠久深厚的美育传统，面对大众文化兴起以来感性泛滥的现实语境又缺乏应对能力，阻碍了对于美育功能的全方位开掘，应当予以摒弃。

美育，作为一种独特的教育形态，当然具有它自身的特征，那就是感性教育。美育以深度体验为基本方式，以培养内心和谐的丰厚感性为目标，并以此与德育、智育、体育相区分。深刻认识美育的特殊性是有必要的，这对于深入了解美育的自身规律从而发挥美育的独特作用是有益的。尤其是当前在教育领域还有一些把美育从

---

① 席勒：《美育书简》，徐恒醇译，北京，中国文联出版公司1984年版，第116页。
② 席勒：《美育书简》，徐恒醇译，北京，中国文联出版公司1984年版，第118页。

属于德育的错误观念存在,影响了美育工作的加强,适度强调美育的特殊性对于把握美育的特殊规律尤为重要。但是,无论是对人的身心素养和能力做区分,还是相应地列举德育、智育、美育、体育,都只是相对的,因为,人是一个有机体,不可能把人的素养和能力完全生硬地分割开来。而且,美育还具有面向整体人格的特点,正如席勒所指出的,审美状态作为一种内心和谐的状态,为人的认知和意志等发展提供了可能。这就意味着,美育能够成为整个教育的基础。① 从具体实践上讲,学校不同的课程也都既有属于本课程独特的教育教学目标,又有与其他课程目标相互关联的部分。而美育的特殊性在于,它既有自身的目标和任务,又有对各门课程的渗透。各类课程都有情感体验发生,美育的渗透都可能有助于实现学校课程教学的多元目标。因此,从方法论上讲,我们对于美育的认识,既要聚焦美育自身的特征和规律,又要关注美育同德智体三育之间的协同关系;既要反对把美育简单等同于德育的"工具论"片面倾向,又要突破封闭绝缘的"自律论"美育观,从而走向开放的美育自律论。这种开放的自律论肯定美育具有自身独特的性质和规律,同时也承认美育与德育、智育、体育等处于内在关联的状态中。所谓内在关联是指美育自身内在地具有某些德智体诸育的

---

① 席勒认为,审美活动("游戏冲动")把两种片面的冲动协调起来,从而进入一种"审美状态"。见席勒:《美育书简》,徐恒醇译,北京,中国文联出版公司1984年版,第108页。他进一步解释说,审美状态也可以说是"零状态","它是一切能力可能性的基础"。见席勒:《美育书简》,徐恒醇译,北京,中国文联出版公司1984年版,第111—112页。E. 霍姆斯曾指出六种可通过教育来开发的天性:1. 交流的天性,说与听的需要;2. 戏剧的天性,行动的需要;3. 美术的天性,绘画和造型的需要;4. 音乐的天性,舞蹈和唱歌的需要;5. 探究的天性,了解事物原因的需要;6. 构造的天性,建造事物的需要。上述六种天性中,第二、第三和第四种天性直接属于审美(或艺术)天性,但是,交流天性和构造的天性与艺术天性有深刻联系。这从一个方面说明了,美育可以成为整个儿童教育的基础。详见 H. 里德:《寓教育于艺术》,London,1943,第10页。

功能，而非简单地以美育为其它教育形态的手段或工具。只有这样，我国的美育理论才会既有超越现实的价值导向，又有积极参与社会生活的积极功能；唯有如此，我国的美育理论才能够在社会转型期新型公民培养以及社会建设过程中发挥更大的积极作用，才能够具备应对当前方兴未艾的美育实践的能力。蔡元培、朱光潜等先贤都多次阐发过"以出世的精神做入世的事业"的主张，由此出发给他们的美育理论价值定位。所谓"出世的精神"就是不计个人利害得失的博大情怀和高尚品格，"入世的事业"就是国富民强、社会进步。这种价值定位明确了美育理论既有超越性又有现实性的独特品格，这是值得我们特别注意的。

笔者曾在《美育三义》一文中概括地阐述了美育的三个相互关联的基本意义：感性教育、人格教育和创造教育。美育的感性教育和人格教育这两个基本意义与德育有着深刻的内在关联，本文力图在肯定美育的独特性质和功能的前提下，系统阐述美育内在具有的德育功能，在美育与德育融合的视野里拓展当代中国美育的意义。

二、美育与德育融合是中国美育思想的根本特征

西方美育思想于 20 世纪初传入中国，王国维和蔡元培较早作出具有中国本土意义的美育阐述。这些中国美育思想的奠基者一面引进介绍西方的美育理论，一面阐发中国传统的美育思想，从而激活了中国悠久的美育传统，并加以发扬光大。这种传统强调，理想人格的养成要从感性入手，注重情感体验，实现教养的内化。所谓"潜移默化""陶冶性情""怡情养性"等都是不脱离感性、不断深

化感性、持续提升生命境界的教化方法。① 20世纪以来的中国美育思想基本上都继承了这个传统，并有所发扬光大。

1903年起，王国维在多篇署名或不署名文章中，论述哲学、美学和美育问题。在人们的印象中，王国维主张艺术独立，倡导美和审美不关乎利害考虑，好像只是主张审美与道德分离、美育与德育无关甚至对立，其实不然。王国维的确主张艺术独立，强调审美的非实用价值，同时，他又十分肯定审美和艺术与人生的紧密联系，突出审美和艺术对于人的情感和精神的升华作用，创建了"人生论美学"。1905年，在《论哲学家与美术家之天职》中，他说："天下有最神圣、最尊贵而无与于当世之用者，哲学与美术是已。""呜呼！美术之无独立价值也久矣。此无怪历代诗人，多托于忠君爱国劝善惩恶之意，以自解免，而纯粹美术上之著述，往往受世之迫害而无人为之昭雪者也。此亦我国哲学美术不发达之一原因也。"他进而呼吁："若夫忘哲学、美术之神圣，而以为道德政治的之手段者，正使其著作无价值者也。愿天下之哲学美术家，毋忘其天职，而失其独立之位置，则幸矣！"② 对于美和审美，王国维十分明确地主张无功利性，反对只以有用与否来评价艺术和审美。然而，王国维强调美的不可利用、艺术的独立是有限度的。例如他说："美之性质，一言以蔽之曰：可爱玩而不可利用者是已。虽物之美者，有时亦足供吾人之利用，但人之视为美时，决不计及其利用之点。其性质如是，故其价值亦存于美之本身，而不存乎其外。"③ 这段话比

---

① 关于中国古代以人格养育为主要内容的美育传统，本人概括地称之为美育的"人格教育"并已做过初步探讨，详见杜卫：《美育三义》，《文艺研究》2016年第11期。
② 王国维：《论哲学家与美术家之天职》，见姚淦铭、王燕编《王国维文集》第3卷，北京，中国文史出版社1997年版，第6—8页。
③ 王国维：《古雅之在美学上之位置》，见姚淦铭、王燕编《王国维文集》第3卷，北京，中国文史出版社1997年版，第31页。

较全面地表达了他对"审美无利害性"的独特理解。首先，他顺应康德的观点，审美是一种不涉及利害考虑的观照；其次，他也肯定美、审美是可以被利用的，也就是有价值的，但这种价值只存在于美和审美自身，而不是外加的。王国维认为这种内在价值是因为美具有无利害性，"遂使吾人忘利害之念"[1]，这是一种情感和精神上的作用。例如，他提出根治鸦片烟的方法应该是"就根本上下手"，因为吸食鸦片是国民"精神上之疾病"，"其原因存于感情上而已"，而文学艺术正可以"慰空虚之苦痛而防卑劣之嗜好"[2]。在《孔子之美育主义》一文中，王国维揭示了孔子育人是"始于美育，终于美育"[3]，还提出了关于美的"无用之用"命题。他说："美之为物，为世人所不顾久矣！庸讵知无用之用，有胜于有用之用者乎？以我国人审美之趣味之缺乏如此，则其朝夕营营，逐一己之利害而不知返者，安足怪哉！安足怪哉！"[4] "无用之用"命题中有两个"用"，前者是"一己之利害"的利用价值，也就是个人自私、实用的价值；后者是使情感纯洁、精神高尚的利用价值。王国维反对的是把美和艺术用作"载道"的工具，来谋取个人或利益团体的狭隘利益，这和他主张发挥美和艺术自身的内在情感和精神价值的立场并不矛盾。这种人本主义的美学立场是中国现代"审美功利主义"[5] 最具标志性的姿态，对后世中国美学和美育理论产生了经典性的深刻影响。

---

[1] 王国维：《古雅之在美学上之位置》，见姚淦铭、王燕编《王国维文集》第3卷，北京，中国文史出版社1997年版，第31页。
[2] 王国维：《去毒篇（雅片烟之根本治疗法及将来教育上之注意）》，见姚淦铭、王燕编《王国维文集》第3卷，北京，中国文史出版社1997年版，第23—26页。
[3] 王国维：《孔子之美育主义》，见姚淦铭、王燕编《王国维文集》第3卷，北京，中国文史出版社1997年版，第157页。
[4] 王国维：《孔子之美育主义》，见姚淦铭、王燕编《王国维文集》第3卷，北京，中国文史出版社1997年版，第158页。
[5] 关于"审美功利主义"的论述，详见杜卫：《中国现代的"审美功利主义"传统》，《文艺研究》2003年第1期。

从上述美学立场出发，王国维一方面热情推崇美育，另一方面，又把美育和德育统一起来。首先，他认为教育的目的是使受教育者成为"完全之人物"，也就是全面发展的人。为使人全面发展，需要有智育、德育、美育和体育，前三者虽然单独列出，但由于知情意"相互交错"，"不可分离而论之"。他认为，美育是"一面使人之感情发达，以达完美之域；一面又为德育与智育之手段"。而且，他还认定，德育处于教育的中心地位："古今中外之哲人无不以道德为重于知识者，故古今中外之教育无不以道德为中心点。"①然而，王国维虽然重视德育，却并不主张把美育当作德育的附庸。例如，在《论小学校唱歌科之材料》一文中，他列出小学唱歌科的目的有三："（一）调和其情感，（二）陶冶其意志，（三）练习其聪明官及发声器"，"虽有声无词之音乐，自有陶冶品性使之高尚和平之力，固不必用修身科之材料为唱歌科之材料也。……若徒以干燥拙劣之辞述道德上之教训，恐第二目的未达，而已失其第一之目的矣。"所以，他明确提出唱歌科不能沦为"修身科之奴隶"。② 这种思想与上述"审美功利主义"主张是完全一致的，那就是，要发挥审美和艺术自身的内在教育价值，这种价值本身也必然饱含着德育的意义，这才是美育要义所在。

从深层意义上讲，王国维论述美学和教育不同于前人的一个根本之处在于其形而上的高度。他接受了德国古典哲学的有机整体论观点，把人看作是一个整体，知情意虽有区别但是不可分离，由此，以全面发展为目的的教育内部各育也必然是相互关联的。这种关联是内在的，也就是说美育自身饱含着某些德育的目标，情感的

---

① 王国维：《论教育之宗旨》，见姚淦铭、王燕编《王国维文集》第3卷，北京，中国文史出版社1997年版，第57—59页。
② 王国维：《论小学校唱歌科之材料》，见姚淦铭、王燕编《王国维文集》第3卷，北京，中国文史出版社1997年版，第94—95页。

发展和精神的高尚本身也可以说是德育的目标。这种基于"无用之用"思想的美育观以及美育与德育内在联系的思想，是王国维审美功利主义美育观的根本体现，基本奠定了中国现代美育观念的价值论基础，其影响一直延续到今天。

在20世纪的中国，倡导美育用力多、时间长、影响大且身体力行践行美育者，非蔡元培莫属。他接受了康德"人即目的"的人道主义思想，主张教育要以人为本，并倡导发展学生个性："教育是帮助被教育的人，给他能发展自己的能力，完成他的人格，于人类文化上能尽一分子的责任；不是把被教育的人，造成一种特别器具，给抱有他种目的的人去应用的。所以，教育事业当完全交与教育家，保有独立的资格，毫不受各派政党或各派教会的影响。"① 他在民国元年担任教育总长后不久，即发表《对于新教育之意见》，列举五育，即"军国民主义""实利主义""公民道德""美育"和"世界观"，他说："以教育界分言三育者衡之，军国民主义为体育；实利主义为智育；公民道德及美育皆毗于德育；而世界观则统三者而一之。"② 五年之后，在《全国临时教育会议开会词》中，他具体解释说："五者以公民道德为中坚，盖世界观及美育皆所以完成道德，而军国民教育及实利主义，则必以道德为根本。……从前言人才教育者，尚有十年树木、百年树人之说，可见教育家必有百世不迁之主义，如公民道德是。"③ 他在《在爱国女学校之演说》中，也

---

① 蔡元培：《教育独立议》，见中国蔡元培研究会编《蔡元培全集》第4卷，杭州，浙江教育出版社1997年版，第585页。
② 蔡元培：《对于新教育之意见》，见中国蔡元培研究会编《蔡元培全集》第2卷，杭州，浙江教育出版社1997年版，第14页。
③ 蔡元培：《全国临时教育会议开会词》，见中国蔡元培研究会编《蔡元培全集》第2卷，杭州，浙江教育出版社1997年版，第178—179页。

明确提出："德育实为完全人格之本。"① 而美育的重要功能就是辅助德育，他说："欲养成公民道德，不可不使有一种哲学上之世界观与人生观，而涵养此等观念，不可不注重美育。"② "我以为如其能够将这种爱美之心因势而利导之，小之可以怡性悦情，进德修身，大之可以治国平天下。……人我之别、利害之念既已泯灭，我们还不能讲德么？人人如此，家家如此，还不能治国平天下么？"③ 由此可见，蔡元培一方面认定德育是教育的中心任务，另一方面肯定了美育内在的德育功能。

蔡元培受德国古典美学和席勒美育理论的影响，十分重视美育，但是，他所倡导的美育却有极鲜明的中国特色。他提出："纯粹之美育，所以陶养吾人之感情，使有高尚纯洁之习惯，而使人我之见、利己损人之思念，以渐消沮者也。盖以美为普遍性，决无人我差别之见参入其中。""美以普遍性之故，不复有人我之关系，遂亦不能有利害之关系。……盖美之超绝实际也。"④ 很清楚，蔡元培倡导美育，根本上是要利用审美的超越性作用，培养国民高尚的情感，去除"人我之见""利己损人之思念"。而这些任务和德育是密不可分的，甚至可以说，就是培养道德人格的重要部分。1919 年五四运动后，蔡元培辞去北京大学校长职务，在天津车站接受记者采访时，他把倡导美育以改造国民性的意图说得更加明白："我以为吾国之患，固在政府之腐败与政客军人之捣乱，而其根本，则在于

---

① 蔡元培：《在爱国女学校之演说》，见中国蔡元培研究会编《蔡元培全集》第 3 卷，杭州，浙江教育出版社 1997 年版，第 13 页。
② 蔡元培：《传略（上）》，见中国蔡元培研究会编《蔡元培全集》第 3 卷，杭州，浙江教育出版社 1997 年版，第 668 页。
③ 蔡元培：《〈美学原理〉序》，见中国蔡元培研究会编《蔡元培全集》第 7 卷，杭州，浙江教育出版社 1997 年版，第 623 页。
④ 蔡元培：《以美育代宗教说》，见中国蔡元培研究会编《蔡元培全集》第 3 卷，杭州，浙江教育出版社 1997 年版，第 60—61 页。

大多数之人皆汲汲于近功近利,而毫无高尚之思想,惟提倡美育足以药之。我自民国元年以来,常举以告人。"① 1928年,蔡元培在回顾当初提倡美育的用意时说:"提起全国人民对于艺术的兴趣,以养成高尚、纯洁、舍己为群之思想。"② 这里说的"高尚、纯洁、舍己为群之思想"是和道德范畴重合的。此后,他还研究过生活意志的问题,认为生活意志一方面来自知识,另一方面来自情感。"舍己利人""舍身救人","这种伟大而高尚的行为,是完全发动于感情的"。他倡导美育就是因为审美能够使人的情感得到陶冶和升华,也就是和道德相融合。因此,他讲美育使情感发达、纯洁,经常涉及的是道德情感。例如他说:"既有普遍性以打破人我之见,有超脱性以透出利害的关系;所以当着重要关头,有'富贵不能淫、贫贱不能移、威武不能屈'的气概;甚至有'杀身以成仁'而不'求生以害仁'的勇敢;这是完全不由于知识的计较,而由于情感的陶养,就是不源于智育,而源于美育。"③ 这里讲的"气概"和"勇敢"其实就是"义",更多地属于道德范畴。

  由此可见,蔡元培比王国维更加明确、持久地主张美育具有并应该发挥德育功能,从根本上就是把美育作为陶养道德情感,以实现人道主义社会理想的重要手段。他不赞成简单地以道德灌输和说教的方式来培养国人高尚道德,而主张道德人格的培养要从情感入手,以个体内心体验和自觉的方式,在潜移默化、润物无声的过程中培养国人的道德人格。可以说,这是他倡导美育的最根本原因。

---

① 蔡元培:《在天津车站的谈话》,见中国蔡元培研究会编《蔡元培全集》第3卷,杭州,浙江教育出版社1997年版,第630页。
② 蔡元培:《全国教育会议开会词》,见中国蔡元培研究会编《蔡元培全集》第6卷,杭州,浙江教育出版社1997年版,第227页。
③ 蔡元培:《美育与人生》,见中国蔡元培研究会编《蔡元培全集》第7卷,杭州,浙江教育出版社1997年版,第290—291页。

朱光潜是比较重视审美和艺术的独特性质和功能的一位现代美学家，他受西方美学思想影响比较大，强调审美活动的"孤立绝缘"。但是，他研究美学的出发点却是为了改造国民性，使人具有高尚纯洁的思想情感。他总是从"人生"来审视审美和艺术，提出著名的"人生的艺术化"理论，被他的好友朱自清说成"是'美育'的目标所在"①。他虽然专论美育的论著不多，但是，他的美学，特别是在20世纪前半期的美学理论是根本上关于人的审美修养的理论，也就与美育紧密相关。② 朱光潜非常看重审美和艺术对于国民性的改造作用，这在他年轻时所写的《谈美》中就有明确表述。他说，在国难当头的危急时刻谈美，不是在"谈风月"，而是时机太紧迫，因为："我坚信中国社会闹得如此之糟，不完全是制度的问题，是大半由于人心太坏。我坚信情感比理智重要，要洗刷人心，并非几句道德家言所可了事，一定要从'怡情养性'做起，一定要于饱食暖衣、高官厚禄等等之外，别有较高尚、较纯洁的企求。要求人心净化，先要求人生美化。"③ 这种观点和王国维、蔡元培重视美育的道德人格养成作用是一脉相承的。

所不同的是，朱光潜系统学习过美学和心理学，又是专门研究美学的学者，所以对美育的德育功能能够作出较为详细的论证。他明确主张"美育为德育的基础"④，并从多方面进行了论证。他显然

---

① 朱自清：《〈文艺心理学〉序》，见《朱光潜全集》编辑委员会编《朱光潜全集》第1卷，合肥，安徽教育出版社1987年版，第523页。
② 阎国忠曾评论说："朱光潜虽以绝大部分精力讨论文艺创造与欣赏问题，但其真正的落脚点却在审美教育，他的著述，从《给青年的十二封信》开始，几乎篇篇都没有离开审美教育。"见阎国忠：《朱光潜美学思想及其理论体系》，合肥，安徽教育出版社1994年版，第159页。
③ 朱光潜：《谈美》，见《朱光潜全集》编辑委员会编《朱光潜全集》第2卷，合肥，安徽教育出版社1987年版，第5—6页。
④ 朱光潜：《谈美感教育》，见《朱光潜全集》编辑委员会编《朱光潜全集》第4卷，合肥，安徽教育出版社1988年版，第146页。

继承了传统儒家注重"修身"的思想,多次引用古代儒家关于礼乐教化的思想。他认为,中国古代儒家非常重视礼乐教化,"诗、礼、乐三项可以说都属于美感教育",其目的就是内心和谐,行为有序:"内具和谐而外具秩序的生活,从伦理观点看,是最善的;从美感观点看,也是最美的。"这是儒家教育思想中最值得注意的,其最终目的是在道德方面,而"美育为德育的必由之径"。他说:"道德并非陈腐条文的遵守,而是至性真情的流露。所以德育从根本做起,必须怡情养性。美感教育的功用就在怡情养性,所以是德育的基础功夫。……从伦理观点看,美是一种善;从美感观点看,善也是一种美。"①

这种观念与朱光潜当年所接触到的西方美学和心理学理论遥相呼应。在《谈情与理》(《给青年的十二封信》之九)中,他不赞成张东荪和杜亚泉的理智主义主张,认为"理智支配生活的能力是极微末的,极薄弱的"。他引述了叔本华、尼采、柏格森等人的生命哲学理论来批驳唯理智主义的弊端,引用新兴的精神分析学理论论证理智主义的不科学。他说:"情感的生活胜于理智的生活","理智的生活是很狭隘的",离开了情感,艺术、爱情对于生活没有意义,人生也失去了趣味和意义;而且,"理智的生活是很冷酷的,很刻薄寡情的",缺乏人对人的同情和行动的推动力。他认为:"人类如要完全信任理智,则不特人生趣味剥削无余,而道德亦必流为下品。严密说起,纯任理智的世界中只能有法律而不能有道德。纯任理智的人纵然也说道德,可是他们的道德是问理的道德(morality according to principle),而不是问心的道德(morality according to heart)。问理的道德迫于外力,问心的道德激于衷情,问理而不问

---

① 朱光潜:《谈美感教育》,见《朱光潜全集》编辑委员会编《朱光潜全集》第4卷,合肥,安徽教育出版社1988年版,第145—146页。

心的道德，只能给人类以束缚而不能给人类以幸福。"① 这里，朱光潜并不是要否定理智，也不是要排斥理智的道德，而是强调与情感体验相通的道德比理智的道德更具有基础性和根本性。因为在他看来，真正的道德是"激于至诚"的，也就是基于一个人内心的良知和本性，是真性情的流露，而绝不仅仅是一种义务，更不是一种"报酬"。②

朱光潜这种在个体修养方面"以情为本"的观念，引出了他关于美育与德育关系的重要观点，那就是美育是德育的基础。他从阐发儒家传统的礼乐教化讲起："乐的精神在和谐，礼的精神在秩序，这两者中间，乐更是根本的，因为内和谐外自然有秩序，没有和谐做基础的秩序就成了呆板形式，没有灵魂的躯壳。内心和谐而生活有秩序，一个人修养到这个境界，就不会有疵可指了。谈到究竟，德育须从美育上做起。道德必由真性情的流露，美育怡情养性，使性情的和谐流露为行为的端正，是从根本上做起。惟有这种修养的结果，善与美才能一致。"③ 美育通过"怡情养性"促使个体内心和谐，这是"修身"的根本。道德行为不是做给别人看的（国人往往在没有利益相关方监督的情况下做出不道德、不礼貌的事，例如一些出境游客的"劣迹"），而应该是个体内心的真诚、自然流露，这是中国传统道德人格养成理论和方法的关键，也是朱光潜所向往的道德人格修养境界。在此意义上说，美育和德育所追求的修养境界是高度一致的。

---

① 朱光潜：《给青年的十二封信》，见《朱光潜全集》编辑委员会编《朱光潜全集》第1卷，合肥，安徽教育出版社1987年版，第44页。
② 朱光潜：《给青年的十二封信》，见《朱光潜全集》编辑委员会编《朱光潜全集》第1卷，合肥，安徽教育出版社1987年版，第46—47页"附注"。
③ 朱光潜：《音乐与教育》，见《朱光潜全集》编辑委员会编《朱光潜全集》第9卷，合肥，安徽教育出版社1993年版，第144页。

王国维、蔡元培和朱光潜对于美育与德育内在联系的独特理解，形成了中国现代美育思想的重要内涵，既有对席勒美育思想的吸收，更多的是对中国古代以儒家为代表的美育传统的继承和发展。更值得注意的是，他们倡导美育、主张美育发挥独特的道德养育功能，绝非仅仅关注纯粹的"学术"问题，而是聚焦于中国的社会现实，他们是要通过实施美育来拯救人心、改造国民性，达到建设理想社会的目的。这个以"审美功利主义"为核心的美育思想传统是值得我们继承的。

三、美育内在的道德养育功能

美育的德育功能可以从两个方面来分析：一个是外在的。美育的外在德育功能就是采用美育的感性方式来达到德育目标。例如，采用艺术的形式，在形象生动、生动有趣的过程中，传授一些德育内容。这样做是为了避免抽象枯燥的说教，易于让学生接受，但目的还是德育。因此，这种所谓的美育实质上是德育。另一个是内在的。美育的内在功能则来自于审美和艺术自身具有的道德养育作用，其目的既是美育的，又是德育的。从根本上讲，前者不是美育，而是德育，只不过是借助了一些美育方法的德育；后者才是美育的，只不过其作用不仅限于单纯的美育，而是部分发挥了德育的作用。因此，从严格意义上讲，美育的内在德育功能就是指后者，也就是美育自身所具有的道德养育作用。以白居易的《卖炭翁》为例。从德育的角度讲，这首诗的作用是通过诗歌生动形象的方式和情感体验的渠道，使儿童了解普通百姓劳作的艰辛、生活的不易，培养尊重劳动，同情下层劳动者的观念。从德育的观点看，引导学生对这首诗的感知和体验是手段，而帮助学生透过形象和感动来学习道德观念是目的。所以，在德育过程中，"动之以情"只是手段，

"晓之以理"才是目的。但是，从美育的角度讲，对诗歌形式的了解，由对诗歌的体验而产生的想象和共鸣，就是美育的目的。因为学生学习了诗歌的知识，甚至对诗歌产生了兴趣，使学生的审美能力和审美意识有所提高，这些就是美育的任务。所以，"动之以情"就是美育的目的，同时，学生也能够从这首诗里领悟到底层百姓劳作的艰辛和生活的困苦，产生对他们的同情，这也就实现了德育的某些目标。人们在谈论艺术教育时总喜欢讲"寓教于乐"，这是有道理的。但如果把"教"简单狭隘地理解为道德教化，似乎生动形象的艺术活动最后非要落实到某个抽象说教才算落实了教育的目的，好像不在艺术作品里面发掘出一点教化的微言大义就不算在从事教育，这种观念就未必是正确的。目前一些学校的艺术课（包括文学类的语文课）实际上就是这样教的，这违背了美育的自身特点和规律，使得一些学校的美育课程不能受到学生普遍接受，美育效果可想而知。美育的独特之处恰恰是"以乐施教"的，这个"乐"就是对艺术作品的体验过程，而美育的内在德育功能也就蕴涵其中了。

如上所述，我国的美育传统也十分注重美育内在的德育功能。孔子之所以重视"诗教"和"乐教"就是为了使教化能够深入人心，转化为个体自发、自觉的行为。他曾说："知之者不如好之者，好之者不如乐之者。"① "知"还只是对外的了解，"好"向内进了一步，到以闻道为"乐"了，那就是内化了，从"知"到"好"再到"乐"的过程其实也就是教化的内化过程。这里深刻的教育思想在于，要教化人，仅仅使人知道一些道理还是不够的，而是要使人心悦诚服地接受这些道理，内化于心，并以听闻和践行这些道理为快

---

① 《论语·雍也》，见国学整理社辑《诸子集成》第 1 册，上海，上海书店 1986 年影印出版，第 126 页。

乐，这才算是达到了目的。孔子的这种教育思想被后世儒家所继承。在《郭店楚墓竹简》中说："教，所以生德于中者也。"① 这句话就直接点出了教育的根本目的就在于内化。更加值得注意的是，经典儒家讲教化，从来不排斥人的情感，而是肯定情感欲望的合理性。王国维曾指出："孔子欲完成人格以使之有德，故于欲知情意融和之前，先涵养美情，渐与知情合而锻炼意志，以造作品性。"② 这里，王国维首先分析了孔子培养道德人格的基本方法，即把道德置于直观（"感觉"）基础之上，重情而不重知。其次，他指出了孔子设计的道德修养过程是从陶养情操或涵养美情入手，而后付诸行动的实践。这种在修养过程中的"由情入理"和修养目的上的"融理入情"，正是孔子以及传统儒家关于美育和德育关系的根本看法。王国维进一步指出，孔子主张情与理的调和："情与理二者以调和为务。此孔子之说所以最蕴藉最稳当者也。""中庸的良心，非所谓先天的良心之情，乃因理性而治成之情，换言之，即理与情融和适宜，而行之以公正之意志是也。"③ 情理之间，相互融通，理是合情的理，情是入理的情。从个体的发展来说，道德又是始终依托着情感而生发的：离开了情感道德无所生，也不可能付诸行动。因此，以情感为中介来展开德育是最有效的，这对于人的性格的影响是最深入和最彻底的。传统儒家直到王国维创立中国现代美育思想，都是主张美育从陶冶性情入手，使人进入"从心所欲不逾距"的境界，这其实就是强调了美育内在的道德养育功能。

---

① 孙熙国、肖雁：《知"道"、成"道"与行"道"——对〈郭店楚墓竹简〉儒家"德"论的一种解说》，《哲学研究》2007年第12期。
② 王国维：《孔子之学说》，见姚淦铭、王燕编《王国维文集》第3卷，北京，中国文史出版社1997年版，第147页。
③ 王国维：《孔子之学说》，见姚淦铭、王燕编《王国维文集》第3卷，北京，中国文史出版社1997年版，第131、132页。

从个体发展来讲，儿童对抽象的道理不容易接受，应该先进行审美熏陶，使他们养成向善之心，为今后的道德人格养成奠定良好基础。柏拉图就曾指出，音乐教育能够使儿童在理智尚未发达的时期，养成和谐的心灵和向善的态度。"等到他们的理性发达了，他们会发现这些东西和理性是和谐的。"① 美育在快感和痛感的"知觉"层次上养成"儿童的最初德行本能"，达到心灵的和谐。因为，"整个心灵的和谐就是德行"②，也就是说，美育是个体道德养成的必要基础。中国传统道德人格养成讲究一个"诚"字，这个"诚"不仅仅是道德意志，更是情感态度，只有心诚，才会有发自内心的道德行为，而非伪善。而情感的熏陶要从美育入手。英国经验主义美学直接就把"热忱""同情"等情感品质赋予了道德内涵，③ 也为美育作为德育的基础提供了理论依据。

从更广泛的意义上讲，美育为受教育者提供了大量优秀的艺术作品，它们以直观的方式向人们呈现了古今中外伟大的思想文化，给人以真切的体验和深刻领悟。各类优秀的艺术品是最好的人文素养教材，能够让儿童青少年切近大师，感悟人生，养成良好的人文素养。人文素养本身就饱含着道德修养，而且还是人的道德发展的

---

① 柏拉图：《文艺对话集》，朱光潜译，北京，人民文学出版社1963年版，第300页。
② 柏拉图：《文艺对话集》，朱光潜译，北京，人民文学出版社1963年版，第300页。
③ 在英国美学传统中，经验主义美学和浪漫主义美学都很强调审美的同情的道德价值。例如，经验主义者J.艾迪生（Addison）指出，美引起我们的爱，它是防止我们冷漠之物；想象的快乐虽起因于感性的东西，但结果却具有道德、沉思和宗教的性质。详见吉尔伯特等：《美学史》上卷，夏乾丰译，上海，上海译文出版社1989年版，第312—314页。另外，休漠、博克、夏夫兹伯里等都论述过同情作为美和道德的中介作用。又如，浪漫主义诗人雪莱在其名篇《诗的辩护》（又译《为诗辩护》）里提出，道德上的善在于超越小我，必须能深广地想象，设身处地地分享并体验他人的人生经验，把人类的忧喜苦乐变成自己的情感体验。诗就是为此而具有积极的道德影响力。详见朱光潜：《谈修养》，见《朱光潜全集》编辑委员会编《朱光潜全集》第4卷，合肥，安徽教育出版社1988年版，第146页。

重要基础。在这个意义上也可以见出，美育具有深刻的德育功能。

四、美育促进个体社会性发展的功能

把美育作为德育基础的观念，关注的重点是美育的情感体验性和内在性与德育的关联，是道德人格的养育。这种基于修身的美育和德育观念还需要拓展，那就是在现代社会培养人的社会生存能力和责任意识，也就是发展个体的社会性。社会性是与个体性相对的概念，是指个体在与他人和群体交往过程中形成的适应社会的意识和能力，① 包括掌握参加社会生活所必须具备的道德品质、价值观念、行为规范，以及形成积极的生活态度、善于自我调节、掌握交往技能等。这类社会性本来属于"群育"的目标，完全可以纳入德育的范畴。当前的德育乃至整个教育不能仅限于"修身"这个传统范畴，而应该在此基础上，适应当下社会转型的情况和新型公民培养的要求，加强学生社会意识、社会交流能力和社会责任感的培养。

审美和艺术是人类最富个性化和创造性的活动，因此美育能够有效地促进个性发展，这是美育最富特征的功能。但是，美育不仅能够促进人的个性发展，而且也可以促进个体社会性的发展，这两种功能内在联系在一起。因为个体的发展都是在与社会的交互作用中进行的，个体人格中个性的方面与社会性方面也是在相互作用中形成和发展的。个性的审美体验总是处于社会性的相互作用之中，情感引发、体验、表达与理解均寓于社会情境之中。情境具有生物学和社会学两种意义，社会情境是个体与社会的融合，也就是人与

---

① "所谓人的社会性，主要指作为社会成员的个体为了自我发展和适应社会生活所应具备和表现出来的包括个性、情感、思维、知识、技能、行为能力等方面的综合社会特征。"见孙杰远：《论学生社会性发展》，《教育研究》2003年第7期。

社会的一种关系。个体情感活动是在社会情景中展开的，个体的情感体验与表达是他与自身和他人的相互作用过程。从社会学的观点看，审美是社会情境中审美主体的感性自我与自身和社会的相互作用过程：个体的任何审美体验、表达、交流和理解都是自我与社会交互作用的动态过程，它把他人和环境等社会性因素内在地包含于自身，离开了与社会的关联，审美情感无法形成和发展，更谈不上交流与理解。因此，美育过程中的审美体验、艺术创作、欣赏和批评都可以为学生的社会性发展提供良好机会。对于艺术的这种社会交流和融合功能，托尔斯泰曾作过肯定的评价："艺术是人与人之间相互交际的手段之一。""如果一个人读了、听了或看了另一个的作品，不必自己作一番努力，也不必设身处地，就能体验到一种心情，这种心情把他和那另一个人联合在一起，同时也和其他与他同样领会这艺术作品的人们联合在一起。""艺术的主要吸引力和性能就在于消除个人的离群和孤卑之感，就在于使个人和其他的人融合在一起。"① 艺术的这种社会性功能可以使美育在促进学生社会性发展方面发挥独特的作用。

在个体的发展历程中，社会意识的萌发是从自承开始的。"自承"是一个心理学术语，意思是自己对自我的确认，只有确认自我才可能有对他人的确认，人的自我意识和社会意识就是在这种区分性的认知过程中形成的。儿童的艺术活动为他们提供了认识自我并对自己产生良好自我感觉的途径。首先，幼儿画出的图形，就是他自己创造出来的属于他自己的标记。这种创造是儿童把自己投射到对象上，并把自我作为对象来观察、欣赏，这有助于儿童自我意识萌发，也有助于确立自信。这种自承心态是儿童积极的社会态度的

---

① 列夫·托尔斯泰：《什么是艺术》，见伍蠡甫主编《西方文论选》下册，上海，上海译文出版社1979年版，第432—444页。

心理根基。其次,在艺术课程中,大力鼓励学生自由探索和尝试,尽可能让学生有自由表现的机会,也可以让儿童在友好、安全的人际环境中获得良好的自我感觉,使他的自我意识得到发展,同时培养对他人和环境的建设性情感态度。

学校的艺术课程给儿童提供了一个与同辈分享思想感情的场所。通过观看同辈作品,获得同学与教师的赞同或不同看法,可以使儿童在相互作用过程中进一步了解和调整自我,同时也有了对他人的认知。特别是在合作性集体艺术活动中,儿童可以发现自我与集体的相互意义,逐渐形成自我与他人和谐相处的团队意识。在这种意义上说,以美育为主要任务的艺术课同时可以是一种人际关系课,在这种课程中,儿童开始学习如何与人交往与合作。人们在合唱队歌唱时,不仅能够表达自己的情感体验,而且能够时时感受到自己与集体之间和谐地呼应、配合;在和谐有序的集体舞中,每一个人都能够在错综复杂的排列组合中感受到自己与集体的协调一致。在这种自由的艺术活动中,个体不仅能够体验到充满友爱的人际关系,而且由此养成积极的社会意识。同时,参与集体艺术活动也可以培养学生与他人相处的团队意识和交际能力,这些正是我国当代教育所应该追求的目标。

审美和艺术具有超越性,可以突破某些群体、文化和历史的隔阂,达到人与人更普遍的交流、理解和联合的目的。这也是当年蔡元培倡导美育所追求的。优秀的艺术品都是在特定的民族、文化和历史语境中产生的,必然会带有这种特定的历史痕迹,但千百年后,这种痕迹渐渐淡化了,作品所包含的人生经验、生命意义和人性光辉却更加凸显,被世界各地的人们所认同。在我们今天看来,米开朗琪罗的《大卫》已不仅仅是文艺复兴时期意大利的英雄,而是全人类的英雄;达·芬奇的《蒙娜丽莎》也不仅仅是文艺复兴时期意大利人美的化身，而是全人类美的象征。自古至今，艺术品的主题与功能之一是对生命的关切，对生活的热忱，对自然的赞美和对他人的理解与爱。因此，在当前国际上经常出现的人文交流中艺术交流是主体，这种活动对于增进不同国家人民之间的相互理解、相互认同起着不可替代的重要作用。美国美学家门罗说过："艺术能够也应该被作为获得世界性理解与同情，从而获得和平与积极的文化合作的手段来加以利用。它们可以被运用来减缓种族、宗教、社会和政治集团之间的敌对，并发展相互的宽容与友谊。"① 美育可以在艺术欣赏、批评和创作过程中，培养学生对人类命运的关切，对生活的热爱和对世界和平的期盼。这些美好的社会意识是未来公民终身需要拥有的。

美育促进人际交流的功能还来自审美、艺术的非语词化表现和理解方式，这是美育在促进学生社会性发展方面的独特作用。非语词交流的主要形式有动态无声的、静态无声的和有声的。人的声音、脸、手势、动作具有十分丰富的表现力，据国外心理学家研究，光人脸就可以做出大约 25 万种表情。② 艺术品的语言不同于人们的日常用语，音乐、绘画、雕塑、舞蹈甚至文学都以各种感性形象的方式传达思想感情，却能够比日常用语等真切完整地把人类的生存感受与经验活生生地传递开去。所以，庄子说"得意而忘言"，陶潜说"此中有真意，欲辩已忘言"，司空图讲"意在言外"，严羽说"不落言筌"等，都指出了日常用语在表达与交流人生经验方面的局限。艺术却超越了这种局限，它可以把人内心丰富、复杂、细微的思想情感真切地表达出来，正如英国艺术评论家里德所说：

---

① 门罗：《艺术教育》，New York，1956，第 155 页。
② 巴克主编：《社会心理学》，南开大学社会学系译，天津，南开大学出版社 1984 年版，第 316—317 页。

"艺术必须被看作是人类掌握的最精确的表达方式。"① 而且，超越了语言界限的艺术也突破了各民族语言之间的隔阂，人们即使不懂法语，照样可以体会比才歌剧的深远意蕴；我们哪怕不会说俄语，却还是可以从《天鹅湖》的芭蕾舞中感受到美和爱。因此，非语词性的艺术对话是人类彼此交流的普遍和有效的手段。美育培养非语词的交流能力，不仅能够使学生深入理解优秀艺术品，而且有助于他们在社会生活中提高沟通和理解的能力。在日常生活中，人与人的沟通和理解，不仅需要语词类话语，也需要非语词类话语。有时候一大堆话还不如一个手势、一个眼神更能传达内心感受，这就需要人们有比较敏锐的非语词理解力，这对于消除误解、增进了解是十分有意义的。

美育能够培养分享式的情感理解力。审美能力的功能之一是可以在情感和想象的交互作用下，达到移情与分享共鸣，因此，具有审美能力的人能体会他人的内心活动，获得感同身受的理解。这种理解能力在社会交往中显得十分重要，因为情感的理解不能仅仅是"设身处地"地替他人设想，而是必须把他人的体验当作自己的体验。社会学家丹森曾深刻地指出："如果主体无法把他人的体验并入自己的体验框架之内，那么他此刻就是在从他人的观点出发，而不是从自己的观点出发来理解这种体验。他人的体验必定在主体中唤起与他过去经历过的那些体验相类似的体验。只有在从自己的观点出发来理解他人体验的基础上，即把另一个人的体验放入自己的体验领域内，按照自己的经验去解释它，人们才能达到充分的情感理解、情感解释和情感互动。这就是共享的和可以共同享有的情感

---

① 里德：《艺术与社会》，陈方明、王怡红译，北京，工人出版社1989年版，第7页。

性对于充分的情感理解为何如此重要的缘故。"① 审美和艺术的理解恰恰就是这种分享式的理解，这种理解过程与其说是立普斯讲的"由我及物"的扩张性移情，不如说是谷鲁斯讲的把对象作为"我"自身的"内摹仿"。托尔斯泰在创作《安娜·卡列尼娜》时，写到（或想象中发生）安娜卧轨自杀的刹那，他感到自己也躺在铁轨上，一列火车正隆隆向自己开来。巴尔扎克阅读福楼拜《包法利夫人》时，读到包法利夫人服毒自杀，他似乎真切地尝到了砒霜的味道。这两种经验表明，在创作或欣赏过程中，审美理解是一种把他人的经验与感受作为自己的经验与感受来对待的分享理解。作为一种共享的理解，审美理解力与理智的认知理解力是不同的。首先，清醒的理智不能把他人的感受作为一种自己内心深处的感受来加以体验，这种理解只能知道他人的快乐与痛苦，这种信息对于主体来说是抽象和隔膜的。而审美理解却把这种信息转化为自己的感受，伴随着压抑或解放、消沉或激动，伴随着心跳加速、热泪盈眶、身体的颤栗、四体的软弱无力等生理反应，这种理解是深入细致、体贴入微的。其次，理智的理解是"我"与对象保持清醒的距离，他人的情感被作为一个外在于主体的对象来分析或思考。而审美的理解则致力于突破这种距离，在一种共享的交流与沟通中，获得"认同性的共振"。这种理解不仅具有"知"的意义，而且具有"行"的意义：它把不同个体的情感经验汇入一个新的、可以共享的领域，由此而使它们融合在一起。因此，以发展审美能力为主要任务的美育，对于培养个体共享的情感理解力，并由此促进他们的人际交流

---

① 丹森：《情感论》，魏中军，孙安迹译，沈阳，辽宁人民出版社1989年版，第214—215页。其中，"情感互动"（Emotional Intersubjectivity）指情感上的互为主体，即通过相互作用，一人试探性地进入另一人情感经验的情感转让；"情感性"（Emotionality）指处于情感过程的状态。

能力的发展,具有不可替代的独特功能。

［本文系国家社科基金重大项目"当代中国美育话语体系建构研究"(16ZDA110)阶段性成果］

(原载《社会科学辑刊》2018年第6期)

审美三题：从中国视角审视美育的审美观念认知

周　星◆（北京师范大学艺术与传媒学院）

美育、艺术教育、审美感知等等问题似乎是老生常谈，但其实未必被认真探究过，原因在于人们未必在教育层面真正认真对待过美育等相关问题，口头上知晓其重要性，事实上长期马虎对待，导致认知的兴趣只限于少数人。而艺术家自身也未必了了，马马虎虎的美育就混在相关概念中而不明就里。站在中国视角认知相关美育问题，可以思考和延续深入的问题不少，理应创新地进行梳理分析。

一、中国审美传统的一种角度论说

美育要深入，首先需要认知审美传统，才能进行美育。中国视角自然是从我们习惯承传的认知角度，从这里入手看。中国的审美认知有历史传统，也难以离开现实影响，审美会遭遇到时代变迁和时代环境所造成的各种因素的制约。应当看到，传统的审美一直是建立在农耕文化的基础上。当人们日出而作、日落而息的时候，大自然的山川水流田畴不知不觉中就成为人们审美的一个关系对象。在和自然融为一体的过程中，人们渴望的山林的幽深、河流的婉转流长、植被的繁茂，都构成审美的影响因素。凝视和体悟对于传统审美而言无比重要。"中国自孔孟儒家至宋明理学家，重视内心生活修养，形成了古代一种特有的精神文明。"① 从绘画、音乐到舞蹈，都和劳动或者超越劳动的静观体味审美相结合。漫长的劳作和相对悠然的生活情态导致了审美传统观赏和规则的形成。我们的认知传统，都建立在这种审美的基础之上。

从文化感知上看，沉淀下来的几个词和中国视角的审美息息相关，特别值得探讨的有所谓"对牛弹琴"的审美缺乏对象性、"相由心生"的审美内生性、"感同身受"的审美感应性、"悠然神会"的审美相通性等。其一，"对牛弹琴"强调审美需要修炼和教化，没有审美感知基础也就缺乏对象性呼应，再美的因素也难以被认同。中国审美期望的是彼此之间的对等感知，文人能够惺惺相惜、互相理解审美对象的美，是因为美在自身具有魅力而超越牛的木然。强化素养需要美育的培育，琴棋书画的修养成为古人文化的必然内容。其二，"相由心生"的审美内生性意指创作得失在于内涵，有怎样审美的根底就有怎样的创作呈现，一个有修养、有一定审美感知度的人，会自身呈现出美感的高下。注重内涵其实也是审美的根本，《左传·昭公九年》谓："我在伯父，犹衣服之有冠冕，木水之有本原。"就是对于无本之木、无源之水的内在性决定的认知。无论是对于作品品相体现出的内涵高下，还是创作者自身呈现出的人格态度，都需深究到内在根底来认识，这也是中国审美的基础认识，所谓道术关系中"道"决定"术"的审美观的意义。其三，"感同身受"的审美感应性强调创作应有读者观众的呼应，作品惟妙惟肖地表现生活，而观赏者如痴如醉地获得奥妙，取得共振，这就是审美获得快感的所在。古文中不少谈及口技表演的出色以及对于观者有巨大吸引力就是证明，强调创作要能让人们从内在和形式上感知到作品的美感亲近性。其四，"悠然神会"的审美相通性，

---

① 侯敏：《张君劢美育思想的视野和路径》，《美育学刊》2017年第6期。

是从审美的高级阶段来确认，出色的创作无需解说，自有让人感知而滋润入心的美感，无论是语言还是形式，美好的东西让感悟瞬间体察或者体味理悟，美好具有无障碍的透射力从而能直达人心，实现犹如《易经》所言的"同声相应，同气相求"的效果。因此，审美者对于事物的美感悠然间认同并陶醉，证明审美的力量。上述阐释是在借助几个历经时代淘洗的言辞来说明传统审美的感知需要有审美的教养和教化，审美者内心的期待会生成审美期待和捕捉外化的可能，内心审美素养与审美对象相遇而产生审美感应，对于美的事物，人们获知其美而荡漾升华产生美感。自然，其基础是审美对于有准备的人期盼，理悟和感知就可能获得审美价值。

时代发展打破了传统审美的一些基础，现代审美突破长期以来对于审美的基本认知。工业化时代的生活和田园时代大不相同，基于传统的静观审美风习不得不接纳现实变化，产生适应当下文化环境的另外一种文化情调。古典的审美和浪漫，不能不转移到现实主义审美上。抽象的、装置的艺术越来越以形式的亮眼改变内涵的审美习惯，失去悠然心会和静观的美感，物质获取与迅疾变化对于心态的影响导致审美的变化。网络时代的人们按捺不下的转换视角，将体悟和心领神会变成了奢侈欲望。网络时代的趣味时常是碎片的，自鸣得意的，喜欢所谓一言不合就"友谊的小船说翻就翻"的机趣，和改变传统语言的所谓蓝瘦香菇——难受想哭带来的好笑的趣味，① 审美已经是浅尝辄止和一笑置之的品位。时代能造就足不出户就将一个"双十一"构建成火爆的抢购日，即刻获得的满足祛除了人们的想象，诗歌和远方成为奢望，哲学和冥想遭遇困难。虽然审美的传统依然在一些场域留存，但"采菊东篱下"的境界，

---

① 2016年，一个广西人发音不准，发出"蓝瘦，香菇"的声音，其实是"难受，想哭"的意思而一时火爆，成为《咬文嚼字》公布的2016十大流行语。

"鸟鸣山更幽"的趣味,"清泉石上流"味道,乃至于"我有一所房子,面朝大海春暖花开"的美感都不太可得。

二、静观审美向"流观"审美的变化趋向

关于美育观念的当下认知,不能不提到我们和远古时代的审美态度发生了很大的变化。简而言之,传统的审美着眼于时间性的体悟和内涵感知,可以称为"静观审美"。网络时代逐渐产生的审美走向强调能在变化中抓住眼球,否则就难以得到关注,我们叫"流观审美"。静观审美在一种观念形态上与古代的侍女画、花鸟画、宫廷画以及春秋战国时期产生的韶乐艺术相适应,创作期待的是能够察之表现的意味,创作自身的情趣融入作品之中而自得。作品培育的是人的一种静的心态,摒弃万物的嘈杂来静默地感知美。你要去阅读、体会人物的性格样态,琢磨舞台上人的语言中双关语(比如曹禺的戏剧里头的潜台词),绘画深处一个小人物独钓寒江雪的意味以及书法中线条曲折的点化(比如说王羲之"之"的几十个落墨的不同)。这时的一种审美心态在于要静观审美,无论创作者还是欣赏者,都需要有体察的心态。所以古代女子要接受琴棋书画的熏陶,实际上培育的是人的欣赏心态。前述对"对牛弹琴"的鄙视,或者对圣人听到奥妙音乐而"三月不知肉味"的赞颂,都说明要具备一种审美心态。创作者也是为这种心态即静观审美提供内涵微妙的东西。而我们长期熏陶或受教于这种审美观念,形成的就是审美主要形态、主要态度和主要的观赏方式的意识。

但很不幸,我们发现时代发生了变化,在网络时代,AI智能的时代,不仅是虚拟世界的意识到来,就是此前兴起的二次元的年轻人意识时代,审美感知发生了很大的变化。流观审美在年轻一代中培育出只信赖取悦的对象,理论家推波助澜地加以眼球注意力的解

释，经济取悦于这一习俗偏斜到助力的程度，绘画书法变成了拍卖确定高低，音乐以点击率多少确定走红，电视假参与之名为一些上口的通俗作品开传播之风，电影把小鲜肉当成了卖座的不二法门，纸质媒体和网络媒体将娱乐明星出位离婚作为取悦受众的关注新闻。所谓流观审美固然有需要取得受众的合理大众需求意味，但其实质首先是动感取悦而静不下来倾听观看，网络时代所有的作品在信息云集中，像流云流水一样迅速而过，难以捕捉到作品内心所需要的东西，在浮躁的年代良莠不齐的东西都转瞬即逝，于是即刻抓住眼球的传播需求占据了上风。人们的某种兴趣需要造就差异的凸显才能获得关注，和需要吻合的就会成为捕捉对象。要求所有人一致性地去欣赏所谓好的小说、诗歌、绘画、音乐和戏剧作品的时代已经过去，需要取悦或者得以感召心态，能成为差异性的就有关注，人们只对那些片段的东西感兴趣，而后的信息传播也要得以悦众才能到得到呼应。这样的流观审美会对传统审美静观的膜拜产生某种程度上的排斥性，而你的作品不能让他瞬间得到感悟，那也就可能失去了让他驻足欣赏感知内涵的可能。从电影角度来说，创作研究者一再倡导所谓几分钟一个笑点，几分钟没有尿点等，都是适应这样一个时代的审美变化的言说。因此，从传统审美教育的角度来说，你得花更多的心思去让人们扭正回到静观审美那种境界，或者能抓住静观审美内在的冲击力，让习惯流观审美的读者观众能够入戏，就是一个实际难题。

　　这就是中国视角观察的现实不能漠视的认知出发点。我们经常会发现，当下年轻人似乎形成淡漠的创作习惯，因为那样未必具有传播影响，但有机会看、读、听、观赏了之后会说：原来是这么好的作品啊！观众时常是不忿好作品被冷落、被漠视而半信半疑地进了影院后才发现它的好处，但是真实的状况是依然未必会进影院看主流题材的作品，因为这题材、片名和没有明星的电影缺乏流观审美的吸引力，观众不会主动去看！显然，因为流观审美的习惯需要那个契机，对于传统静观审美的感受而言，前提被知晓不存在而难以实现其接受价值。2016年吴天明的遗作《百鸟朝凤》最初不被看好，从排片2％下降到1％，票房收入几百万就要下架之时，只是因为有人泣泪下跪呼吁，激起年轻人关注，而最后收获近9000万，差距之大在于知晓与否。所以无视这种审美变化，就难免有好作品的遗珠之憾。我们一方面相信真正美好的东西永远会抓取人的内心，内涵好的审美对象不会失去价值，但酒香也怕巷子深的时代，人们能够感知到那酒香，就是一个带着技能技巧和方法性的问题。如前所述，已经不是沉入作品中细细体味的时代，首当其冲的难题是得到流观时代受众的注意，审美方式的改变需要引发认知手段的响应。比如说网络的特殊语言，和我们静观审美的传统教化的语言是不一样的，年轻人喜欢的谐音诸如早期的"菜鸟"之类，现在的"安利"一下，你不知道前者是说"比较弱智初级"，后者指"附带而言"，则对话就可能不是网络上的一个频道，你的操作语言不会激起注意。流观审美是一种选择方式，即便我们倡导端正的表达语言犹如倡导传统的艺术创作规则，却不能无视相互影响的自由选择习惯。要知晓并且利用适当的时代方式来实现审美深入。我们需要分析流观审美的特点和长处，同时看到短处，我们要让静观审美的东西更长远地吸引年轻人，同时我们要学会因势利导地来吸引当下网络时代的更多人接受美的事物，知道什么方式、什么切入点能让当下的观众，在难以回避的大网络时代感受到审美的精髓。时代审美的表面是传统审美有些失落，但本质上审美的东西必然具有价值，只是要适应这种复杂性，角度是非常重要的。网络上有一则故事非常有代表性：在风雪天的时候，一只公狼经过一个小屋，听到门里父亲对哭泣的孩子吓唬说："再哭，再哭就把你扔出去喂狼！"到天明后，这只老狼悲哀地说："骗子，人都是骗子！"在这个故事中，我们需要探讨它的角度和表达的态度，即艺术性的表达的复杂性。显然这里表达的方式很新鲜，父亲不会真的把孩子丢出去，不过是要阻止孩子的哭闹。父亲吓唬孩子说送去喂狼，用的是一个艺术的虚拟的方式。但是此时，艺术的表现，却被务实的老狼误解了。老狼的悲哀，即是真实的受骗的悲哀，却又是对艺术不了解的悲哀。那个孩子生活在真实的世界里头，或者要尿尿或者饿肚子因此不断地哭，期待吃孩子的狼是务实的，却遭遇到艺术化表达的父亲的语言的误导。父亲对待孩子哭泣困境的现实，只能是艺术性的表达，他并非真的会去把孩子丢到门外去。这其中的微妙无需翻译就明白，但趣味十足，也就具有了吸引力。由此也涉及对于审美不同角度的感知。务实的感知和虚拟的感知，以及坚守自己的身心感受的感知之间是有差别的，但能融合构成故事的巧妙。这也是中国人知晓的习惯角度，可惜狼不懂。我们的审美超越性也在这里。

自然，无论如何我们的审美观依然坚信美的价值亘古不变，通过美育让受教育者知道艺术审美的境界才是根本。"境界"是中国特有的美学范畴，"文学艺术是实现'美的'"①。

三、美丑观念的现实认知

美育的中国视角还要探及关于认知美和丑的问题。就传统教育而言，有所谓的避讳对于丑的事物的表现，以往我们的教育认为不要去关注丑恶，因为只有赞颂美好才能向上，而关注丑陋就可能沉溺而堕落。实际上，美育不能回避美丑之间的关系，审美教育只有单一性理解的美不足以认识美的相对性。艺术或者审美都会涉及美丑观，我们需要区分我们感知对象的美丑，和艺术创作的美丑之间

---

① 聂茂、韩旭:《世界视野下的中国传统艺术境界》,《艺术百家》2017 年第 5 期。

微妙的差异。

　　从感知或者艺术教育的和审美教育的角度来看，我们当然要弘扬美的东西，我们要把对美的感受，对美细微的察觉作为我们教育的主要方向，但审美绝非排斥表现丑。审美是包含了对人类要不断向上的、对美好事物的感知能力，精神审美超越一般的物质存在，而进入精神情感的更高的追求。我们应该有目的摒弃丑恶的东西，向善和美靠拢。所以说从审美的角度来看，我们趋向于表现美和倡导审美，而指导抛弃丑，是一个教育和认知的必然，需要美、接近美和弘扬美，必须鄙视丑、避讳丑陋表现。问题在很长一段时间里，基于未必得当的认识，许多艺术作品但凡较多地表现丑恶就会遭致反对，所谓青少年还不成熟不能受到污染云云。我们的教科书长期以来收录著名作家作品，通常都有删减，美其名曰适应青少年受教育者的身心。但其实难题在于：作家之伟大正在于表现的宽泛性和博大，修改者难道就更为高明吗？

　　问题的复杂性还在于，从审美的角度看，审美就是单一的表现美吗？而且，青少年一味地接受"审美"是非正常的呈现，自然生活的多样化和创作原本是浑融性的对象被修饰了，于是将来还有端正的对待生活和创作的辨别力吗？一般而言，创作一味的美好单一，通常属于单纯的层面而不是对于世界万物的全面表现，基于世界原本是复杂万端、美丑交织的，著名作家、艺术家的价值正是对于丰富复杂世界的全面性表现。美丑事物不是决定表现美丑的全部因素，审美的价值也不是只能表现华美的单一性。从创作的角度来看，单纯并不存在，审美不是将毛边剔除后的主观性选择的审美，这里细微的区别是：创作不能以主观的认知来区分美丑，也就是说创作对象里一定会包含美也包含丑。我们不能一开始就把所谓的丑划出界线。按西方哲学家所说，审美其实不能抛弃审丑。表现丑的东西对于创作来说，既是为了烘托美，也是为了更高地激起人们对美的崇高性的崇敬，而自然抛却丑的东西。表现丑的东西绝对不是创作不应该触及的，创作上既能表现美又能表现丑，所以此时的审美，就包含了因审丑而提升美和审美。美育教育要提升辨别力。在我们的创作中，一味地只去张扬虚幻的美，而躲避实际存在的各种丑恶的现象，那么创作的深浅就会有很大的差别。

同样道理，只以为对于丑恶的社会哪怕是偏僻的现象的表现，而不包含一种审美精神的观照，和对于丑恶现象存在却并非必然的认知，那么也就没有达到审美境界。从创作的角度来说，不能只能表现什么而不表现什么，只表现轻浮的美而不表现深重的丑，其实好的创作者，在后面包含的一种深重的对于美的崇高的敬仰，和由此对于丑的强烈极度的愤怒，但是他会把他崇高的审美情绪透射在无论美丑的现象之中。同样回到欣赏或者阅读、感知的角度来看，每个欣赏者喜欢或者看重创作现象里的美丑，就意味着本身都对于美丑的观念和意识的差异。好的欣赏者，既能看到丑的深处和它的内涵而摒弃，知道创作者对于表现丑是采取鄙视和反对态度，自然就能看到创造者对于美或者毁灭或者胜利，报以真正的弘扬的态度，那么这样的创作者，和这样的欣赏者之间，就达成了美的和谐和美的认知，审美正是这样实现其真正的意义。

四、费孝通箴言的中国视角

中国视角的美育，不能不想到费孝通著名的经典名言：各美其美，美人之美，美美与共，天下大同。这是一种辩证而多元丰富的审美认知，其自身就是一种中国特色美育观的认识。美育要建立在彼此宽容的基础上，本身就是一种美的观念的体现；美育也要具有兼容性才能普惠于大众，这是对于美的民主性的认识。但坚信美育具有提升人格、塑造人心的效用时，中国的包容满足的审美观就是一种兼收并蓄而保持一种尊严的理解。

首先,我们一定要意识到"各美其美"的基础是对事对人的尊重,也是对这个社会表现的尊重。换句话说,美的无处不在和美的各式各样的差异,构成了美的多样性、美的分歧性和美的丰富性的结合,因此,各美其美就告诉我们在美育中,要对各式各样的美,比如说自然美、艺术美、生活美等,给予多样的褒奖,而不是狭隘地用一种美的观念来贬低另一种。审美不仅是艺术审美,它的内涵更为宽泛,也不是只有某种艺术才能造就美,排斥他方。各美其美是对于美的认知的一个基础,要看到世界的多样的美:山川之美、河流之美、风吹过的美,男性的美、女性的美,还有艺术的美、生活的美。事实上它包含了一个对于美的多样性和丰富性的认知和尊重。当各美其美的时候,这种美才是真正意义上的美。所以一种观念形态的美的认知,不可排斥差异性的美,比如说排斥不同时代的美,排斥不同民族的美,排斥男女之间对美的感知的差异性,特别是排斥不同年龄的人的美,如果自以为是地排他,本身就是不美的态度,也就难以实现美的创造和多样性尊重,如此则没有达到对于审美很好的理解。

关于"美人之美"又是另外一个境界。一个高尚的审美家秉持自身对美的一种认知和观念,因此他会尊重别人,甚至会看到别人的细微的或者不易察觉的美的意味和美的境界,所以"美人之美"好在美他人对于美的追求和对于多样美的尊重,这时不仅仅是维护世界美的多样性,而且显示出审美者对于美的真正的高大的认识。美人之美重要的在于对于美的广阔态度,美的事物原本很多,狭隘者囿于自身偏狭画地为牢,将自己视为美的就可能本能排斥他样的美。我们说美育需要打破偏狭,不能把自己钟爱的艺术当成天下至尊而瞧不起其他。以往有对于西洋乐优势的崇拜,于是以为民乐不登大雅之堂,显然就是偏狭。而一种自我专攻的学科自以为深入其间发现了美感,就漠视了其他等等,都是缺乏开阔的美人之美的精神。美的眼光决定对于美的发现,不能感知多样形态的美感,以为只有自己喜欢的才是美的,把自己钟爱的颜色、唱法、画作的偏重孤立化来区别,自然没有端正的美的眼光,也就不会发现其他的美。其实真的美的心态是在彼此尊重中更深的发现。世间人都有局限,也难免敝帚自珍,但保持自身独立时信任他人的追求,赞扬他人的美才能挖掘出多样差异的美的内涵。因为美人之美,也就意味着它具有各美之美和美美与共的这样一个基础。

  自然我们要说到费先生所说的"美美与共"的意味,美美与共是说不同的美都有差异性,但不一样的美之间一定有共振的新东西。表现可能不一样,但是美的规律、美对于人的精神世界向上的熏染作用却一样。何况相互影响始终存在,"在人类文明发展与进步的长河里,文化总是相互传播和影响"①。只是各自在具体文化情境中形成差异。人们时常叹息外国人认可的东方模特的美让我们大跌眼镜,显然不能以我们的美的标准来判断人家"奇葩"。有的国家崇尚以胖得出奇为美,自有其观念形态和文化的标准。事实上,中国在不同的时期,也有环肥燕瘦的差异,汉成帝皇后赵飞燕体态轻盈瘦弱,被皇帝视为最佳美人,于是一时女子纷纷束腰以求风尚。而唐代受宠爱的杨玉环却肥美丰腴,于是唐代形成从民间到艺术的肥美为尊的一时风尚。除了国别、时代,其实艺术变迁中,古典和现代之美差别很大,谨慎地判别不同表现形态十分重要。在网络时代到来后,一切传统的艺术都会遭遇到网络艺术和智能艺术可能的对峙,如何看待也将是一个难题。这里人的精神感知和时代赋予的智慧会朝着美美与共的方向去。让不同时代、不同国度、不同

---

① 叶磊:《中日文化交流视阈下日本古典绘画艺术的嬗变发展与源流关系考探》,《艺术百家》2017年第5期。

领域、不同形式的艺术共同存在，不以先后和曾经占有的先天优势来排斥，不能不是最好的选择。美美与共的"共"在于心态，也在于阐释，需要分析异同，寻找构成的意义，让心胸的开阔之美赋予差异性闪现其美好质地。美与美之间的和谐，是因为一定有依存于人的精神实质需要的共性，存在的异同不应当成为排斥的理由，自然我们需要以美育来解说和教育，但告诫人们，审美变化和美的核心的存在，又是因为美和美边界之间的不同表现，从而相互衬托和相互促进。

最后，中国视角最为明显的呈现是"天下大同"，它点出了我们的审美目标。审美不是为了仅仅维持某一种艺术的表现之美，而排斥了其他审美，美的最高境界是天下大同，也就是说我们看到世界的多样性，但是我们看到人类能和谐相处，不断追求超越物质存在的、那高尚的、直入云天的精神理想，其实就是美的追求目标。不能不提到与此相应的2008年北京奥运会有一句智慧的口号，就是这一巧妙思想的呈现——"同一个世界，同一个梦想"。这句话非常之美妙。我们自然知道我们是处在同一个世界，但是我们其实也知道人们的精神情感、民族和政体的必然差异，我们似乎又并不总在同一个世界的界面上，有各式各样的侵略、战争、意识形态的纷争等。于是中国智慧犹如审美家要告诉人们：世界并不是一样的，其实似乎许多东西都不存在同一个世界，但是微妙之处就在于，物质的存在确认我们是在同一个世界，就精神的存在来说并非同一个世界。那么，转移到观念和审美上来看待它，就在淡漠差异也是承认差异的心理中，强化了"同一个世界"的精神期望，我们期望人们要有同一个梦想，这是一个高境界，我们是号召人们处在同一个物质世界里，应该站在人类的共同的理想的角度，去追求同一个梦想。而这个同一个梦想事实上就是人类大同的梦想和人性的梦想，以人类精神情感为准的梦想，难道有理由反对吗？换句话说，同一个梦想也是人人期求的审美的梦想。实际上,当我们描绘一个梦想的时候,我们已经知道即使站在同一个物质世界,我们又分处于并不是同一个世界的精神理念、观念和国度里,然而我们却要去追求同一个梦想。口号是审美性的,告诉人们哪怕在不同的世界里也应该有同一个梦想。回到审美上,对于美的认知、对人性的尊重、对孩子的爱护等,就是要明知不可为而去追求实现可为的东西。我们也知道无限寻求同一个梦想是有多艰难,但是我们共同来为此努力的那种精神境界,却无比美好,确实人类可以共有同一个世界、同一个梦想。这似乎是悖论,却暗含着人类孜孜以求的审美境界的共同追求,由此来折射美育和艺术教育,也可以如是观。美育追求是精神境界,是形而上的一种理念,艺术教育追求是对人的基础的物质性的掌握的技巧,但是,应该共同归向远大的目标,这就是审美感知的人性的目标。

(原载《美育学刊》2018年第3期)

身体美育：一种美育新形态

王亚芹◆（河北师范大学文学院）

在人类的历史进程中，审美教育是一个永恒而又常常被遮蔽的话题，它所涉及的不仅是理论的问题，而且是实践的问题；它所解决的不仅是知识的问题，而且是信仰的问题。所以说，审美教育问题在任何时代都值得我们去思考。特别是物质欲望丰富、精神信仰消弭的当代社会，审美教育与审美能力已经成为时代的一种"刚需"。我们必须承认，当前技术与消费的空前聚焦，一方面为审美教育的发展带来了新的发展机遇，另一方面也让我们面临着前所未有的挑战。基于此，重新思考新形势下的审美教育建设，应当是全社会尤其是人文学者们亟需解答的问题。但是，根据对中西方审美教育发展历史的系统考察，我们发现，传统审美教育理论在很大程度上已经无法满足新时代美育实践的需要。可是我们当前似乎"除了重弹二百年前席勒的心曲，重拾上个世纪孑民先生的警句，却鲜有深思关乎美育当代存在价值的'现代'学理问题，于是难怪人们渐渐习惯于把'美育'当作一个谈论'素质教育'的修饰性词汇，而罔顾其他了。"[①] 有鉴于此，本文基于美育在理论与实践上的失衡

---

① 该观点出自对曾繁仁先生的美育专著《走向21世纪的审美教育》（陕西师范大学出版社2000年版）的书评中，更多具体内容可参见王德胜：《美育如何可能"现代"》，《中华读书报》2001年7月4日。

与错位，提出了一种新的审美教育设想——身体美育，并结合当前的身体生态危机，系统论证了身体美育的可能性与现实性。

一、技术时代的审美生态与身体危机

毋庸置疑，今天的视觉文化和图像艺术已经全方位地漫溢在我们的日常生活之中。人类的感性身体一方面得到了肆无忌惮的释放，另一方面似乎又被巧妙地禁锢和异化了。在这种情况下，我们首先需要明白感性身体所面临的危机到底是什么，作为"感性学"的美学还能否承担起人类精神救赎的使命，审美教育应该如何开展才能使人类逐渐走出现实的迷茫之境？

简单地说，当前人类的感性危机从根本上讲是身体的异化。一方面，在科学技术迅速发展的前提下，技术和科技让人类远离了自然、远离了土地、远离了真实，整个社会到处弥漫着机器生产的影子。现代技术不断控制、改变和重塑着人的身体，大量的新型技术设备冲击着人们的感官。不可否认，技术在很大程度上帮助人类克服了身体本身的生物性和功能性局限，让身体超越了传统禁欲主义的束缚与无奈。但是，现代技术已经全面入侵人类身体的各个器官，甚至刚出生的婴孩都逃脱不了技术无孔不入的侵扰——几个月大的孩子就对手机、平板电脑等智能设备无师自通的事实足以证明一切。物质与科技的极大丰富在一定程度上弱化和损害了人体的机能，过分的技术与理性，造成了人类大量感觉器官的麻木与荒芜。也就是说，是塑造身体的技术使得身体本身出现了失衡与错位。譬如，现代生殖技术、器官移植、克隆技术以及智能手机、智能手表等的存在，让我们的感知不再依靠自身的生物钟调节，而是纯粹依赖智能机器。我们对自然规律和天气的感知能力也越来越低，智能天气预报成为我们感知自然的晴雨表。我们的学习和记忆也不再依靠传统的纸张和铅笔，电脑技术强大的储存能力让我们的大脑越来越懒惰，行动也越来越被动。大量的高科技医疗技术在减轻病人痛苦的同时，也在损害着我们身体的机能，造成人体免疫力的大面积弱化。这也就是克里斯·希林所说的技术悖论，随着"我们所获得的有关自己身体以及如何控制身体的知识越多，我们有关何为身体及应当如何控制身体的确定性就越是遭到侵蚀。"[①] 可见，当技术全面地入侵身体时，人类才真正陷入生存的十面埋伏之中。

另一方面，身体技术的纯熟使人类的欲望不断膨胀，由此带来了不少畸形的心理疾病。现代很多人终日沉浸在美食、购物、娱乐、网络游戏等各种欲望的泥潭中难以自拔，于是各种富贵病、抑郁症等问题接踵而至。与之相应，由于很多人一直坚信人类自身可以利用技术手段无节制地控制和支配自己的身体，创造一种新的身体发展机制，由此便开始迷恋各种各样的现代体育运动。特别是现代竞技运动领域曾经出现了很多"虐"身体化的现象。各种身体的极限挑战运动日益繁多，导致了对身体本身规律的压制和伤害，而竞技场上服用兴奋剂的丑闻也越来越成为普遍的现象。于是，"在现代社会，身体经过'技术化'重塑而成为'驯服的身体'，具体呈现为生产的身体、消费的身体和有毒的身体。"[②] 而无论哪种类型的身体都逃脱不了技术的控制，对身体的"规训"成为身体教育的代名词。

此外，西方传统的"身—心"二元对立的思维模式依旧在主导着我们的生活——"身"被习惯性地划为自然科学的领域，"心"被自动归入人文科学的领域，二者之间的对立使得当前的人们不是由于不珍惜身体而毁坏了身体的机能，就是由于过分装饰身体而束

---

① 克里斯·希林：《身体与社会理论》，李康译，北京，北京大学出版社2010年版，第174页。
② 寇东亮：《技术时代的"身体生态"危机及其消解》，《自然辩证法研究》2014年第8期。

缚了灵魂。总之，在这种分裂的教育模式和价值取向之下，现代人出现了很多身与心、灵与肉的矛盾与冲突，人们的幸福感普遍降低。因为"对于现代美育来说，它的关注重点便不在于如何去揭示精神自觉的终极可能性、人的完善的终极性价值，而是现实地修复人生实际的各种精神困境。"① 从这种意义上来说，当前人们对身体的美育是失败的。因此，在这个时代重申关于身体的美育不仅是必要的，而且是可行的。

二、以情感教育/心育为主的传统美育观之缺失

除了当前消费文化与科技发展所造成的身体生态失衡之外，传统审美教育理论体系中的"具身性"缺失，也让我们不得不重新思考当前审美教育的价值与意义。众所周知，"审美教育"作为一个独立的概念最初是由德国美学家席勒在1795年出版的《审美教育书简》中首次正式提出来的。在这本书中，席勒有感于资本主义机械化分工对现代人所造成的影响这一现实，敏锐地意识到了现代文明对人性的分裂与异化，通过将现代人与古希腊人的生存状态进行对比，构建出了以书信为主体的具有原创性的审美教育理论体系。其实，席勒的美育思想一开始就深受康德关于人的审美判断力是与情感愉悦联系在一起的观点影响，认为审美教育就应该属于情感教育，并由此赋予审美教育两种功能，一种是通过审美教育提升感性的地位，弥合感性与理性之间的冲突，恢复人性的完整；一种是通过审美教育将自然的人变成道德的人，提高人的道德修养水平，培养个体的道德人格。这种美育观对西方现代乃至后现代美学都产生

---

① 王德胜：《"以文化人"：现代美育的精神涵养功能——一种基于功能论立场的思考》，《美育学刊》2017年第3期。

了深远的影响,无论是马尔库塞的"新感性革命",还是海德格尔的"诗意栖居"都可以看到席勒思想传承的痕迹。而中国现代的知识分子们(如王国维、蔡元培等)在接受席勒美育思想的过程中基本上都顺理成章地将其中国化了,即把席勒的美育思想与中国传统的儒家思想相结合,给审美教育打上了情感启蒙的烙印。沿着这一路径,美育在中国现代美学思想史中几乎成为道德感化和情感陶养的重要途径,美育与德育纠缠在一起而失去了自己存在的独立价值。

当然,这种对西方审美教育思想有选择的理论吸收背后蕴涵着丰富的社会历史文化意味,可以说,在某种意义上是时代赋予了中国现代审美教育以特殊的价值与地位。作为中国现代美育思想的开创者和奠基人,王国维较早看到了当时我国国民精神的空虚和萎靡等重要问题,并将其原因归结为缺乏情感上的希望与慰藉,而美育正是解救这一顽疾的良方。因此他在1903年的《论教育之宗旨》一文中就明确提出审美教育的目的是为了让人成为身体和精神统一的完整的人,也就是真善美兼备的人,而"欲达此理想,于是教育之事起。教育之事亦分为三部:智育、德育(即意育)、美育(情育)是也"①。显然,王国维在这里已经涉及到了美育与其他教育形式之间的关联,他首先将美育放在与智育、德育同等的位置上,认为美育具有"调和感情""陶冶意志"等功能,并由此确定了美育的情感教育本质。与之相应,梁启超则系统引入了德国古典美学关于将人的心理功能分为"知情意"三方面的观念,首次提出了"趣味教育"的概念,明确指出"情育就是美育",并将"趣味教育"等同于"情感教育",而艺术恰恰又是趣味(情感)教育的最主要方面。作为我国近代美育思想集大成者的蔡元培先生,不仅在美育理论上

---

① 王国维:《王国维学术文化随笔》,佛雏编,北京,中国青年出版社1996年版,第146页。

有诸多建树,而且是美育实践的大家,他同样强调美育的旨归是为了使人类能够在文学艺术中找到遗失的情感,认为美育是"应用美学理论于教育,以陶养感情为目的者也"①。在此基础上,蔡元培先生认为美育完全可以替代宗教的那种"感情激刺"之作用而真正发挥"情感陶养"的功能。这里,我们很明显感觉到蔡元培先生"以美育代宗教"的情感初衷。正如有学者所总结得那样:"美育功能的现代发生,使得曾经被宗教异化和利用的情感中介作用获得重新启用,并且在审美活动的具体展开中不断满足人在生活现实面前的精神纯化需要。"② 这种将美育视为开启国人精神启蒙的努力,在蔡元培先生离任北京大学校长之后,鲁迅先生依然在实践着。他之所以弃医从文,最根本的目的是希望通过审美和艺术来改造当时国民的精神状态,实现国民思想情感的现代转换。

实际上,席勒的美育思想不仅被我国现代知识分子所接受、引介,而且影响着我国现代美育理论体系的建构。朱光潜先生由此提出了关于美育的"性情陶冶"说,范寿康先生则直接将美育称为"感情的教育",曾繁仁先生也认为"美育作为情感教育,是符合'美育'概念的最初含义的。它与'智育''德育'有质的区别,也应该是'情感教育'"③。而且,当前大部分美育教材也持这种观点,譬如杜卫在《美育论》中就曾明确指出美育的本质是感性教育,但是"一般都把德、智、美划为一类,称为心的教育,把体育单独列出来,称为身体的教育"④。不难发现,将美育界定为情感教

---

① 俞玉滋、张援:《中国近现代美育论文集》,上海,上海教育出版社1999年版,第208页。
② 王德胜:《功能论思想模式与生活改造论取向——从"以美育代宗教"理解现代中国美学精神的发生》,《郑州大学学报(哲学社会科学版)》2017年第5期。
③ 曾繁仁、高旭东:《审美教育新论》,北京,北京大学出版社1997年版,第96页。
④ 杜卫:《美育论》,北京,教育科学出版社2000年版,第148页。

育、感性教育或者美感教育是中国现当代美育理论中最主流的一种观点。而这种美育观最主要的局限在于对感性本身缺乏充分的肯定，其基本点是建立在感性与理性、身体与心灵分离的二元论思维模式基础上的，没有充分理解身体对于个体全面发展所具有的意义。毋庸讳言，这种以"情感教育/心育"为主的美育观是有其存在的历史客观性的。如果进一步从中国现代百年美育思想史的深层次发展来讲，这种"情感教育论"是将审美精神与民族振兴结合在一起而做出的一种文化尝试，是对国民信仰和灵魂的现代性改造。我们这里并不是要全盘否定中西方传统的审美教育思想，也不是说以往的美学家们完全没有看到身体在审美教育中的重要地位，只是他们要么习惯于将身体的问题完全交由体育去处理，要么习惯于将审美教育理解为人类的"情感教育"或"心育"，而没有将身体美育作为一种独立的美育形态加以重视和践行。但是，随着当代社会的全面发展，我们也不能画地为牢地固执坚守传统美学与美育的研究领地。这也意味着，新的美育形态的被关注需要当代美学思想的重新转换。

仅就当下的社会文化现实来看，美学研究看似适逢其时，但由此引起的感受力和想象力等的下降，则成为当前面临的新问题。从某种层面上讲，审美、艺术、美育都和情感及感性相关，但感性本身并不一定具有审美的意义。因此，感性教育仍然是当前教育领域的一个盲点，而感性当然属于身体，这样说来感性首先应该指人的身体感性，并深受身体条件的影响。此外，由于传统的审美教育理论资源在面对当前的文化现实时缺乏必要的知识更新，由此逐渐导致了美育理论的阐释乏力。因此，倘若我们要恢复鲍姆嘉通当初建立美学之初衷，那么，所谓的审美教育就不应当仅仅聚焦在"情感教育"或"道德教育"的框架中，关于身体的美育亦是当代审美教育之题中应有之义。

三、身体美育的理论溯源与主要意涵

众所周知,如果说美育是介于美学和教育学之间的交叉性研究;那么身体美育就是综合了身体美学和教育学的理论与实践研究。从美学史的角度看,当代西方有着丰富的为身体正名的思想,而对于身体的审美实践的倡导也不是舒斯特曼身体美学的首创。换言之,身体美育其实是有深远传统的。丹纳的《艺术哲学》一书精彩地描述了古希腊人对于身体美的崇尚和对身体美育的重视,在他们看来,忽视身体的美学和美育是无法保持时代先进性的。同样,在"心育"的主流主张之外,中国现代也有学者主张身体美育,譬如19世纪20年代张竞生的《美的人生观》堪比一本初级版的身体美育手册。然而,这些身体教育资源一方面比较零散、没有完整的结构体系;一方面没有突出身体的实践性方面。鉴于此,美国实用主义美学家理查德·舒斯特曼提出了建立一门新的"身体美学"的学科倡议。

在舒斯特曼看来,"身体是我们日常生活实践的真正载体,所以一种实用主义美学必然要回归身体自身,而美学研究只有从身体出发才能实至名归地回到真正意义上的感性学"①。也就是说,人类本源的存在方式既不是精神的,也不是理性的,而是通过具体的感觉器官逐渐体验与生成的,感性化的身体是人在世存在的根基。从这个角度来讲,舒斯特曼的身体美学可以称为一种"新感性学"。既然身体美学是感性学,那么感性能力的提高就是审美教育的首要

---

① 舒斯特曼曾不止一次表达过类似的观点,这里的表述源自舒斯特曼与中国学者的一次对话,更多详细内容可参考理查德·舒斯特曼、张再林:《东西美学的邂逅——中美学者对话身体美学》,《光明日报》2010年9月28日,第11版。

因素。而舒斯特曼所说的"身体",其实是一个感性批判和创造性自我提升的场所,是包含精神的身体与物质的身体在内的统一整体。可以说,舒斯特曼所倡导的身体美学既非纯粹身体/生理的自发运动,亦非纯粹心理/意识活动,而是兼具形而上思索与形而下体验的理想化的学科设想。而"身体美学关注这种意义上的身体,批判性地研究我们体验身体的方式,探讨如何改良和培养我们的身体。因此,身体美学这个学科既包含理论,又包括实践(后者明显地包括在改良和培养这个观念中)"①。在此基础上,舒斯特曼还将身体美学分为"分析的身体美学""实用主义的身体美学"和"实践的身体美学"三个部分,并积极倡导通过各种身体训练方法来增强身体意识,从而使人类的感觉更加自觉和敏锐,进而实现身体机能的改良与完善。不难发现,舒斯特曼的身体美学体系显然是偏重实践的,其实用主义身体美学和实践主义身体美学两个维度都是指向实践的,而分析主义身体美学实质上则是为进行实践所做的理论准备。也就是说,实践的身体美学是其最主要的,也是最具原创性的观点。"身体美学的基本问题,最后只是关于身体的审美教育问题。"② 这是对身体美学宗旨的概括,也是对后现代社会中身体美学与审美教育关系的高度总结。由此可见,身体美学已经为身体美育做好了理论和实践上的双重准备。其实,不仅是美育的问题,"世界的问题,都可以从身体的问题开始"③。毫无疑问,当代的审美教育问题,也可以而且应当从身体的问题出发。

当然,任何一种理论资源都不可能是尽善尽美的,况且身体美学

---

① 理查德·舒斯特曼:《身体意识与身体美学》,程相占译,北京,商务印书馆2011年版,第11页。
② 彭富春:《身体美学的基本问题》,《中州学刊》2005年第3期。
③ 莫里斯·梅洛-庞蒂:《知觉现象学》,姜志辉译,北京,商务印书馆2001年版,第12页。

目前在全球范围内仍然处于"前学科"状态，因此我们也不能亦步亦趋地跟着舒斯特曼的理路一味"照着说"。殊不知，身体美学体系的倡导与建设却为我们提供了审视当前社会文化现实的一种新视角。因此，我们这里尝试从身体美学的理论体系出发，结合中西方美学史上众多的身体教育资源，观照当前我国文化发展的现实状况，沿着身体美学未尽之意"接着说"身体美育这种当代美育的新形态。

  首先，我们认为，身体美育的内容可以从实践的身体美育开始。实际上，身体美育的实践比它的理论更加值得倡导。如果说传统美育是以"情感教育/心育"为目标，重在心灵的培养与塑造，那么，身体美育则是以审美心灵结构为中介，通过多种心理功能的和谐而形成的对身体意识的有效控制，是对人体健康的更高层次追求。具体来讲主要是采用一些技巧和方法作用于身体或者进行一些身体练习，以提高身体的机能，进而改善身体的形态。譬如，舒斯特曼本人曾学习并践行过几种身体训练方式——包括亚历山大技法、费尔登克拉斯技法和生物能学方法等，并毫不犹豫地将其纳入到美学的研究领域中。其中他最熟悉也受益最深的是费尔登克拉斯技法，在坚持练习了四年之后，舒斯特曼注册成为了一位真正的费尔登克拉斯从业者，不断向学习者传授该技法，帮助他们恢复和保持身心的健康。对于当前多样的生理和心理疾病患者来说，通过科学的身体训练方法可以让大脑获得新的智力技能，重建我们的身体习惯。此外，健全的身体美育不只是一种技法的教育，更是一种全面的个体素养的培养过程。

  同时，感知的身体美育也是身体美学建构的重要内容。我们认为，感知的身体美育的发展主要是充分利用中西方传统的美学理论，对身体采用艺术教育的方法，培养人的审美感受力和审美鉴赏力，提高人的审美趣味和艺术修养。根据相关研究证实，音乐等艺术方式的教育与欣赏，能够改变人体的血压、心跳、心率等众多生理指标，激发神经细胞分泌更多的多巴胺，促进人生理与心理上的快感，进而有助于人的身体健康。而舞蹈等的动作技能会调动神经系统的积极性，协调小脑的平衡，使个体的神经元运动更加灵活，促进身体各个器官的和谐发展。同时，这种美育方式还可以"通过其丰富的感官维度来吸引我们，通过其身体的感觉来被我们认知，通过具身化的情感来让我们享受"①。类似于狭义上的艺术教育，包括音乐、舞蹈、美术、书法等的欣赏和体验，当然也包括对于自然之美的感知与学习。由于身体是在自然中诞生的，不同的自然环境对于身体的影响差别也很大。因此，人类的身体形态、精神状态与自然及其环境是有着很多内在关联的。所以我们的身体美育也需要建立一种涉及眼耳口鼻舌等全部感官以及整个身心都融入其中的审美教育。对任何事物全貌的认知都离不开个体的身体，脱离具体身体的活动只能是一种"无生命"的感知，所以一切群体的审美活动都无法代替个体的审美体验和审美感知。在这个意义上，我们的社会教育也好、学校教育也好，最终都是要回归到个体的"具身性"之中的，通过个体的亲在性与参与性来实现对群体体验的丰富与完善。恰如环境美学家阿诺德·伯林特（Arnold Berleant）提倡的"参与美学"构想一样，在感知的身体美育中，"人们将全部融合到自然世界中去，而不像从前那样仅仅在远处静观一件美的事物或场景"②。身体美育的这种实际参与性与在场性充分高扬了具身与经验的重要性，为美育走出纯理论的藩篱，走向有形的"澄明"奠定了基础和前提。

概言之，身体美育的根本宗旨是坚持身心和谐共通，通过对身

---

① Richard Shusterman. *Thinking through the Body：Essays in Somaesthetics*. NewYork：Cambridge University Press，2012，p. 1.
② 阿诺德·柏林特：《环境美学》，张敏、周雨译，长沙，湖南科技出版社2006年版，第12页。

体的训练和培养使躯体和心灵共同发展完善，趋向美好和谐，从而更好地认识自我、使用自身、追求幸福而诗意的生活方式。在这种意义上，身体美育的践行不仅要求人类要有健康的身体、优雅的外表，还要有丰厚的学识和文明教养，这是一种由外而内、内外结合的整体塑造过程。

四、身体美育的基本特征与时代意义

在消费主义和大众传媒的合力作用下，现代许多人对于身体美育的关注存在很多误解，他们要么将身体美育等同于体育锻炼，要么单纯重视身体的外在体征，其实精神和身体本就是密不可分的一个统一整体，真正的健康与完善是二者的完美结合。所以我们认为，身体美育的成立不但是可能的、也是可行的。当代审美教育应该把身体的美育作为其主要内容与基本使命，因为与传统美育观相比，身体美育体现了一些新的时代特征与教育意义。

其一，身体美育不仅仅是"情感教育"，而且是"整体教育"。这里的"整体教育"首先是说，身体美育强调了身体在当代人类社会活动中的基础性位置以及"身"与"心"之间不可割裂的内在联系性。在身体美育的过程中，作为审美主体的身体对外界的感受是一切感知的前提。当然，这并不是说身体美育就完全否定了对个体的"情感教育"或"感性教育"，而是说，身体美育不仅仅关注人的理性因素，还通过提升人的情感以促进个体人格的全面发展；是要在开发人的理性能力的同时，开展一种与之相协调的感性教育。它不同于20世纪中国美育理论体系中以伦理道德与规范为内核的"情感陶冶论"，而是一种贯通了精神和肉体、感性与理性的现代性概念，具有更丰富的理论内涵与外延。说到底，身体美育主要着眼于实现身与心的凝聚，感性与理性的和谐，达到"艺道合一"的境界。也就是说，当下身体美育的最重要意义不在于它能够塑造出优雅美好的性情，还在于它是重新完善个体人格的基本途径。

其次，这种整体论意义上的身体美育不再是单一门类学层面的，而是家庭、学校、社会、自然与人类的合一性教育，是中国传统的"天人合一"思想在当前审美教育中的时代转译。在"身体美育"的自由王国中，人不再凌驾于万物之上，而是自觉地与一切完成了一种自然而然的融合。很明显，在当前西方主客二分的思维模式已经不能全面认识人类审美活动的情况下，出现了越来越多的"圆形思维"模式和整体论倾向。正如我们不可能把身体与心灵、大脑与四肢决然断裂一样，我们也不可能把身体美育与其他审美教育完全分离开来。早前蔡元培先生关于家庭美育、学校美育和社会美育的区分，现在都可以通过身体的美育来达到"系统性"的审美教育。因为缺失了"身体"这一内在核心，任何审美教育都会给人一种虚无缥缈的空虚感。身体美育的缺失不但抽空了生活的实质，而且也人为地缩小了美育的研究领地。而身体美育的终极目标是实现马克思所预想的一个人人共享的"自由王国"——"存在和本质、对象化和自我确立、自由和必然、个体和类之间的抗争的真正解决"[1]。只有在这种"自由王国"中才能真正实现人的主观与客观、身体与灵魂、感性与理性的有机统一。总而言之，在现代审美教育体系中，融入整体性认知的理论思维方式，无疑是对美学研究的新突破。毫无疑问，"我们有责任通过更高的教养来恢复被教养破坏了的我们的自然（本性）的这种完整性"[2]。相比起单纯的"情感教育/心育"，最具整体性的身体美育无疑在当代更有理论优越性

---

[1] 马克思：《1844 年经济学—哲学手稿》，刘丕坤译，北京，人民出版社 1979 年版，第 78 页。

[2] 席勒：《美育书简》，徐恒醇译，北京，中国文联出版公司 1984 年版，第 56 页。

和现实的可行性。当前审美教育的最健康的趋向,是从各门类的分裂走向新的融合,从而形成一种新的生态教育景观。

其二,身体美育不只是"理论教育",而且是"实践教育"。当我们巡礼人类审美教育的历史时,不难发现,美育实践的有无,直接影响到个人的综合素养和整个国民素质的提高。将身体训练纳入美育实践,这不仅仅彰显了美育理论与现实的重要联系再度被强调,也不仅仅表现了美育向传统体育领域的扩张,而且通过身体训练的实践获得了对身体意识和身体经验的重视,而这种重视恰恰在一定程度上化解了当前技术时代身体生态所面临的危机。同时,除了传统的实践方法,近年来还有学者基于"互联网+"的实际,提出了用"大数据"来达成美育质量测评的方法。我们完全有理由相信:"在今天信息化高水平发展背景下,明确了美育质量检测标准,建立一个合理的审美素质发展分析模型,实施美育质量随时随地跟踪监测,是完全可行的。"① 由此可见,作为一种新兴美育形态的身体美育的实际可操作性也将随着时代的进步而愈发成为现实。因此,身体美育的关键问题在于如何科学而感性地践行"具身"。

需要进一步说明的是,我们这里所说的"实践教育"不仅仅是指身体力行的直接经验,也不是单纯与"理论"相对应的实验调查活动,更不是将美育视为一种外在"技能"的"工具论"。其最终目的不是为了培养具有某些专门技能的机械工作者,而是为了培养个体的"大写的人"。当然,在当前日常生活的各个层面都蒙上了"审美化"面纱的情况下,身体美育的践行更加需要秉持客观而清醒的理性态度,惟其如此才能避免陷入"乱花渐欲迷人眼"的感官

---

① 这一观点出自西南大学美育研究中心赵伶俐教授在首届全国美育高峰论坛上的发言稿《美育质量测评模型与大数据方案》,更多详细内容可参考首都师范大学美育研究中心编:《首届全国高师院校美育高峰论坛论文集》,2017年5月,第526—531页。

漩涡之中。有鉴于此，除了认识论层面上的身体认知，身体美育应该更加强调一种内化为个体自觉追求的生命体验，一种生活化、常态化的身体实践。换言之，身体美育在坚持和发展可操作性的同时，用审美强健身体、用审美规范个体的言行、用审美开启人们的心智。这也意味着身体美育必然不是一种单纯的价值理念，而是一个能动的、实践的、超越性的存在。所以说，身体美育不是一蹴而就的，也不是一成不变的，而是一种自觉化了的积极健康的生活方式，是一种不断进行审美追求与审美创造的过程。

  一言以蔽之，身体美育是适应当前文化现实与人类生存现状的一种审美教育新形态，其根本目的不是为了"教化"人，而是为了"完善"人，充分体现了当下美育"以文化人"的特色，即"一方面在本体层面向着人的存在完整性趋近，体现为人生意义的精神呈现；而另一方面……通过直接体会现实中的缺失与有限性，不仅向人提示着精神发展的宏大旨趣，而且在历史与现实相关联的方面具体丰富着人的现实的精神活动"[①]。显然，这种意义上的美育理论体系的建构对于个体能力的和谐与完善将起到积极的促进作用，它使人努力去追求人性的完满，追求有意味的人生。当然，作为一种理论探索，身体美育是一项长期的艰巨工程，它不仅需要我们在学理上的精耕细作，更需要生活中的努力践行。毕竟，美育没有界限，身体不会终结。

[原载《西北大学学报（哲学社会科学版）》2018年第3期]

[①] 王德胜：《"以文化人"：现代美育的精神涵养功能——一种基于功能论立场的思考》，《美育学刊》2017年第3期。

辑二

中外
美育思想研究

儒家礼乐教化的现代解读

曾繁仁◆（山东大学文学院）

"礼乐教化"是儒家文化的核心内容之一，是中国传统社会长期形成的一种特有的政治、文化与教育制度。孔子曾言："文之以礼乐，亦可以为成人矣。"（《论语·宪问》）又说："兴于诗，立于礼，成于乐。"（《论语·泰伯》）荀子也指出："乐者，圣人之所乐也，而可以善民心，其感人深，其移风易俗。"（《荀子·乐论》）可见，儒家文化对于"礼乐教化"的重视。徐复观认为，"礼乐并重，并把乐安放在礼的上位，认定乐才是一个人格完成的境界，这是孔子立教的宗旨"[1]。这表明，"乐教"在"礼乐教化"中具有极为重要的地位。儒家"礼乐教化"学说的经典表述，是《礼记·乐记》篇。《乐记》成书于西汉，是以儒家"礼乐教化"观念为主对先秦以来"乐论"思想的系统总结，并构成后世中国美学和文艺思想的主要来源。因此，蒋孔阳认为，《乐记》在中国音乐美学思想史上的地位，完全可以与亚里斯多德的《诗学》在西方美学史上的地位相媲美。"《乐记》在我国的音乐美学思想发展的历史中，不仅是第一部最有系统的著作，而且还是最有生命力、最有影响的一部

---

[1] 徐复观：《中国艺术精神》，沈阳，春风文艺出版社1987年版，第4页。

著作。"① 但目前对《乐记》的研究还远远不够，起码没有达到对《文心雕龙》研究的热度与水平。

儒家"礼乐教化"文化特别是"乐教"传统，可以说源远流长，独具特色，无比丰富，是中国文化对于世界的杰出贡献，是中国古代美学的光辉异彩。它以"天人合一"为其文化理念，以"中和"为审美理想，以"礼乐刑政，四达而不悖"（《礼记·乐记》）为其东方特色，以"正声""德音"为其艺术诉求，因而明显地区别于西方自古希腊柏拉图的《理想国》到席勒的《美育书简》的美育观念，彰显出光彩照人的东方特色与中国精神，充分说明中华民族在思想、文化、艺术特别是美学上的成熟与伟大，值得我们为之骄傲与自豪，应该很好地继承并发扬光大。

任何历史都是当代史。在中华民族伟大振兴之际，在21世纪反思与超越现代性的"后现代"语境下研究"礼乐教化"传统，必然要从时代的要求出发，对儒家"礼乐教化"传统以《乐记》的观念做出我们的新的解读，以求献于社会，求教于同道。

一、"天人合一"的中和之美

儒家"礼乐教化"特别是"乐教"的核心内容是什么？可以说众说纷纭，莫衷一是。我们认为，"礼乐教化"的核心是"中和之美"。理解"礼乐教化"与《乐记》不能仅仅局限于其自身，而是要从整个儒家文化进行整体的认识。儒家文化的核心无疑是"中和位育"。孔子说："君子和而不同，小人同而不和。"（《论语·子路》）主张"过犹不及"（《论语·先进》），推崇"中庸"之至德

---

① 蒋孔阳：《评〈礼记·乐记〉美学思想》，见《蒋孔阳全集》第1卷，合肥，安徽教育出版社1999年版，第701—702页。

（《论语·雍也》）。而礼乐，在儒家看来，就是"中和"的典型表现。孔子的弟子有子说："礼之用，和为贵。先王之道，斯为美。小大由之。有所不行，知和而和，不以礼节之，亦不可行也。"（《论语·学而》）《礼记·中庸》篇载，孔子称颂舜帝能行"中庸"之道，"执其两端，用其中于民"。《中庸》对"中和位育"观有经典表述："喜怒哀乐之未发，谓之中；发而皆中节，谓之和。中也者，天下之大本也；和也者，天下之达道也。致中和，天地位焉，万物育焉。""中和位育"发展了先秦以来"和实生物"（《国语·郑语》）"中庸之为德""过犹不及""文质彬彬"（《论语·雍也》）等思想，包含着含蓄性、恰当性、生成性等丰富内涵，以"中和"为天地宇宙运行的基本规律，并赋予人以"参天地""赞化育"的伟大使命。"中和位育"思想的根基是"天人合一"，代表着中国古代的原始思维，与古代农业社会的生产生活紧密相关，区别于古代希腊的"比例对称和谐"的科学思维，是东方特有的哲学与美学形态与智慧。《乐记》论礼乐教化，追求的就是这种基于"天人合一"的"中和之美"。所谓"乐者，天地之和也；礼者，天地之序也。和，故百物皆化；序，故群物皆别"。"大乐与天地同和，大礼与天地同节。和，故百物不失；节，故祀天祭地。明则有礼乐，幽则有鬼神。如此，则四海之内，合敬同爱矣。"礼乐是宇宙天地之和谐与秩序的象征，而"乐"更体现着人与天地自然的整体和谐的审美境界。"故乐者，天地之命，中和之纪，人情之所不能免也。"（《乐记》）

　　《乐记》所论之"乐"，或者说与"礼"既相对应又相辅相成的"乐"，并不是一般意义上的音乐或艺术，而是"雅颂之声"。《乐记》特别注重区别"正声"与"奸声"、"淫乐"与"和乐"，它所推崇的是能够体现儒家政治、道德理想的"中和"之声，或曰"德音"。《乐记》通过孔子弟子子夏之口指出："圣人作为父子君子，以为纪纲。纪纲既正，天下大定。天下大定，然后正六律，和五声，弦歌《诗》《颂》，此之谓德音。德音之谓乐。"可见，唯有"德音"才可称之为"乐"。这种"德音"，既内涵着儒家政治、伦理之"纪纲"，又是"天下大定"之政治和谐的体现，同时又是六律正、五声和的。儒家认为，只有这样的"德音"，才能起到感动人心、移风易俗的教化作用。

总之，"礼乐教化"追求一种"中和位育"与"乐而不淫，哀而不伤"（《论语·八佾》）的"中和之美"。这种"中和之美"作为东方之美，它的含蓄、有节与生生不息的品格，彰显了东方的生活方式与艺术存在方式，值得我们加以珍惜与呵护。

二、礼乐交融的教化之美

中国古代的"礼"，起源于宗教祭祀之礼仪，发展为宗法政治制度、道德行为规范和社会交往之人文礼仪等，与中国传统的宗教、政治、道德等观念深刻联系。"乐"原本是"礼"的组成部分，是与"礼制"等相关的主要作为"礼仪"的乐舞歌诗的总称。因此，儒家讲的"礼乐教化"，是政治、道德、审美等融为一体的整体性的教化。

有学者认为，中国古代文化是一种关联性文化，而西方古代文化的科学性决定了它是一种区分性文化。在"礼乐教化"的整体结构中，礼与乐既具有各自相对独立的性质和功能，又能够相辅相成、互补互济、交融统一，可以说充分体现了中国文化的关联性特点。《乐记》对此有充分论述。首先是道德属性的相对与互补。《乐记》指出："礼者，殊事合敬者也；乐者，异文合爱者也。"行礼需要"敬"，乐则是"爱"的体现。"敬"属于"义"，"爱"则属于"仁"。因此，《乐记》说："仁近于乐，义近于礼。"其次是社会功能上的相对与相辅。《乐记》说："乐者为同，礼者为异。同则相亲，异则相敬。""乐统同，礼辨异。"礼区别政治、宗法上的等级，乐则发挥着沟通情感、融各阶层为一体的作用。再次是教化作用上的互补互济。"乐由中出，礼自外作。""乐也者，动于内者也；礼也者，动于外者也。"礼侧重外在的行为规范，乐则集中于内在的情感陶冶。最后是本体性的审美特征上的和谐统一。礼代表着秩序与规范，乐则体现了情感与和谐。这就是所谓的"乐者，天地之和也；礼者，天地之序也"。在儒家"礼乐教化"思想中，礼与乐的既相互独立又相辅相成的关系，一方面使以"乐"为主的审美教育、艺术教育承担着道德教化、人格培养等重要的社会责任，另一方面也使以情感陶冶为主的美育具有了不可取代的相对独立意义。从西周的"礼、乐、射、御、书、数"之"六艺"之教到孔子的"文之以礼乐"的"文质彬彬"的"君子"之教，中国传统"礼乐教化"的交融性、关联性与综合性等特征，表现得非常明显。对于今天注重专业的、技能的教育而忽视整体的人文素质教育来说，这一传统值得充分重视和借鉴。

儒家对"礼乐教化"的作用，有充分的自信。《乐记》指出："致礼乐之道，举而错之天下，无难矣。"当然，这并不意味着否定法制、刑罚等的政治作用。春秋晚期，孔子曾提出："道之以政，齐之以刑，民免而无耻；道之以德，齐之以礼，有耻且格。"（《论语·为政》）将"德"与"礼"置于"政""刑"之上。但孔子也指出："天下有道，则礼乐征伐自天子出；天下无道，则礼乐征伐自诸侯出。"（《论语·季氏》）"天下有道"之时，也还是需要"征伐"的。《乐记》成书于儒法并重的西汉时代，因而在社会治理上主张"礼乐"与"政刑"并重，指出："礼节民心，乐和民声，政以行之，刑以防之。礼乐刑政，四达而不悖，则王道备矣。""礼以道其志，乐以和其声，政以一其行，刑以防其奸。礼乐刑政，其极一也，所以同民心而出治道也。"当然,《乐记》把"礼乐"置于比"政刑"更高的位置。而且,如果说"礼乐"与"政刑"的并重以及"四达而不悖",主要侧重于文化、政治上的治理,那么,由这种治理所达到的最高的理想境界,则是由礼乐所充分体现出来的。儒家"礼乐教化"的最高境界,不仅是政治和谐,而且是人与自然的和谐,是宇宙整体的和谐。

中国传统的"礼乐教化"当然并不就是美育,但无疑包含了美育,并且赋予了美育以重要的社会责任和相对独立的地位。美育在今天,仍然是所有教育中最薄弱的环节,在经费投入、教师与教学方面都没有到位。其实,更重要的还是观念意识不到位。因此,我们需要回归传统,去汲取思想资源和智慧启迪。

三、"人文化成"的人文之美

儒家文化是最有代表性的人文主义文化,儒家思想充满着浓郁的人文精神。这种人文精神,在"礼乐教化"上的表现,就是它的"人文化成"理念。《周易》贲卦《象传》云:"刚柔交错,天文也;文明以止,人文也。观乎天文,以察时变;观乎人文,以化成天下。"离卦《象传》云:"离,丽也。日月丽乎天,百谷草木丽乎土。重明以丽乎正,乃化成天下。"按:《周易·序卦》说:"贲者,饰也。"贲卦象征文饰,离卦象征附丽,也有文饰之义。贲与离两卦都包含有离,离象日,象火,象电,有"文明"、光明、美之象。因此,所谓"观乎人文,以化成天下",即以文明、文化、美来教化、成就天下,使天下臻至文明、审美的境界。而"礼乐教化",可以说就是"人文化成"的具体表现。礼乐既是文明、文化,也是美的形态。徐复观指出:"对礼的基本规定是'敬文'或'节文'。文是文饰,以文饰表达内心的敬意,便谓之'敬文'。把节制与文饰二者调和在一起，即能得其中，便谓之'节文'。……因此，礼的最基本意义，可以说是人类行为的艺术化、规范化的统一物。"①其实，礼乐可以说都是"文"，"礼乐教化"的目的可以说就是人生的艺术化、审美化。

"礼乐教化"的"人文化成"理念，最早由孔子的"文之以礼乐，亦可以为成人矣"揭示出来。"成人"，即使人成其为人。"成人"的典范，大概就是孔子所说的"文质彬彬"的"君子"。因此，"文质彬彬"可以看作是"成人"的标准。朱熹《四书章句集注》云："彬彬，犹班班，物相杂而适均之貌。"②"文质彬彬"即内在美好的德性与外在审美的仪容的完美统一，用孔子称赞《韶》乐的话来说，就是"尽美矣，又尽善也"（《论语·八佾》）。孔子指出："人而不仁，如礼何？人而不仁，如乐何？"（《论语·八佾》）显然是把仁德之培养视为礼乐教化之目的。此后，孟子提出"性善"论，以"仁义礼智"为人天性固有之"善端"，"礼"是"仁义"之"节文"，"乐"则是礼义全备所产生的快乐（《孟子·离娄上》）。礼乐成为"仁义"之德的外在的审美的表现，所谓"动容周旋中礼者，盛德之至也"（《孟子·尽心下》）。荀子虽主张"性恶"，但仍然以礼乐为"化性而起伪"（《荀子·性恶》）的途径，其礼乐教化理想是"乐行而志清，礼修而行成，耳目聪明，血气和平，移风易俗，天下皆宁，美善相乐"（《荀子·乐论》）。可见，孟子、荀子讲礼乐的"成人"之道，都是主张内外兼修，以"文质彬彬"为标准的。

《乐记》论"礼乐教化"，受到了荀子的很大影响，但在人性论上却主要吸取了孟子的"性善"论，认为"德者性之端也，乐者德

---

① 徐复观：《中国艺术精神》，沈阳，春风文艺出版社1987年版，第3页。
② 朱熹：《四书章句集注》，北京，中华书局1983年版，第89页。

之华也",礼乐教化的主要作用表现在"教民平好恶,而反人道之正",使礼乐所体现的政治、伦理、审美等规范内化于心,成为人的德行,所谓"礼乐皆得,谓之有德。德者得也"。《乐记》重视礼乐在"成人"上的内外交养之功,强调"礼乐不可斯须去身",指出:"致乐以治心,则易直子谅之心油然生矣。易直子谅之心生则乐,乐则安,安则久,久则天,天则神。天则不言而信,神则不怒而威,致乐以治心者也。致礼以治躬则庄敬,庄敬则严威。心中斯须不和不乐,而鄙诈之心入之矣,外貌斯须不庄不敬,而易慢之心入之矣。故乐也者,动于内者也;礼也者,动于外者也。乐极和,礼极顺。内和而外顺,则民瞻其颜色而弗与争也,望其容貌而民不生易慢焉。故德辉动于内,而民莫不承听,理发诸外,而民莫不承顺。"这里的"内和而外顺",就是荀子所说的"美善相乐"。

  因此,儒家的"礼乐教化"作为"成人"教育,虽以道德情感的凝聚、道德人格之造就为主,但并不完全是道德的化成,内在道德的外在的"艺术化、规范化"的审美表现也同样得到了突出重视。《左传·昭公二十五年》载,鲁子大叔曾指出:"人之能自曲直以赴礼者,谓之成人。"即以行为的合礼、"中礼"为"成人"之标准。《诗经》《左传》讲到西周到春秋时人的礼仪行为时,常用"威仪"一词,即强调"动容周旋中礼"的行为之艺术化、规范化的审美特征。西汉贾谊的《新书》有《容经》篇,对人在"朝廷""祭祀""军旅""丧纪"等典礼场合所应有的"志""容""视""言"等仪容规范有细致规定,突出了"礼容"作为德行、情感之审美表现的意义。汉末徐干论"君子"之修养,特别重视"法象"的意义。"法象",指人的符合礼仪规范、作为德行之表现的仪容形象,也指足可为人所取法、仿效的仪容形象。"法象"主要体现于"容貌",所以徐干说:"法象者,莫先乎正容貌,慎威仪。""夫容貌者,人之符表也。符表正,故情性治;情性治,故仁义存;仁义存,故盛

德著；盛德著，故可以为法象，其谓之君子矣。"（《中论·法象》）

四、天人相通的"生生"之美

中国传统哲学的精髓是什么？诸多前辈学者将之概括为生命哲学，同时将传统美学概括为生命美学。如，方东美即指出："'易'就是生生，'成性'乃成我、成人、成物而参天地也。……儒家的根本出发点是在此，宇宙根本是善的。此后的道德哲学、艺术哲学，均由此出发。"① 蒙培元指出："'生'的问题是中国哲学的核心问题，体现了中国哲学的根本精神。"② 《周易·系辞传》的"生生之谓易""天地之大德曰生"等论述，是中国哲学"生生"之学的思想渊源。"生生"之学作为中国哲学的根本出发点，也体现在儒家"礼乐教化"观念中。

《乐记》论"礼乐"，指出："天尊地卑，君臣定矣。卑高已陈，贵贱位矣。动静有常，小大殊矣。方以类聚，物以群分，则性命不同矣。在天成象，在地成形，如此，则礼者天地之别也。地气上齐，天气下降，阴阳相摩，天地相荡，鼓之以雷霆，奋之以风雨，动之以四时，暖之以日月，而百化兴焉。如此，则乐者天地之和也。"这段论述显然是在《周易·系辞传》基础上的发挥，也是《乐记》将礼乐视为宇宙自然之秩序与和谐的象征。《中庸》讲"中和"，指出"致中和，天地位焉，万物育焉"，赋予人以"参天地，赞化育"的责任使命。在《乐记》看来，礼乐是完成这一使命的基本途径。首先，《乐记》认为，"乐由天作，礼以地制"，因此，"明于天地，然后能兴礼乐也"。礼乐是天地之道的体现，天道与人事相

---

① 方东美：《人生哲学讲义》，北京，中华书局2013年版，第88页。
② 蒙培元：《人与自然：中国哲学生态观》，北京，人民出版社2004年版，第5页。

通,所以礼乐能够发挥教化天地的作用。其次,《乐记》根据"天人合一"的理念,强调法天象地以制礼作乐。"圣人作乐以应天,制礼以配地。礼乐明备,天地官矣。"最后,《乐记》认为,礼乐教化的推行、实施,可以发挥"赞天地之化育"的重要作用。"礼乐偩天地之情,达神明之德,降兴上下之神,而凝是精粗之体,领父子君臣之节。是故,大人举礼乐,则天地将为昭焉。天地欣合,阴阳相得,煦妪覆育万物,然后草木茂,区萌达,羽翼奋,角觡生,蛰虫昭苏,羽者妪伏,毛者孕鬻,胎生者不殰,而卵生者不殈,则乐之道归焉耳。"

因此,儒家推崇"礼乐教化",不仅仅是将其作为政治治理的手段,更重要的是将"礼乐教化"视为达到人类社会和谐、人类与自然之整体和谐等政治、道德、审美理想境界的基本途径。这种理想境界,用《礼记·孔子闲居》所载的孔子的话来说,就是"五至"和"三无"。《孔子闲居》载,孔子说:"夫民之父母乎,必达于礼乐之原,以致五至而行三无,以横于天下。"所谓"五至",即"志之所至,诗亦至焉;诗之所至,礼亦至焉;礼之所至,乐亦至焉;乐之所至,哀亦至焉。哀乐相生。是故正明目而视之,不可得而见也;倾耳而听之,不可得而闻也。志气塞乎天地,此之谓'五至'"。所谓"三无",即"无声之乐,无体之礼,无服之丧。此之谓'三无'"。"五至三无"的境界,虽然说得玄妙神秘,但从礼乐的"成人"之学来说,当是指诗、礼、乐等审美教育所达到的人与自然、与本性的完美和谐所呈现的超越性的自然而然的审美境界。这种境界,大概就是冯友兰在《新原人》一书中所揭示的"同天"的"天地境界"①。孔子的"七十而从心所欲,不逾矩"(《论语·为

---

① 冯友兰:《新原人》,见《贞元六书》(下),上海,华东师范大学出版社1996年版,第626—649页。

政》),应该就是这种"同天"境界的展现。

[本文系 2016 年国家社会科学基金重大项目"生态美学文献整理与研究"(16ZDA111)阶段性成果]

[原载《郑州大学学报(哲学社会科学版)》2017 年第 6 期]

试论董仲舒的"礼乐教化"美育思想

祁海文◆（山东大学文艺美学研究中心）

在中国思想的发展史上，董仲舒（前179—前104年）的出现，标志着自春秋晚期以来的百家争鸣局面以儒家最后被定为一尊而宣告结束；自战国后期以来的百家学说交流、会通的思想趋势，也以融合儒家、道家、阴阳五行家等而成的新儒学的出现而告一段落。对中国美育思想的发展来说，情况也同样如此。儒家美育思想从此取得了在中国美育思想中的主导地位。

公元前141年，汉武帝继位，多次下诏各地举荐贤良文学之士，策问治国之道。武帝元光元年（前134年），董仲舒应诏先后三次回答武帝策问。在《举贤良对策》中，董仲舒从他的天人哲学出发，全面阐述了对汉代思想文化建设的看法。其中的"更化"以实施"礼乐教化"，"诸不在六艺之科、孔子之术者，皆绝其道，勿使并进"[1] 等建议，尤其获得了汉武帝赏识。《举贤良对策》的思想，在董仲舒的《春秋繁露》中续有发展和深化。他以对《春秋》公羊学的研究为根基，吸取、融入了道家、阴阳五行家等的相关学说，对孔子以来的儒家思想予以重新阐释，建立起以天人感应为核心的神学化的政治、伦理哲学。在中国美育思想史上，董仲舒最早提出了

---

[1] 董仲舒：《举贤良对策》，见班固《汉书·董仲舒传》，北京，中华书局1962年版，第2523页。

"礼乐教化"概念，明确将"礼乐教化"视为国家长治久安之道，依据其天人哲学对礼乐的教化功能、礼乐教化的人性论根据、礼乐教化的"中和"审美境界等问题予以全面论述，从而确立了儒家思想在中国美育思想史的主导地位。董仲舒对儒家美育相关问题的论述，在很大程度上确立了汉代美育思想的思考与论述界域。

一、"礼乐教化之功"

儒家自孔子起，就认为"礼乐"是治国平天下的重要手段。如，孔子指出，"天下有道，则礼乐征伐自天子出"①，"颜渊问为邦。子曰：'行夏之时，乘殷之辂，服周之冕，乐则《韶》《舞》。放郑声，远佞人。'"② 荀子以"礼乐"为"先王之道"，指出"先王之道，礼乐正其盛者也"，先王"导之以礼乐而民和睦"③，"三王既已定法度，制礼乐而传之，有不用而改自作"④。汉初以来，陆贾、贾谊等讨论政治问题，也十分重视礼乐的社会教化作用。但只是到了董仲舒，才把"礼乐"与"教化"合成为一个概念，以"礼乐教化"为治理国家必须施行的最重要的政策来对待。他说："道者，所由适于治之路也，仁义礼乐皆其具也。故圣王已没，而子孙长久安宁数百岁，此皆礼乐教化之功也。"⑤ 通过"礼乐"的教化，使

---

① 《论语·季氏》，见《论语译注》，杨伯峻译注，北京，中华书局1980年版，第174页。
② 《论语·卫灵公》，见《论语译注》，杨伯峻译注，北京，中华书局1980年版，第164页。
③ 《荀子·乐论》，见王先谦《荀子集解》，沈啸寰、王星贤点校，北京，中华书局2013年版，第449、450页。
④ 《荀子·大略》，见王先谦《荀子集解》，沈啸寰、王星贤点校，北京，中华书局2013年版，第612页。
⑤ 董仲舒：《举贤良对策》，见班固《汉书·董仲舒传》，北京，中华书局1962年版，第2499页。

"仁义"大行于天下,是国家"所由适于治之路"。有"圣王",固然是理想的政治,但礼乐教化却能保证国家"长久安宁"。

　　董仲舒提倡礼乐教化,有其明确的现实目的。按照他的天人感应哲学,王朝的兴衰都是"天命"使然,新王朝的兴起是"受命"于天,而且必将有"受命之符"出现。但在董仲舒看来,从汉兴到武帝继位已近七十年,"天地未应而美祥莫至",甚至有"灾害生"。其中原因,就在于"教化不立而万民不正"①。因此,他向汉武帝提出"更化"主张,认为"更化则可善治,善治则灾害日去,福禄日来"②。所谓"更化",是指改变春秋战国以来"以乱济乱"的局面,尤其要改变以严刑酷法治天下之举措。董仲舒指出:"周末世,大为无道,以失天下。"③ 秦"师申商之法,行韩非之说,憎帝王之道,以贪狼为俗,非有文德以教训于下也","其遗毒余烈,至今未灭"。④ 因此,"更化"意味着重振"先王之道","复修教化"。董仲舒指出,"圣王之继乱世也,扫除其迹而悉去之,复修教化而崇起之","王者未作乐之时,乃用先王之乐宜于世者,而以深入教化于民"。又说:"夫仁谊礼知信五常之道,王者所当修饬也。"⑤ 可见,董仲舒所谓的"更化",就是指用"先王"之礼乐"以深入教化于民",使"仁谊礼知信五常之道"大行于天下。

　　为了推行礼乐教化,董仲舒建议汉武帝采取两个相关措施。其

---

① 董仲舒:《举贤良对策》,见班固《汉书·董仲舒传》,北京,中华书局1962年版,第2503页。
② 董仲舒:《举贤良对策》,见班固《汉书·董仲舒传》,北京,中华书局1962年版,第2505页。
③ 董仲舒:《举贤良对策》,见班固《汉书·礼乐志》,北京,中华书局1962年版,第1032页。
④ 董仲舒:《举贤良对策》,见班固《汉书·董仲舒传》,北京,中华书局1962年版,第2510、2504页。
⑤ 董仲舒:《举贤良对策》,见班固《汉书·董仲舒传》,北京,中华书局1962年版,第2504、2499、2505页。

一是广立学校以养士，"立大学以教于国，设庠序以化于邑，渐民以仁，摩民以谊，节民以礼"。在京师"立大学"，在地方政府"设庠序"，目的是为了"养士"以推行教化。"养士之大者，莫大乎太学；太学者，贤士之所关也，教化之本原也。"① 其二，"推明孔氏，抑黜百家"②。"诸不在六艺之科、孔子之术者，皆绝其道，勿使并进。"董仲舒认为，这样就可以使"邪辟之说灭息，然后统纪可一而法度可明，民知所从矣"③。这实际是把"六艺之科"作为汉代官学教育唯一内容，而"孔子之术"即儒家所提倡的"仁义"之道也成为礼乐教化的根本目的。《汉书·董仲舒传》说："自武帝初立，魏其、武安侯为相而隆儒矣。及仲舒对册，推明孔氏，抑黜百家，立学校之官，州郡举茂材孝廉，皆自仲舒发之。"④ 由"隆儒"到"独尊儒术"，董仲舒提倡礼乐教化，不仅推动了儒家经学的发展，而且直接促使儒家无论在政治上还是在思想上都取得了统治地位，中国美育也由此走上了以儒家美育为主体的时代。

董仲舒的礼乐教化论，是其天人哲学的体现。首先，是他的"肃慎三本"说。董仲舒指出："君人者，国之本也。夫为国，其化莫大于崇本。""天地人，万物之本也。天生之，地养之，人成之。天生之以孝悌，地养之以衣食，人成之以礼乐，三者相为手足，合以成体，不可一无也。"⑤ 天地生养万物，而"君人者"则以"礼

---

① 董仲舒：《举贤良对策》，见班固《汉书·董仲舒传》，北京，中华书局1962年版，第2503、2512页。
② 董仲舒：《举贤良对策》，见班固《汉书·董仲舒传》，北京，中华书局1962年版，第2525页。
③ 董仲舒：《举贤良对策》，见班固《汉书·董仲舒传》，北京，中华书局1962年版，第2523页。
④ 班固：《汉书·董仲舒传》，北京，中华书局1962年版，第2525页。
⑤ 董仲舒：《春秋繁露·立元神》，见苏舆《春秋繁露义证》，钟哲点校，北京，中华书局1992年版，第168页。

乐"成就万物。"三本"相辅相成，不可缺一。董仲舒说："明主贤君必于其信，是故肃慎三本。郊祀致敬，共事祖祢，举显孝悌，表异孝行，所以奉天本也；秉末躬耕，采桑亲蚕，垦草殖谷，开辟以足衣食，所以奉地本也；立辟雍庠序，修孝悌敬让，明以教化，感以礼乐，所以奉人本也。"①"崇本"说确立了"君人者"在天地之间的使命，也赋予了"明主贤君"参与天地化育万物的伦理责任。所谓"成之以礼乐"，就是通过"立辟雍庠序"来推行礼乐教化，使人养成来源于"天本"的"孝悌敬让"等美德。其次，是他的"任德不任刑"的"天人"观。按照董仲舒的天人学说，天有阴阳二气，以生成、养育万物。阴阳二气虽和合而各有不同的性质和职能，"天地之常，一阴一阳。阳者天之德也，阴者天之刑也"②。阴阳二气的运行，"阴终岁四移，而阳常居实"，这表明天是"亲阳而疏阴，任德而远刑"③ 的。董仲舒认为，人世的一切均取法于天道，"仁义制度之数，尽取之天"④。所以，实施礼乐教化，是"天意"的要求，"王者承天意以从事，故任德教而不任刑"⑤。

董仲舒称礼乐教化为"德教"，"德教"的具体实施就是"简六艺以赡养之"。他指出："君子知在位者之不能以恶服人也，是故简六艺以赡养之。《诗》《书》序其志，礼、乐纯其美，《易》《春秋》明其知。……《诗》道志，故长于质；礼制节，故长于文；乐咏

---

① 董仲舒：《春秋繁露·立元神》，见苏舆《春秋繁露义证》，钟哲点校，北京，中华书局1992年版，第169页。
② 董仲舒：《春秋繁露·阴阳义》，见苏舆《春秋繁露义证》，钟哲点校，北京，中华书局1992年版，第341页。
③ 董仲舒：《春秋繁露·天辨在人》，见苏舆《春秋繁露义证》，钟哲点校，北京，中华书局1992年版，第336页。
④ 董仲舒：《春秋繁露·基义》，见苏舆《春秋繁露义证》，钟哲点校，北京，中华书局1992年版，第351页。
⑤ 董仲舒：《举贤良对策》，见班固《汉书·董仲舒传》，北京，中华书局1962年版，第2502页。

德,故长于风;《书》著功,故长于事;《易》本天地,故长于数;《春秋》正是非,故长于治人。"① 这里的"序其志""纯其美""明其知",分别指"六艺"对人的思想、情感、智慧的规范、陶冶、提升等美育作用。清人苏舆解释说:"志、美、知,属习六艺者言之。序其志,使无邪愿。纯其美,使不躁厉。明其智,使顺于阴阳,谨于伦类。"② 司马迁曾受教于董仲舒,他对"六艺"的"赡养"功能也有相近阐发:"礼以节人,乐以发和,《书》以道事,《诗》以达意,《易》以道化,《春秋》以道义。"③ 董仲舒把礼、乐、诗置于"六艺"的前列,诗、乐固然是艺术,礼也具有艺术性,因此,对于礼乐教化,董仲舒虽然主要是从治国平天下的政治高度立论的,但他的观点,无论就教化内容来说,还是就教化作用来说,都具有美育意义。

二、"礼以节人,乐以发和"

董仲舒所说的用以教化的"礼乐",首先是作为封建等级制度之体制的礼乐制度。他指出:"礼者,继天地,体阴阳,而慎主客,序尊卑、贵贱、大小之位,而差外内、远近、新故之级者也。"④ 作为等级规范的礼乐,规定了各等级人物所享有和应遵守的礼节。"天地之生万物也以养人,故其可适者以养身体,其可威者以为容服。礼之所为兴也。"⑤ 礼乐的施行,有一整套规范化、仪式化的礼

---

① 董仲舒:《春秋繁露·玉杯》,见苏舆《春秋繁露义证》,钟哲点校,北京,中华书局1992年版,第35—36页。
② 苏舆:《春秋繁露义证》,钟哲点校,北京,中华书局1992年版,第35页。
③ 班固:《汉书·司马迁传》,北京,中华书局1962年版,第2717页。
④ 董仲舒:《春秋繁露·奉本》,见苏舆《春秋繁露义证》,钟哲点校,北京,中华书局1992年版,第275—276页。
⑤ 董仲舒:《春秋繁露·服制像》,见苏舆《春秋繁露义证》,钟哲点校,北京,中华书局1992年版,第151页。

仪（包括乐舞）、礼节、礼貌、礼物等，并且有相应的"五采""文章"之美。董仲舒认为，礼的意义和价值并不在于仪式、色彩、音声等，而在于"文采所遂生之意"，"染五采，饰文章者，非以为益肌肤血气之情也，将以贵贵尊贤，而明别上下之伦，使教亟行，使化易成，为治为之也"①。礼乐以仪式化、规范化的具有审美特征的形式，象征、标示出尊卑、贵贱、大小、外内、远近等政治的、伦理的等级和相应的行为规范，也体现了相应的道德要求。正因为如此，礼乐才能发挥政治、道德教化作用。"制度文采玄黄之饰，所以明尊卑，异贵贱，而劝有德也。"②

礼之功能，主要是"节人"。首先，是"度制"作用。董仲舒指出："圣人之道，众隄防之类也。谓之度制，谓之礼节。故贵贱有等，衣服有制，朝廷有位，乡党有序，则民有所让而不敢争，所以一之也。"③"度制""礼节"是对各阶层之人的欲望、行为等的规定，它主要起"隄防"的作用，即节制、规范人的欲望、行为，发挥防乱于"嫌疑纤微"之间的教化作用。其次，是"仪节"功能，即以规范化、仪式化的形式赋予人的情感、欲望以符合其等级的表现形式。董仲舒指出："夫礼，体情而防乱者也。民之情，不能制其欲，使之度礼。目视正色，耳听正声，口食正味，身行正道，非夺之情也，所以安其情也。……其入人不知，习忘乃为，常然若性，不可不察也。纯知轻思则虑达，节欲顺行则伦得。以谏争僴静

---

① 董仲舒：《春秋繁露·度制》，见苏舆《春秋繁露义证》，钟哲点校，北京，中华书局1992年版，第232页。
② 董仲舒：《举贤良对策》，见班固《汉书·董仲舒传》，北京，中华书局1962年版，第2510页。
③ 董仲舒：《春秋繁露·度制》，见苏舆《春秋繁露义证》，钟哲点校，北京，中华书局1992年版，第231页。

为宅，以礼义为道则文德。"① 所谓"非夺之情也，所以安其情也"，表明礼的目的不是禁欲，它既是人的情感、欲望的表现形式，同时也是对情感、欲望等的规范和塑造，能够使"目视""耳听""口食""身行"均得其"正道"，这就是"度礼"。当"度礼"达到"习忘乃为，常然若性"，就能自然而然地"节欲顺行"。再次，是"文德"之成就。礼使人的情感、欲望得到恰当的表现形式，人能够自然地"节欲顺行"，就是"身行正道"。因此，礼同时也是人的德行之规范化、仪式化的表现。这就是"文德"。董仲舒指出，"志为质，物为文"，"质文两备，然后礼成"。所以，"志敬而节具，则君子予之知礼。志和而音雅，则君子予之知乐"②。就"文德"的意义来说，礼使人文雅，使人的情感、欲望、德行获得审美化的表现形式。

在中国礼乐传统中，"乐"既是礼的组成部分，又具有相对独立性。董仲舒基本上是在礼乐传统的背景和礼乐教化的观念下论"乐"的，因此特别重视"乐"的感动人心、移风易俗的美育作用。他说："乐者，所以变民风，化民俗也；其变民也易，其化人也著。故声发于和而本于情，接于肌肤，臧于骨髓。故王道虽微缺，而管弦之声未衰也。"③ 这种意义上的"乐"，主要是指历代帝王彰显其文治武功的"大乐"，如舜帝的《韶》乐、周武王的《武》乐等。《礼记·乐记》说："王者功成作乐，治定制礼。"④ 这是先秦以来儒

---

① 董仲舒：《春秋繁露·天道施》，见苏舆《春秋繁露义证》，钟哲点校，北京，中华书局1992年版，第469—470页。
② 董仲舒：《春秋繁露·玉杯》，见苏舆《春秋繁露义证》，钟哲点校，北京，中华书局1992年版，第27页。
③ 董仲舒：《举贤良对策》，见班固《汉书·董仲舒传》，北京，中华书局1962年版，第2499页。
④ 郑玄注，孔颖达疏：《礼记正义》，吕友仁整理，上海，上海古籍出版社2008年版，第1474页。

家相沿甚久的基本主张。对此问题,董仲舒是结合他的"更化"说进行论述的。在他看来,一个新王朝的产生,是"受命于天",所以"新王必改制",以证明自己"受命于天"。"大改制于初,所以明天命也。更作乐于终,所以见天功也。"① "大改制于初",就是"更化"。在王朝"受命"之初,首先要改制度,易服色,兴"教化",至于"乐",则"用先王之乐宜于世者,而以深入教化于民"。这是因为"教化之情不得,雅颂之乐不成"②。而到了治定功成,万民百姓对王者治理天下之功德发出由衷赞美之时,王者才"更作乐于终"。因为,"乐者,盈于内而动发于外者也","乐"应该是人民充满于内心的欢乐之情感的真诚表现,所以,"天下未遍合和,王者不虚作乐。"③ "改制"是为了显示"新王"受命于天,而天命的授予,在董仲舒看来,同时也必然是来自民众的拥戴。但"民之所同乐"一定要在"新王"治定功成之时才能充分显示出来。因此,对董仲舒来说,"更作乐",固然是标榜王者治国平天下的文治武功,但同时也是为了显示"受命于天"的正当性,即所谓"见天功"。而且,治定功成所作之乐,更具有深刻的审美教化作用。"先王显德以示民,民乐而歌之以为诗,说而化之以为俗。故不令而自行,不禁而自止,从上之意,不待使之,若自然矣。"④

---

① 董仲舒:《春秋繁露·楚庄王》,见苏舆《春秋繁露义证》,钟哲点校,北京,中华书局1992年版,第17、19页。
② 董仲舒:《举贤良对策》,见班固《汉书·董仲舒传》,北京,中华书局1962年版,第2499页。
③ 董仲舒:《春秋繁露·楚庄王》,见苏舆《春秋繁露义证》,钟哲点校,北京,中华书局1992年版,第20页。
④ 董仲舒:《春秋繁露·身之养重于义》,见苏舆《春秋繁露义证》,钟哲点校,北京,中华书局1992年版,第265页。

三、"质朴之谓性，性非教化不成"

董仲舒之所以提倡礼乐教化，不仅是出于政治需要，也不仅为了上应天命，同时也是根源于人性之必然要求。

先秦儒家，孟子主"性善"，荀子言"性恶"。汉初以来儒家学者论人性，大体承继孟子的"性善"思路，但也明显受到荀子的影响。董仲舒的基本看法是"性有善质，而未能善"①。在他看来，"性者，生之质也；情者，人之欲也"。"质朴之谓性，性非教化不成；人欲之谓情，情非度制不节。"② 人的"性"和"情"，来源于天的"阴阳之施"。"人之诚，有贪有仁。仁贪之气，两在于身。身之名，取诸天。天两有阴阳之施，身亦两有贪仁之性。"③ "仁贪之气"，即"性"与"情"。"情"与"性"都是天之所命，所以，"情亦性也"④，情与性合称"贪仁之性"。因为性仁而情贪，所以，董仲舒的人性论既不是性善也不是性恶。不过，董仲舒也承认，人的天性中有自发地禁恶向善的意识。"栣众恶于内，弗使得发于外者，心也。故心之为名，栣也。""栣"，就是禁。心禁恶，即"损其欲而辍其情以应天"⑤。就这种自发的倾向来说，"天之为人性命，使

---

① 董仲舒：《春秋繁露·深察名号》，见苏舆《春秋繁露义证》，钟哲点校，北京，中华书局1992年版，第302页。
② 董仲舒：《举贤良对策》，见班固《汉书·董仲舒传》，北京，中华书局1962年版，第2501、2515页。
③ 董仲舒：《春秋繁露·深察名号》，见苏舆《春秋繁露义证》，钟哲点校，北京，中华书局1992年版，第294—296页。
④ 董仲舒：《春秋繁露·深察名号》，见苏舆《春秋繁露义证》，钟哲点校，北京，中华书局1992年版，第298、296页。
⑤ 董仲舒：《春秋繁露·深察名号》，见苏舆《春秋繁露义证》，钟哲点校，北京，中华书局1992年版，第293、296页。

行仁义而羞可耻"①。但董仲舒又认为，这种自发的向善并不足以保证成善，教化仍然是必须的。"必知天性不乘于教，终不能柾。"②

对董仲舒来说，虽然性仁，心可禁恶，但只能说人性有向善的倾向，其本身并不就是善。"性之名，非生与？如其生之自然之资，谓之性。性者，质也。"③ "性"是与生俱来的自然的资质，只能说是"善质"，而不能说"性善"。再者，"情亦性也。谓性已善，奈其情何？"④ 董仲舒以禾苗和米的关系为例说明性与善的关系，指出："善如米，性如禾。禾虽出米，而禾未可谓米也。性虽出善，而性未可谓善也。米与善，人之继天而成于外也，非在天所为之内也。天所为，有所至而止。止之内谓之天，止之外谓之王教。王教在性外，而性不得不遂。故曰：性有善质，而未能为善也。"⑤ "善出性中"，但"性"并不就是"善"。"性"是上天造就的，"善"则是"人事"即"王教"的结果。"性"所以能"待教而为善"⑥，是因为"性"有"善质"，有向善发展的可能性，但其本身还是"未能为善"的。也正因为"性未可谓善"而有"善质"，处于"性"之外的"王教"才能得以实施，使可能性变为现实性。

董仲舒所以详细辨析"性"与"善"之不同及其关系，显然是

---

① 董仲舒：《春秋繁露·竹林》，见苏舆《春秋繁露义证》，钟哲点校，北京，中华书局1992年版，第61页。
② 董仲舒：《春秋繁露·深察名号》，见苏舆《春秋繁露义证》，钟哲点校，北京，中华书局1992年版，第296页。
③ 董仲舒：《春秋繁露·深察名号》，见苏舆《春秋繁露义证》，钟哲点校，北京，中华书局1992年版，第291—292页。
④ 董仲舒：《春秋繁露·深察名号》，见苏舆《春秋繁露义证》，钟哲点校，北京，中华书局1992年版，第298页。
⑤ 董仲舒：《春秋繁露·实性》，见苏舆《春秋繁露义证》，钟哲点校，北京，中华书局1992年版，第311页。
⑥ 董仲舒：《春秋繁露·深察名号》，见苏舆《春秋繁露义证》，钟哲点校，北京，中华书局1992年版，第300页。

为了强调"王教",即礼乐教化的必要性。他说:"今谓性已善,不几于无教而如其自然,又不顺于为政之道矣。"① "今案其真质,而谓民性已善者,是失天意而去王任也。万民之性苟已善,则王者受命尚何任也?"② 董仲舒认为,如果人性是"善"的,那么,不仅礼乐教化失去了存在意义,而且等于取消了"天意"。因为,"天意"赋予了君王教化天下的责任:"天生民性有善质,而未能善,于是为之立王以善之。此天意也。民受未能善之性于天,而退受成性之教于王。王承天意,以成民之性为任者也。"③ 所以,人性与礼乐教化的正当关系是:"无其质,则王教不能化;无其王教,则质朴不能善。"④

董仲舒对人性与礼乐教化关系的论述,把礼乐教化视为来自"天意"的政治使命,确实为礼乐教化的实施提供了人性论依据,也提高了礼乐教化的地位,但同时,也在很大程度上取消了人的自发地"向善"即自觉的美育修养的可能性,使人性的发展只能依赖于"王教"这个外在的政治权威。这一观念,使他的礼乐教化论带上了明显的政治强制色彩。

四、"德莫大于和,而道莫正于中"

"中和"是先秦儒家的审美理想。孔子以"中庸"为最高的德

---

① 董仲舒:《春秋繁露·实性》,见苏舆《春秋繁露义证》,钟哲点校,北京,中华书局1992年版,第311页。
② 董仲舒:《春秋繁露·深察名号》,见苏舆《春秋繁露义证》,钟哲点校,北京,中华书局1992年版,第302页。
③ 董仲舒:《春秋繁露·深察名号》,见苏舆《春秋繁露义证》,钟哲点校,北京,中华书局1992年版,第302页。
④ 董仲舒:《春秋繁露·实性》,见苏舆《春秋繁露义证》,钟哲点校,北京,中华书局1992年版,第313页。

行,指出:"中庸之为德也,其至矣乎!民鲜久矣。"① 东汉郑玄注云:"庸,常也。中和可常行之行也。"南宋朱熹注云:"中者,无过不及之名也。庸,平常也。至,极也。"② 孔子以"中庸"为"中和"之至德,在德行修养上主张"过犹不及"③,其论《诗经·周南·关雎》的"乐而不淫,哀而不伤",论《韶》乐《武》乐所强调的"尽善尽美"④ 观念等,都贯穿着"过犹不及"的要求。孔子弟子有若论"礼",以为"礼之用,和为贵。先王之道,斯为美;小大由之。有所不行,知和而和,不以礼节之,亦不可行也"⑤,显然是以"中和"为礼乐的理想境界。这一观念到荀子,得到了更充分而明显的揭示。荀子认为:"礼之敬文也,乐之中和也,《诗》《书》之博也,《春秋》之微也,在天地之间者毕矣。"⑥ 又说:"故乐者,天下之大齐也,中和之纪也,人情之所必不免也。是先王立乐之术也。"⑦ 战国末期的《吕氏春秋》论"乐",受春秋以来的阴阳五行学说和道家养生论的影响,提出了"适音""和乐"等观念,从艺术和养生角度发展了"中和"观念。董仲舒基于其天人哲学,吸收、融会了道家和阴阳五行学说的相关看法,将"中和"提升为天

---

① 《论语·雍也》,见《论语译注》,杨伯峻译注,北京,中华书局1980年版,第64页。
② 程树德:《论语集释》,程俊英、蒋见元点校,北京,中华书局2013年版,第493页。
③ 《论语·先进》,见《论语译注》,杨伯峻译注,北京,中华书局1980年版,第114页。
④ 《论语·八佾》,见《论语译注》,杨伯峻译注,北京,中华书局1980年版,第30、33页。
⑤ 《论语·学而》,见《论语译注》,杨伯峻译注,北京,中华书局1980年版,第8页。
⑥ 《荀子·劝学》,见王先谦《荀子集解》,沈啸寰、王星贤点校,北京,中华书局2013年版,第12页。
⑦ 《荀子·乐论》,见王先谦《荀子集解》,沈啸寰、王星贤点校,北京,中华书局2013年版,第449页。

人合一之道，在政治上主张"以中和理天下"，在人生修养上强调"以中和养其身"，从而丰富了儒家"中和"论的美育内涵。

董仲舒在《春秋繁露·循天之道》篇比较全面地阐述了他的"中和"论美学观。首先，"中和"即天道之"中和"。他说："天有两和，以成二中。岁立其中，用之无穷。是北方之中用合阴，而物始动于下；南方之中用合阳，而养始美于上。其动于下者，不得东方之和不能生，中春是也；其养于上者，不得西方之和不能成，中秋是也。然则天地之美恶在？两和之处，二中之所来归而遂其为也。"① "中和"，首先是指天地阴阳二气运行的适度与和谐。从方位上说，北方、南方为"二中"，东方、西方为"两和"；从季节上说，冬、夏二季为"二中"，春、秋二季为"两和"。这种意义上的"中和"，指的是天地之气的运行规律。

其次，"中和"是万物生长、发育、成就之道。董仲舒认为："天地之经，至东方之中，而所生大养；至西方之中，而所养大成。一岁四起业，而必于中。中之所为，而必就于和。故曰：和其要也。和者，天之正也，阴阳之平也，其气最良，物之所生也。诚择其和者，以为大得天地之奉也。天地之道，虽有不和者，必归之于和，而所为有功；虽有不中者，必止之于中，而所为不失。"② 天地阴阳二气的运行，是以生长、养育、成就万物为目的的，而万物只有在"和"即阴阳和谐的情况下才能得以生成，也只有在二气运行得其"中"之时才能得以养育、成就。在"中"与"和"之间，"和"是"中"的目的和理想，是"天地之美"之所在。"中者，天之用也；和者，天之功也。举天地之道，而美于和，是故物生皆贵

---

① 董仲舒：《春秋繁露·循天之道》，见苏舆《春秋繁露义证》，钟哲点校，北京，中华书局1992年版，第444页。按：本文断句与点校略有不同。
② 董仲舒：《春秋繁露·循天之道》，见苏舆《春秋繁露义证》，钟哲点校，北京，中华书局1992年版，第446—447页。

气而迎养之。"①

再次,"中和"是万物之美的普遍规律。董仲舒说:"法人八尺,四尺其中也。宫者,中央之音也;甘者,中央之味也;四尺者,中央之制也。是故三王之礼,味皆尚甘,声皆尚和。处其身,所以常自渐于天地之道。"② "法人",即标准的人。味尚甘,声尚宫,最符合"中和"之美的标准。"处其身"即以甘味、和声等"中和"之美为对象来养生修身。这就是"自渐于天地之道"。

最后,"中和"是政治、道德、审美的基本原则。"中者,天地之所终始也;而和者,天地之所生成也。夫德莫大于和,而道莫正于中。中者,天地之美达理也,圣人之所保守也。……是故能以中和理天下者,其德大盛;能以中和养其身者,其寿极命。"③ 这已经很接近《礼记·中庸》所说的"中也者,天下之大本也;和也者,天下之达道也"④ 了。董仲舒在政治上提倡"以中和理天下",以"中和"为"天地之美达理",意味着"中和"不仅是美的标准,同时也是审美的理想境界。

《春秋繁露·循天之道》篇着重探讨的是"循天之道以养其身",即"以中和养其身"的问题。"养身"的范围比较广泛,就日常居处来说,"男女体其盛,臭味取其胜,居处就其和,劳佚居其中,寒暖无失适,饥饱无过平,欲恶度理,动静顺性,喜怒止于

---

① 董仲舒:《春秋繁露·循天之道》,见苏舆《春秋繁露义证》,钟哲点校,北京,中华书局1992年版,第447页。
② 董仲舒:《春秋繁露·循天之道》,见苏舆《春秋繁露义证》,钟哲点校,北京,中华书局1992年版,第450页。
③ 董仲舒:《春秋繁露·循天之道》,见苏舆《春秋繁露义证》,钟哲点校,北京,中华书局1992年版,第444—445页。
④ 郑玄注,孔颖达疏:《礼记正义》,吕友仁整理,上海,上海古籍出版社2008年版,第1987—1988页。

中，忧惧反之正，此中和常在乎其身，谓之得天地泰"①。这涉及到饮食、居处、劳佚的调节，动静、情感的修养问题。"以中和养其身"，使"中和常在乎其身"，是董仲舒的"养身"原则。董仲舒的"养身"，即是"养生"。"养生"以"养气"为主。"凡养生者，莫精于气"，"养生之大者，乃在爱气"。② 首先，是饮食益气。董仲舒指出，四季交迭，每个季节都各有其所美之物，如冬季之荠、夏之荼等。饮食应选择各个季节最美的食物，"视代美而代养之，同时美者杂食之，是皆其所宜也"③。其次，是以"养心"来"养气"。"气从神而成，神从意而出。心之所之谓意。意劳者神扰，神扰者气少，气少者难久矣。"④ 人由气构成，气多则健康长寿。而人之气又受心神影响，所以，"养心"比饮食益气更为重要。"君子闲欲止恶以平意，平意以静神，静神以养气。气多而治，则养身之大者得矣。"⑤ 这实际涉及到了精神修养的问题。再次，"养心"以"养生"，实质是审美的人生修养。董仲舒指出："和乐者，生之外泰也；精神者，生之内充也。外泰不若内充，而况外伤乎？忿恤忧恨者，生之伤也；和说劝善者，生之养也。君子慎小物而无大败也。行中正，声向荣，气意和平，居处虞乐，可谓养生矣。"⑥ "和乐"

---

① 董仲舒：《春秋繁露·循天之道》，见苏舆《春秋繁露义证》，钟哲点校，北京，中华书局1992年版，第456页。
② 董仲舒：《春秋繁露·循天之道》，见苏舆《春秋繁露义证》，钟哲点校，北京，中华书局1992年版，第453、452页。
③ 董仲舒：《春秋繁露·循天之道》，见苏舆《春秋繁露义证》，钟哲点校，北京，中华书局1992年版，第454页。
④ 董仲舒：《春秋繁露·循天之道》，见苏舆《春秋繁露义证》，钟哲点校，北京，中华书局1992年版，第452页。
⑤ 董仲舒：《春秋繁露·循天之道》，见苏舆《春秋繁露义证》，钟哲点校，北京，中华书局1992年版，第452页。
⑥ 董仲舒：《春秋繁露·循天之道》，见苏舆《春秋繁露义证》，钟哲点校，北京，中华书局1992年版，第453页。

在外,相对于"精神"来说,可能指情感的愉悦,即"和说";相对于情感来说,则可以理解为以"和"为特征的"乐",即"声向荣"的艺术。尽管董仲舒强调"外泰不若内充","气意和平"的心态更为重要和根本,但"气意和平"本身就是一种审美心态,以"和乐"为特征的"声向荣"也是其"以中和养其身"的重要内容。由此,"以中和养其身"具体落实到以"中和"养其心,精神修养也以"中和"为基本原则。董仲舒就此指出:"心和平而不失中正,取天地之美以养其身。"①

先秦道家最重视"养生"问题,《吕氏春秋》探讨过音乐之审美与"养生"的关系问题,与董仲舒同时的刘安主编的《淮南子》以精神修养为核心深入发展了道家的"养生"论。董仲舒显然吸收了道家、阴阳家的相关学说,以其天人哲学为根基,既将"中和"之美提升到"天地之美"的地位,又将"中和"原则落实到以精神修养为核心的修身养性的实践中,从而发展了儒家美育思想。

(原载《人文杂志》2018年第11期)

---

① 董仲舒:《春秋繁露·循天之道》,见苏舆《春秋繁露义证》,钟哲点校,北京,中华书局1992年版,第449页。

中国现代"美育"概念的形成及其学制基础

王宏超◆（上海师范大学人文与传播学院）

一、从"三育"到"四育"

在"美育"被正式地提出之前，有"三育"（德育、智育、体育）的提倡在先。中国现代最早对"三育"观念的介绍导源于严复。德、智、体，是严复对于斯宾塞（Herbert Spencer，1820—1903）著作中 moral，intellectual，physical 的翻译。他的翻译并非是以教育宗旨为目的，而是为了揭示强国国民所必备的几个要素。①

在1895年3月4日至3月9日天津《直报》连载的《原强》中，严复就提到了"民智、民力、民德"乃自强之本，② 在《原强（修订稿）》中，严复亦说："盖生民之大要三，而强弱存亡莫不视此：一曰血气体力之强，二曰聪明智虑之强，三曰德行仁义之强。"③ 毋宁说，此时严复的"三育"观念与传统"六艺"与"三达德"（智、仁、勇）的内涵更为接近，而与现代"三育"说的含意

---

① 王尔敏：《德、智、体、群四育的缘起》，见王尔敏《中国近代思想史论续集》，北京，社会科学文献出版社2005年版，第139—140页。
② 严复：《原强》，见王栻主编《严复集》第1册，北京，中华书局1986年版，第14页。
③ 严复：《原强（修订稿）》，见王栻主编《严复集》第1册，北京，中华书局1986年版，第18页。

则有很大区别。就"三育"与传统"六艺"的对应关系看,德育近乎礼、乐,智育近乎书、数,而体育近乎射、御。① 这种形似神异的比较,恰恰说明了中西教育各自独具特色。

如果说严复最早关于民智、民力和民德的介绍只是就一般国民素质进行的论说的话,此后严复就开始把这些要素同教育结合起来了。这也是中国近现代思想家的通用做法——寻找到一种理论,通过教育的手段加以普及。1906年6月15日,严复在上海青年会发表演说,题为《教授新法》。② 其中明确提出了"三育"(德育、智育、体育)说:"不佞今夕所谈,趋重智、德二育。体育虽重,于此一及,不更及矣。"③ 但其论说的依据已经不是斯宾塞和中国传统的"六艺"了,一个重要的思想资源已经化入他的言论,即智、情、意分立观念。这一点,严复在翻译孟德斯鸠《法意》的按语中已经指出:"东西古哲之言曰:人道之所贵,一曰诚,二曰善,三曰美。"④

于此可以看出,中国现代早期的"三育"概念有两种涵义,一是德育、智育和体育,一是德育、智育和美育。在前一种分类中,智育实则包括后来所谓的智育(狭义)和美育。原因如严复在《论今日教育应以物理科学为当务之急》中所说:

---

① 对此王尔敏亦有精彩分析。王尔敏:《德、智、体、群四育的缘起》,见王尔敏《中国近代思想史论续集》,北京,社会科学文献出版社2005年版,第139—140页。
② 此演说原稿本藏于中国历史博物馆,上部分残缺,无题,《严复集》拟名《论今日教育应以物理科学为当务之急》。见王栻主编:《严复集》第2册,北京,中华书局1986年版,第278页。孙应祥:《严复年谱》,福州,福建人民出版社2003年版,第276—278页。
③ 严复:《论今日教育应以物理科学为当务之急》,见王栻主编《严复集》第2册,北京,中华书局1986年版,第279页。
④ 孟德斯鸠原著,严复译述:《法意》卷十九,上海,商务印书馆1931年版,第6页。

心如形体，有支部可言，有思理，有感情。思理者，一切心之所思，口之所发，可以是非然否分别者也。感情者，一切心之感觉，忧喜悲愉，赏会无端，揽结不尽，而不可以是非然否分别者也。①

尽管严复倡言德、智、体三育，但他最为看重的是其中的智育。而智育包括理、情两端，以科学与美术为代表。而事实上，他认为美术对于德育的促进作用更大：

以心之方面常分为二如此，故其于人也，或长于理而短于情，或长于情而短于理。如卢梭自谓生平于学术物境，强半得诸感会，非由思理而通，可知其人受质之异。譬诸文章、论辩、书说，出于思理者也；诗骚、词赋，生于感情者也。思理善，必文理密，察礼之事也。感情善，必和说微，至乐之事也。西人谓一切物性科学之教，皆思理之事，一切美术文章之教，皆感情之事。然而二者往往相入不可径分。科学之中，大有感情；美术之功，半存思理。而教育之事，在取学者之心之二方面而并陶之，使无至于偏胜。即不然，亦勿使一甚一亡。至于一甚一亡，则教育之道苦矣。德育主于感情，智育主于思理，故德育多资美术，而智育多用科学。②

严复的德、智、体三育说，其实已经包含了德、智、体、美四育说

---

① 严复：《论今日教育应以物理科学为当务之急》，见王栻主编《严复集》第 2 册，北京，中华书局 1986 年版，第 279 页。
② 严复：《论今日教育应以物理科学为当务之急》，见王栻主编《严复集》第 2 册，北京，中华书局 1986 年版，第 279—280 页。

的萌芽。①

甲午后学习日本的潮流中，对于教育思想和制度学习是最重要的内容之一。日本学制之中，以德育、智育和体育三者为宗旨，这在有关史料中多有提及。杨荫栋、周祖培翻译日本学者成濑仁藏所撰《女子教育论》，"分宗旨、德育、智育、体育四类"② 论述。吴汝纶于此也有详细介绍，他在《东游丛录》中引述《佛国小学校教育课程》曰："教育分三种：一、体育，二、智育，三、德育。"③ 另引《日本体育会体操学校松井次郎兵卫来书》曰："抑体育者，教育之基础，富强之渊源，而天下之得失系焉。"④ "完全教育，精神之修养，与身体之训练，不可离矣。"⑤ 是时西方和日本把德智体三育作为教育方针，成为社会普遍共识。如吴汝纶在日期间会谈日本学者"伊藤来谈教育之法，谓有德育、智育、体育，今中国志在智育，似未善，无德育则乱，无体育则弱。吾谓'智开然后知德教'。"⑥ 沈兆袆《新学书目提要》亦称"泰西言教育者率以德育、

---

① 四育说另一表现形式是德、智、体、群四育。群育的萌生亦肇始于严复，他结合中国古代"群"的思想，来译 Sociology，并使得"群"的思想进入到了中国近代教育宗旨之中。详见王尔敏：《德、智、体、群四育的缘起》，见王尔敏《中国近代思想史论续集》，北京，社会科学文献出版社2005年版，第141—155页。
② 顾燮光：《译书经眼录》，见熊月之主编《晚清新学书目提要》，上海，上海书店出版社2007年版，第279页。
③ 吴汝纶：《东游丛录》，见《吴汝纶全集》第3册，施培毅、徐寿凯校点，合肥，黄山书社2002年版，第700页。
④ 吴汝纶：《东游丛录》，见《吴汝纶全集》第3册，施培毅、徐寿凯校点，合肥，黄山书社2002年版，第750页。
⑤ 吴汝纶：《东游丛录》，见《吴汝纶全集》第3册，施培毅、徐寿凯校点，合肥，黄山书社2002年版，第751页。
⑥ 吴汝纶：《吴汝纶全集》第4册，施培毅、徐寿凯校点，合肥，黄山书社2002年版，第675—676页。

智育、体育三者分举"①。顾燮光的《译书经眼录》在评述《实用教育学》（日本越智直、日本安东辰巳郎合著，张肇桐译）时亦指出此书"论智育、体育、德育，即《中庸》所谓三达德，足为中外古今一理之据"②。

如上述，严复已经不囿于西方和日本的传统提出"四育"（德智体群）之说，且已经暗示"美育"思想的出现。在这一点上，时人亦有同道者。海门季新益笔译日本著作《教育学原理》（日本东京教科书辑译社本，日本尺秀三郎、中岛半次郎讲述），已经不满于三育的范围而增加了"情育"一项：

（此书）颇引西国大儒论学之言，可为准则。近来谈教科书者皆以智育、体育、德育并列为三，盖本于希腊阿里士多德之旨，此书独增情育一条以补其未备，感化一篇所推各节即情育之事也，盖略出于卢骚、康德之绪论，其发明新理尤多，皆本于心得而课之事实，有足取焉。③

"情育"与"美育"异名同实，尽管中国向之学习的日本没有明确的"美育"观念，但中国知识分子已经在为养成"完全的人"而探索新的方向了。

---

① 沈兆祎：《新学书目提要》，见熊月之主编《晚清新学书目提要》，上海，上海书店出版社2007年版，第414页。
② 顾燮光：《译书经眼录》，见熊月之主编《晚清新学书目提要》，上海，上海书店出版社2007年版，第277—278页。
③ 沈兆祎：《新学书目提要》，见熊月之主编《晚清新学书目提要》，上海，上海书店出版社2007年版，第413—414页。

二、王国维:"养成完全之人物"

中国近代教育制度,沿袭日本者甚多。但对于美育方面的内容却没有足够的重视。所以,舒新城说:"光绪二十九年的新教育制度,对于日本学校的种种方法,大概抄得很全备,而独不及美育。"① 这话虽不中,亦不远。说其不中,乃是因为晚清的学制中已经有了关于审美教育的内容,如对于音乐、美术的逐渐强调。说其不远,乃是因为,晚清学制中的美育思想,囿于实用或伦理的目的,尚未走向自身的独立。

在对于新学制的思考中,王国维认为,哲学和美育类内容的缺失,是新学制的重大失误。王国维对于哲学、美学的论述,为这两个学科确立了自身的合法性,同样,他对于美育的呼吁,最早开启了中国现代的美育思潮。

在译自日本人牧濑五一郎的《教育学教科书》中,王国维最早提到了"美育",在中国现代美学史上意义重大。此书指出:"教育之目的,一言以蔽之曰:在养成完全之人物。"课程设置"合修身、国语、历史、地理谓之文科,合博物、理、化、数学谓之理科,合习字、图画、唱歌谓之技艺科。又文科、理科之教育,谓之智育;图画、唱歌等,谓之美育。或以关文、理、艺三科之教育为智育,关修身科之教育为德育,关体操科之教育为体育"②。有学者指出,本书"明确提出了智育、美育、德育、体育四育思想,其中美育的

---

① 舒新城编:《近代中国教育思想史》,福州,福建教育出版社2007年版,第114页。
② 牧濑五一郎:《教育学教科书》,王国维译,《教育世界》第29、30号,1902年7月。1902年收入教育世界社印行《教育丛书》二集。见谢维扬、房鑫亮主编《王国维全集》第17卷,杭州,浙江教育出版社,广州,广东教育出版社,2009年版,第496页。

提出在中国教育界是首次，尽管这还不是中国人自己的主张，但在中国教育史上有划时代的意义"①。

知情意的分立思想，是西方现代性思想的重要特征，也是现代知识体系确立的思想基础。王国维对于西方思想的接引，即是以此为基点的。他由此确立了哲学、美学、艺术的独立价值，同样，把这一思想运用到教育领域，自然就出现了强调美育的结果。如果说王国维在哲学上受到康德、叔本华和尼采的影响甚大，那么在美育思想上，则从席勒和赫尔巴特那里得到了许多启示。

王国维敏锐地观察到了席勒在西方首倡美育的思想背景：

希尔列尔之美育论，盖鉴于当时之弊而发。十八世纪，宗教之抑情的教育犹跋扈于时。彼等不谋性情之圆满发达，而徒造成偏颇不自然之人物，其弊一也。一般学者惟知力之是尚，欲批评一切事实而破坏之，其弊二也。当时德国人民偏于实用的利己的，趣味甚卑，目光甚短，其弊三也。知此，则读彼之美育论者，思过半矣。②

要之，宗教使人失去自由之本性，理性发达造就鄙陋之世界，趣味日趋实用。席勒的目标即是使人摆脱外在的束缚，通由美育达致自由的境界。就智、情、意三界来说，各有自我的领地，各有自律的空间，各自的价值不能僭越分别独立的范围而凌驾于其他价值之上。与过去以美术为道德之助的观念相反，席勒反倒认为"美术

---

① 肖朗：《王国维与西方教育学理论的导入》，《浙江大学学报（人文社科版）》2000年第6期。
② 王国维：《教育家之希尔列尔》，见《教育世界》第118号，1906年2月。

者,科学与道德之生产地也"①,"真之与善,实赅于美之中"②。所以,就教育而言,不能只是关注于德育,对于美育要更加重视:

美术文学非徒慰藉人生之具,而宣布人生最深之意义之艺术也。一切学问,一切思想,皆以此为极点。人之感情惟由是而满足而超脱,人之行为惟由是而纯洁而高尚。其解美术文学也如此。故谓教人以为人之道者,不可不留意于美育。③

无疑,这些思想都逐渐融化进了王国维的思想之中。

赫尔巴特(Johann Friedrich Herbart,1776—1841)对于王国维的美育思想也有所影响。在西方教育史上,德国教育学家赫尔巴特首次创立了完整的教育学体系,标志着教育学学科的诞生。1900年前后,赫尔巴特理论在日本甚为流行,中国对于西方教育理论的引进,最初以日本为主要渠道,所以中国所引入赫尔巴特学派的理论著作亦占有很大比例。据学者不完全统计,近代中国"出版的教育学书籍约有 64 种(包括讲义和报刊连载),其中直接注明译自日人著作和日人讲述的有 36 种,其余相当部分由国人依据日著原本编译,包括一些留日师范生编译的著作。在这些译著中,由日本著名的赫尔巴特学派倡导者大濑甚太郎撰写的就有 5 种,居所译个人著作的首位;另一位重要代表波多野贞之助编写的讲义有 3 种,居所译讲义类首位。从我们所查阅、接触到的部分著作看,赫尔巴特教

---

① 王国维:《孔子之美育主义》,《教育世界》第 77 号,1904 年 2 月。见谢维扬、房鑫亮主编《王国维全集》第 14 卷,杭州,浙江教育出版社,广州,广东教育出版社,2009 年版,第 16 页。
② 王国维:《教育家之希尔列尔》,见《教育世界》第 118 号,1906 年 2 月。
③ 王国维:《教育家之希尔列尔》,见《教育世界》第 118 号,1906 年 2 月。

育学派的主导影响是显而易见的"①。

  王国维主持的《教育世界》中,曾对于赫尔巴特进行过详细介绍,有关文章如:《海尔巴脱派之兴味论》(《教育世界》,第75号,1904年5月)、《肖像·德国教育学大家海尔巴脱氏》(《教育世界》,第80号,1904年8月)、《德国教育学大家海尔巴脱传》(《教育世界》,第80号,1904年8月)、《德国海尔巴德派教育学会纪事》(《教育世界》,第120号,1906年3月)等。1901年,王国维翻译了日人立花铣三郎讲述的《教育学》②。王国维译此书是"以德国教育家留额氏所著书为本"(本书小序)的。而"留额氏"是德国教育学家戚勒(Tuiskon Ziller,1817—1881),其所据的原本是戚勒的《普通教育学概论》。戚勒为赫尔巴特派的代表人物之一。赫尔巴特进入中国,即是以王国维翻译的这本《教育学》为最早。赫尔巴特的思想以康德哲学为基础,很重要的一点便是继承和发挥了康德关于智、情、意划分的思想。王国维日后对于康德、赫尔巴特的学说译介甚多,且对基于这一思想基础的美育大加提倡,可能在此时已经奠定基础。已有学者指出:"日后王国维撰文提倡四育并成为近代中国美育的首倡者,应该说与他翻译牧赖五一郎《教育学教科书》,接受赫尔巴特的教育学理论不无关联。"③

  同现代诸多思想家一样,王国维十分重视教育,视其为培育"完全的人"的途径。罗振玉因在湖南推进教育而受到张之洞的赏

---

① 田正平主编:《中国教育史研究·近代分卷》,上海,华东师范大学出版社2001年版,第326页。
② 立花铣三郎:《教育学》,王国维译,《教育世界》第9、10、11号,1901年9—10月。见谢维扬、房鑫亮主编《王国维全集》第16卷,杭州,浙江教育出版社,广州,广东教育出版社,2009年版。
③ 肖朗:《王国维与西方教育学理论的导入》,《浙江大学学报(人文社科版)》2000年第6期。

识,张之洞奉旨修订学制,罗振玉亲赴日本考察教科书,发表诸多言论,对于新学制的产生,助益甚多。王国维也由此瞩目于教育,并主持《教育世界》存在七年中的六年。王国维在《教育世界》上署名文章有四十多篇,加上未署名者,可能达到九十多篇。① 他在多篇文章中,为哲学、美术(艺术)的独立价值而大声疾呼。如果说这是王国维鉴于现代性的敏锐视野而对传统进行的有意识的推动,那么对于美育的倡导,则是他超越西方现代性思想的深入思考。美育的核心在于养成"完全的人",以"美丽之心"主导生活。尽管亦有思想家提倡"完全的生活",但与以古希腊为代表的"完全的生活"的典范相比,性质迥异:

前者仅指物质的现象,后者则于灵魂之无穷之运命亦赅而言之也。实则希腊思想所远贶于近时世界者,即所谓"美"是已。柏拉图于《理想的国家》中,有言曰:"使吾人之守护者,于缺损道德的调和之幻梦中,成长为人,吾人之所不好也。愿使我技术家有天禀之能力而能辨别'美'与'雅'之真性质,则彼辈青年庶得拓足于健全之境遇耳。"以言高尚之训练,殆未有逾此者也。'健全之精神宿于健全之身体',罗马人之理想也;而"美之精神宿于美之身体",则希腊人之理想。吾人既欲实现前者之理想,亦愿实现后者之理想。②

理智主义和经验主义,都有偏狭之处,不能达于完全的境界:

---

① 见于佛雏的多种考证:王国维《王国维哲学美学论文辑佚》,佛雏校辑,上海,华东师范大学出版社 1993 年版;佛雏《王国维哲学译稿研究》,北京,社会科学文献出版社 2006 年版。
② 王国维:《霍恩氏之美育说》,见《教育世界》第 151 号,1907 年 6 月。

意识者，不但有知的意的性质，又一面有情的性质。而美之感觉，实吾人感情生活中最高尚之部分也。偏于智识则冷静，偏于实际则褊狭，知所谓美而爱之，则冷者温，狭者广矣。人之灵魂，对偏于智识者而告之曰："汝亦知智识而外，尚有不能以知识记载者乎？"又对偏于实际者而告之曰："汝知人世所谓有益者之外，尚有有价值者乎？"真理之智识使人能辨别事物，而不能使之爱好事物。善良之意志足以匡正人心，而不足以感动人心。欲使人间生活进于完全，则尚有一义焉，曰：真知其为美而爱之者是已。①

培养"完全的人"，以避免性与理之分裂而造成的弊端，是王国维美育思想的中心议题。但这一目标却不那么容易达到，这可以从他后来"可信者不可爱，可爱者不可信"的困惑中表现出来。但作为教育理想，这一追求则可超越时空具有永恒的意义和价值。

三、蔡元培：中国现代美育思想的奠基者

在写于1931年的《二十五年来中国之美育》一文中，蔡元培说：

美育的名词，是民国元年我从德文的 Ästhetische Erziehung 译出，为从前所未有。在古代说音乐的，说文学的，说书画的，都说他们有陶冶性情的作用，就是美育的意义，不过范围较小，教育家亦未曾作普及的计划。最近二十五年，受欧洲美术教育的影响，始着手于各方面的建设，虽成绩不甚昭著，而美育一名词，已与智育、德育、体育等，同为教育家所注意，这不能不算是二十五年的

---

① 王国维：《霍恩氏之美育说》，见《教育世界》第151号，1907年6月。

特色。①

实则在蔡元培于 1901 年 10 月至 12 月间翻译的《哲学总论》中，已经提到了美育："教育学中，智育者教智力之应用，德育者教意志之应用，美育者教情感之应用是也。"② 这一点，已为学界所注意。③

蔡元培一生中经历过两次大的思想转型。戊戌后不满于京城的政治氛围，辞官出京，从"庙堂"走向"民间"，从翰林转而从事教育和革命。此为第一次的思想转型。从事教育和革命的几年间，困难重重，风波不断，导致蔡"意颇倦"④，遂有留学之念。后几经转折，终于 1907 年 7 月 11 日到达德国柏林，开始了其"游学时代"⑤，是为其思想的第二次转型。对于美育，蔡元培抱以终身的兴趣，在写于暮年的《假如我的年纪回到二十岁》一文中，蔡元培不无遗憾地说："所以我若能回到二十岁，我一定要多学几种外国语，

---

① 蔡元培：《二十五年来中古之美育》（1931 年 5 月），见中国蔡元培研究会编《蔡元培全集》第 7 卷，杭州，浙江教育出版社 1997 年版，第 79 页。

② 蔡元培：《哲学总论》（1901 年 10 月—12 月），见中国蔡元培研究会编《蔡元培全集》第 1 卷，杭州，浙江教育出版社 1997 年版，第 357 页。

③ 南京大学于文杰博士研究生毕业论文《中国美育现代性研究》："在中国，最早传播西方美学并在哲学话语中探讨美育问题的是蔡元培 1901 年的《哲学总论》。"转引自谭好哲、刘彦顺等：《美育的意义：中国现代美育思想发展史论》，北京，首都师范大学出版社 2006 年版，第 9 页。该书以 1903 年 8 月王国维发表的《论教育之宗旨》为最早阐述"美育"的文献："现在学界一般认为，王国维刊于 1903 年 8 月《教育世界》56 号上的《论教育之宗旨》一文不仅明确使用了'美育'一词，而且也是最早的一篇系统阐述美育之价值与功用的历史文献。"见该书第 8 页。

④ 蔡元培：《传略》上（1919 年 8 月），见中国蔡元培研究会编《蔡元培全集》第 3 卷，杭州，浙江教育出版社 1997 年版，第 666 页。

⑤ 蔡元培：《传略》上（1919 年 8 月），见中国蔡元培研究会编《蔡元培全集》第 3 卷，杭州，浙江教育出版社 1997 年版，第 666 页。

自英语、意大利语而外,希腊文与梵文,也要学的;要补习自然科学,然后专治我所最爱的美学及世界美术史。"① 此以终身的兴趣,就是源于其留德生涯。舒新城因此说:

美感教育的倡议,要以民国元年为始,首倡者为蔡元培。蔡为浙江绍兴人,清末即投身民党而努力于教育事业,光绪三十一年因上海之图谋不遂,乃去德国入莱比锡大学习哲学、心理、美学,而尤深感于德国的美育设施;且其根本思想倾重于世界主义,以美能泯人我之见,故极力提倡美感教育。中国十余年来的美感教育思想,实以他为唯一的中坚人物。②

此说甚确。蔡元培初入莱比锡大学,"于哲学、文学、文明史、人类学之讲义,凡时间不冲突者,皆听之"③。其时西学思潮激荡,蔡元培入得宝库,未免有些眼花缭乱,心有囊括西方学术的想法,不难理解。其后,他逐渐意识到博通还要精专的道理,于是读书范围"勉自收缩,以美学与美术史为主,辅以民族学"④,他说"到四十岁,始专治美学"⑤,即指这个阶段。这些变化可从他在莱比锡大学的听课记录中看出来。

---

① 蔡元培:《假如我的年纪回到二十岁》(1935年4月),见中国蔡元培研究会编《蔡元培全集》第7卷,杭州,浙江教育出版社1997年版,第48页。
② 舒新城编:《近代中国教育思想史》,福州,福建教育出版社2007年版,第115页。
③ 蔡元培:《传略》上(1919年8月),见中国蔡元培研究会编《蔡元培全集》第3卷,杭州,浙江教育出版社1997年版,第666页。
④ 蔡元培:《我的读书经验》(1935年4月10日),见中国蔡元培研究会编《蔡元培全集》第7卷,杭州,浙江教育出版社1997年版,第31页。亦见于蔡元培:《自写年谱》(1940年2月),见中国蔡元培研究会编《蔡元培全集》第17卷,杭州,浙江教育出版社1998年版,第457页。
⑤ 蔡元培:《假如我的年纪回到二十岁》(1935年4月),见中国蔡元培研究会编《蔡元培全集》第7卷,杭州,浙江教育出版社1997年版,第48页。

蔡元培在莱比锡大学所选修课程一览①

学期	课程	讲授者
第一学期（1908年冬—1909年初）	自康德至现代之新哲学的历史（Geschichte der neuesten Philosophie von Kant bis zur Gegenwart）	Wundt（冯德）
	心理学概论（Die Grundlagen und Hauptpunkte der Psychologie）	Lipps
	德国文学之最新发展（Die jüngsten Entwicklungsstadien der deutschen Literatur）	Witkowski
	语言心理学：第一部分，普通心理学基础（I. Teil：Allgemein - Psychologische Grundlegung）	Dittrich
	叔本华（Schopenhauer）	Brahn
	哥德：哲学家及自然科学家（Goethe als Philosoph und Naturforscher）	Brahn

---

① 费路（Roland Felber）：《蔡元培在德国莱比锡大学》，见蔡元培研究会编《论蔡元培》，北京，旅游教育出版社1989年版。陶英惠：《蔡元培年谱》上卷，台北，"中央研究院"近代史研究所1976年版。高平叔：《蔡元培年谱长编》，北京，人民教育出版社1998年版。

学期	课程	讲授者
第二学期（1909年夏）	心理学（Psychologie）	Wundt
	近代及现代德国文化史（Deutsche Kulturgeschichte der jüngsten Vergangenheit und Gegenwart）	Lamprecht
	现代自然科学之主要成就（Hauptergebnisse der modernen Naturwissenschaft）	Brahn
	儿童心理学及实验心理学（Kinderphychol. u. experimentelle Padagogik）	Brahn

学期	课程	讲授者
第三学期（1909年冬—1910年初）	哲学入门（Einführung in die Philosophie）	Bichter
	新哲学之历史及早期之心理学概论（Geschichte der neueren Philosophie mit einleitender Übersicht über die älteren Psychologie）	Wundt Wirth
	十八世纪德国文学史（Geschichte der deutschen Literatur des 18 Jh.）	Köster
	哥德之戏剧（Goethes Dramen）	Witkowski
	自古代至现代之德国文学概论（Kursorischer Überblick der deutschen Literaturgeschichte von den ältesten Zeiten bis zur Gegenwart）	Witkowski
	远古及中古时代德国文化史（Deutsche Kulturgeschichte in der Urzeit und im Mittelalter）	Lamprecht
	近代德国文化史：世界观及学术（Deutsche Kulturgeschichte der jüngsten Vergangenheit：Weltanschauung und Wissenschaft）	Lamprecht

学期	课程	讲授者
第四学期（1910年夏）	康德之后的哲学史（Geschichte der Philosophie nach Kant）	Volkelt
	伦理学之基本问题（Grundfragen der Ethik）	Volkelt
	心理学方法（Psychologische Massmethoden）	Wirth
	心理学实验室（Psychologisches Laboratorium）	Wundt
	德国戏剧及演艺艺术史章节选读并附研究资料（Ausgewählte Kapitel aus der Geschichte des Theaters und der Schauspielkunst in Deutschland mit Anschauungsmaterial）	Köster
	关于史学方法及历史艺术（Über geschichtliche Methode und geschichtliche Kunst）	Lamprecht
	宗教改革及文艺复兴时代之德国文化史（Deutsche Kulturgeschichte im Zeitalter der Reformation und Renaissance）	Lamprecht

学期	课程	讲授者
第五学期（1910年冬—1911年初）	心理学实验室（Psychologisches Laboratorium）	Wundt
	希腊哲学史（Geschichte der Griechischen Philosophie）	Volkelt
	美学（Aesthetik）	Volkelt
	新高地德语文法：心理学基础（Neuhochdeutsche Grammatik auf Psychologischer Grundlage）	Dittrich
	绝对论时代德国文化史（Deutsche Kulturgeschichte im Zeitalter des Absolutismus）	Lamprecht
	文化之启始与原始形态（Anfänge und Urformen der Kultur）	Weule

学期	课程	讲授者
第六学期 （1911年夏）	康德哲学（Die Philosophie Kants）	Volkelt
	民族心理学（Völkerpsychclogie）	Wundt
	心理学实验室（Psychologisches Laboratorium）	Wundt
	哥德《浮士德》注解：第二部分（Erklärung von Goethes Faust, Ⅱ. Teil）	Köster
	十五世纪至二十世纪之舞台发展（Die Entwicklung der Bühne vom 15.—20. Jhdt）	Köster
	古典主义时代德国文化史（Deutsche Kulturgeschichte in der Zeit des Klassizismus）	Lamprecht
	古代希腊雕刻艺术选读（Ausgewählte Werke der älteren griech—Plastik）	Schreiber
	罗马时代之建筑及雕刻（Architektur und Plastik der roman. Epoche）	Graf Vitzthum Von Eckstädt
	莱兴之 Laokoon：艺术对美学的贡献（Lessings Laokoon als Beitrag zur Aesthetik der Bildenden Künste）	Schmarsow
	古代荷兰名画：自 H. U. J. Van Eyck 至 Q. Metsys（Altniederlandische Malerei von H. u. J. van Eyck bis Metsys）	Schmarsow

历史总有巧合之处。在莱比锡学习三年的蔡元培于 1911 年 11 月 4 日获得了修业证书。此时正值辛亥革命爆发，国内政权动荡。蔡元培于 11 月 5 日接到陈其美（1878－1916）催其回国的电报，① 加上"同人之劝"，于是"决计回国一次"。② 尽管章太炎（1869－1936）曾发表宣言推举蔡元培出长学部，③ 但在孙中山（1866－1925）和黄兴（1872—1916）的心中，最初考虑的教育部长人选，均非蔡元培。孙中山拟提名章太炎长教育部，因人反对而改作了蔡元培。而章太炎则因为孙中山组织临时政府，对于蔡元培参与其中曾加以阻扰。④ 这些事件表明，蔡元培最终入主教育部，肇因是政治势力间的博弈。⑤ 但恰是这次貌似偶然的巧合，把蔡元培推上了民国政治、社会、教育、学术活动的中心，使得国势衰落的民国有了思想勃兴的幸运。

蔡元培主持的民初学制改革，在中国教育史上具有革命性的意义。最为显要者，无疑是处于蔡元培教育思想中心的美育。1912 年 1 月 3 日，蔡元培被正式任命为中华民国第一任教育总长。短短一

---

① 蔡元培：《辛亥那一年》（1936 年 8 月 21 日），见中国蔡元培研究会编《蔡元培全集》第 8 卷，杭州，浙江教育出版社 1997 年版，第 366 页。
② 蔡元培：《日记》（1911 年），见中国蔡元培研究会编《蔡元培全集》第 15 卷，杭州，浙江教育出版社 1998 年版，第 438 页。
③ 章太炎：《章太炎宣言》，见《民国报》，第 2 号。转见高平叔《蔡元培年谱长编》第 1 卷，北京，人民教育出版社 1998 年版，第 391 页。
④ 高平叔：《蔡元培年谱长编》第 1 卷，北京，人民教育出版社 1998 年版，第 396—397 页。
⑤ 蔡元培本人亦说："回国，于同盟、光复两会间，颇尽调停之力。南京政府成立，任教育总长。"蔡元培：《传略》上（1919 年 8 月），见中国蔡元培研究会编《蔡元培全集》第 3 卷，杭州，浙江教育出版社 1997 年版，第 667 页。

个月后,他即发表著名的《对于新教育之意见》① 一文,系统阐述了自己的教育思想,也为民国后来的教育发展,奠定了方向。

蔡元培此文乃是有感而发者:

是时,陆费伯鸿君方主任商务印书馆之《教育杂志》,曾语孑民,谓"近时教育界,或提倡军国民主义,或提倡实利主义,此两者实不可偏废。"然孑民意以为未足,故宣布《蔡孑民对于教育方针之意见》,谓:"教育界所提倡之军国民主义及实利主义,因为救时之必要,而不可不以公民道德教育为中坚。欲养成公民道德,不可不使有一种哲学上之世界观与人生观,而涵养此等观念,不可不注重美育。"美育者,孑民在德国受有极深之印象,而愿出全力以提倡之者也。②

蔡元培对于美育的倡导,出于两方面的基本考虑。其一,蔡元培对西方文化有一个基本判断,即把近代西方文化概括为"科学"和"美术"(即"美学")。如他在1917年1月1日发表的著名演说《我之欧战观》中,把欧洲诸强强盛之原因归结为"科学"与"美术"之发达。"据鄙人观察以为,第一因科学之发达,第二因美术之发达。"③ 他对于科学在当时世界中的统治地位有充分认识,认为

---

① 此文曾刊载于《民立报》1912年2月8、9、10日;《教育杂志》第3卷第11号,1912年2月10日;《临时政府公报》第13号,1912年2月11日。《东方杂志》第8卷第10号,1912年4月。本文原名《对于新教育之意见》,后改题为《对于教育方针之意见》。
② 蔡元培:《传略》上(1919年8月),见中国蔡元培研究会编《蔡元培全集》第3卷,杭州,浙江教育出版社1997年版,第667—668页。
③ 蔡元培:《我之欧战观——在北京政学会欢迎会上的演说词》(1917年1月1日),见中国蔡元培研究会编《蔡元培全集》第3卷,杭州,浙江教育出版社1997年版,第1—2页。蔡元培关于科学和美术并举的思想,于其文中俯拾皆是。

当今为"科学万能时代"①，在他主持的学校和教育部以及后来的"中央研究院"，都把科学的推广、教育作为重要目标。同时他也深刻认识到了科学的作用和局限，认为文化的健全发展，在提倡科学的同时，必须提倡"美术"。蔡元培认为，战争需要军民及国民有良好的道德，才能有取胜的资本。而道德的养成，或认为由于宗教，其实不然。（"至道德之养成，有谓倚赖宗教者，其实不然。"）如俄国在几个大国中最为重视宗教，但"战争中之国民道德，乃远不如德、法，可见宗教与道德无大关系矣"②。所以，道德的养成另有根源。"然则法、德两国不甚信仰宗教，而一般人民何以有道德心？此即美术之作用。大凡生物之行动，无不由于意志。意志不能离知识与情感而单独进行。凡道德之超越功利者，伴乎情感，恃有美术之作用。美术之作用有两方面：美与高是。"③ 其二，是由于蔡元培的教育救国理念。他说："我国输入欧化，六十年矣，始而造兵，继而练军，继而变法，最后乃始知教育之必要。"④ "改良社会，首在教育。"⑤ 上述两种因素的结合，成为美育提倡合法性的基础。蔡元培对于"美育"的倡导，并不只是从学科角度进行研究，他着眼的其实是更为根本的文化建设和道德拯救之道，在他看来，这是

---

① 蔡元培：《中国科学社征集基金启》（1918年12月31日），见中国蔡元培研究会编《蔡元培全集》第3卷，杭州，浙江教育出版社1997年版，第497页。
② 蔡元培：《我之欧战观——在北京政学会欢迎会上的演说词》（1917年1月1日），见中国蔡元培研究会编《蔡元培全集》第3卷，杭州，浙江教育出版社1997年版，第3页。
③ 蔡元培：《我之欧战观——在北京政学会欢迎会上的演说词》（1917年1月1日），见中国蔡元培研究会编《蔡元培全集》第3卷，杭州，浙江教育出版社1997年版，第3页。
④ 蔡元培：《告北大学生暨全国学生联合会书》（1919年7月23日），见中国蔡元培研究会编《蔡元培全集》第3卷，杭州，浙江教育出版社1997年版，第641页。
⑤ 蔡元培：《留法俭学会缘起及会约》（1917年4月15日），见中国蔡元培研究会编《蔡元培全集》第3卷，杭州，浙江教育出版社1997年版，第65页。

扭转中国贫弱受欺现状的最终道路。

　　蔡元培在《对于新教育之意见》一文中对美育思想进行了详尽论述。受康德哲学的影响，他把世界分为现象界和实体界。在他看来，新教育方针中的军国民教育、实利主义教育和公民道德教育是属于现象界的教育，目的是满足于政治上的要求。但"人不能有生而无死。现世之幸福，临死而消灭。人而仅仅以临死消灭之幸福为鹄的，则所谓人生者有何等价值乎"①？人不能仅仅去追求现象界的相对和短暂的价值，应该从现象界达及实体界，追求超越性的价值。他认为，从现象世界走向实体世界，是由教育来实现的。教育包含有多个部分，不可能每一部分都有这种跨越现象和实体世界的能力（如军国民教育、实利主义教育、智育、体育等），教育对两个世界的连接，实依靠于美育。美育即美感教育。"美感者，合美丽与尊严而言之，介乎现象世界与实体世界之间，而为津梁。"②

　　而美感何以有此功能呢？这是由美感的特点决定的。在这里，蔡元培再一次借用了康德的说法，认为美感有四个特点：超脱、普遍、有则、必然。他认为，人类共同之最高目的，不外乎人道主义，而人道主义的最大阻力，是人的专己性。而美感具有超脱和普遍的特性，实为专己性之良药。"人既脱落一切现象世界相对之感情，而为浑然之美感，则即所谓与造物为友，而已接触于实体世界之观念矣。"③ 至此，蔡元培揭示出了美育的最终价值，我们也由此清楚了他大力提倡美育的良苦用心。

---

① 蔡元培：《对于新教育之意见》（1912年2月8日），见中国蔡元培研究会编《蔡元培全集》第2卷，杭州，浙江教育出版社1997年版，第11页。
② 蔡元培：《对于新教育之意见》（1912年2月8日），见中国蔡元培研究会编《蔡元培全集》第2卷，杭州，浙江教育出版社1997年版，第13页。
③ 蔡元培：《对于新教育之意见》（1912年2月8日），见中国蔡元培研究会编《蔡元培全集》第2卷，杭州，浙江教育出版社1997年版，第14页。

从思想来源上说，蔡元培的美育思想也受到中国传统美学思想的影响。在他看来：

> 吾国古代教育，用礼、乐、射、御、书、数之六艺。乐为纯粹美育；书以记述，亦尚美观，射御在技术之熟练，而亦态度之娴雅；礼之本义在守规则，而其作用又在远鄙俗；盖自数之外，无不含有美育成分者。其后若汉魏之文苑、晋之清谈、南北朝以后之书画与雕刻、唐之诗、五代以后之词，元以后之小说与剧本，以及历代著名之建筑与各种美术工艺品，殆无不在于非正式教育中行其美育之作用。①

蔡元培对西学深有造诣，又对传统学术有精深理解，使得他的美育概念并非仅是西方术语的简单译介，他在完成这一命题的同时，也在联结传统与现代、中国与西方文化的尝试中做出了独特的贡献。美国汉学家列文森在《儒教中国及其现代命运》中认为，中国近代以来的内忧外患造成了民族主义的兴起，这一思潮对中国思想家提出了两项无法调和的要求："它既应对中国的过去怀有特殊的同情，但同时又必须以一种客观的批判态度反省中国的过去。能满足这两项要求的最合适的方法，就是将西方和中国所能提供的精华结合起来。"② 蔡元培就是能够"择东西之精华而取之"的中国思想家的代表。蔡元培的美育思想就是这种结合的主要表现。

在此后的临时教育会议上，作为教育总长的蔡元培对于自己的

---

① 蔡元培：《美育》（1930年），见中国蔡元培研究会编《蔡元培全集》第6卷，杭州，浙江教育出版社1997年版，第599页。
② 列文森：《儒教中国及其现代命运》，郑大华、伍菁译，北京，中国社会科学出版社2000年版，第93页。

教育主张进行了陈述。① 最终，教育部于 1912 年 9 月 2 日发布《教育宗旨令》："注重道德教育，以实利教育、军国民教育辅之，更以美感教育完成其道德。"② 确立了美育在教育方针中的核心地位。

四、美育的命运

舒新城在《近代中国教育思想史》中说：

美育在世界教育史上本来是一位后进，在中国新教育史上更是后进。光绪二十九年的新教育制度，对于日本学校的种种方法，大概抄得很全备，而独不及美育。学制系统未建立以前的学校，固然是为着方言、军备等教育思想所支配，为达特殊的目的而设立，其不注意美育，自然是题中应有之义。二十八年（1902）张百熙奏订学堂章程，除了高小与中学为着实用起见而有图画科目外，寻常小学、蒙学堂亦无图画；美育的要项的音乐则各级学校概无之。二十九年的改订章程，中学与高等小学有图画科，其目的与前次无异，高小但书可加手工，初小但书可加图画、手工，师范学堂与中学同，音乐仍全部无之。学校有图画、音乐科虽不能说一定实施美育，但此二者究为艺术科目，设置之亦尚有美育的基础。两次学堂章程，竟对此不加注意，当时国人对于美育的漠视——甚且无此观

---

① "当民国成立之始，而教育家欲尽此任务，不外乎五种主义：即军国民教育、实利主义、公民道德、世界观、美育是也。五者以公民道德为中坚；盖世界观及美育皆所以完成道德，而军国民教育及实利主义，则必以道德为根本。"我一：《临时教育会议日记》（1912 年 7 月），见璩鑫圭、唐良炎编《学制演变》（陈元晖主编《中国近代教育史资料汇编》），上海，上海教育出版社 2007 年版，第 648 页。

② 民国教育部总务厅文书科编：《教育法规汇编》第四类学校通则，民国八年（1919）五月，第 87 页。又见于璩鑫圭、唐良炎编：《学制演变》（陈元晖主编《中国近代教育史资料汇编》），上海，上海教育出版社 2007 年版，第 661 页。

念——可以概见。①

　　这段话言简意赅地概括了壬寅—癸卯学制中美育——具体说来是音乐、美术科目——的设置和实行情况。尽管如上所言,有了音乐、美术不见得就算是完全实施了美育,况且早期对于艺术类课程的设置主要是为了实用的目的,但是,有了这些具体课程,就有了实行美育的基础。

　　壬寅—癸卯学制中稍具美育色彩的是1907年3月8日学部颁布的《奏定女学堂章程》,其中关于音乐、美术科目的界说,有了些许"尚美"的追求。此前公布的章程中没有女学内容,在《奏定女学堂章程折》中说明了忽略女学的失误和中国古代一贯重视女学的传统。之所以这次修订章程对于艺术类内容有所增加,概因女学的特点而定,而非教育方针之改变。这一点舒新城也有说明:

　　壬寅、癸卯两次公布的学制系统均未言及美育,此次单独奏订女子师范学堂章程而具美育意味者,是因为初次改行新教育制度的目的,在藉学校以行新政,与政治无直接关系的美育当然不在他们底注意范围之内;而女子教育在当时则视为与国计民生无关的东西,其功能仅在于有妻相夫,有母训子,所以讲讲美育也可。②

---

① 舒新城编:《近代中国教育思想史》,福州,福建教育出版社2007年版,第114页。
② 舒新城编:《近代中国教育思想史》,福州,福建教育出版社2007年版,第115页。

《奏定女学堂章程折》中的音乐、美术课程

女子师范学堂	图画	"其要旨在使精密观察物体,能肖其形象神情,兼养成其尚美之心性。其教课程度,授写生画,随加授临本画,且使时以己意画之,更进授几何画之初步;并授以教授图画之次序法则。"
	音乐	"其要旨在使感发其心志,涵养其德性,凡选用或编制歌词,必择其有裨风教者。其授课程度,授单音歌、复音歌及乐器之用法;并授以教授音乐之次序法则。"
女子初等小学堂	图画	"其要旨在使观察通常形体,能确实画出,兼养成其尚美之心性。……授图画者,务就他教科中所授之物体及生徒日常目击之物体图画之,兼养成其好清洁、尚密致之品性。"
	音乐（随意科）	"其要旨在使学习平易雅正之乐歌。凡选用或编制歌词,必择其切于伦常日用有裨风教者,俾足感发其性情,涵养其德性。"

美术、音乐课程虽已在学制中出现,但并没有得到上至学部官员,下至一般大众的重视。原因在非救国图强之要务、师资不够等。

真正意义上对于美育的提倡,始于蔡元培。蔡元培留学期间对于美育详加关注,在《对于新教育之意见》中对于美育思想有系统之阐述。在其主政的民国教育部,于1912年9月2日,公布教育宗旨令:"注重道德教育,以实利教育、军国民教育辅之;更以美感教育完成其道德。"民初学制是在蔡元培以及诸多新派知识分子努力下制订的,虽取法晚清学制的内容很多,但最为注目的是在学制中加入了艺术类科目,此可视为民初与晚清学制的明显区别。"民国教育制度是由清末的现行教育制度递嬗而来,即各校课程亦多与清末所订者无大出入。惟有普通教育中之艺术课程则有很大的差异。在科目上,清末之中小学固无音乐一门,即图画亦系为应用而设。民国初元(1912)公布之中学令施行细则,均有音乐、手工、图画的美育科目,而且均以美感为目的。"① 学制虽沿袭甚多,但宗旨既变,旨趣则异。壬寅—癸卯学制中对美术、音乐等艺术类课程持实用态度,壬子—癸丑学制则以此为追求美感的工具。

袁世凯上台后,民国教育宗旨立变。1915年1月1日的《袁世凯颁布教育宗旨令》中对于美育已不再提及。"今之言国民教育者,于德育者智育外,并重体育。"② 倡言"崇实",并说:"崇实之道,分两项言之。一曰物质之实,如数学科、理化科等,皆国民知识技能必需之学科也。不得徒事纸上之研究,必验之实际,以为利用厚生之道。一曰精神之实,若政治学、法律学、教育学等,皆立国之大本大原也。"③ 既"崇实",就要"黜虚",而虚者,首属美育。稍后发布的《教育纲要》,基本上就排除了美育的地位。"申明教育宗

---

① 舒新城编:《近代中国教育思想史》,福州,福建教育出版社2007年版,第132页。
② 《袁世凯颁布教育宗旨令》(1915年1月1日),见中国第二历史档案馆编:《中华民国史档案资料汇编》第三辑·教育,南京,江苏古籍出版社1991年版,第28页。
③ 《袁世凯颁布教育宗旨令》(1915年1月1日),见中国第二历史档案馆编:《中华民国史档案资料汇编》第三辑·教育,南京,江苏古籍出版社1991年版,第29—30页。

旨，注重道德、实利、尚武，并运之以实用，以命令颁布。"① 并详加述说曰："现时教育最大之缺点有四：一不重道德，二不重实利，三无尚武精神，四不切实用。教育部前颁教育宗旨，注重道德、实利、军国民、美感各教育，惟未标明实用主义。"② 矛头似乎就是针对美感教育。

后来袁世凯下台，其所颁布的《教育纲要》也随即被取消。1916年8月，教育部提议取消纲要。"根本上取消纲要。（理由）此《纲要》产生于酝酿政变时代，所载各款多与教育原理不合，建设一类，现时亦不能定为标准。"③ 1919年3月教育部公布《全国教育计划书》，重新提倡美育。其关于"社会教育"部分第四条曰："筹设美术馆：美感教育极关重要，中国美术馆尚付阙如，亟宜筹款设立，并办理提倡美术事宜。"第六条曰："提倡文艺音乐、演剧：普通社会不予以高尚之娱乐，则无以增高其思想，陶采其品性。文艺、音乐、演剧皆人民娱乐之所寄，惟宜力趋于高尚者，故是项事业亟宜提倡或补助之。"④ 美育似乎成了政治斗争的玩偶，还算幸运的是，经过波折，美育终于被承认了。

就社会影响而言，蔡元培首倡美育并没有产生很大影响。之后其价值逐渐被社会所公认，首要的原因就在于美育在学制中得到了

---

① 《袁世凯特定教育纲要》（1915年2月），见中国第二历史档案馆编《中华民国史档案资料汇编》第三辑·教育，南京，江苏古籍出版社1991年版，第36页。
② 《袁世凯特定教育纲要》（1915年2月），见中国第二历史档案馆编《中华民国史档案资料汇编》第三辑·教育，南京，江苏古籍出版社1991年版，第36页。
③ 《教育部周树人等对〈教育纲要〉的签注》（1916年8月），见中国第二历史档案馆编《中华民国史档案资料汇编》第三辑·教育，南京，江苏古籍出版社1991年版，第46页。
④ 《教育部公布〈全国教育计划书〉》（1919年3月），见中国第二历史档案馆编《中华民国史档案资料汇编》第三辑·教育，南京，江苏古籍出版社1991年版，第56页。

确认。五四运动之后，因社会思潮之激荡，更使得美育得到了发扬：

  蔡元培十余年来常有提倡美育的文章发表，但在五四以前，社会上竟少反应。自经李石岑在《教育杂志》上提倡以后，美育思想遂普及于一般教育界，李石岑底提倡与《教育杂志》底发行力固然很有关系，而五四后的大同思潮却有更重大的关系。因为五四运动而后，中国底旧文化固然发生重新估价的问题，而清末以来的功利主义的教育更不足以敌欧战后的国际思潮，于是外国的种种思想，也因固有思想的解放与新思想的要求而输入。美的教育一经提倡，便沛然盈溢于一般教育者之脑中，而普及于一般社会。倘若没有五四运动作背景，《教育杂志》之倡导，纵不如蔡氏在民国八年（1919）以前所得的结果，也决不会蔓衍得如此之快。①

  东西方文化之争的起端是因为对于西方文化的反思，在反思中中国新型知识分子试图重新确立东西文化的地位。维护传统的一派在礼乐文明中发现了拯救西方文明弊端的药方，美育的提倡，就是具体途径之一。所以，五四之后美育地位的上升也就是自然的事情了。

  且看《教育杂志》上那首著名的关于美育的新诗：

头痛医头，脚痛医脚；
  慢说现时美育用不着！
    中国全身都在疼痛中，
      美育也是治一部分的灵药。

---

① 舒新城编：《近代中国教育思想史》，福州，福建教育出版社2007年版，第133—134页。

你说是"衣食足然后礼义兴",
　　美育不能当饭吃,当衣着。
　　　　然而多少饱食暖衣的大人先生们,
　　　　　　"坐于涂炭"而不知龌龊!

都由美感太疲麻,
　　人生懑懑无可乐;
　　　　又何怪日长无事的太太们,
　　　　　　怀着胎儿叉麻雀!

唉!可怜的人生呀,头痛医头,脚痛医脚,
　　谁说美育现时用不着!①

（原载《文艺理论研究》2018 年第 4 期）

---

① 就丽:《美育诗》,《教育杂志》第 14 卷第 6 号,1922 年 6 月 20 日。原诗无题,本题为引者所加。

中国现代美育思想的修养美学资源

刘毅青◆（南昌大学）

一、美育思想与心性之学的内在关联

现代意义上的美育，是西方现代性进程中审美主义的产物。在西方现代化的进程中，美育与美学思想在内在的思想逻辑上是一致的，都是在基督教的世俗化进程中，面对人性与精神的分裂，试图通过审美与艺术来拯救日益被工业资本主义异化的心灵，都寄望于审美与艺术来肯定生命的价值，寻找人性的拯救。众所周知，席勒是现代美育思想的奠基者，正如杜卫指出的，审美现代性的正式出场正是以席勒的《美育书简》为标志的："审美不仅是认识，它首先是一种体验，关联着人的感觉、欲望和生活感受，是一种个体性的、具体的生命状态，它直接关联到人性的完整和谐与生存幸福，是一个生存范畴，而美育正是使人获得真实的具体存在的途径。把审美理解为人的一种生存状态，就为感性的出场铺平了道路，因为只有从人的生存出发，对启蒙理性的片面性的批判才成为可能；只有从人的生存出发，作为具体存在之条件的感性才有出场的根据，感性反抗理性压抑才有充分的人本主义理由。在人的生存意义上确认美育的意义是席勒美育理论现代性的又一特征。"①

因此,美育或者说美学所秉持的情感内涵与人文精神使它远远超过了艺术哲学的内涵,使它在现代文化中具有一种近乎宗教的特殊功能。在西方,从古希腊经中世纪、文艺复兴以至启蒙时代,人的感性审美活动总是被置于一些更高的理智学科如哲学、宗教、科学之下,扮演一个附庸的角色,成为一种美丽的装饰品。但是当这个关于艺术与情感的研究获得"美学"这一明确称号后,在德国思想家的哲学体系中,它越来越占据一个核心的地位。卢卡奇认为,正是在18世纪末的资本主义社会"赋予美学,即关于艺术的意识,以一种世界观性质的意义,这种意义是以前的艺术发展阶段从未能拥有过的。当然这决不意味着,艺术本身同时也经历了一种无与伦比的、客观的艺术的繁荣时期。相反,从客观上来看,这一发展过程中生产出来的艺术作品除极个别的例外不算外,和早先繁荣时期是无法相比的。但重要的是这一时代的艺术原则获得了体系理论的、世界观性质的意义"②。从这种意义上说,美学就是一种生存论主张,这种生存论主张实际上形成一种强大的审美主义思想传统,正如刘小枫所指出的,"审美性是西方思想传统中一个或潜在、或凸现的实质性结构要素"③。它的源头可以一直追溯到古希腊的以赫拉克利特为代表的希腊审美世界观,可以说审美的世界人生观是

---

① 杜卫:《美育:审美现代性话语的创建——重读席勒〈美育书简〉》,《文艺研究》2001年第6期。
② 卢卡奇:《历史与阶级意识——关于马克思主义辩证法的研究》,杜章智、任立、燕宏远译,北京,商务印书馆1992年版,第212页。
③ 刘小枫:《现代性社会理论绪论——现代性与现代中国》,上海,上海三联书店1998年版,第151页。就审美现代性研究而言,刘小枫对欧洲社会思想研究有深入了解,他并没有仅停留在审美艺术领域,而是将审美主义作为一种价值形态的根源,提出审美主义是一种在古代欧洲与基督教神学、在现代与现代性(工具理性)相对立的世界人生观。

"欧洲文明的两大基本要素"之一(特洛尔奇语)。特洛尔奇是著名的基督教社会学家,他认为审美的世界人生观是"欧洲文明的两大基本要素"之一,即认为整个欧洲实际上从一开始就存在古典希腊的思想要素与基督教的思想要素之间的张力,审美人生观植根于古典希腊的思想要素之中。对于欧洲思想,审美性并不是一个由现代主义构造出来的品质,而是希腊思想中的一个固有的结构要素。狄尔泰认为,希腊精神作为规定欧洲思想的确定理念资源之一,以审美的知识学的行为为特质。审美方式与知识学方式构成互补的思想结构要素。刘小枫在《现代性社会理论绪论》中梳理了欧洲审美主义的基本要素,认为所谓现代的审美主义就是具有审美性的现代性,审美性乃是现代性的基本特征之一。他在《现代性社会理论绪论》中把审美性定义为"审美性乃是为了个体生命在失去彼岸支持后得到此岸的支持"①。那就是说审美的出现,对审美拯救的诉求就是代替宗教,审美主义的价值意向就是针对宗教的。那么,审美主义的核心思想,总是在于个体要凭藉审美之途来安顿主体的此岸生存。审美主义必然是二元论话语,它是必然张扬个体感性的。审美性的特质就在于:"人的心性乃至生活样式在感性自在(fur‐sich‐Sein)中找到足够的生存理由和自我满足。"可以看出来,审美与人对超越精神的需求有关,换句话说,审美本身就是一种超越精神,而超越精神,对世俗世界的超越与提升本来却是宗教的职责。这也就说明在西方,审美性(审美主义)必然与基督教精神相对立,它和现代性的合理性(工具理性)一样"均要删除古典基督教的彼岸世界对此岸世界的管辖权"。因此审美主义实质就是,"审美代替宗

---

① 刘小枫:《现代性社会理论绪论——现代性与现代中国》,上海,上海三联书店1998年版,第301页。

教"①。从美育与现代性的关系来看,美育是人文主义思潮的产物,是一种审美主义,源自西方现代性进程中的世俗化进程,需要寻找新的精神信仰,以拯救被现代性的世俗化所败坏的人心。这样看来,刘小枫对中国现代美学的判断切中问题的根本,他认为在中国自"五四"以来出现的用来替代"宗教"方案的种种哲学社会思潮,其实质上也都是审美主义。

正因此,曾繁仁先生认为,西方现代的人文主义哲学思潮是广义上的美育,20世纪以来的西方现代美学发生了一种重要的转向即"美育转向"——在由古典形态的对美的抽象思考转为对美与人生关系的探索、由哲学美学转到人生美学的过程中,美育在西方现代美学、特别是现代人文主义美学中成了一个前沿话题。② 他指出,人生哲学与人生美学就是广义的美育,美育思想"即通过艺术与审美的途径提升人的本能、升华人的精神"③。从这种观点来看,中国现代美学的"人生艺术化"或者说"艺术化的人生"就是一种美育为主核的美学思想,中国现代美学与美育思想是同步发展的,它们是难以分割的整体。而从这样一种视野来看,中国传统的心性修养蕴含着深刻的美育思想。④ 杜卫、冯学勤认为,中国的美育思想既是对康德、叔本华、尼采等西方时学的理论取法和话语吸纳,同时也是对儒家心性文化传统及其正心道术的传承和转化。儒家的心性

---

① 刘小枫:《现代性社会理论绪论——现代性与现代中国》,上海,上海三联书店1998年版,第153页。
② 曾繁仁:《西方现代"美育转向"与21世纪中国美育发展》,《学术月刊》2002年第2期。
③ 曾繁仁:《西方现代"美育转向"与21世纪中国美育发展》,《学术月刊》2002年第2期。
④ 杜卫、冯学勤:《以美正心:中国现代审美功利主义与儒家心性文化传统》,《文艺研究》2012年第9期。美育在中国之所以被重视,与中国的传统美学是以人生论、修养论为核心有关,杜卫对此有所察觉。

之学，尤其是陆王心学，不仅构成中国现代美学吸纳西方时学的决定性的前理解结构，更是形成独具本土文化特色的现代审美功利主义思想。① 笔者认同儒学心性之学包含美育思想的观点，但在笔者看来，从美育蕴含着对主体的伦理态度与人格修养来看，心性之学的美育思想主要体现在中国传统的修养工夫之学上。

二、当代美学的美育转向

当代中国美学界，基于中国传统美学的特质，有多重思潮涌动，王元骧将中国美学定位为人生论美学，尤西林以牟宗三的道德形而上学为基础构建伦理生存美学，劳承万则以乐学—心性美学为中国美学特质，杜卫以美育来探讨传统心性美学。实际上，这些论述形成了某种呼应，形成了一股对中国美学研究进行重新思考的潜力。也就是说，诸位学者都注意到中国美学异于西方美学的特质，即中国的美学是落实在人生伦理实践中的，而这种特质根植于中国传统儒、道的心性修养—工夫论思想之中。上面所指出的，杜卫看到了儒家的心性之学构成了中国现代美育思想的内在哲理根基，而尤西林的伦理生存美学建构在牟宗三的新儒家美学的基础上，基本上牟宗三的哲学核心在于内在超越——智的直觉本质就是一种内在超越的阐释，牟宗三从中国文化的角度肯定了人能够通过修行工夫达到圣人的境界，通过对自身的工夫实现自我超越。由此，中国传统的修养美学—伦理美学逐渐成为当代中国美学的核心，而劳承万以中国美学有别于西方美学的思路，以乐为核心对中国美学进行重构，他指出了中国美学不能以西方的概念范畴与体系架构展开，但

---

① 杜卫、冯学勤：《以美正心：中国现代审美功利主义与儒家心性文化传统》，《文艺研究》2012年第9期。

是对中国美学的把握过于局限在先秦，忽视了先秦礼乐在宋明之际的心性化过程。他未能切入到修养美学视野，对中国（美学）乐学与修养的关系进行深入研究。事实上，美育思想唯有在传统修养美学的视野下才能得到恰当的理解，而中国当代的美育研究应该接续上这种修养美学的传统才能得到进一步充实，实现西方美育的中国化，以切近当代的中国文化发展。

在中国现代美育思想的建构中，道家的修养美学与儒家的心性之学一样，也是其中重要的思想资源，徐复观中国艺术精神研究着力阐发的道家修养美学，即是现代美育的思想资源。徐复观的这种美育思想与西方审美主义有着根本的不同。就徐复观的思想而言，中国艺术精神的内在超越源自中国文化的"忧患意识"，"忧患意识"使中国文化具有人文主义特质，① 这种人文主义与西方的宗教超越不同，是一种内在超越，内在超越从根本上讲就是一种审美超越，它也根植于中国文化特质。

国内有关研究将徐复观的中国艺术精神定位为一种心性论美学，却鲜有关注徐氏所谓艺术精神与"忧患意识"的关系，也就未能理解徐复观的有关阐释具有的美育思想的向度，也就忽视了中国艺术精神所具有的内在超越性特质。徐复观的《中国艺术精神》，正如他自己所说，是对《中国人性论史》的一个补充。他说："在人的具体生命的心、性中，发掘出道德的根源、人生价值的根源；不假藉神话、迷信的力量，使每一个人，能在自己一念自觉之间，即可于现实世界中生稳根、站稳脚；并凭人类自觉之力，可以解决人类自身的矛盾，及由此矛盾所产生的危机；中国文化在这方面的成就，不仅有历史的意义，同时也有现代的将来的意义。我写《中

---

① 刘毅青：《忧患意识的现代阐释——以徐复观为中心》，《淮阴师范学院学报（哲学社会科学版）》2010年第5期。

国人性论史》，是要把中国文化在这一方面的意义，特别显发出来。在人的具体生命的心、性中，发掘出艺术的根源，把握到精神自由解放的关键，并由此而在绘画方面，产生了许多伟大的画家和作品，中国文化在这一方面的成就，也不仅有历史的意义，并且也有现代的、将来的意义。"① 在《中国艺术精神》中，他对艺术精神的阐释，其实就是对"忧患意识"的一个发展。从思想的连贯性来说，《中国人性论史》与《中国艺术精神》是一个整体，存在着内在的一致性，二者可以说是姊妹篇。徐复观《中国艺术精神》的自叙中说："所以我现时所刊出的这一部书（指《中国艺术精神》），与我已经刊出的《中国人性论史·先秦篇》，正是人性王国中的兄弟之邦，使世人知道中国文化，在三大支柱中，实有道德、艺术的两大擎天支柱。"② 也就是说，道德精神与艺术精神分别由《中国人性论史》与《中国艺术精神》阐发。而"忧患意识"落实在人的具体生命的心性中，发掘出了艺术的根源，体现出了精神的自由解放，并且使其成为了中国艺术的内在品格。徐复观对于中国文化之道德精神源自"忧患意识"的观点，已为世人所广泛了解；而相比之下，人们对于中国艺术精神来自"忧患意识"的了解则显得很不够。其实，中国文化中的道德精神与艺术精神都是源出于"忧患意识"，所以它们才能够成就"人生的艺术化"或者"艺术的人生化"，使得"为艺术而艺术"最终能够统一于"为人生而艺术"。

学界的共识是中国美学的根底在人生哲学，但对此未能深究：中国的人生美学核心是修养，而不是"美"为代表的美感意识。从这个角度来看，中国没有美学，而按照劳承万的观点，中国的美学

---

① 徐复观：《中国艺术精神》，见李维武编《徐复观文集》第 4 卷，武汉，湖北人民出版社 2002 年版，第 2 页。
② 徐复观：《中国艺术精神》，见李维武编《徐复观文集》第 4 卷，武汉，湖北人民出版社 2002 年版，第 3 页。

其实就是乐学—心性之学,"美学是西方文化的学科,且从属其哲学体系,曰:'哲学之美学',在中土文化中没有此等学科,因中西文化属异质文化,故既无此等哲学,更无此等美学。若在观念形态之对应性上寻求,那只有礼乐文化中之'乐'学"①。也就是说,中国的美学就是一种乐感文化的产物,中国美学的根本就在修养,由之中国美学与美育的根本都在修养。劳承万这样说:"'乐'是中国文化精神中最普遍也是最高的精神境界。与西方美学'美/丑'对立不同,中国美学是'忧/乐'对举,具有'安身立命'的终极性。因此,作者认为,中国美学可称为'乐学',借此可有效地统辖汉语的'美—艺术·艺术感—诗性·诗学'等相关概念,概括中国心性文化中的人生哲学艺术化、道德艺术化等取向,'美学'(审美),其初,对人来说,都是一种感性·艺术的愉悦感,是一种趣味,享受;其终,却是人之精神境界之'安身立命'(乐天知命)感。"②劳承万对乐学的阐发,对西方美学知识论品格的认定,实际上说明西方审美主义的问题就在于它源自一种分裂性思维,西方审美主义未能突破二元论。

"忧患意识"与艺术精神有着内在的思想关联,从"忧患意识"到艺术精神,徐复观对中国文化的阐释实质上已经包涵了其后以"乐感文化"(李泽厚)与"忧乐圆融"(庞朴)对中国文化概括的精神实质。以"忧患"为中国文化定位,具有一种强烈的现代意义,但"忧患"如何对美学发生影响呢?徐复观强调了其人文精神具有的内在超越性,从而通向一种审美阐释,对美学的影响尤其重要,这种重要性在当代美学中彰显出来,比如最近国内关于生活美

---

① 劳承万、戚锰:《"诗—礼—乐"与美学学科形态》,《文艺理论研究》2012 年第 4 期。
② 劳承万:《中国古代美学(乐学)形态论》,北京,中国社会科学出版社 2010 年版,第 39 页。

学的讨论，刘悦笛从生活美学的角度对"忧患意识"与中国美学的内在关联进行了阐释。① 就生活美学而言，在我看来，从中国美学的特质来看，其核心应该是肯定中国美学的修养论特质，以区别于西方以审美经验为核心的美学观念。修养与美学的关系是西方当代美学转向里最具前沿性的问题，所谓"身体美学""日常生活审美化"等都涉及到此。比如，福柯曾经质疑西方美学，为什么美学以人作为主体进行创造的艺术作品为审美对象，而人本身却不能成为对象。在他看来，美学应该研究人如何对自身的生活进行塑造，探讨对自我的技艺，而不仅仅是以艺术作品为中心的艺术哲学。这样一种转向就突破了西方现代美学的固有观念，重新构建美学与人生的关系。在笔者看来，这样的美学转向启发我们重新理解徐复观以"忧患意识"为中心所阐发的中国艺术精神所具有的美育内涵。

三、忧患意识与修养美学

以忧患意识为根基的中国美学，其核心在修养美学，中国的审美意识并不源自"美"这个字，审美经验是一种对自身的生命意识。这也是为什么李泽厚将中国文化定位为一种审美文化，他指出："乐感文化重视灵肉不分离，肯定人在这个世界的生存和生活。即使在黑暗和灾难年代，也相信'否极泰来'，前途光明，这个光明不在天国，而在这个世界。"② 因此，乐感文化在本质上体现了

---

① 刘悦笛认为，从孔子和老子这两位古典美学的奠基者那里开始，中国美学就已经走上了生活美学的道路，刘悦笛此文亦将"忧乐圆融"作为生活美学的特征予以阐释。刘悦笛：《儒道生活美学——中国古典美学的原色与底色》，《文艺争鸣》2011年第13期。

② 李泽厚：《实用理性与乐感文化》，北京，生活·读书·新知三联书店2008年版，第365页。

"中国文化心理不以另一个超越世界为指归,他肯定人生为本体,以身心幸福地生活在这个世界为理想、为目的"①。这样,李泽厚认为"实用理性"与"乐感文化"正好构成中国文化的理性与感性的两极。乐感文化实际上是忧患意识的一个部分。但乐感文化略有不足之处就在于它没有概括出中国人生命本源中所包含的那种生存意味。李泽厚认为"乐感文化"具有审美的特点,而"忧患意识"有以下特点:它是来自生存的忧虑,对命运的忧虑,这就是《周易》中所具有的深层的生命意识。它强调的是人的理性自觉,人对自己的命运负责。与忧患意识一样,宗教意识也是人对于命运的一种深层的生命意识,但是宗教是人将自己的命运交付给外在的上帝。因此,忧患意识是与宗教意识相对立的生命意识,"忧患意识"这种对自我生命的责任感实际上"蕴蓄着一种坚强的意志和奋发的精神",这种勇于开拓自我生命实际上来自一种乐观的对自我精神的信心,这就已经包含了李泽厚所说"乐感文化"的乐观精神。可以说,李泽厚的关于中国文化是一种"乐感文化"是受徐复观忧患意识的启发而提出来的。他在《试谈中国智慧》一文中,已经提到了徐复观的"忧患意识",只是他觉得:"因为西方文化被称为'罪感文化',于是有人以'耻感文化'('行己有耻')或'忧患意识'(李泽厚自己注释:如徐复观'作易者其有忧患乎')来相对照以概括中国文化。我以为这仍不免模拟'罪感'之意,不如用'乐感文化'更为恰当。《论语》首章首句便是,'学而时习之,不亦说乎;有朋自远方来,不亦乐乎。'孔子还反复说,'发奋忘食,乐以忘忧,不知老之将至云耳','饭疏食饮水,曲肱而枕之,乐亦在其中矣'。这种精神不只是儒家的教义,更重要的是它已经成为中国

---

① 李泽厚:《实用理性与乐感文化》,北京,生活·读书·新知三联书店2008年版,第364页。

人的普遍意识或潜意识,成为一种文化—心理结构或民族性格。'中国人很少真正彻底的悲观主义,他们总愿意乐观地眺望未来……'。"① 这里,李泽厚认为"忧患意识"与宗教的"罪感"的比较,有模拟之嫌,"乐感文化"的概括则更具中国文化的特性。所谓乐感文化,就是在人的伦常日用的人生快乐中实现超越,以达到人的身心与宇宙自然的合一。与之相对应,西方文化则被概括为"罪感文化",这就是基于对原罪的自我意识,为了赎罪而奋勇斗争:征服自然,改造自己,使自己的灵魂完全归依于上帝。无论是浮士德的无限追求,还是陀斯妥耶夫斯基的灵魂拷问,都是罪感文化的突出典型。有理由认为,"乐感文化"的提出来自"忧患意识"的启发,"乐感文化"强调中国文化具有既立足现实又超越自我的精神实质,与"忧患意识"是一致的,二者都强调人的理性自觉,都是中国人理性精神的表现,人对自己的命运负责,对未来报以开拓和进取的姿态。"忧患意识"与"乐感文化"强调中国文化与启示宗教之间的冲突,反对将人自我的命运交付给超绝的人格神。理性自觉,与启示宗教的人格神相对立,是"忧患意识"与乐感文化二者的共同之处。但"乐感文化"是以"情感"为本体,而忧患意识是一种人自我意识的理性觉醒。李泽厚对乐感文化的阐释带有本体论的特征,他将理性与感性对立,其中以情感为本体,他将儒家的个体情感体验扩展为整个中国文化的理性精神,采用了实用理性与乐感文化二元划分的思维方式。实用理性就是说,"中国哲学和文化特征之一,是不承认先验理性,不把理性摆在最高位置。理性只是工具,'实用理性'以服务人类生存为最终目的,它不但没有

---

① 李泽厚:《中国思想史论》,天津,天津社会科学出版社2003年版,第295页。

超越性，而且也不脱离经验和历史"①。而他对乐感文化的阐释具有审美主义的特征，具有宗教作用。他认为，中国的审美经验不应译成"aesthetics"，因为中国人的审美涵盖了"宗教经验和宗教情感"②的超越层面，因为"审美在中国远不只是指感官的愉悦，而且也可以是与神沟通的最高的精神享受"③。李泽厚是在感性学的意义上来理解美学的："我虽然也讲艺术哲学、审美心理学，但重心却是探讨美感如何发生、美如何成为可能、什么是美的根源等问题。"④"美学的真正主题是整个世界，是整个感性生活，而不是艺术……"⑤ 这就是说美学最终是落实在以一种审美的态度实践感性生活，也就是一种美育。

徐复观亦指出儒家具有乐观的精神。他说："儒家也重视乐；但儒家对己是乐，对天下国家而言则是忧；所以孟子说：'故君子无日不忧，亦二日不乐。'因为儒家的乐，是来自义精仁熟。而仁义本身，即含有对人类不可解除的责任感，所以忧与乐是同时存在的。"⑥ 但他之所以没有用"乐感文化"来概括中国文化，是因为儒、道两家的"乐"存在着根本的不同，就"忧患意识"而言，儒、道两家是一致的，但在对"忧患意识"带来的生存问题的解决

---

① 李泽厚：《实用理性与乐感文化》，北京，生活·读书·新知三联书店 2008 年版，第 364 页。
② 李泽厚：《实用理性与乐感文化》，北京，生活·读书·新知三联书店 2008 年版，第 370 页。
③ 李泽厚：《实用理性与乐感文化》，北京，生活·读书·新知三联书店 2008 年版，第 370 页。
④ 刘再复：《李泽厚美学概论》，北京，生活·读书·新知三联书店 2009 年版，第 105 页。
⑤ 刘再复：《李泽厚美学概论》，北京，生活·读书·新知三联书店 2009 年版，第 218 页。
⑥ 徐复观：《中国艺术精神》，见李维武编《徐复观文集》第 4 卷，武汉，湖北人民出版社 2002 年版，第 52 页。

上，儒、道两家却走了并不相同的道路。它们"忧患意识"中包含的"忧乐圆融"精神也就不尽相同。概括说来，儒家对社会和人生是"忧患"而来的责任，对自我则是"乐感"透出的超脱，也就是说儒家身上的"忧乐圆融"是对社会的责任和对自我命运的豁达，这其中带有强烈的道德关怀。而道家的"乐感"正如徐复观所言："但庄子之道，是艺术精神，要从一般忧乐中超越上去，以得'至乐''天乐'，这便不同于挟带有责任感的仁义之乐。并且《达生篇》说：'知忘是非，心之适也。不内变，不外从，事会之适也。始乎适而未尝不适者，忘适之适也。'适即是乐。由此可知庄子忘是非等的工夫，实际是成就人生之乐。而乐即是艺术的主要内容、效果。"① 庄子的乐则是要超越道德，达到天人合一的"天乐"，它更体现为一种纯粹的艺术精神。经由"忧患意识"培育的艺术精神（乐感文化）才不至于只是一种个体的逍遥（实际就是对现实苦难的逃避），才具有一种深刻的拯救热忱，对生命的责任感和对自由的抱负，也就能激发现代的自由意识，成为现代人所接受的精神价值。而在徐复观看来，儒家的艺术精神与道家的艺术精神能够互通，最终都落实为"为人生而艺术"。

四、修养美学的美育意义

基于"忧患意识"的中国艺术精神实为"为人生而艺术"，视修养为审美的根本，具有内在超越的精神品格，从而也就不同于西方审美主义。它说到底就是立足于现实人生，故艺术或者说审美本身在中国人那里就是一种生活方式。如徐复观所说："中国文学家

---

① 徐复观：《中国艺术精神》，见李维武编《徐复观文集》第4卷，武汉，湖北人民出版社2002年版，第52页。

生活于人文世界之中，只在人文世界中发现人生，安顿人生；所以也只在人文世界中发挥他们的想象力。"徐复观指出的是中国艺术对个人的精神安顿，他并没有像浪漫主义那样将艺术提高到拯救世界的地位上。中国人对日常生活，对现实世界的执着，从坏的方面来说就是缺乏相应的批判精神，但从好的一方面来说乃是中国人将现实世界艺术化。在这方面，中国人"人文的世界，是现实的，是中庸的，是与日常生活紧切关连在一起的世界"，而这对中国文学的影响就是中国"文学家自然地不要作超现世的想象，不要作惨绝人寰，有如希腊悲剧的走向极端的想象"①。他认为，中国之缺乏悲剧与中国文化有关，而并非中国文学本身缺乏想象力。古希腊悲剧的力量透射出的悲剧意义，乃是代表了古希腊人对世界的思考。中国缺乏像古希腊那样的史诗，而是由于忧患意识，它不将宗教作为精神的依靠，而是在现实生活中发掘出人生的意义，忧患意识将精神的安顿立足于自我，忧患意识的超越性具有内在性。正是如此，中国艺术精神的超越也是一种内在的超越。徐复观说："艺术中的超越，不应当是形而上学的超越，而应当是'即自的超越'。所谓即自的超越，是即每一感觉世界中的事物自身，而看出其超越的意味。落实了说，也就是在事物的自身发现第二的新的事物。从事物中超越上去，再落下来而加以肯定的，必然是第二的新的事物。庄子在'独与天地精神往来'的下面，紧接着说'而不敖倪于万物'，也即是'不谴是非，以与世俗处'。这是说'独与天地精神往来'的自己的超越精神，并非舍离万物，并非舍离世俗，而依然是'与物为春'，并含融世俗的是非，'以与世俗处'。这一方面是说明道家所自觉的人性，及其自我的完成，必须是群体的涵摄。另一方

---

① 徐复观：《儒家思想与人文世界》，见李维武编《徐复观文集》第2卷，武汉，湖北人民出版社2002年版，第395页。

面，这也正说明庄子的超越，是从'不谴是非'中超越上去，这是面对世俗的是非而'忘己''丧我'，于是，在世俗是非之中，即呈现出'天地精神'而与之往来，这正是'即自的超越'。而此种'即自的超越'，恰是不折不扣的艺术精神。"①

这就是说，本质与现象是一体而不是对立的；第二事物是新的事物，但这个"新"是从第一自然中而来，它是对第一自然的超越，这种超越是内在的超越，不是那种二元对立的外在超越。它不脱离自然本身的形相。这就是说，审美超越乃是一种内在的超越，"忧患意识"与超越精神并不是对立的，它本身就是一种审美的超越精神。相反，超越精神来自一种深层的忧患意识。与西方人的超越精神相比较，忧患意识还是立足于现世的世界，在现实与超越之间并不存在决然的对立，超越是在此世、此岸实现，没有设定一个彼岸的世界，没有此岸与彼岸的对立与张力。这样中国人对形而上的精神世界的追求都安放到了艺术中，在艺术中获得了精神的自由。而在西方，他们的形而上的精神追求在宗教里得到了满足，他们的心灵由于宗教得到了安放。所以西方最伟大的艺术往往包含宗教主题，以宗教精神为皈依。而中国最伟大的艺术都带有忧患意识，因为忧患意识就在我们艺术精神里。牟宗三曾经论证，中国哲学的特质就是重主体性和内在的道德性，也就构成中国哲学的内在的超越性，这种特质就是根源于"忧患意识"。可见，以"忧患意识"为动力的中国艺术精神必然是一种内在的超越。

从根本上来说，审美主义是要实现对世俗的超越，而审美主义秉持的艺术形上学从本质上不同于宗教形上学的地方就在于，它必须是安住在此岸世界，艺术形上学必然是内在超越。但是内在超越

---

① 徐复观：《中国艺术精神》，见李维武编《徐复观文集》第4卷，武汉，湖北人民出版社2002年版，第89页。

必须建构在一元论或者说关联性思维的基础上,不能建构在主客二分、感性与理性、身体与精神断裂的基础上。正如金惠敏指出的,所谓"审美现代性",其底色是自始以来审美或艺术从日常、功利、实用和理性中的疏离,是这种疏离生产出以艺术为其精华的审美活动,而现代社会对于工具理性的过度崇尚和依赖,即由此而形成一套现代价值观念,或简单说来,"现代性"又给这亘古便有的艺术与日常生活的矛盾涂抹了新的色彩、强度和复杂性。在"审美现代性"理论中,"审美"被作为对"现代性"的救赎,但反讽的是,这"审美"又与"现代性"同根同祖。可以看到,现代艺术所体现的"审美"理想恰是自主、自由、个性、创新等这些最基本的现代性原则,于是"审美现代性"就成了一个自相矛盾的概念。① "以'疏离'为特征的'审美现代派'其实并未创造出一种外于现代性的审美意识形态,相反,它是以资本主义精神对资本主义实践的反思和批判,更简洁些,是现代性反对现代性。这就是审美自主性理论的深度政治学。"② 因此,西方的审美主义的建构从一开始就面临着内在的矛盾,即从艺术形上学无法推出一种外在的超越,感性对理性的超越必然导致一种自我的分裂,超越不是建立在自身的连续性上,而是自我的分裂的基础上,这就是徐复观所指出的,西方现代艺术对现代性的反抗最终导向一种对自身的否定,导向虚无主义。而中国的艺术精神从来就肯定人自身具有超越性,中国的现代性并不是西方世俗化进程中的产物,而是在西方现代性冲击下的一种自我调整,质言之,中国是被植入式的现代性。现代性的矛盾在中国语境中也就不完全同于西方的现代性。

---

① 金惠敏:《两种"距离",两种"审美现代性"——以布洛和齐美尔为例》,《天津社会科学》2007年第4期。
② 金惠敏:《20世纪西方美学的四个问题》,《文学评论》2009年第3期。

徐复观将艺术分为两类，他说："艺术是反映时代、社会的。但艺术的反映，常采取两种不同的方向。一种是顺承性的反映；一种是反省性的反映。"① 在徐复观看来，中国山水画美学是基于"反省式反映"，这就是基于主体之修养，以艺术作为对自身人性阴暗面的涤荡，提升自身的精神境界；从而中国的审美主义或者说美育思想是反省式的，在理性与感性之间并不是对立的，反而将感性视为启蒙的工具，审美主要集中在对人性的价值提升。而从西方美育的思想逻辑来看，它是基于理性与感性分立，西方现代审美主义最主要的论点就是张扬人的感性，此岸意识的高涨，并有着肉身化倾向，将审美与道德进行了彻底的割裂。西方的审美主义的"顺承式反映"，是以感性对抗理性，在此过程中，将人性中本然的阴暗面扩大、显露；这样，艺术只能助长人性的不足，而不能将人性予以升华。王元骧先生在分析蔡元培"以美育代宗教说"的当代意义时，指出宗教的本质是信仰，而蔡元培却认为"宗教本旧时代的教育"，并认为随着时代的进步，宗教的认识作用和道德作用都已消失，唯有情感教育的作用仍然保留，故提出"以美育代宗教"这一口号。这观点是值得商榷的。但若转而以信仰论的观点来理解这个口号，那么它在今天不仅没有失去它的意义，反而更凸显它的理论价值。② 王元骧认为："准确揭示艺术与宗教同质性，我认为也只有从信仰论的观点来看。这就说明艺术作为审美客体之所以能取代宗教，从根本上说不是它的感性外观，而恰恰在于它的内在精神，在于它的超验性和形上性。这正是信仰的一大特征，因为信仰作为对于人生理想的一种确信和追求，它的意义就在于使人从当下的境遇

---

① 徐复观：《中国艺术精神》，见李维武编《徐复观文集》第4卷，武汉，湖北人民出版社2002年版，第7页。
② 王元骧：《评蔡元培"以美育代宗教说"》，《社会科学战线》2013年第7期。

中摆脱出来,由于精神上有所皈依而使灵魂得以安顿,从而使人的生存有了自己的根基而不至于成为无家可归的精神飘泊者。唯其如此,艺术才既具有宗教精神而又能超越宗教的局限,才能起到以艺术进行审美教育来取代宗教的作用。"① 宗教信仰作为一种世界人生观,其最大的作用就在于能够为人提供"精神的安顿",使人们的精神有所依靠,让现实中的人们有一个终极的形而上的目标可以追求,从而使生命获得价值。也就是说,艺术之所以能够替代宗教对现实人生进行超越,事实是在于艺术必须能够安顿在现实中备受压抑的精神生活。故而,并不是所有的艺术都能够对人生发挥宗教的功能,只有那些能够安顿人们精神、超越现实的艺术作品才能实现其宗教性的功能。

  基于此,徐复观对西方的审美主义提出了批判。就西方文化的脉络而言,现代艺术不同于传统艺术就在于,现代艺术改变了艺术的归属,它找到自己的合法性依据,艺术自律成为现代艺术的原则,与此相应的艺术家不再处于一种附庸的地位,艺术家所表现的就是自己,他再也无需根据外在的制约来从事创作,艺术自律使得现代艺术将自我设定为中心,将自我与他人和世界隔离开来,艺术不再表现人与世界的关联,艺术变成了狭隘的自我表现。在西方的现代艺术思潮中,"为艺术而艺术"的艺术自律观念是以对"为人生而艺术"的艺术观的颠覆而实现的。所以现代艺术的审美主张的内在矛盾就是,以人的主体性反对异化,容易走进自我封闭的误区。而徐复观对现代艺术的否定在很大程度上就是认为现代艺术创造的过程变成了精神自我限制、自我压抑的过程。徐复观对现代艺术的批判,实际上反对的是现代艺术所张扬的自我在没有道德理性限制下爆发成为无止尽的欲望与冲动。中国艺术精神与现代艺术精

---

① 王元骧:《评蔡元培"以美育代宗教说"》,《社会科学战线》2013年第7期。

神的美学冲突本质上是人性论的冲突——他们对人性的表现完全不同，中国艺术精神中体现的理想人性是庄子式的自由、清澈朗照，是一种古典的静穆与高贵；而现代艺术表现的人性是压抑、黑暗、冲动的、具有破坏一切的力量。在徐复观看来，庄子美学对西方现代性的批判，能够有效地走出西方现代艺术的悖论。庄子美学中艺术与精神的关联就在于艺术经验的过程是精神的修养，其目的在于让我们逐步解脱身心的束缚，从而达到道的超越境界。艺术只是庄子精神修养的一种途径，与西方现代艺术以艺术本身为目的是背道而驰的。庄子的自然主义，不同于虚无主义和相对主义，在于它包含着一种自由的精神，庄子的自由基于齐物论的思想，故此庄子的自由是扩而广之、包容他者的自由，不是西方现代性中建立于个体中心基石上的理性自由。以自我为中心的艺术，由于不能超越自我，必然会导致一种艺术的主体虚无，割裂人与世界的联系，陷入自我的困境，变得越来越压抑。

众所周知，中国向来缺乏欧洲的一神教的传统，徐复观认为这是由于在中国古代，原始的宗教精神被孔子儒学与老庄道学的人性论所替代，古代的宗教意识没有形成系统的宗教。因此，中国人的精神安顿是由儒、道的哲学所提供，他认为尤其是老子的哲学，"把古代原始宗教的残渣，涤荡得一干二净；中国才出现了由合理思维所构成的形上学的宇宙论"。但是，"老学的动机与目的建立，而依然是由人生的要求，逐步向上推求，推求道作为宇宙根源的处所，以作为人生安顿之地"。道家的宇宙论就是道家的人性论，只不过是道家把"人之所以为人的本质，安放在宇宙的处所"。而道家的人性论在庄子那里获得了完善，"给中国文化发生巨大的影响"。"先秦道家，也是想从深刻的忧患中，超脱出来，以求得人生的安顿。"① 艺术的最高境界在徐氏以为就是必须为人们提供精神安顿之地，由庄子哲学浸润的中国艺术精神在现代社会当中能够为人提供精神的安顿之地，因此也就具有替代宗教的作用；也是一种审美主义的话语，是"审美代替宗教"的另一种表述方式。他主张艺术救治人心，反抗人的异化功能是奠基在艺术的审美性之上的。他主张"为人生"的美学，或者是人生论美学，反对审美和艺术直接充当政治或道德的工具，而是要求审美和艺术内在地作用于人生境界的提升。把艺术作为提升人生境界的手段，可谓是艺术的功用。总之，通过美与艺术，人实现了审美的自由。艺术极大地丰富了人生，让人生得到了升华。也只有在艺术中人的精神才得到升华，实现对现实的超越。艺术因此成为人的心灵与精神的安顿之所，审美因而具有宗教式的精神疗救功能。

徐复观用德国著名哲学家雅斯贝斯的话说："'哲学在其发端时，即向宗教地现存在抱着怀疑，而与之对立。艺术，则不论其具体的内容及其意识，在很长的时间内，皆与宗教的行为，是同一的东西。艺术家供奉于宗教，他们不仅在历史上是无名的，而且也没有作为艺术家而可以自立的个人。''到了解放时代'，艺术则'由其元自立性的假睡状态中觉醒，虽未对宗教作公然地斗争，然基于伟大艺术家实存于内面的自主性，艺术恰好像要几乎取代了宗教的地位，成为立脚于自己自身的人间……'我想，人类对宗教的要求的主要内容之一，是要弥补现实中许多无可弥补的缺憾。进一步是出自想超越于自己有限地生命之上，以得到生命的永恒。"因此他认为"人在美地观照中，是一种满足，一个完成，一种永恒的存在，这便不仅超越了日常生活中的各种计较、苦恼，同时也即超越

---

① 徐复观：《中国人性论史·先秦篇》，见李维武编《徐复观文集》第 3 卷，武汉，湖北人民出版社 2002 年版，第 56 页。

了死生。人对宗教的最深刻的要求，在艺术中都得到解决了，这正是与宗教的最高境界的会归点，因而可以代替了宗教之所在。庄子正提供了此一实证。"① 通过雅斯贝斯，他论证了庄子所代表的中国艺术精神可以代替宗教成为新的宗教。在面对人的终极信仰上，是选择审美还是启示宗教，这是中国近代以来一直试图解决的问题。中国艺术精神所代表的美育的合法性在于能够为现代人提供精神安顿之地，从而为人们提供一种价值信仰，这也就是中国艺术精神的内在超越之路。

结语

从根本上来看，西方审美主义所设想的就是一种内在超越论，即通过世俗化的精神来达到对自身的超越。以艺术代替宗教成为新的信仰，这在二战之后更为明显，但是西方的审美主义，包括美育是建立在人的知情意三分、感性与理性对立、肉体与精神对立的构想之上。基督教留给现代性的遗产就是，虽然西方人未必一定相信上帝，但是仍然相信二元对立，构想了一系列的精神与肉体的对立，这就使得西方的美育与其所代表的审美主义并不能为人性的拯救发挥功用，反而是"火上浇油"，在当代也面临着极大的困境，艺术越来越脱离现实成为一种观念艺术。刘小枫说："审美主义的最终结论是彻底取消'义'（伦理）的问题，无论神义论还是人义论的辩护都会伤身——转向身体的现象学，是现代学必须负担的问题。中国现代思想中的审美主义尽管已有近百年历史，却并未自觉意识到审美主义在哲学本体论和社会理论层面引出的难题：身与

---

① 徐复观：《中国艺术精神》，见李维武编《徐复观文集》第 4 卷，武汉，湖北人民出版社 2002 年版，第 96 页。

'义'之间的紧张。"① 刘小枫的前一句一针见血道出西方审美主义的内在分裂,但是后一个判断却值得商榷。因为,中国的审美主义并不是建构在身心二分、宗教与世俗对立的思想体系之中的。在笔者看来,庄子美学以工夫论为脉络展开的精神修养能够对主体哲学的偏枯起到疗救的作用,在实现精神自由的同时,避免虚无主义,从而真正使艺术成就美育。

"'奥斯维辛'之后,写诗是野蛮的",阿多诺这句沉痛的话道出了一个事实:西方以艺术教育为中心的美育,无法取得其美育的预期效果。艺术教育或许可以让人获得审美的鉴赏能力,但艺术鉴赏并不能让人在其中达到感性与理性的和谐。而西方以主体形而上学为中心的现代艺术将感性与理性对立,其艺术本身导致的是肉身欲望的高涨,现代艺术反而加剧了人的感性与理性的分裂与对立。这说明,美育如果要臻至其目的,达到人的自我完善,就必须要走出西方那种分裂式的美学与美育思想,中国传统的修养美学恰恰能够达到美育的目标,成为美育思想的深厚资源。

[原载《首都师范大学学报(社会科学版)》2017年第4期]

---

① 刘小枫:《现代性社会理论绪论——现代性与现代中国》,上海,上海三联书店1998年版,第311页。

蔡元培美育思想与孔门仁学

左剑峰◆（江西师范大学文学院）

1912年，蔡元培在《对于新教育之意见》一文中倡导美育，认为军国民主义教育、实利主义教育、德育、世界观教育、美育五者不可偏废，而尤其重世界观教育和美育。① 十年后，他说："我国初办新式教育的时候，止提出体育、智育、德育三条件，称之为三育。十年来，渐渐地提到美育，现在教育界已经公认了。"② 可见，蔡元培对中国现代美育具有开创之功。其美育思想固然受惠于西方美学，但也离不开孔门仁学（即代表孔孟思想精神的儒学）的深刻影响。③ 本文对此进行具体考察。

---

① 蔡元培：《对于新教育之意见》，见欧阳哲生编《中国近代思想家文库·蔡元培卷》，北京，中国人民大学出版社2014年版，第112—113页。

② 蔡元培：《美育实施的方法》，见欧阳哲生编《中国近代思想家文库·蔡元培卷》，北京，中国人民大学出版社2014年版，第368页。

③ 关于儒学乃至整个中国传统文化精神对蔡氏美育思想的沾溉，已有学者指出。本文拟在此基础上做进一步考察。参见高志广：《论蔡元培的美育思想与中国传统文化精神》，《沈阳师范学院学报（社科版）》1995年第3期；朱智斌：《蔡元培美育思想探源》，《西安联合大学学报》1999年第1期；章启群：《百年中国美学史略》，北京，北京大学出版社2005年版，第60页；聂振斌：《蔡元培美学思想研究》，北京，商务印书馆2012年版，第263页。

一、背离康德与孔门仁学的影响

蔡元培对西方美学十分了解,①而其中对他影响最深的当属康德美学。他接受了康德关于"现象世界"与"实体世界"的区分:"前者相对,而后者绝对;前者范围于因果律,而后者超轶乎因果律;前者与空间时间有不可离之关系,而后者无空间时间之可言。"② 现象世界按照因果规律运转,而实体世界是自由无限的。蔡元培意识到,在现象世界中有人我之差别,遂有种种区分,与实体世界相违,于是需要弥合现象世界的差异而入于实体世界的浑同之中。这正是教育的最终目的。"教育者,则立于现象世界,而有事于实体世界者也。"军国民主义教育和实利主义教育,旨在使受教育者"自卫自存"。道德教育使人"泯营求"、"忘人我"及"互卫互存"。在此基础上,可以施行"提撕实体观念"的世界观教育,使人对现象世界"无厌弃而亦无执着",渴慕并渐进于领悟实体世界。但枯燥简单的说教作用有限,故而又需要美感教育。蔡元培认为,人在审美时正处于与现象世界的"无厌弃而亦无执着"的关系中。他说:

---

① 在《美学的进化》一文中,蔡元培对西方美学进行了系统的介绍。他不仅对柏拉图、雅里士多德(亚里士多德)、呵末(休谟)、褒尔克(伯克)、鲍格登(鲍姆嘉通)、康德、希洛(席勒)、隋林(谢林)、黑格尔、叔本华、齐末曼(齐默尔曼)、克尔门、哈特门(哈特曼)、费希耐(费希特)等人的思想有非常精准的把握,而且阐发了他们思想之间的演进关系及发展意义。参见蔡元培:《美学的进化》,见欧阳哲生编《中国近代思想家文库·蔡元培卷》,北京,中国人民大学出版社2014年版,第314—319页。
② 蔡元培:《对于新教育之意见》,见欧阳哲生编《中国近代思想家文库·蔡元培卷》,北京,中国人民大学出版社2014年版,第110页。

人既脱离一切现象世界相对之感情，而为浑然之美感，则即所谓与造物为友，而已接触于实体世界之观念矣。故教育家欲由现象世界而引以达于实体世界之观念，不可不用美感之教育。①

　　这种以审美来沟通现象世界与实体世界的思想来自康德。蔡元培明确说："美感者，合美丽与尊严而言之，介乎现象世界与实体世界之间，而为津梁。此为康德所创造，而嗣后哲学家未有反对之者也。"②
　　蔡元培认为康德抓住了审美的根本特性，将其概括如下：

康德立美感之界说，一曰超脱，谓全无利益之关系也。二曰普遍，谓人心所同然也。三曰有则，谓无鹄的之可指，而自由其赴的之作用也。四曰必然。谓人性所固有，而无待乎外铄也。③

康德提出的审美判断"四个契机"，为蔡元培倡导美育提供了美学依据。"美的对象，何以能陶养感情？因为他有两种特性：一是普遍；二是超脱。"④审美活动的"普遍"与"超脱"特征，让蔡元培看到了美育具有使人心高尚纯洁以及"破除人我差别之见"的功能。他说："纯粹之美育，所以陶养吾人之感情，使有高尚纯洁之

---

① 蔡元培：《对于新教育之意见》，见欧阳哲生编《中国近代思想家文库·蔡元培卷》，北京，中国人民大学出版社2014年版，第111页。
② 蔡元培：《对于新教育之意见》，见欧阳哲生编《中国近代思想家文库·蔡元培卷》，北京，中国人民大学出版社2014年版，第111页。
③ 蔡元培：《美学观念》，见文艺美学丛书编辑委员会编《蔡元培美学文选》，北京，北京大学出版社1983年版，第66页。
④ 蔡元培：《美育与人生》，见欧阳哲生编《中国近代思想家文库·蔡元培卷》，北京，中国人民大学出版社2014年版，第515页。

习惯，而使人我之见、利己损人之思念，以渐消沮也。"① 蔡元培沿用康德的做法，将审美对象分为"都丽之美"（"美"或优美）和"崇闳之美"（崇高）两大类。他认为，欣赏崇闳之美时，小我逐渐消遁，其间无利害得失的考量。他又将悲剧（"能破除吾人贪恋幸福之思想"）划归崇高，将滑稽（其内容"不与事实相应"）划归优美，认为它们"皆足以破人我之见，去利害得失之计较"，故而可以"陶养性灵，使之日进于高尚者"②。这种对悲剧和滑稽的理解，当是对康德美学的发挥。

蔡元培说："美育者，应用美学之理论于教育，以陶养感情为目的者也。"③ 他的美育思想的理论基础首先是康德美学，但又有所背离。康德认为，无利害性的审美不关心对象的"实存"（或"存有"），④ 它与感官享受和道德判断有明确的区分，因为后二者都指向事物的实际存在。可见，康德所谓审美无利害性，包括无个人利害性和无道德利害性两方面。由于审美不涉及概念，又无利害性，因此想象力与知性便处于自由游戏中。通过这种审美自由，人可以感受到超越生理本能、自然法则的可能。审美自由与道德自由在方向上是一致的。在此意义上，康德说"美是德性—善的象征"⑤。不过，这种"象征"是以区分为前提的。康德既注重审美对于个人利

---

① 蔡元培：《以美育代宗教说》，见欧阳哲生编《中国近代思想家文库·蔡元培卷》，北京，中国人民大学出版社2014年版，第221页。
② 蔡元培：《以美育代宗教说》，见欧阳哲生编《中国近代思想家文库·蔡元培卷》，北京，中国人民大学出版社2014年版，第222页。
③ 蔡元培：《美育》，见欧阳哲生编《中国近代思想家文库·蔡元培卷》，北京，中国人民大学出版社2014年版，第486页。
④ 康德：《判断力批判》，邓晓芒译，杨祖陶校，北京，人民出版社2002年版，第44—45页。
⑤ 康德：《判断力批判》，邓晓芒译，杨祖陶校，北京，人民出版社2002年版，第200页。

害的超升,另又强调它居于道德领域之下,审美与道德间的界线十分明确。而蔡元培以审美"破除人我差别之见"的美育思想,在使用"无利害性"概念时,偏于指无个人利害计较之意。由于仅强调审美超出于个人利害,因此就为淡化、模糊审美与道德间的界线提供了可能。

蔡元培除了从哲学角度论证美育的意义外,还根据现实需要来倡导美育。他认为如果不通过美育,"提起一种超越利害的兴趣,融合一种画分人我的僻见,保持一种永久和平的心境;单单凭那个性的冲动,环境的刺激,投入文化运动的潮流",就会存在很多流弊。例如,看问题很明白,对他人求全责备,而自己的践行却被小小的利害绊住了。再如,虽然在文化运动中有很好的"主义",却因个人行为的卑劣,让别人在反感这个人时,也连带怀疑他所持的"主义",增加了施行的阻力。① 在此,蔡元培还只是从审美的消极意义(即克服小我、私欲)上,谈论通过美育来解决新文化运动中的问题。而当他从积极意义(培养推动道德行为的动力)上来讨论美育的作用时,康德所谓的审美不涉及实存的原则将在一定意义上被推翻。蔡元培说:

抗战时期所最需要的,是人人有宁静的头脑,又有强毅的意志。"羽扇纶巾","轻裘缓带","胜亦不骄,败亦不馁",是何等宁静?"衽金革,死而不厌","鞠躬尽瘁,死而后已",是何等强毅?⋯⋯为养成这种宁静而强毅的精神,固然有特殊的机关,从事训练,而鄙人以为推广美育,也是养成这种精神之一法。②

---

① 蔡元培:《文化运动不要忘了美育》,见欧阳哲生编《中国近代思想家文库·蔡元培卷》,北京,中国人民大学出版社 2014 年版,第 269 页。
② 蔡元培:《在香港圣约翰大礼堂美术展览会演词》,见文艺美学丛书编辑委员会编《蔡元培美学文选》,北京,北京大学出版社 1983 年版,第 218 页。

"强毅的意志"、"衽金革"和"鞠躬尽瘁"等表明,美育不仅可以克服私欲,而且可以培养道德实践的精神动力。这种动力就是情感:

> 故教育者之目的,在使人人有适当之行为,即以德育为中心是也。顾欲求行为之适当,必有两方面之准备……又一方面,不顾祸福,不计生死,以热烈之感情奔赴之。凡与人同乐、舍己为群之德,属于此类,赖美育之助者也。①

> 人人都有感情,而并非都有伟大而高尚的行为,这由于感情推动力的薄弱。要转弱而为强,转薄而为厚,有待于陶养。陶养的工具,为美的对象,陶养的作用,叫做美育。②

很显然,蔡元培旨在通过美育陶养出作为高尚行为推动力的情感,也就是常所谓的道德情感③、良知或良心。然而,道德情感的本性是指向一个实际行动的,否则便不能成为实践的动力。也许在欣赏一个对象(比如一幅画)的起始,我们不注意它的实存(如画框、画布等),但在欣赏过程中产生的道德情感必然指向一个实际的行动。而这又意味着我们不得不把画中的内容在一定程度上当作实存(或实有)的。否则,欣赏者若时时保持"此画纯属虚构"的清醒意识,那么将不会激起较明显的道德情感反应,更遑论增强道

---

① 蔡元培:《美育》,见欧阳哲生编《中国近代思想家文库·蔡元培卷》,北京,中国人民大学出版社2014年版,第486页。
② 蔡元培:《美育与人生》,见欧阳哲生编《中国近代思想家文库·蔡元培卷》,北京,中国人民大学出版社2014年版,第515页。
③ 杜卫先生曾指出,蔡氏美育的"实质就是培养一种以启蒙理性精神为灵魂的道德情感"。参见杜卫:《审美功利主义》,北京,人民出版社2004年版,第92页。

德情感。作为实践动力的情感与完全不关心实存的要求二者是矛盾的，不关心实存恰恰意味着扼制行动。因此，起陶养道德情感作用的审美必定会关心实存。然而，在康德那里，不但欣赏美，即便是欣赏崇高也"对客体的实存漠不关心"①。在欣赏崇高时产生的"内心情调"与道德实践中的"内心情调"，只是"相称的"或"相贴近的"。②

按康德的意思，善（包括道德）"包含对一个客体或一个行动的存有的愉悦，也就是某种兴趣［利害］"③。那么，在关心实存的意义上，蔡元培的审美就与道德相关了。康德所说的审美完全不关心实存，到了蔡元培这里变为，只能因道德利害，而不能因个人利害去关心实存。蔡元培背离了康德的审美不涉及道德利害的原则。若此，无利害性的审美，便只能是无个人利害，而允许道德利害的存在了。同时，这意味着审美与道德间界线的模糊，审美不仅是德性的"象征"，而且已实际进入道德领域，为其提供动力。

蔡元培既接受又背离了康德美学。孔门仁学的影响是导致这一背离的重要原因。蔡元培说：

既有普遍性以打破人我的成见，又有超脱性以透出利害的关系；所以当着重要关头，有"富贵不能淫，贫贱不能移，威武不能屈"的气概；甚且有"杀身以成仁"而不"求生以害仁"的勇敢；这种是完全不由于知识的计较，而由于感情的陶养，就是不源于智

---

① 康德：《判断力批判》，邓晓芒译，杨祖陶校，北京，人民出版社2002年版，第87页。
② 康德：《判断力批判》，邓晓芒译，杨祖陶校，北京，人民出版社2002年版，第95页。
③ 康德：《判断力批判》，邓晓芒译，杨祖陶校，北京，人民出版社2002年版，第42页。

育，而源于美育。①

这段话申说道德情感及美育的重要性，其中引用《孟子》的语句，泄露出其思想所自出。蔡元培倡导美育的前提是肯定情感在道德活动中具有重要意义，而这一思想正来自孔门仁学。孔门仁学将道德情感（孔子的"仁""孝"，孟子的"不忍人之心""恻隐之心"，等等）视为道德的根源，认为道德活动就是将这些情感力量发挥出来并加以推扩。孔子说："兴于诗，立于礼，成于乐。"（《论语·泰伯》）孟子说："仁言，不如仁声之入人深也。"（《孟子·尽心上》）《礼记·乐记》说："致乐以治心，则易、直、子、谅之心油然生矣。"孔门仁学对艺术陶冶情感作用的这些深刻认识，无疑也影响了蔡元培。在阐述《礼记·乐记》的美学思想时，蔡元培发现了其中的几条原理（即"心理影响于声音""声音亦影响于心理"和"乐器之影响于心理"），并认为"声音与心理有互相影响的作用，这是我们所公认的"②。人的心理与外在世界可相互影响，这一认识为蔡元培开展大美育提供了依据。

孔门仁学只是将诗乐教化作为陶冶情感的重要手段之一，此外还有"存心养性""慎独""思诚""养气"等工夫。而蔡元培将美育作用提得如此之高，与其所谓美育的范围极其广泛有关。他认为美育实施途径有很多，如专门的艺术学校，一般大学的艺术课程与讲座，学校非艺术课程，人的言谈举止，公开的美术馆，国立或公立的剧院以及市中大道、广场、公园、广告、公私建筑，等等。可见，蔡元培提倡的美育是大美育，他深刻地意识到社会整体环境对

---

① 蔡元培：《美育与人生》，见欧阳哲生编《中国近代思想家文库·蔡元培卷》，北京，中国人民大学出版社2014年版，第516页。
② 蔡元培：《美学讲稿》，见欧阳哲生编《中国近代思想家文库·蔡元培卷》，北京，中国人民大学出版社2014年版，第333页。

人心的影响，美育不仅是某些专门人士的工作，而有赖于全社会的共同努力。

蔡元培的美育思想不同于席勒以弥合心灵分裂为目的的美育观念；由于没有谨守审美与道德间的分界，故而又区别于康德；它与孔门仁学以陶养道德情感为目的的诗乐教化思想更为接近。康德审美无利害性理论在西方已饱受质疑，蔡元培实际上从道德维度冲出了这一教条。他借传统之力，破除了康德对审美精神价值的人为框限，将审美在改造人心方面的作用进一步释放出来。

二、"美育代宗教"的提出及其仁学动因

除上文所述外，我们还可以看到蔡元培对康德思想的另一些偏离。康德认为，在欣赏崇高时，想象力面对强大的自然对象而受到挫败，但也正因此，激起人内心理性能力的出场。在无限的理性面前，无论多么强大的自然对象也将被视为弱小。欣赏崇高的全过程始终包含着人与自然对象的对立，一开始是人受到压抑，随后是理性战胜自然而显示出其优越性。因此，"真正的崇高必须只在判断者内心中，而不是在自然客体中去寻求"①。自然对象只能被当作理性理念的一个"图型"（即诱因、引子），② 而不能视为理性理念的表现。然而，蔡元培将崇高的欣赏，理解为由相对待而"常出乎对待之境"，于是与自然"至刚至大者肸合而为一体"③。他改变了康

---

① 康德：《判断力批判》，邓晓芒译，杨祖陶校，北京，人民出版社2002年版，第95页。
② 康德：《判断力批判》，邓晓芒译，杨祖陶校，北京，人民出版社2002年版，第104页。
③ 蔡元培：《以美育代宗教说》，见欧阳哲生编《中国近代思想家文库·蔡元培卷》，北京，中国人民大学出版社2014年版，第222页。

德崇高理论中人与自然的对立（即人的理性理念优越于自然），而近于中国美学对人与自然合一关系的理解。进一步说，对康德而言，实体世界（自由意志、理性理念）不但不能通过自然对象来表现，而且是不能被人直观（直觉）到的。但蔡元培在论述现象世界与实体世界的关系时说："前者可以经验，而后者全恃直观"；"现象实体，仅一世界之两方面，非截然为互相冲突之两世界"，"所谓实体者，即在现象之中"。①

蔡元培将康德哲学中两个分离的世界合为一个世界，并认为可以通过直观来把握实体世界。这显然远离了康德哲学，而合于中国哲学传统。中国哲学中的"天""道""本心"相当于实体世界，但它们不在彼岸，且均可被直觉到（如孟子所谓"尽心知性知天"）。中国精神传统的此岸性，是"美育代宗教"主张被提出的文化土壤。

蔡元培看到了"美育代宗教"是一个"实然"（实际如此）现象。

在《以美育代宗教说》（1917）一文中，蔡元培以人的精神的三种作用（知识、意志、情感）为线索，探讨了宗教的起源。他认为，在人智未开时代，人们对于己身和世界各种现象感到不可思议。生自何来？死将何往？世界由谁所创？凡此种种，皆需要解答，于是宗教起来担当此任。这是宗教产生于知识的一面。人有生存的欲望，由其引发出利己私心，做出损人利己之事，但随着经验的增多，又觉得利人的必要，于是宗教家起来提倡利他主义。这是宗教产生于意志的一面。宗教家利用歌舞、建筑、雕刻、图画等，"诱人信仰"，把人引向彼岸世界，浑然忘怀现实的困苦。这是宗教产生于情感的一面。蔡元培说："当时精神作用至为混沌，遂结合

---

① 蔡元培：《对于新教育之意见》，见欧阳哲生编《中国近代思想家文库·蔡元培卷》，北京，中国人民大学出版社2014年版，第110页。

为宗教。又并无他种学术与之对，故宗教在社会上遂具有特别之势力焉。"然而，随着社会文化的发展，有关人与世界各种现象，交由理化、博物、人种、古物等科学来解释，故而知识作用原素遂从宗教中独立出来。宗教演绎出的道德规范越来越不适用，而生理学、心理学、社会学原理也说明没有普遍适用的永恒道德，具体道德应因时因地通过归纳而得出，故而意志作用遂从宗教中独立出来。如此一来，宗教中便只剩下"美术"（艺术）了。而艺术的发展史向我们表明，它也有脱离宗教的趋势。"欧洲中古时代遗留之建筑，其最著者率为教堂，其雕刻图画之资料，多取诸新旧约；其音乐，则附丽于赞美歌；其演剧，亦排演耶稣故事……及文艺复兴以后，各种美术，渐离宗教而尚人文。至于今日，宏丽之建筑，多为学校、剧院、博物院。而新设之教堂，有美学上价值者，几无可指数。其他美术，亦多取资于自然现象及社会状态。"① 蔡元培向我们描述的宗教功能逐渐被取代的过程，其实就是因理性精神崛起而导致的学科分化和宗教"祛魅"过程。

蔡元培在后来又指出宗教教育母体中"体育"原素的存在，如"各教中的礼拜、静坐、巡游的仪式"等，同时也看到体育原素逐渐从宗教中脱离出来，已变得形式多样，极为方便。② 他说：

这样，在宗教的仪式中，就丢掉了智、德、体三育，剩下来的只有美育，成为宗教的唯一原素。③

---

① 蔡元培：《以美育代宗教说》，见欧阳哲生编《中国近代思想家文库·蔡元培卷》，北京，中国人民大学出版社2014年版，第219—221页。
② 蔡元培：《以美育代宗教》，见欧阳哲生编《中国近代思想家文库·蔡元培卷》，北京，中国人民大学出版社2014年版，第478—479页。
③ 蔡元培：《美育代宗教》，见欧阳哲生编《中国近代思想家文库·蔡元培卷》，北京，中国人民大学出版社2014年版，第524页。

说明随着社会的发展，宗教在智育、德育、体育方面的功能均已丧失，其中雕刻、图画、建筑等艺术也不再具有引领宗教信仰的功能，但其审美价值仍不可抹杀，成为美育的材料。当然，美育的材料十分广泛，不限于这些。在此，我们看到"美育代宗教"完全是一个实然的过程。

在实然的基础上，我们再从"应然"（应该如此）的角度，考察蔡元培何以提出"美育代宗教"的主张。

蔡元培说："夫宗教之为物，在彼欧西各国，已为过去问题。盖宗教之内容，现皆经学者以科学的研究解决之矣。吾人游历欧洲，虽见教堂棋布，一般人民亦多入堂礼拜，此则一种历史上之习惯。"① 美育所要替代的是这种精神意义淡薄、已沦为外在"习惯"的宗教。"科学愈昌明，宗教愈没落；物质愈发达，情感愈衰颓；人类与人类便一天天隔膜起来，而且互相残杀。……我的提倡美育，便是使人类能在音乐、雕刻、图画、文学里又找见他们遗失了的情感。"② 宗教既已丧失重大精神功能，而人类因隔膜、冷漠时常陷入冲突残杀之困境，因此，蔡元培认为，应该提倡美育，让人们在审美中重拾那美好的温情。

蔡元培清醒地意识到中国没有深厚、普遍的宗教信仰：

中国自来在历史上便与宗教没有甚么深切的关系，也未尝感非有宗教不可的必要。③

---

① 蔡元培：《以美育代宗教说》，见欧阳哲生编《中国近代思想家文库·蔡元培卷》，北京，中国人民大学出版社2014年版，第219页。
② 蔡元培：《与时代画报记者谈话》，见文艺美学丛书编辑委员编《蔡元培美学文选》，北京，北京大学出版社1983年版，第215页。
③ 蔡元培：《关于宗教问题的谈话》，见欧阳哲生编《中国近代思想家文库·蔡元培卷》，北京，中国人民大学出版社2014年版，第331页。

如果说西方现代人尚且保留了一些宗教传统上的"习惯",那么中国人连这种"习惯"都不存在。"所可怪者,我中国既无欧人此种特别之习惯,乃以彼邦过去之事实作为新知,竟有多人提出讨论。此则由于留学外国之学生,见彼国社会之进化,而误听教士之言,一切归功于宗教,遂欲以基督教劝导国人。而一部分之沿习旧思想者,则承前说而稍变之,以孔子为我国之基督,遂欲组织孔教,奔走呼号,视为今日重要问题。"① 由于中国本没有普遍被信仰的宗教,因此美育所要替代的主要是当时一些人呼吁建立的孔教和引入的基督教。但宗教精神既已衰落,中国向来又没有宗教信仰的传统,故而这些做法都是不合时宜的、无根的,不具有现实性。正是考虑到这些原因,蔡元培认为应当以美育取代宗教。然而,他并不反对信仰的存在。他说:"将来的人类,当然没有拘牵仪式、倚赖鬼神的宗教。替代他的,当然为哲学上各种主义的信仰。"② 而且,他明确表示,美育所要替代的宗教"并不是指个人自由的信仰心,而仅是指一种拘泥形式,以有历史的组织干涉个人信仰的教派"③。

宗教在精神方面的优势功能业已弱化,其固有的弊端却仍旧存在。这一点站在新文化运动立场看更为明显。为了进一步证明"美育代宗教"的合理性,蔡元培将审美与宗教进行了对比:

一、美育是自由的,而宗教是强制的;二、美育是进步的,而

---

① 蔡元培:《以美育代宗教说》,见欧阳哲生编《中国近代思想家文库·蔡元培卷》,北京,中国人民大学出版社2014年版,第219页。
② 蔡元培:《关于宗教问题的谈话》,见欧阳哲生编《中国近代思想家文库·蔡元培卷》,北京,中国人民大学出版社2014年版,第331页。
③ 蔡元培:《以美育代宗教》,见欧阳哲生编《中国近代思想家文库·蔡元培卷》,北京,中国人民大学出版社2014年版,第480页。

宗教是保守的；三美育是普及的，而宗教是有界的。①

与宗教信仰对应的是一种依附的人格；宗教经典不容怀疑；各宗教间或同一宗教内部各派别间相互攻击，甚至因冲突而挑起战争；宗教中也有美育因素，但受宗教目的、教义所限，因而不具有自由性。凡此种种，都与自由、民主、平等、创新等现代精神龃龉。平心而论，人类任何文化形态都具有两面性，蔡元培对宗教的指摘并非空穴来风，而是有一定依据的。我们也不得不承认，宗教过于强调个人心灵态度的转换，逆来顺受，有充当精神鸦片而不利于社会变革的一面。

我们已逐步进入崇尚自由、尊重个性、理性平和的时代，离宗教独领风骚的世界已经十分遥远了。不排除少数人仍持有某种宗教信仰，但若将其作为一种普遍性文化要求加以推广，是极其困难的，甚至可以说是不现实的。刘小枫说："蔡元培的'美育代宗教'论的理论蕴含相当单薄……这主要因为其论说是政治文化论争性的讲辞，而非理论建构性论述。"② 蔡元培提出"美育代宗教"主张的确不是进行理论上的建构，而是看到了宗教衰落的事实，并根据中国的实际情况提出一种文化发展策略。他不是以单纯学者的身份，而是以冷静的头脑、务实的意识和教育家的担当，为现代中国寻找切实可行的精神文化出路。

可见，"美育代宗教"首先是个实然现象，从应然看，也有充分的现实根据。因此，我们不拟纠缠于这一主张在理论上是否合理的问题，而去考察它被提出的仁学动因。

---

① 蔡元培：《以美育代宗教》，见欧阳哲生编《中国近代思想家文库·蔡元培卷》，北京，中国人民大学出版社2014年版，第479页。
② 刘小枫：《现代性社会理论绪论——现代性与现代中国》，上海，上海三联书店1998年版，第313页。

蔡元培明确指出："孔子之学术，与后世所谓儒教、孔教当分别论之。"① 他反对建立孔教，却不反对孔门仁学。"美育代宗教"与孔子以仁爱替代当时被普遍怀疑的天帝信仰，如出一辙。二者均看到原有信仰一去不复返，人心日坏。为社会免于沉沦计，二者又都注重道德情感的培育。这些相似性的存在决非偶然。蔡元培在《孔子之精神生活》一文中说：

> 孔子的精神生活，除上列三方面［即智、仁、勇］观察外，尚有两特点：一是毫无宗教的迷信，二是利用美术的陶养。……凡宗教不是多神，便是一神；孔子不语神，敬鬼神而远之，说"未能事人，焉能事鬼"？完全置鬼神于存而不论之列。凡宗教总有一种死后的世界，孔子说："未知生，焉知死？"……凡宗教总有一种祈祷的效验，孔子说："丘之祷久矣"，"获罪于天，无所祷也"，毫不觉得祈祷的必要。所以孔子的精神上，毫无宗教的分子。②

中国人文精神在周初发展起来，孔子对其进行了极大的推进，给中国文化带来了深远影响。这种人文精神决定了中国文化的此岸性品格。由此，不难理解基督教在中国的传教何以屡屡受挫和失败。它也是蔡元培提出"美育代宗教"主张时不得不考虑的现实背景。不过，孔门仁学不仅为他提供了一个必须面对的现实背景，而且蔡元培肯定了其中的人文主义精神和美育思想，在他看来是完全"可以为师法"的。他说：

---

① 蔡元培：《对于新教育之意见》，见欧阳哲生编《中国近代思想家文库·蔡元培卷》，北京，中国人民大学出版社2014年版，第113页。
② 蔡元培：《孔子之精神生活》，见欧阳哲生编《中国近代思想家文库·蔡元培卷》，北京，中国人民大学出版社2014年版，第577页。

孔子所处的环境与二千年后的今日，很有差别；我们不能说孔子的语言到今日还是句句有价值，也不敢说孔子的行为到今日还是样样可以做模范。但是抽象的提出他精神生活的概略，以智、仁、勇为范围，无宗教的迷信而有音乐的陶养，这是完全可以为师法的。①

虽然《孔子之精神生活》写于 1936 年，但孔子的这些思想对蔡元培的影响应该早就存在了。可以说，除前述现实原因外，孔门仁学的人文精神及对艺术教育的重视，也是推动蔡元培提出"美育代宗教"主张的重要原因。宗教信仰在今天已经很难成为一种普遍性的文化要求，但情感的陶养却可以通过美育普遍地开展。按孔门仁学，人的"良知""良心"具有超越性，它可以感通一切，体物而不遗。因此，对道德情感的"转弱为强""转薄为厚"的培养任重道远，具有广阔的开拓空间。这或许也有助于我们理解蔡元培舍宗教而取美育的现实可能性。

三、结语

近代以来，面对西人凌犯、国土分割、主权旁落、生民遭受深重苦难这一千年未有之变局，当时知识分子通过不断反思，最后认识到，器物技术的落后并非首要原因，除了清政府腐败无能而暴露出的制度文化原因外，更与国民精神的落后麻木、狭隘自私、愚昧卑怯有关。一些知识分子"通过对中西文化的比较，特别是对中西人民素质的比较后，得出了一个结论，这就是要救国必须依靠全体

---

① 蔡元培：《孔子之精神生活》，见欧阳哲生编《中国近代思想家文库·蔡元培卷》，北京，中国人民大学出版社 2014 年版，第 577 页。

国民的奋起与努力，造就一批优秀的人才，通过教育来提高国民的总体素质，唤醒人民麻木的心灵，振奋国民精神"[1]。基于这一认识，蔡元培那一代知识分子才特别重视包括美育在内的教育。蔡元培除了从中国传统文化中发掘出有用资源外，也致力于引入西方文化精神，以扫除国民身上的劣根性。

　　蔡元培看到了中国传统教育的不足："我们的教育至少两千年来没有面向更高的科学教育，而却是用完美的品质去塑造人，赋予他一种文学素养而已。"他感到"只有新兴的一代能受到新型的教育，古老的文明才能获得新生"[2]。这种"新型教育"理念也贯穿在美育中。蔡元培发现中国画学习从临摹开始，而西洋画则从写实（写生）入手。他认为西洋画从写实入手是因为西方人重视自然科学，因此主张"今吾辈学画，当用研究科学之方法贯注之"[3]。他还认为，"美术一方面有超脱利害的性质；一方面有发表个性的自由。所以沉浸其中，能把占有的冲动，逐渐减少；创造的冲动，逐渐扩展"[4]。他提出学校教育要注重学生健全人格的培养，要使学生"自动"起来。"通常学校的教习，每说我要学生圆就圆，要学生方就方，这便大误。最好使学生自学，教者不宜硬以自己的意思，压到学生身上。"[5] 蔡元培的这些主张，其意义不仅在于推动教学内容与方法上的变革，更在于背后的科学、自由、个性、民主、创新等精

---

[1] 袁济喜：《承续与超越：20世纪中国美学与传统》，北京，首都师范大学出版社2006年版，第49—50页。

[2] 蔡元培：《中国教育的发展》，见欧阳哲生编《中国近代思想家文库·蔡元培卷》，北京，中国人民大学出版社2014年版，第416页。

[3] 蔡元培：《在北大画法研究会之演说词》，见文艺美学丛书编辑委员会编《蔡元培美学文选》，北京，北京大学出版社1983年版，第81页。

[4] 蔡元培：《在爱丁堡中国学生会及学术研究会欢迎会演说词》，见文艺美学丛书编辑委员会编《蔡元培美学文选》，北京，北京大学出版社1983年版，第148页。

[5] 蔡元培：《普通教育和职业教育》，见文艺美学丛书编辑委员会编《蔡元培美学文选》，北京，北京大学出版社1983年版，第109页。

神的植入与塑造。

蔡元培不是全盘否定传统文化的激进派，也不是故步自封的保守派。他实际上是反对这两种文化态度的："我中国人向有一弊，即是自大；及其反动，则为自弃。"① 自大者，以为中国有悠久的文化而保守；自弃者，盲目崇拜外人及其文化。蔡元培在《中国伦理学史》（1910）中对儒家有过研究，其《中学修身教科书》（1912）也深受孔门仁学的影响。他接受了孔门仁学注重道德情感的思想，由对德育的重视，转而关注美育对情感的陶养，将美育视为落实德育的重要环节。这正是他虽以德育为教育之中心，却更为关注美育的原因。

孔门诗乐教化所追求的"中和""温柔敦厚"效果，不免有保守一面，但作为士人精神修养有其重要意义。然而在其流转、普泛化过程中，中和的内在精神完全被掏空，成了保守、懦弱、苟且的托词。蔡元培所处时代又需要激起国人自尊自立，以拯救民族危亡为己任，开创新的世界，所以，他虽没有像梁启超和鲁迅那样直接反对性情的中和，但也并不推崇，而更强调作为实践推动力的道德情感的培养。蔡元培对孔门仁学的接受是有选择性的。

蔡元培的美育思想注入了科学、民主、平等、自由、个性等新文化精神，其理论基础主要是康德美学和孔门仁学。他是在与孔门仁学相通的意义上，借用康德美学的概念、命题，并接受其影响的。例如，"无利害性"到了蔡元培那里成了"无个人无利害性"，而孔门仁学的较高层次的审美也是超越个人利害的；审美普遍性同样是孔门仁学的主张，孟子就曾说："目之于色，有同美焉；至于心独无所同然乎？"（《孟子·告子上》）康德关于审美具有由现象

---

① 蔡元培：《全国临时教育会议开会词》，见欧阳哲生编《中国近代思想家文库·蔡元培卷》，北京，中国人民大学出版社2014年版，第182页。

世界通往实体世界的中介作用之论述,也与孔门仁学借助艺术教育来提升人生境界相类似。再加上,蔡元培背离康德美学之处正好趋向孔门仁学,因此我们有理由说,蔡元培美育思想的主导精神是孔门仁学传统。他并没有完全接纳西方现代美学的审美自律观念,体现出文化接受上的主体性与本土性。

〔本文系教育部人文社会科学重点研究基地重大项目"中华美学精神与20世纪中国美学理论建构"(17JJD720010)阶段性成果〕

〔原载《西北大学学报(哲学社会科学版)》2018年第3期〕

中国现代美学的美育化叙事
——以蔡元培美学为中心

潘黎勇◆（上海师范大学人文学院）

众所周知，中国现代美学首先是西学东渐的产物，是移植、吸收西方哲学、美学知识及相关学科资源的直接成果。然其之所以是"中国的"现代美学，就绝不仅是西方美学的一种东方化表述，而应是基于中国问题、中国现实所创构出来的具有民族性的文化内涵、精神特质与价值诉求的一种学科制式和话语范式。关于中国现代美学的理论特征和学术旨趣的认识，学界亦早有相当的共识，如思想启蒙、国民性改造、价值重建等论断业已成为我们理解前者的基本观念框架。一个显而易见的事实是，当我们讨论中国现代美学时，确实很难回避其所强烈表达的直指人心、人性的启蒙和教化诉求。从一定程度上说，在20世纪上半叶的中国学术语境中，谈美学必然要谈美育，而谈美育（尤其是思想观念层面）亦大多从美学的知识题域起始。我们要问的是，这种美学的美育化叙事的知识依据是什么？叙事逻辑是如何展开的？美育叙事具有怎样的价值追求？明察这些问题，对于深刻理解20世纪中国美学的现代性品格不无裨益，亦有助于全面透析中国现代美育学的思想脉络和精神渊薮。尽管王国维、蔡元培、梁启超、朱光潜、宗白华等第一、二代美学学人的思想皆不同程度、不同形式地体现了中国现代美学的上述学术特征，但毫无疑问，蔡元培美学（美育）思想是可供探讨的最佳范例。这主要基于两方面的原因：一是他对美学的美育化叙事的可能性作出了完备的学理阐释；二是凭借自己的社会地位和学术身份将美育观念落实到教育实践当中，并产生积极而深远的影响，这一点是同时代其他美学家无法企及的。照此意义而言，蔡元培美学有理由被看作是中国现代美学的理论范本。

一

在中国现代美学的早期文献中，蔡元培写于1901年的《哲学总论》具有特殊重要的意义。这篇论文不仅最早立足现代学视域述介西方美学，而且直接借助哲学、美学话语探讨美育问题。文曰："心象有情感、智力、意志之三种。心理学者，考定此各种之性质、作用而已，故为理论学。其说此各种应用者，为论理、伦理、审美之三学。伦理学说心象中意志之应用；论理学示智力之应用；审美学论情感之应用。……教育学中，智育者教智力之应用，德育者教意志之应用，美育者教情感之应用是也。"① 知、情、意与真、善、美的三分模式是自启蒙运动以来西方哲学的普遍观念，是美学学科得以成立的重要知识依据。可以看到，蔡元培完全搬用了现代学的三分模式，但在论述上却颇有特点。他尤为强调学科知识的功能层面，在反复阐释中表现出一种直接应用的强烈渴望。所谓知识的应用，便是将逻辑学（论理学）、伦理学、美学（审美学）通过教育活动作用于人性领域，以构造真、善、美之精神理想，并使个体获得辨别真伪、善恶、美丑的精神能力。于是，对逻辑学、伦理学、美学的学科论述过渡到了对三者实践形态智育、德育、美育的阐发

---

① 蔡元培：《哲学总论》，见中国蔡元培研究会编《蔡元培全集》第1卷，杭州，浙江教育出版社1997年版，第357页。

上。显然，从美学到美育的转换必有赖于教育实践环节，正如蔡元培后来对美育那个表述直接却失之粗简的著名定义："美育者，应用美学之理论于教育，以陶养感情为目的者也。"① 在蔡元培这里，与其说美育是美学在教育中的应用，不如说，美学诉诸教育而应用为美育乃是实现其学科价值的必然路径。

美学观念与教育意图的联裹交融绝非蔡元培美学的个例，而是中国现代美学的普遍思想征象，王国维的论述无疑能够加强此方面的论证。在《哲学辨惑》（1903）这篇现代美学的标志性文献中，王国维同样在西学的三分法构架中来定位美学："若论伦理学与美学，则尚俨然为哲学中之二大部。今夫人之心意，有智力、有意志、有感情。此三者之理想，曰真，曰善，曰美。哲学实综合此三者而论其原理者也。"他接着又说，"教育之宗旨亦不外造就真善美之人物，故谓教育学上之理想即哲学上之理想"，而"教育学者实不过心理学、伦理学、美学之应用"。② 可见，学科、心理、价值通过教育而落实到塑造人性的主题上，此中逻辑简单说就是，将学科知识应用于教育而施诸人类精神以实现价值理想。单就美学而言，套用王国维的话说："教育学上之理想即美学上之理想。"这与蔡元培的美学思旨是高度一致的。此外，如果再细检王国维那些对现代美学学科具有重要奠基意义的文献，更不难发现，许多论文都包含了鲜明的人性教化、思想启蒙的题旨，其教化或启蒙之言说最终都指向王国维汲汲以求的"完全之人物"。

以上所论使我们相信，中国现代美学的学科制式一开始就与美育的理论架构相叠合，美学观念经常被表述为美育话语。但对问题

---

① 蔡元培：《美育》，见中国蔡元培研究会编《蔡元培全集》第6卷，杭州，浙江教育出版社1997年版，第599页。
② 王国维：《哲学辨惑》，见姚淦铭、王燕编《王国维文集》第3卷，北京，中国文史出版社1997年版，第4页。

的理解还不能止步于此,美学的美育化诉求何以可能,仍需在话语表象之下深探学理上的依据,而这又与中国的美学奠基者们对美学学科性质的理解直接相关,这促使我们再次回到蔡元培。

我们当熟悉蔡元培有关审美功能的论述,最著名的莫若他对审美的"普遍性"和"超越性"两大特征的阐发。他说,"美感是普遍性,可以破人我彼此的偏见","美感是超越性,可以破生死利害的顾忌"。① 因此,审美能使我们"不顾祸福,不计生死","与人同乐,舍己为群",② 从而养成"宁静而强毅的精神"③。蔡元培将审美的普遍性和超脱性与现实人生关联起来,并围绕陶养精神、完善人格这一教育目标展开论述。而在他看来,如果一种事物与主体存在相联系乃至对后者发生(积极)作用,便可以"价值"论之。"何谓价值?不外乎于意识中悬一种之鹄的,而欲有以达之。事物之与意志及情感无关者,即无所谓价值。"④ 故他相信,直接作用于主体情感的审美活动就是一种价值活动,并提出"美是一种价值的形容词"的论断:"我们说美,是一种价值的形容词,不是一种理论的知识,为一种实物,或一种状态,或一种关系,来规定性质的。"⑤ 美不是抽象观念,尽管需要依托一定的物质实体,但也只有在主体精神与客体形式的情感共契中才能显现出来。同理,美学也绝不止于知识论层面的概念辨析和逻辑推演,而是有其基于现实的

---

① 蔡元培:《自写年谱》,见中国蔡元培研究会编《蔡元培全集》第17卷,杭州,浙江教育出版社1997年版,第461页。
② 蔡元培:《美育》,见中国蔡元培研究会编《蔡元培全集》第6卷,杭州,浙江教育出版社1997年版,第599页。
③ 蔡元培:《在香港圣约翰礼堂美术展览会演说词》,见中国蔡元培研究会编《蔡元培全集》第8卷,杭州,浙江教育出版社1997年版,第522页。
④ 蔡元培:《哲学大纲》,见中国蔡元培研究会编《蔡元培全集》第2卷,杭州,浙江教育出版社1997年版,第331页。
⑤ 蔡元培:《简易哲学纲要》,见中国蔡元培研究会编《蔡元培全集》第5卷,杭州,浙江教育出版社1997年版,第230页。

人文使命:"美学观念,以具体者济之,使吾人意识中,有所谓宁静之人生观,而不至疲于奔命,是谓美学观念惟一之价值,而所由与道德宗教,同为价值论中重要之问题也。"① 很清楚,美学之价值乃在其对人生观的教育作用,反过来说,能够对人生观培养发挥影响才使美学具有了"价值"。既然如此,将美学定位为一种价值学便是顺理成章的,这在蔡元培编译的《哲学大纲》(1915)与《简易哲学纲要》(1924)中已经作了明确的规定。

除蔡元培外,我们同样可以从其他美学家那里找到有关审美价值学的论述。王国维说:"美之性质,一言以蔽之曰:可爱玩而不可利用者是已。……其性质如是,故其价值亦存于美之自身,而不存乎其外。"② 王国维依据审美无利害原则断定美之价值在其自身,但在他看来,正是这种无关利害的美,才能"使人忘一己之利害而入高尚纯洁之域"③,其价值显然还是落在针对现实问题所主张的国民人格的陶养上。王、蔡之后,价值论美学的另一位重要倡导者是朱光潜。他专门写有一篇谈"价值意识"的文章,将"价值"联系于人生。他说:"事物自身本无价值可言,其有价值,是对于人生有效用,效用有大小,价值就有高低。"④ 人类追求的价值理想无非真、善、美三种,而朱光潜认为三者都可归结到统一的审美价值中去,于是,艺术便成为人生理想的寄托,"人生艺术化"由此成为朱光潜价值论美学的中心命题。由上可知,价值论思维应是中国现

---

① 蔡元培:《哲学大纲》,见中国蔡元培研究会编《蔡元培全集》第2卷,杭州,浙江教育出版社1997年版,第341页。
② 王国维:《古雅之在美学上之位置》,见姚淦铭、王燕编《王国维文集》第3卷,北京,中国文史出版社1997年版,第31页。
③ 王国维:《论教育之宗旨》,见姚淦铭、王燕编《王国维文集》第3卷,北京,中国文史出版社1997年版,第58页。
④ 朱光潜:《谈修养》,见《朱光潜全集》编辑委员会编《朱光潜全集》第4卷,合肥,安徽教育出版社1988年版,第138页。

代美学的一种普遍思想取向，这种对美学的价值论判定无疑为前者的美育化叙事提供了坚实的学理支撑，进而言之，也为美学——藉由美育话语——参与现代中国的价值重建奠定了理论基础。不过需要强调，无论从学理的奠基性意义抑或理论阐释的完备性来看，蔡元培在此方面的论述都最具典型性，他关于审美价值涵义的阐述全部落实到其美育思想及教育实践当中。

二

如果说，价值论思维使中国现代美学的美育化叙事及其导向的价值重建得以可能，那么接下来的问题是，这种美育化叙事遵循了怎样一种叙事逻辑呢？此叙事逻辑又是如何制导美学的价值重建内容并决定这种重建策略的社会文化意义的呢？这些问题引导我们聚焦到"以美育代宗教说"这个中国现代美学最具创造力和影响力的命题上。

"以美育代宗教"命题的提出是直接受逼于20世纪初中国的社会现实和思想境域，是对当时知识界提出的"宗教救国论"的强烈回应。宗教作为一个重大问题在20世纪初的中国思想领域和社会活动中的急剧凸显，使得各派知识分子"皆不可避免地遭遇重新估定宗教的价值及其在中国现代化中的地位问题"[1]。作为一名坚定的启蒙主义者和社会进化论的信仰者，蔡元培对宗教基本采取否定立场，但否定宗教之后该如何处理曾经由之维系的道德、信仰等人类社会不可或缺的价值内容是必须要解决的问题。蔡元培认为，宗教的社会文化功能完全可由美育来承担，且美育在文化建设上具有宗

---

[1] 唐逸：《"五四"时代的宗教思潮及其现代意义》，见许纪霖编《二十世纪中国思想史论》上卷，上海，东方出版中心2007年版，第584页。

教无可比拟的优越性,因其指向一种现代的、科学的、进步的价值方向,宗教却被认为是前现代的蒙昧的精神形式,与中国社会的现代化进程是完全相反的,因此,"以美育代宗教"是社会文化发展的必然趋势。如果说由蔡元培开启的美学的美育化叙事乃是通过以情感陶养为手段的人生观教育使美学深度参与到现代中国的价值重建进程中,那么"以美育代宗教"则为中国现代美学的价值实践提供了一种思想逻辑和话语范式。

在我们看来,此种逻辑范式为中国现代美学开辟或强化了三条价值建构路向:其一是启蒙理性价值观。在中国现代启蒙运动领袖当中,蔡元培是科学理性精神最有力的鼓吹者,终生信奉"科学救国论"。他对于"以美育代宗教说"的合法性论证,关键在于运用科学理性来解构宗教世界观。他认为,随着科学的发达和社会生活的世俗化,人类最早由宗教兼摄的知识、道德、艺术分别走向独立,美育自然也应摆脱宗教束缚而独立发挥情感陶养功能。蔡元培依启蒙主义原则而将美育和宗教截然对立起来:"一、美育是自由的,而宗教是强制的;二、美育是进步的,而宗教是保守的;三、美育是普及的,而宗教是有界的。"[1] 显然,美育所阐扬的自由、进步、普及的启蒙价值观与宗教世界的强制、保守、有界的精神法则针锋相对。蔡元培放弃强制而直接的理性主义叙事,通过构筑与宗教的价值对立,以美育的柔性手段创设了中国现代美学的启蒙话语。其二是现代性道德观。蔡元培将道德看作是人类价值的最后"归宿之点",道德哲学则为"价值论之实现者"[2],而美育乃"与智

---

[1] 蔡元培:《以美育代宗教》,见中国蔡元培研究会编《蔡元培全集》第6卷,杭州,浙江教育出版社1997年版,第586页。
[2] 蔡元培:《哲学大纲》,见中国蔡元培研究会编《蔡元培全集》第2卷,杭州,浙江教育出版社1997年版,第331页。

育相辅而行，以图德育之完成者也"①。他信奉人道主义的道德理想，视之为"人类共同之鹄的"，并相信人道主义可藉系统化之美育来达成，宗教对此不仅无能为力，反成为最大障碍。因为宗教推崇信仰之唯一性，反对道德的多元和进步，与自由、平等、博爱的人道主义道德观根本相悖，而美育指向的道德价值比起宗教的道德专制更显自由、进步和开放。另外，与宗教以敬神为最高道德不同，美育对道德人格的培养完全是从主体情感出发，旨在建构一种自律、自觉的道德意识。因此，在蔡元培看来，美育在培育现代道德价值观方面比宗教更具合理性和可行性。其三，超越的生命信仰。尽管蔡元培立足科学理性立场极力批判宗教的蒙昧性，却小心翼翼地呵护作为其"根本思想"的"信仰心"。他说的"信仰心"包含了超越性的终极价值指涉，但宗教的终极体证的获得是以摒弃现实世界为代价的，这与其思想中强烈的社会现实关怀是格格不入的。这促使蔡元培决心寻求一种更加圆融的手段来兼顾圣俗两端，既能推进启蒙主义的价值建构，又有足够的力量直抵超然的实体世界。他相信，唯有审美及其功能化的实践机制——美育方可达此效力："欲由现象世界而引以到达于实体世界之观念，不可不用美感之教育"②。蔡元培以美育取代宗教来探触终极实体的一个重要原因乃是审美具有兼摄现象和实体两界之能力。他对美育的选择不仅指向实体的超越之境，而且也寄意于此岸的世俗之域，因为唯有持续改善生存状态，在现实世界中营造幸福生活，才不失为追求终极实在的积极行为。

---

① 蔡元培：《美育》，见中国蔡元培研究会编《蔡元培全集》第 6 卷，杭州，浙江教育出版社 1997 年版，第 599 页。
② 蔡元培：《对于新教育之意见》，见中国蔡元培研究会编《蔡元培全集》第 2 卷，杭州，浙江教育出版社 1997 年版，第 14 页。

三

在中国现代美学史上，蔡元培明确从价值论来定位美学的学科属性，并以美育话语开创了中国现代价值论美学的典型形态，而"以美育代宗教"则构成蔡元培美学的价值叙事逻辑。更需指出的是，"以美育代宗教"在中国现代美学中并非蔡元培的孤声独吟，而是显出一种众声合鸣之势。观览各家思想，如王国维的"美术者，上流社会之宗教"论、梁漱溟的"以道德代宗教"说（这里的道德是指儒家的礼乐）、梁启超的趣味主义（梁氏视之为自己的信仰）、朱光潜的人生艺术化思想、丰子恺的"艺术即宗教"说以及宗白华被赋予泛宗教色彩的审美超脱论等，本质上都是"以美育代宗教"，或者说都包含了"以美育代宗教"的思想范式。如果说美学的美育化是中国现代美学展开价值创造的一种功能模式，"以美育代宗教"便是深嵌于此功能模式的具有普遍效应的创造逻辑，而其所涉之传统与现代、中国与西方的文化冲突和价值张力更使之成为20世纪中国具有重要思想意义的文化命题。

中国现代美学高度注重审美价值的功能性运用，强调审美之于主体心性结构的建设性作用，其功能路径便是以情感陶养为手段来实现道德人格与文化价值的全方位重建，美学的知识叙事由此衍化成了美育的价值叙事，这对20世纪中国美学的思想特质和学术品格产生了决定性的影响。也正因此，对中国现代美学的所谓功利主义取向的指控得以成立，后者被认为极大地减损了20世纪中国美学的现代性成色。但不得不问的是，到底何谓美学的现代性？尽管普遍认为，审美无利害法则的确立和艺术自主性的获得是美学现代性的核心表征，但其背后潜藏的新兴资产阶级对政治意识形态和文化领导权的隐秘诉求早已被研究者揭橥无遗。① 关于美学现代性的评判显然不能以学科知识论层面的审美独立或艺术自主观念作为单一凭据，而更应观照美学与其所在的社会政治场域和思想文化语境在现代性进程中的深层互动。中国现代美学的诞生契应了20世纪中国社会价值重建的历史大势，包含了改造旧有思想传统和批判国民性的鲜明意旨，美学因此表现出强烈的"非美学"或"超美学"的倾向，这使得在"纯美学"的思想框架中讨论现代美学问题都有隔靴搔痒之嫌。中国现代美学的美育化叙事在此意义上可视为美学现代性一种本土化的建构策略，也是学界所论从"美学"在中国到"中国的"美学的学术创化过程的集中体现。

［原载《郑州大学学报（哲学社会科学版）》2017年第5期］

---

① 可参看伊格尔顿：《审美意识形态·导言》，王杰、付德根、麦永雄译，桂林，广西师范大学出版社2001年版。

蔡元培与中国课程改革的美育传统

周　勇◆（华东师范大学课程与教学研究所）

　　2001年以来，如何从理论及实践层面推进课程改革，使基础教育更能适应中国经济社会发展需要，一直是课程理论界广为关注的热点议题。课程理论界曾为此议题投入大量理论及实践努力。然而正如崔允漷教授2011年所言，十年努力下来，似乎仅是使"新课程所倡导的先进理念得到了很大程度的认同"，而没能让"残酷"的教育现实发生实质改变；"先进的理念与残酷的现实之间"存在"十分严重"的"'两张皮'现象"。① 同一年，杨东平教授公布的大型调查也表明，"教师对新课改理念的高认同和对改革实效的低评价形成强烈反差"②。由此，课程理论界不得不反思课程改革难以在现实中落地的原因，以便寻求更有力的课程改革推进策略。

　　吴刚就指出，课程改革的理论框架及实践基础均有明显不足，"看似宏大的新课程计划其实是建立在一片流沙之上"③。柯政也通过田野研究，发现"雄心勃勃的课程改革"之所以"会在实践中被层层消解"，是因为课程改革设计之初，没有考虑一线教育场域及

---

① 崔允漷：《基于课程标准：让教学"回家"》，《基础教育课程》2011年第12期。
② 杨东平：《新课程改革的得失和深化——兼与王策三教授交流》，《当代教育科学》2014年第6期。
③ 吴刚：《奔走在迷津中的课程改革》，《北京大学教育评论》2013年第4期。

地方社会中诸多习以为常且"足够强大"的"制度"侵蚀力量。① 这些反思有利于优化课程改革的理论视野与现实生命力。像近几年,课程理论界及决策层便在反思以往不足的基础上,陆续推出研制"核心素养"、修订"课程标准"、启动"新高考"、治理校外培训机构等系列优化措施,从而又能将此前举步维艰、几近搁浅的课程改革,以"升级版"或"3.0版"的加强形态,② 继续在现实中推进下去。

相比当初侧重向教师普及"先进理念",这些新措施把高考、教育市场等现实制度瓶颈及干扰力量也列为改革对象,考虑的确相对成熟。但即便如此,也不可能消除课程改革与现实之间的紧张关系。③ 课程理论界随之需要不停追赶认识现实,不断优化增强课程改革的理论视野与现实生命力。然而现实终究太复杂,并不容易认识。甚至仅就本文所关注的一种现实即新时期中国经济社会发展需要而言,也很难将它认识清楚,而只能围绕其中的某一点确定事实,寻求何以优化课程改革的理论构思并增强其现实生命力。这点确定事实便是:"美好生活"已被列为国家经济社会发展的"奋斗目标"。由此,课程理论界致力于推广"核心素养"、改革高考之余,还需积极回应这一点现实"国情",探索什么样的课程改革能为国家"美好生活"发展目标提供有益教育基础与支持。

一、"美好生活"与课程改革的美育关切

国家是从2012年起,明确将"人民对美好生活的向往"定为新

---

① 柯政:《理解困境:课程改革实施行为的新制度主义分析》,北京,教育科学出版社2011年版。
② 赵婀娜:《今天,为何要提"核心素养"》,《人民日报》2016年10月13日。
③ 崔允漷、召朝友:《试论核心素养的课程意义》,《全球教育展望》2017年第10期。

时期经济社会乃至教育发展的"奋斗目标"。① 课程改革以及整个教育体系随之均需对此做出回应。应该看到，2012 年之前的十年中，教育哲学界就有学者尝试从"美好生活"入手革新教育理论及实践。有的呼吁将"探询美好生活""培养'好人'"列为"教育哲学及教育在当代的使命"；② 有的考察美国"施特劳斯学派"在西方道德危机背景下，引导学生及公众通过研读"伟大著作"为主的"自由教育"或"通识教育"，重新对"即何为美好生活等——达成共识"③。2012 年，同样有教育学者从"美好生活"入手探讨教育改革。只是这一探讨仍由抽象思辨构成，且未梳理此前已有相关理论积累，思辨来去，仅是强调"学校教育应当观照人的美好生活"④。

　　近些年的零星探索同样因缺乏文献综述，导致常把已有观点再说一遍，同时也没突破此前两大研究路径：一是道德哲学视野的理论思辨，二是对西方历史上的相关思想遗产展开考察。由此可见，虽然教育理论界已有一些学者开始探讨"美好生活"与教育改革，但仍有巨大学术空间可供后续研究前去开拓。后续研究既可修正深化已有观点，又能在两大路径之外另拓新途。本文勾勒蔡元培变革中国课程时缔造的"美育传统"，探讨其当代意义，便是一次路径更新尝试。当然对本文而言，分内之事还不是拓宽教育理论界已有路径，而是从"美好生活"及蔡元培的"美育传统"入手，优化课程理论界的课程改革构思，增强课程改革对于国家"美好生活"发

---

① 中共中央文献研究室编：《习近平关于社会主义经济建设论述摘编》，北京，中央文献出版社 2017 年版，第 19 页。
② 金生鈜：《教育哲学怎样关涉美好生活？》，《华东师范大学学报（教育科学版）》2002 年第 2 期。
③ 沈文钦：《自由教育与美好生活——施特劳斯学派自由教育观述评》，《北京大学教育评论》2006 年第 1 期。
④ 杨进、刘海民：《论美好生活与学校教育》，《教育研究》2012 年第 11 期。

展目标的回应功能。为此就需考察课程理论界已有什么相关探索。

如前文提到的那样,课程理论界近些年的主流动向乃是以研制"核心素养"、启动新高考等为抓手,将当初举步维艰的课程改革升级为"3.0 版"。直到今日,课程理论界的主流学者也没有将"美好生活"列为课程改革的重要关切。然而如果将视野转向边缘,还是可以找到不少相关探索。这些探索兴起于本世纪初,发起者包括陈伯璋、欧用生、周淑卿等两代课程学者。这些课程学者大都打着"课程美学"或"课程美学研究"的名义,其首要任务随之便是界定课程美学的理论及实践使命。陈伯璋认为课程美学应重点考察一般背景的学生在日常生活中有何创造性的文化想象与表达,引导他们反抗资本与精英阶层的课程权力及压制,寻求更平等也更美好的文化社会新秩序。[①] 周淑卿则聚焦于"课堂",鼓励师生在教学过程中激发"美感体验",借此创造"由美感体验所构成的课程"[②]。

欧用生同样重视课堂中促进"美感生成",曾激励"教师要像艺术家一样",推广"艺术为基础的教师专业发展"[③] 此类课程美学建构大多以西方理论为基础,对西方美学及课程美学理论展开梳理随之成为另一大热门任务。列夫斐尔的日常生活美学以及艾斯纳、杜威的课程美学随之被引入国内。这些美学转向虽然位居边缘,但也吸引了不少新一代课程学者。只是因为时间不长,在课程美学建构上,尚未看到新一代学者有显著突破,仅笼统认为课程美学就是"从美学的角度理解课程",重视"想象、灵性以及诗意的

---

① 陈伯璋、陈子轩、张盈:《课程美学的实践——"扎根美学"与日常生活的意涵》,《第八届两岸三地课程论坛》2006 年 10 月。
② 周淑卿:《无教学不足以成课程:美感认知理论的观点》,《西南大学学报(社会科学版)》2009 年第 6 期。
③ 欧用生:《当教师与艺术相遇:艺术为基础的教师专业发展》,《研习资讯》2009 年第 5 期。

审美经验"①。考察西方理论时，往往也是梳理前辈考察过的艾斯纳、杜威，且未去对比前辈已有揭示。② 即使有人梳理前两代课程美学积累，也是轻易认为他们"大都忽略说明为何要使用美学概念来研究课程或教育"③。其他也跟着泛议"今后，需要紧扣美感的核心特质，进一步澄清课程美学的内涵以及在建构本土化的课程美学研究上多努力"④。

其实，前两代学者的诸多探索本身就是本土课程美学研究。同时，前两代学者也绝非不清楚自己为何以及开拓什么课程美学。真正的问题乃在于前两代学者过多依靠西方理论给予的启发建构本土课程美学，忽视从认识中国现实及需要入手开拓课程美学与美育。新一代学者同样如此，仍旧习惯依赖西方理论，如改以伽达默尔为基础重构课程美学。⑤ 三代学者的探索时常表明，根据列夫斐尔、艾斯纳或杜威的启示，课程改革不该只按现有主流设计走，还应发展这样或那样的美育。但国家"美好生活"发展目标究竟需要课程改革引入什么样的美学视野与美育关切，任何值得深化的典范解答也没给出。本文因此只能回到更早的历史时期寻找典范，这一典范正是蔡元培立足现实开拓课程改革新路时留下的"美育传统"。梳理这一美育传统，既可以完善边缘课程学者离开西方理论便难以前

---

① 张良、靳玉乐：《论课程作为审美经验——美学取向的课程理解》，《课程·教材·教法》2017年第12期。
② 王磊：《审美文本观照下艾斯纳课程美学蕴意探究》，《外国教育研究》2014年第10期。张俊列、金心红：《课程·经验·艺术——杜威课程思想的美学意蕴》，《教育学报》2015年第5期。
③ 杨宏琪：《台湾课程美学研究之现况与未来趋势》，《教育学报》（香港）2012年第1期。
④ 夏永庚、黄彦文：《台湾地区课程美学研究的现状、问题与展望》，《全球教育展望》2018年第2期。
⑤ 杨宏琪：《台湾课程美学研究之现况与未来趋势》，《教育学报》（香港）2012年第1期。

行的美学转向，也能为主流课程学者优化课程改革构思，回应国家"美好生活"发展目标提供有益历史参照。

二、课程改革新路：现实人心、高尚情感与美育

本文所说的中国课程改革可追溯到1826年魏源应江苏布政使贺长龄之邀，编写《皇朝经世文编》，鼓励士子研习解决国内经济政治危机急需的漕运、盐政、吏治等经世实学。1840年起，魏源又协助两广总督林则徐译编《四洲志》《海国图志》，发展世界地理教育，为抵抗英国非法入侵提供知识与人才保障。其时，传统课程体系包括地位最高的程朱理学、风行全国的科举八股文与试帖诗、著名书院的经史考据，均不能为应对现实危机提供知识与人才支持。① 魏源、林则徐不得不另外设法发展拯救内外危机必需的系列新课程。之后，曾国藩、李鸿章、左宗棠等新一代政治学术精英崛起，他们发起了旨在使国家在西方列强压制下实现"自强"的课程改革运动，包括发展外语、海军、实业等新教育，派遣留美幼童等。

到1898年，30岁的蔡元培托疾请假离开翰林院，返归绍兴创办中西学堂。在他正式登上教育变革历史舞台时，康有为、梁启超、孙中山、章太炎等又在发起以政治改良或革命为中心的新一轮课程改革。维新改良派曾拉拢蔡元培，但后者认为"中国这样大，积弊这样深，不在根本上从培养人才着手，他们要想靠下几道上谕，来从事改革，把这全部腐败的局面转变过来，是不可能的"，所以拒绝加入政治维新，情愿"回家乡去办学堂"。② 当年底，蔡元培便回到家乡绍兴，主持中西学堂。除按制开设"旧学"外，蔡元

---

① 魏源：《魏源集》下册，北京，中华书局1976年版，第675—676页。
② 高平叔：《蔡元培年谱长编》第1卷，北京，人民教育出版社1999年版，第133页。

培还增开了英文、法文、日文、哲学、数学、物理等"新学"课程。① 第二年10月，清廷下令各学堂收紧新学，蔡元培办学受挫，于1901年2月辞职，从此转赴上海加入了主张推翻清廷国家才可能新生的革命派，其课程改革行动亦随之骤变为创办中国教育会、爱国学社与女校，理化课以研制炸弹为主，培养女杀手等。②

期间，革命派意识到一大新的教育挑战。即如1906年章太炎出狱后，就曾提醒东京留学生，"政治、法律、战术"等前期已开展的革命教育还不是第一要务，"第一要在感情。没有感情，凭你有百千亿的拿破仑、华盛顿，总是人各一心，不能团结"③。章太炎认为，如想超越个人俗虑，形成全心救国的革命共同体，须将"华严、法相二宗"的佛学引入革命教育，像"华严宗所说，要在普度众生，头目脑髓，都可施舍于人"，"要有这种信仰，才得勇猛无畏，众志成城，方可干得事来"。④ 蔡元培同样重视人心问题以及情感、道德或信仰教育。不过在课程方面，蔡元培不像章太炎那样钟情于佛教的超凡精神力量，他当时的行动是发展修身、伦理学等课程，内容涉及"修己、家庭、社会、国家、职业"等，旨在为建设现代国家奠定基础。如他主张"凡德道以修己为本，而修己之道，又以体育为本"，便是造就身体、精神及生活习惯均"康强"的现代国民。⑤

可以看出，蔡元培最初虽注意到革命与建设现代国家均需改造

---

① 蒋梦麟：《西潮·新潮》，长沙，岳麓书社2000年版，第47—48页。
② 高平叔：《蔡元培年谱长编》第1卷，北京，人民教育出版社1999年版，第284—288页。
③ 章太炎：《东京留学生欢迎会演说词》，见汤志钧编《章太炎政论选集》上册，北京，中华书局1977年版，第274页。
④ 章太炎：《东京留学生欢迎会演说词》，见汤志钧编《章太炎政论选集》上册，北京，中华书局1977年版，第274页。
⑤ 蔡元培：《中学修身教科书》，北京，北京联合出版公司2014年版，第6—7页。

人心,但他尚未从美学视角构思课程改革,也没有使用美育一词来统领他的课程革新行动。1906 年前后,王国维倒是在埋头研究中西悲剧美学,试图发展美育。① 无奈人微言轻,什么派系也未加入,王氏系列努力皆归于沉寂。美学及美育要想形成体制,还是得由蔡元培这样具备一定背景的改革者来推动。就在 1906 年,蔡元培得知清廷决定派遣翰林出洋留学,于是销假赶往北京办理申请。在新任驻德使臣孙宝琦斡旋下,蔡元培于 1907 年 7 月抵达柏林,并在 1 年后正式进入莱比锡大学求学,直到 1911 年夏。期间蔡元培研修了四十几门课程,大都与美学相关,哲学、文学、戏剧、建筑等。② 正是这段留学岁月,让蔡元培形成了清晰强烈的美学视野与美育理想,为之后他主持的中国课程改革奠定了基础。

  1911 年 7 月,清廷曾责令学部召开"中央教育会"。虽然几个月后清廷便垮台,但可以从这次会议看出蔡元培将要面对的教育形势。会议为期一个月,讨论各地各方提出的诸多"重要议案",如"国库补助小学经费"、"试办义务教育"、"颁布国语课本"、"统一国语"、"废除读经"、取消高等教育毕业科名奖励,以及陆海军部提出的"军国民教育"等。对这些议题,有的如军国民教育,"学部虑其难行",于是"欲经中央教育会否决,便可取消"③;有的如取消科名奖励,学部则试图反对,原因是"舍此则学部无以操纵",且"自己子弟方在高等以上之学堂肄业,如果停止,则垂得之翰林、主事、知州、知县,立即不翼而飞"。学部另有一些人主张放到"宣统五年"即 1914 年执行,因为到时其"子弟业已卒业,停止

---

  ① 王国维:《〈红楼梦〉评论》,见谢维扬、房鑫亮主编《王国维全集》第 1 卷,杭州,浙江教育出版社 2009 年版,第 64—69 页。
  ② 具体课程名称可参考周勇:《文化转向与课程改革:以王国维、胡适和钱穆为中心》,上海,华东师范大学出版社 2015 年版,第 97 页。
  ③ 陆费逵:《论中央教育会》,《教育杂志》1911 年第 3 期。

与否,非我所兴知矣"①。

因地方各界坚持,上述议题大都得以通过,可见学部及清廷均早已失去人心。第二年,中华民国成立,蔡元培出任教育总长,开启新一轮课程改革。依靠蒋维乔、陆费逵等熟悉教育界内情的旧友提供协助,蔡元培迅速摸清了各方关心的教育议题,进而提出"五主义"改革方案,又称"五育":前三者依次为各方力推的军国民、实利和公民道德教育,世界观及美育则系蔡元培新创。而世界观教育其实也由"美感之教育"来达成,所以美育是蔡元培最看重的教育。蔡元培即按此"五主义"来设计课程改革,其基本思路是"本此五主义而分配于各教科,则视各教科性质之不同,而各主义所占之分数亦随之而已"②。

如国语课,"其内容则军国民主义当占百分之十,实利主义当占其四十,德育当占其二十,美育当占其二十五,世界观则当占其五"。数理化等,皆"实利主义",但也要设法"资美感","导世界观"。同样,图画、唱歌、游戏等科"美育"课程也需留意"实利主义"和"军国民主义"。③ 各科课程均要不同程度地融入美育,堪称魏源以来的头一次,本文所谓蔡元培从美育入手开拓课程改革新路,及其在开拓课程改革新路时留下的美育传统,皆缘于这次创举,其目的要改造"无远大之计划,见小利,驱功利"的现实人心。④ 然而各地代表并无美学视野与美育理想,1912年暑期召开全国临时教育会议,只有前三育获得通过,惹得蔡元培直欲辞职不干。正在"暑期讲习会"上向各地老师讲授美术、替蔡元培分担美育重任的鲁迅得知"临时教育会议竟删美育",也忍不住暗骂"此

---

① 陆费逵:《论中央教育会》,《教育杂志》1911年第3期。
② 蔡元培:《对于新教育之意见》,《东方杂志》1912年第10期。
③ 蔡元培:《对于新教育之意见》,《东方杂志》1912年第10期。
④ 蔡元培:《对于新教育之意见》,《东方杂志》1912年第10期。

种豚犬，可怜可怜"①。

军国民、实利、公民道德等乃是当时国家走出军事经济政治危机必须发展的新教育，但优化社会上下的情感、意志与信仰，对于国家各项改革事业来说同样至关重要，否则无论建成多么好的政治经济及军事体系，都难免被自私的现实人心侵蚀。很难评判各地代表与蔡元培之间，谁看到了更根本的现实问题。只能说对现实认识不一，必然导致重心分离与冲突。还好，在严修、张伯苓等人的"力争"下，②到9月20日，终于促成教育部颁布如下新教育宗旨："注重道德教育，以实利教育、军国民教育辅之，更以美感教育完成之。"③ 只不过这仅是文件上的胜利，其时民国政府尚难立足，大权迅速被袁世凯为首的军阀势力夺走，蔡元培也因与袁世凯对立，不得不于1912年底再度前往莱比锡大学研习美学，直到1916年6月，袁世凯在一片骂声中驾崩，才重返国内。

这一次，已近知天命之年的蔡元培选择就任北京大学（以下简称"北大"）校长，打算从改革全国最高学府入手激起新风气。想尽办法在体制上将北大改造成教授、学生自由"研究高深学术"的现代教育机构之余，蔡元培也重视通过发展"新文化"课程，来延续其旨在升华现实人心的美育事业。蔡元培深知北大长期便被"升官发财"的欲望主宰，称之为"著名腐败"。他努力将师生引向"高深学术"，在校园里鼓励此前没有的"高尚的娱乐与自动的组织"④，其皆是对症下药、净化风气的发展美育课程的行动。除北大腐败风气外，蔡元培掌校之初还十分关注当时留学生因"误听教士

---

① 鲁迅：《鲁迅日记》，见《鲁迅全集》第6卷，北京，人民文学出版社1973年版，第11页。
② 严修：《严修年谱》，济南，齐鲁书社1990年版，第279页。
③ 民国教育部：《教育宗旨令》，《教育部编纂处月刊》1913年第1期。
④ 蔡元培：《我在教育界的经验》，《教育通讯》1940年第14期。

之言",热衷于"以基督教劝导国人"等社会现实情况,① 并曾于 1917 年 4 月特地发表演讲,不仅呼吁教育界通过发展本国美育替代宗教,应对西方宗教渗入,而且将美育使命定为"陶养情感","使之日进于高尚"②。本文即由此把蔡元培留下的美育传统概括为从当时现实人心及改革需要出发培养"高尚情感"。

改革到第三年,社会上便有人看到"北京大学自蔡孑民掌校以来,气象为之一新,尤以文科为最有声色"③。文科在陈独秀、胡适等推动下,的确最有声色,发起诸多火热的新文化运动。民主、科学、解放、马克思主义、文学革命、话剧、新诗等随之涌入文科课程,且风靡全国教育界。蔡元培见状,又适时发表演讲,呼吁各界"文化运动不要忘了美育"。他还特别提请各方注意"科学的教育在中国可算有萌芽了,美术的教育,除了小学校中'机械的'音乐、图画以外,简直可说是没有"④。蔡元培希望无论大学文科课程创新,还是发展音乐、图画等中小学课程,都把美育列为追求目标。蔡元培甚至鼓励各界发展美术馆、博物馆、剧院、公园、建筑等公共美育机制,改变国人远离高尚情感的现实生活环境。"尘土飞扬,横冲直撞的车马,商铺门上贴着无聊的'春联',地摊上出售那些恶俗的花纸,在这种环境中讨生活,如何能引起活泼高尚的感情呢?"⑤

多少美育设施均需从无到有,蔡元培只得时时留意并努力建设。像 1919 年秋,蔡元培便试图切实改变"吾国今日尚无音乐学校,即吾校尚未能设音乐科"的音乐美育荒芜现状,所以看到北大

---

① 蔡元培:《以美育代宗教说》,《新青年》1917 年第 6 期。
② 蔡元培:《以美育代宗教说》,《新青年》1917 年第 6 期。
③ 静观:《北京大学新旧之暗潮》,《申报》1919 年 3 月 6 日第 6 版。
④ 蔡元培:《文化运动不要忘了美育》,《广播周报》1937 年第 135 期。
⑤ 蔡元培:《文化运动不要忘了美育》,《广播周报》1937 年第 135 期。

有一些师生准备成立"音乐研究会",蔡元培立即给予热情支持。①因为真心想在当时焦土一般的现实中把美育发展起来,所以只要有人过来寻求支援,发展与美育相关的新文化教育事业,即使不是北大师生,蔡元培也会鼎力相助。当时在困境中挣扎的刘海粟就曾写信给蔡元培,请他支持其创办上海美专。蔡元培一口答应,不仅亲自担任校董会主席,还帮其将梁启超、袁希涛、沈恩孚、黄炎培等拉为校董。上海美专即因有蔡元培等人保护,才得以在当时不利政治社会环境中为中国造就了大量人才。②

此外,还有留德回来的音乐家萧友梅,他不愿仅在北大教授音乐,而是想创办中国第一所专门的音乐学院。他曾"向北洋政府的教育总长范源濂提出创办音乐院的计划,结果是大小计划都是竹篮打水一场空,直到一九二七年,由于得到蔡先生的支持,萧友梅梦寐以求的音乐院才终于成为现实"。当时经费也没着落,"又是蔡先生领衔"向社会募捐。③中国第一所国立音乐院(今上海音乐学院)由此才得以诞生。其时,蔡元培正忙于将教育部改组为大学院,建构德智体美劳新五育。美育这一块,除支持萧友梅、刘海粟等在上海建立音乐、美术学院,蔡元培还有新计划,即在杭州西湖创立另一所国立"艺术大学",将"湖滨一带,拨归艺大管辖,加以整理,设立美术馆、音乐院、剧场等,成为艺术之区"④,使人口稠密的南方社会也有一美育中心。

随后几年,蔡元培又继续致力于向教育界及社会宣传推广美

---

① 杨传荃:《蔡校长在音乐研究会之演说词》,《北京大学日刊》第 488 号,1919 年 11 月 17 日。
② 刘海粟:《忆蔡元培先生》,《南京艺术学院学报(音乐与表演版)》1983 年第 1 期。
③ 廖辅叔:《蔡元培先生与音乐教育》,《音乐艺术》1980 年第 1 期。
④ 大学院艺术委员会:《创办国立艺术大学之提案摘要》,《大学院公报》1928 年第 2 期。

育。如 1930 年为《教育大辞典》撰写美育，1931 年演讲"美育与人生"，1936 年，激励后辈加入美学及美育探索行列。① 最艰难的抗战时期，蔡元培同样坚信，美育激发的高尚情感能为抗战注入强大精神力量，并曾创作歌曲《满江红》："我中华，泱泱国，爱和平，御强敌。"② 直到 1940 年去世，蔡元培仍在遗言中叮嘱后辈牢记"科学救国，美育救国"。③ 可以说，自莱比锡求学以来，蔡元培一直都在努力开拓美育。魏源以来的中国课程改革即因蔡元培真诚不懈的开拓得以形成一条清晰宏阔的新路。这条新路便是从中国现实人心出发，将美育定为课程改革的基本追求，使美育有机融入各科课程，同时在基础及高等教育领域大力发展美术、音乐等美育课程，在公共教育领域发展美术馆、博物馆、剧院、公园等美育设施，从而让学生及国人通过它们，养成国家各项改革事业及个人美好人生都必须的"高尚情感"。

三、被淡忘的美育传统与当代中国课程改革

此刻需要探讨蔡元培开拓课程改革新路时留下的美育传统能否为当代中国课程理论界回应国家"美好生活"发展目标，提供有益参照。如果能，具体又能提供什么有益参照。对于这些问题，倘若仅从理论角度分析，其实不难给出肯定回答。但置身现实又会发现，无论蔡元培美育传统具有多么重要的参照意义，恐怕都难以对课程理论界的课程改革构思产生实质影响。因为课程理论界自 20 世纪 90 年代末发起课程改革以来至今，一直习惯于从"国际视野"入

---

① 蔡元培：《美育与美学》，《黄钟》1936 年第 7 期。
② 蔡元培：《美育人生：蔡元培自传》，南京，江苏文艺出版社 2011 年版，第 228 页。
③ 曾辉：《最后的声音：民国名人的遗嘱》，北京，团结出版社 2009 年版，第 184 页。

手来构思"本土行动",很少考虑中国课程改革自身有何历史积累与优良传统。在课程改革实践领域,亦如前辈于漪先生所见,"洋概念、洋语言无处不在","几乎没有自己的教育话语体系"。即使于先生反复提请注意"中国当今的教育不是在零起点上,是有传统的"①,也改变不了对于传统的淡忘。

至于蔡元培清末民初开拓课程改革新路时留下的美育传统,更是从来没有出现在课程理论界的主流课程改革构思中。边缘课程学者的课程美学探索也是热衷于学习艾斯纳、杜威或伽达默尔的西方美学及课程美学理论,不曾想到以蔡元培美育传统为基础建构课程美学。在备受淡忘的当代课程理论语境中,探讨蔡元培美育传统有何意义可言呢?如此追问,难免有些沮丧,但其实是希望课程理论界有一天能超越惯常理路,珍视自家传统,使传统的当代意义能获得更多认同。还好,主流课程理论界近期已开始意识到必须反思"国际视野、本土行动"的惯常课程改革理路。崔允漷教授不久前就曾公开提出"我们学了许多西方的课程思想和很多有益的教学技术,但中国教育仍然需要静下来想想'来时的路'","现在,也许我们需要从'国际视野'、'本土行动'走向'中国经验,世界共享'"。②

就课程改革而言,我们的确有许多值得"世界共享"的"中国经验",如崔教授特别提到的"人师"课程、"尊师重道"等。本文所描绘的蔡元培开拓课程改革新路时留下的美育传统,同样值得"世界分享"。别的不说,单提伽达默尔二战前夕意识到西方社会存

---

① 于漪:《教育的姿态》,太原,山西教育出版社2014年版,第67、92页。
② 崔允漷:《课程改革:寻找中国经验的国际意义》,《文汇报》2017年12月1日第6版。

在严重道德人心危机，认为西方只有依靠艺术教育才可能走出危机，① 就可看出蔡元培清末以来开拓美育的远见卓识。无奈新一代课程学者即使想去重构美育，也只想到伽达默尔，而不会站在蔡元培的肩膀上，继续探索对中国社会乃至整个世界都有益的美育进路。当然，对本文来说，提倡寻回蔡元培的美育传统，还不是为了解决西方道德人心危机，而是为本国课程理论界优化既有理论，回应国家"美好生活"发展目标提供有益参照。

任务十分清楚，既然国家已将"美好生活"列为各项改革的"奋斗目标"，课程理论界便不能仅像西方那样从"核心素养"的角度构思新一轮课程改革，还需像蔡元培那样重视从美育入手优化课程改革，何况蔡元培当年忧虑的自私、功利等现实人心问题，并没有从当代中国社会消失。当年，蔡元培一直担心，倘若自私功利的现实人心不发生变化，国家各项改革事业都难逃被人心腐败侵蚀，改革随之也不能带来任何美好人生。今日的现实人心同样容易被自私功利扭曲，乃至发生腐败，导致"美好生活"仅表现为不断满足个人的各种无底私欲。仅此一点，便需要课程理论界像蔡元培那样，将美育引入课程改革，培养美好人生及国家各项改革均必不可少的"高尚情感"。甚至各科课程如何融入美育，学校以及社会怎样创设美育环境与活动，蔡元培亦可提供有益参照，从而使当代学生及国民可以获得丰富的美好生活体验与认识，渐渐知道何谓美好人生。

最后值得一提的是，2018 年 4 月 23 日，教育部曾召开全国美育工作会议，会上陈宝生部长肯定成绩之余，也提请教育界注意"美育仍然是教育工作的薄弱环节，仍然是素质教育中亟待补齐的

---

① M. 德维尔诺、吴伯凡：《艺术能拯救我们吗？——关于伽达默尔的沉思》，《国外社会科学》1992 年第 1 期。

短板",今后仍需"准确把握新时代学校美育改革发展的新形势,对一些长期以来没解决好的、发展过程中新出现的问题,用改革的办法切实加以解决"①。课程理论界显然也应积极参与解决"新形势"下美育领域出现的新问题,为补齐"素质教育"的美育"短板"贡献理论智慧。如此一来,就更有理由期待课程理论界有一天能出现蔡元培式的美育先锋及中心人物,引领新一代课程学者从当前国家"美好生活"发展目标出发,努力将美育融入学校文理科课程改革及各类校园活动中,从而在学校乃至社会公共教育领域掀起课程改革的美育转向热潮,使新一代学子及国民在丰富的美育课程及美育活动中逐渐养成"美好生活"及国家各项改革事业必需的"高尚情感"。

[本文获教育部人文社会科学重点研究基地项目资助"中国课程改革的历史文化传统与理论建构"(16JJD88021)]

(原载《湖南师范大学教育科学学报》2018年第5期)

---

① 柴葳:《扎实推进新时代学校美育工作》,《中国教育报》2018年4月23日第1版。

朱光潜美育思想中的审美时间哲学

刘彦顺◆（浙江师范大学人文学院）

朱光潜是我国现代以来最为著名的美学大师之一，他在进行美学研究及译介的同时，一直极为关注并参与教育实践，其美育思想在美学思想之中占有极为重要的地位。他对美育基本特性及其如何施行的探讨带有鲜明的教育理论或教育哲学色彩，同时也具有浓郁的哲学美学情调，尤其是受到康德哲学及其美学观念的强烈影响，朱光潜美育思想的出发点便是康德的人格构成的知情意之说，且康德的审美无关功利说也极为普泛地影响了朱光潜对美育活动基本特性的论述与话语。可以说，朱光潜美育思想的基本话语状态与其以"趣味"为核心的文艺教育思想有着显著的差异，因为后者所侧重的是那些相对具体的审美教育现象。这就在朱光潜的美育思想中形成了极为丰富的内涵与层次。

本文仅就朱光潜美育思想中的审美时间哲学进行论述，且论述范围仅限于1949年之前朱光潜的美育思想。

一、闲暇时间的审美趣味

朱光潜极为关注教育问题，对青年学子的身心发展、人生观的发展尤为关注，其中就自然而然地包括了审美以及美育问题。在《给青年的十二封信》中，朱光潜着重论述的就是学校、教育、审美教育以及美育在人生观中的地位等问题。就所谓"青年必读书"而言，朱光潜认为我国的青少年都比较老成。他说："这些书在国外虽流行，给中国青年读，却不十分相宜。中国学生们大半是少年老成，在中学时代就欢喜像煞有介事的谈一点学理。他们——你和我自然都在内——不仅欢喜谈谈文学，还要研究社会问题，甚至于哲学问题。这既是一种自然倾向，也就不能漠视，我个人的见解也不妨提起和你商量商量。十五六岁以后的教育宜注重发达理解，十五六岁以前的教育宜注重发达想象。所以初中的学生们宜多读想象的文字，高中的学生才应该读含有学理的文字。"① 在这里，朱光潜对青少年身心发展的阶段性指标与目标进行了论述，认为15、16岁之前应该注重发展想象力，其后应该注重发展理性与理解的能力，这里的"想象力"就自然而然与审美教育活动的主要任务与内涵相对接。

朱光潜希望在学校里所接受的教育不要跟社会与生活绝缘，而且不能只是接受来自理性知识的教育。另外，他还提到，虽然在当时救国运动与斗争是最为迫切的，但是同时也不要忘记教育与读书，因为救国的力量要想长远且深厚、坚强的话，就必须依赖教育。他说："学校与社会绝缘，教育与生活绝缘，在学理上就说不通。若谈事实，则这一代的青年，这一代的领袖，此时如果毫无准备，想将来理乱不问的书生一旦会变成措置咸宜的社会改造者，也是痴人妄想。固然，在秩序安宁的国家里，所谓'天下有道，则庶人不议'，用不着学生去干预政治。可是在目前中国，又另有说法：民众未觉醒，舆论未成立，教育界中人本良心主张去监督政府，也并不算越职。总而言之，救国读书都不可偏废。蔡孑民先生说：

---

① 朱光潜：《朱光潜全集》第1卷，《朱光潜全集》编辑委员会编，合肥，安徽教育出版社1987年版，第8页。

'读书不忘救国,救国不忘读书。'这两句话是青年人最稳妥的座右铭。"① 这表明,朱光潜既关切最为迫切的救亡斗争与运动,又关注教育事业的持续进行,这样的思想无疑是圆融的、不偏不倚的。

  在《给青年的十二封信》中,最为核心的美育观之一就是——在闲暇时间之中,获得寄托心神的审美趣味,而审美的趣味实在就是审美能力本身,如果没有审美能力的提高与养成,又何谈审美趣味的高下呢?而且,在术语或者概念上使用审美的"趣味"而不是使用审美的"能力",更能够显示出审美活动作为一种以纯粹的过程性愉悦为根本意义或者价值活动的特性,或者说,正是因为有"趣"与"味"作为兴发着、涌动着的、带有冲力的或者审美主体注意力被持续地吸引着的活动,审美活动才会流畅地、纯粹地开显出来,或者说,"能力"一词是可以适用于包括审美、科学、道德、宗教等活动的,而且我们在汉语中一般情况下不会把抽象的、客观的、冷静的科学活动,充满利害冲突、伦理规范压制的道德活动以及充满神人对立、神圣高高在上的宗教活动,称作有"趣味"的活动,当然,仅仅就局部而言,有些科学活动、道德活动、宗教活动可能是有趣味的。

  由此而言,朱光潜的美育思想与美学思想是一脉相承的,因为主客观统一的美学观的根本之处正在于——把握住了审美活动或者审美生活作为一种有意义、有价值的行为自身的构成特性——即审美主体始终指向审美对象,且审美主体与审美客体作为这一行为的相关项隶属于这一整体性的行为本身。因而,朱光潜所说的闲暇时间并不只是就钟表上的客观时间而言,而是在说一段不劳动、不工作的生活本身,而要安然地度过闲暇时间,就必须把自己的心神安

---

① 朱光潜:《朱光潜全集》第 1 卷,《朱光潜全集》编辑委员会编,合肥,安徽教育出版社 1987 年版,第 19 页。

置在一个美好的对象之上,朱光潜说:

你如果没有一种正常嗜好,没有一种在闲暇时可以寄托你的心神的东西,将来离开学校去做事,说不定要被恶习惯引诱。你不看见现在许多叉麻雀抽鸦片的官僚们绅商们乃至于教员们,不大半由学生出身么?你慢些鄙视他们,临到你来,再看看你的成就罢!但是你如果在读书中寻出一种趣味,你将来抵抗引诱的能力比别人定要大些。这种兴趣你现在不能寻出,将来永不会寻出的。凡人都越老越麻木,你现在已比不上三五岁的小孩子那样好奇、那样兴味淋漓了。你长大一岁,你感觉兴味的锐敏力便须迟钝一分。达尔文在自传里曾经说过,他幼时颇好文学和音乐,壮时因为研究生物学,把文学和音乐都丢开了,到老来他再想拿诗歌来消遣,便寻不出趣味来了。兴味要在青年时设法培养,过了正常时节,便会萎谢。①

可以看出,朱光潜在这段话中鲜明地指出了审美教育活动培养的是一种审美生活的能力,而且审美生活最为质朴的、原初的呈现状态是"时间性"的,当然,这一"时间"正如上文所说——正是"生活"本身,其构成特性或者基本的结构便是主客不分——主体始终把注意力放在对象之上,而且他还更深刻地指出——当一个人不把注意力或者兴趣安放在一个美妙的对象之上的时候,那就必定会把注意力或者兴趣安置在那些拙劣的对象上,也就是如朱光潜所说的那些"恶习"。就朱光潜对生活之"良习"或者"恶习"的陈述而言,他绝没有把生活划分为孤立存在的主观或者客观,而是就审美活动或者审美生活在构成的根本特性上作整体性的把握与论

---

① 朱光潜:《朱光潜全集》第1卷,《朱光潜全集》编辑委员会编,合肥,安徽教育出版社1987年版,第6页。

述，而没有把思想之维偏向作品或者偏向主体。比如对作品之中的内容或者形式进行孤立的分析，或者把作品之中的内容片面地理解为只是对于生活或者现实的反映与写照。在朱光潜看来，不管是什么样的作品，都是要为人生的快乐服务，审美活动最为根本的特质就是一个兴发着的、涌动着的愉悦过程而已。尽管朱光潜并没有对审美活动或者审美生活的构成，尤其是作为一种内时间意识的构成进行具体而深入的探讨，但是他至少保证了审美活动的完整性，也只有保证了或者保全了审美活动自身的完整性，才可能对其进行合理性的分析与论述，才有可能在此基础之上，生发出美学与美育理论的合法知识体系来。

在这一基本美育观念的指引下，朱光潜才会提出在年轻的时候要格外重视对于审美能力的养成与提高。

二、何谓"好趣味"与"坏趣味"？

既然"趣味"之于审美生活的意义或者"趣味"自身就是审美生活的真相已得到揭示，那么，"趣味"的好坏就是审美教育所要面对的问题与挑战，朱光潜首先表达了对坏的趣味的反感。他认为那些坏趣味的产生很大程度上可以归之于那些在社会上、公共空间里恶俗艺术的泛滥。他说："寂居文艺之宫，固然会像不流通的清水，终久要变成污浊恶臭的。可是十字街头的叫嚣，十字街头的尘粪，十字街头的挤眉弄眼，都处处引诱你泪没自我。臣门如市，臣心就决不能如水。名利声势虚伪刻薄肤浅欺侮等等字样，听起来多么刺耳朵，实际上谁能摆脱得净尽？所以站在十字街头的人们——尤其是你我们青年——要时时戒备十字街头的危险，要时时回首瞻顾象牙之塔。"① 在此，朱光潜既指出了在社会公共空间里弥漫的、放任自流的恶俗文艺自身就是一种坏的审美教育，又指出了在学校里进行审美教育的可贵之处，也就是说，在一般情况下，学校里的审美教育是由在审美或文化上的精英分子有计划、有组织、有系统地进行的，在这种活动中才有可能形成自觉的审美能力以及由审美能力所衍生的审美价值观。正如他说："欣赏全是价值意识的鉴别，艺术趣味的高低全靠价值意识的强弱。趣味低，不是好坏无鉴别，就是欢喜坏的而不了解好的。趣味高，只有真正好的作品才够味，低劣作品可以使人作呕。艺术方面的爱憎有时更甚于道德方面的爱憎，行为的失检可以原谅，趣味的低劣则无可容恕。"②

朱光潜认为，如果不对社会上恶俗的艺术教育进行阻隔与有效应对，那么，就会形成审美或文化上的恶习或者习俗。他说："十字街头上握有最大权威的是习俗。习俗有两种，一为传说（Tradition），一为时尚（Fashion）。儒家的礼教，五芝斋的馄饨，是传说；新文化运动，四马路的新装，是时尚。传说尊旧，时尚趋新，新旧虽不同，而盲从附和，不假思索，则根本无二致。社会是专制的，是压迫的，是不容自我伸张的。比方九十九个人守贞节，你一个人偏要不贞，你固然是伤风败俗，大逆不道；可是如果九十九个人都是娼妓，你一个人偏要守贞节，你也会成为社会公敌，被人唾弃的。因此，苏格拉底所以饮鸩，伽利略所以被教会加罪，罗曼罗兰、罗素所以在欧战期中被人谩骂。"③ 在此，朱光潜对包括审美在

---

① 朱光潜：《朱光潜全集》第1卷，《朱光潜全集》编辑委员会编，合肥，安徽教育出版社1987年版，第23页。
② 朱光潜：《朱光潜全集》第4卷，《朱光潜全集》编辑委员会编，合肥，安徽教育出版社1988年版，第139页。
③ 朱光潜：《朱光潜全集》第1卷，《朱光潜全集》编辑委员会编，合肥，安徽教育出版社1987年版，第23页。

内的"习俗"进行了深刻分析,他一方面指出"习俗"的积极之处——那些积极的习俗可以维系历史与现实的真善美系统;另一方面又指出那些消极的"习俗"往往会更加顽固地维持一种顽劣的文化价值体系。他说:"习俗是守旧的,而社会则须时时翻新,才能增长滋大,所以习俗有时时打破的必要。人是一种贱动物,只好模仿因袭,不乐改革创造。所以维持固有的风化,用不着你费力。你让它去,世间自有一般庸人懒人去担心。可是要打破一种习俗,却不是一件易事。"① 因而,朱光潜就希冀那些对美好习俗的养成者能对中国当下的现状有重大的改观或者作用,总的来说,他希望那些美好的、高雅的文艺能够走向社会,进而形成一种新的、强大的教育、教化的氛围,他说:

  从前学士大夫好以清高名贵相尚,所以力求与世绝缘,冥心孤往。但是闭户读书的成就总难免空疏虚伪。近代哲学与文艺都逐渐趋向写实,于是大家都极力提倡与现实生活接触。世传苏格拉底把哲学从天上搬到地下,这是"走向十字街头"的一种意义。
  学术思想是天下公物,须得流布人间,以求雅俗共赏。威廉·莫里斯和托尔斯泰所主张的艺术民众化,叔琴先生在《一般》诞生号中所主张的特殊的一般化,爱迪生所谓把哲学从课室图书馆搬到茶寮客座,这是"走向十字街头"的另一意义。②

  朱光潜认为,好的趣味来自刻意的、自觉的、系统的"修养"活动,他以"静的修养"为例论述了审美教育的必要性与迫切性。

---

① 朱光潜:《朱光潜全集》第1卷,《朱光潜全集》编辑委员会编,合肥,安徽教育出版社1987年版,第24页。
② 朱光潜:《朱光潜全集》第1卷,《朱光潜全集》编辑委员会编,合肥,安徽教育出版社1987年版,第22页。

他说:"能处处领略到趣味的人决不至于岑寂,也决不至于烦闷。朱子有一首诗说:'半亩方塘一鉴开,天光云影共徘徊,问渠那得清如许?为有源头活水来。'这是一种绝美的境界。你姑且闭目一思索,把这幅图画印在脑里,然后假想这半亩方塘便是你自己的心,你看这首诗比拟人生苦乐多么惬当!一般人的生活干燥,只是因为他们的'半亩方塘'中没有天光云影,没有源头活水来,这源头活水便是领略得的趣味。领略趣味的能力固然一半由于天资,一半也由于修养。大约静中比较容易见出趣味。"① 在此,朱光潜明确地对"趣味"与"能力"进行了比较与沟通,在这里的"静"并不是空无,而是在闲暇时间里,人的心神有所寄托,有所安置,因而,这就是一种滋润的、生动的、愉悦的"静",而不是在闲暇时间里心无所或所寄,那就只能如朱光潜所言——生活必定是"干燥"的。因而,必须要在审美活动的"能力"上大加提升与养成,成熟的审美能力才会绽放为"趣味"。他还说:

静与闲也不同。许多闲人不必都能领略静中趣味,而能领略静中趣味的人,也不必定要闲。在百忙中,在尘市喧嚷中,你偶然丢开一切,悠然遐想,你心中便蓦然似有一道灵光闪烁,无穷妙悟便源源而来。这就是忙中静趣……静的修养不仅是可以使你领略趣味,对于求学处事都有极大帮助。释迦牟尼在菩提树阴静坐而证道的故事,你是知道的。古今许多伟大人物常能在仓皇扰乱中雍容应付事变,丝毫不觉张皇,就因为能镇静。现代生活忙碌,而青年人又多浮躁。你站在这潮流里,自然也难免跟着旁人乱嚷。不过忙里偶然偷闲,闹中偶然觅静,于身于心,都有极大裨益。你多在静中

---

① 朱光潜:《朱光潜全集》第1卷,《朱光潜全集》编辑委员会编,合肥,安徽教育出版社1987年版,第15页。

领略些趣味，不特你自己受用，就是你的朋友们看着你也快慰些。①

因而，在朱光潜看来，在"闲"之中的人要想获得"静"的能力，就必须进行自觉的审美教育的养成活动，而且在这里所说的"静"带有明显的康德美学的印记，也就是康德认为审美无关功利只是针对那些只能够听和看的纯粹艺术品而言的，那么，朱光潜所说的审美活动之中的"静"其实也就是只是针对艺术作品欣赏所带来的静观、超功利的愉悦感。另外，朱光潜在这段话中还指出，审美能力一旦得到提升与养成，审美活动就会在任何时空中生成，而不仅仅局限于"闲"，这表明审美生活又不仅仅局限于艺术欣赏活动。

在朱光潜对于"趣味"养成的美育思想中，透露出他强烈的忧患意识与介入教育现实的家国情怀，对于抗战期间教育的各种弊端，他痛彻心扉，针对美育之于趣味的养成，他说："美育的重要不但在事实上被忽略，即在理论上亦未被充分了解。我国先民在文艺上造就本极优越，而子孙数典忘祖，有极珍贵的文艺作品而不知欣赏，从事艺术创作者更寥寥。大家都迷于浅狭的功利主义，对文艺不下工夫，结果乃有情操驳杂、趣味卑劣、生活干枯、心灵无寄托等种种现象。"② 而且，朱光潜把这种恶劣的、低级的审美趣味视为民族生命力的降低，他说："我经过几个大学和中学，看见大部分教员和学生终年没有一点消遣，大家都喊着苦闷，可是大家都不肯出点力把生活略加改善，提倡一些高级趣味的娱乐来排遣闲散时光。从消遣一点看，我们可以窥见民族生命力的低降。这是一个很

---

① 朱光潜：《朱光潜全集》第1卷，《朱光潜全集》编辑委员会编，合肥，安徽教育出版社1987年版，第15—16页。
② 朱光潜：《朱光潜全集》第4卷，《朱光潜全集》编辑委员会编，合肥，安徽教育出版社1988年版，第29页。

危险的现象。它的原因在一般人不明了消遣的功用,把它太看轻了。"① 这些对艺术趣味、审美趣味等审美能力发展上的真知灼见,往往被一些人认为是脱离实际的,其实,这正是朱光潜针对狭隘的功利主义弊端所进行的反拨。

三、趣味的养成及其时间性构成

既然趣味之于人生的意义——尤其是在时间性上的意义如此重要,而且在现实中人们趣味上有高低、雅俗、好坏之间的巨大差异,那么,如何养成良好的审美趣味呢?朱光潜认为可以通过如下方式实现趣味的提高与养成。

(一)幼年与青少年时期的审美教育与发展

在《给青年的十二封信》中,朱光潜就提出应该在人的幼年、青少年时期就重视并实施审美教育。正如上文所说,朱光潜认为闲暇时间对于人来说是一把双刃剑,一方面它给予人享受、享乐的机会,另一方面人自身却有可能不把自己的心神寄托在一些美好的对象之上,比如恶俗的、低级的趣味便是如此,所以他大力呼吁——一个人应该趁早进行全方位的教育,尤其是在审美教育上不能有任何懈怠。他说:"兴味要在青年时设法培养,过了正常时节,便会萎谢。比方打网球,你在中学时欢喜打,你到老都欢喜打。假如你在中学时代错过机会,后来要发愿去学,比登天边要难十倍。养成读书习惯也是这样。"② 在这段话里,尽管没有对幼年、青少年时期的审美心理发展特性进行专业的、来自学理上的分析,但他还是指

---

① 朱光潜:《朱光潜全集》第4卷,《朱光潜全集》编辑委员会编,合肥,安徽教育出版社1988年版,第128页。
② 朱光潜:《朱光潜全集》第1卷,《朱光潜全集》编辑委员会编,合肥,安徽教育出版社1987年版,第6页。

出了三个铁的事实,其一,幼年与青少年时期的身心特点是活泼好动的,对于审美的需要是尤为迫切的;其二,审美趣味如果在幼年、青少年时期没有得到理想的培育与养成,那么平庸的、恶俗的审美能力与趣味就会在一生之中占据上风,这个时候想要再改变就很难了;其三,要养成好读书,读好书的习惯,就朱光潜所列举自己所喜欢阅读的书目来看,其中绝大多数都是文艺作品,而且都是经典的文艺作品,这正是审美教育的最佳示范。

在《谈美感教育》一文中,他同样阐述了相同的立场,他说:"爱美是人类天性,凡是天性中所固有的必须趁适当时机去培养,否则象花草不及时下种及时培植一样,就会凋残萎谢。达尔文在自传里懊悔他一生专在科学上做工夫,没有把他年轻时对于诗和音乐的兴趣保持住,到老来他想用诗和音乐来调剂生活的枯燥,就抓不回年轻时那种兴趣,觉得从前所爱好的诗和音乐都索然无味。他自己说这是一部分天性的麻木。这是一个很好的前车之鉴。美育必须从年轻时就下手,年纪愈大,外务日纷繁,习惯的牢笼愈坚固,感觉愈迟钝,心里愈复杂,欣赏艺术力也就愈薄弱。"[1]

在这里,朱光潜对"注意力"作为一种心理现象,从审美教育与审美发展的角度进行了论述,也就是说,"注意力"是人利用有限的心理资源,在特定的时间里集中精力来处置并陈的诸多信息中的一种信息的能力。朱光潜所说的"感觉愈迟钝"指的就是注意力之中的"自动加工",也就是人在日常生活中日积月累所形成的"习惯化"能力。"自动加工"的注意不需要主体有意识地进行控制,消耗极少的心理能量与资源,在整体上可以进行多种任务或操作的并行加工,而且自动加工其完成的速度较快,就其所完成的任

---

[1] 朱光潜:《朱光潜全集》第4卷,《朱光潜全集》编辑委员会编,合肥,安徽教育出版社1988年版,第151页。

务而言通常是那些熟悉的、日常的且必须重复地去做的稳定信息，不需要复杂的分析与综合，难度较小；但是注意的"控制加工"则相反，它需要主体集中心理能量，有意识地努力去进行加工，才能完全地进行信息加工，消耗的心理资源与能量就比较多，必须严谨地按照序列进行，所需时间较长，就其所完成的任务而言通常是那些新鲜的、较少重复的信息，就其加工层次而言属于相对较高层次的认知加工，需要复杂的、高级的综合与分析，难度较大；对于审美活动中的控制加工而言，它体现为相应的审美能力，更体现为愉悦的、流畅性的、涌现性的过程。所以，朱光潜说，人的逐渐成长历程中审美教育没有得到理想的完成，那么，审美能力的钝化与习惯化就会根深蒂固，难以改变。

  在谈及青年的审美发展时，朱光潜给出了很多中肯的建议。比如他说："总而言之，考据不是欣赏，批评也不是欣赏，但是欣赏却不可无考据与批评。从前老先生们太看重考据和批评的功夫，现在一般青年又太不肯做脚踏实地的功夫，以为有文艺的嗜好就可以谈文艺，这都是很大的错误。"[①] 他还说："许多青年腻味了，索性一切不管，只抱着一条道理，'有文艺的嗜好就可以谈文艺'。这是'以不了了之'，究竟'谈'不出什么来。留心文艺的青年，除这等难处外，怕更有一个切身的问题等着解决的。新文化是'外国的影响'，自然不错，但说一般青年不留余地地鄙弃旧的文学艺术，却非真理。他们觉得单是旧的'注'、'话'、'评'、'品'等不够透彻，必须放在新的光里看才行。但他们的力量不够应用新知识到旧材料上去，于是只好搁浅，并非他们愿意如此。"[②] 在此，朱光潜强

---

① 朱光潜：《朱光潜全集》第 2 卷，《朱光潜全集》编辑委员会编，合肥，安徽教育出版社 1987 年版，第 41 页。
② 朱光潜：《朱光潜全集》第 2 卷，《朱光潜全集》编辑委员会编，合肥，安徽教育出版社 1987 年版，第 107 页。

调，青年仅仅有对审美的兴趣还是不够的，而要根据审美活动与审美对象自身的要求，进行深度与广度上的提升，才能做一个合格的欣赏者。

（二）文学教育与精致趣味的时间性构成

对于文学教育何以提高与养成精致的趣味，朱光潜给出了三条途径，第一是把趣味提高到"雅"或"精致"；第二是"博雅"或者"广博"，使得精致的趣味能够"开疆辟土"；第三是在提高与拓展、丰富上融合为一，并最终演化为一个意义与价值增值的涌现着的审美活动过程，这正是积极的、美好的人生时间或者就是人生自身的绽放性的展开或绵延。

首先，朱光潜主张并倡导一种精致的趣味养成观。朱光潜偏好"雅"的趣味，在文学上的体现就是对"诗"的喜爱或者偏爱。针对自己在文学教育中遇到的只爱听故事而不喜欢诗的现象，他说：

据我的教书经验来说，一般青年都欢喜听故事而不欢喜读诗。记得从前在中学里教英文，讲一篇小说时常有别班的学生来旁听；但是遇着讲诗时，旁听者总是瞟着机会逃出去。就出版界的消息看，诗是一种滞销货。一部大致不差的小说就可以卖钱，印出来之后一年中可以再版三版。但是一部诗集尽管很好，要印行时须得诗人自己掏腰包作印刷费，过了多少年之后，藏书家如果要买它的第一版，也用不着费高价。①

他认为这是审美趣味低下的体现，因为在他看来诗歌的文学性更强，形式感也更精美，他说："从此一点，我们可以看出现在一

---

① 朱光潜：《朱光潜全集》第 3 卷，《朱光潜全集》编辑委员会编，合肥，安徽教育出版社 1987 年版，第 349 页。

般青年对于文学的趣味还是很低。在欧洲各国,小说固然也比诗畅销,但是没有在中国的这样大的悬殊,并且有时诗的畅销更甚于小说。据去年的统计,法国最畅销的书是波德莱尔的《罪恶之花》。这是一部诗,而且并不是容易懂的诗。"① 在解释这一原因时,朱光潜说:"一个人不欢喜诗,何以文学趣味就低下呢?因为一切纯文学都要有诗的特质。一部好小说或是一部好戏剧都要当作一首诗看。诗比别类文学较谨严,较纯粹,较精致。如果对于诗没有兴趣,对于小说戏剧散文学等等的佳妙处也终不免有些隔膜。不爱好诗而爱好小说戏剧的人们大半在小说和戏剧中只能见到最粗浅的一部分,就是故事。所以他们看小说和戏剧,不问他们的艺术技巧,只求它们里面有有趣的故事。他们最爱读的小说不是描写内心生活或者社会真相的作品,而是《福尔摩斯侦探案》之类的东西。爱好故事本来不是一件坏事,但是如果要真能欣赏文学,我们一定要超过原始的童稚的好奇心,要超过对于《福尔摩斯侦探案》的爱好,去求艺术家对于人生的探刻的观照以及他们传达这种观照的技巧。第一流小说家不尽是会讲故事的人,第一流小说中的故事大半只象枯树搭成的花架,用处只在撑扶住一园锦绣灿烂生气蓬勃的葛藤花卉。这些故事以外的东西就是小说中的诗。读小说只见到故事而没有见到它的诗,就象看到花架而忘记架上的花。要养成纯正的文学趣味,我们最好从读诗入手。能欣赏诗,自然能欣赏小说戏剧及其他种类文学。"②

在此朱光潜对于诗歌的艺术性更高、更精致、更纯粹的解释显然有失公允,因为对小说的评价太低了,小说有极为经典的、精致

---

① 朱光潜:《朱光潜全集》第 3 卷,《朱光潜全集》编辑委员会编,合肥,安徽教育出版社 1987 年版,第 349 页。
② 朱光潜:《朱光潜全集》第 3 卷,《朱光潜全集》编辑委员会编,合肥,安徽教育出版社 1987 年版,第 349—350 页。

的作品，也有一些通俗的、平庸的作品，这些状况也同样体现在诗歌之中。当然，他认为诗歌的形式更为困难、精粹，确实是道出了诗歌语言作为一种戴着镣铐跳舞的语言在创造上的难度与境界，而且在整体上，朱光潜还是从文学教育根本任务的角度来强调务必养成精致之趣味，而不是把文学教育的精力与时间放在文学史中一些知识性的史料与知识上。他说："趣味是可以培养的。真正的文学教育不在读过多少书和知道一些文学上的理论和史实，而在培养出纯正的趣味。这件事实在不很容易。培养趣味好比开疆辟土，须逐渐把本非我所有的变为我所有的。"① 因而，在朱光潜对于文学教育中趣味养成的论述中，他是把能力、趣味的"提高"与"广博"放在一个整体中加以审视的。

其次，朱光潜提出在趣味得以提高与养成的基础上，更应该做到"广博"。对于精致的审美趣味之养成，朱光潜给出的最为可靠的途径就是——"广博"，他认为在文学教育的过程中很容易形成门户之见，在这里当然存在审美上的不同爱好与价值取向，但是同样存在囿于一孔之间，而不见异量之美的情况，如何克服这种在趣味上的偏狭？他说："对于某一种诗，从不能欣赏到能欣赏，是一种新收获；从偏嗜到和他种诗参观互较而重新加以公平的估价，是对于已征服的领土筑了一层更坚固的壁垒。学文学的人们的最坏的脾气是坐井观天，依傍一家门户，对于口胃不合的作品一概藐视。这种人不但是近视，在趣味方面不能有进展；就连他们自己所偏嗜的也很难真正地了解欣赏，因为他们缺乏比较资料和真确观照所应有的透视距离。文艺上的纯正的趣味必定是广博的趣味；不能同时欣赏许多派别诗的佳妙，就不能充分地真确地欣赏任何一派诗的佳

---

① 朱光潜：《朱光潜全集》第3卷，《朱光潜全集》编辑委员会编，合肥，安徽教育出版社1987年版，第351页。

妙。趣味很少生来就广博,将比开疆辟土,要不厌弃荒原瘠壤,一分一寸地逐渐向外伸张。"① 朱光潜一方面指出了文学教育乃至于审美教育中所存在的偏执之处,比如可能会局限于某一种艺术门类或者某一艺术门类之中的某一题材甚至某一风格,使人念兹在兹,虽然在趣味上得以养成与提高,但是同时却造成了新的局限与狭隘。

再次,朱光潜把趣味养成与提高的活动视为一个超越性的、意义与价值增值的活动,这样的活动自然是一个涌现着的时间性过程,也就是一个鲜活的意义实现并提高的过程。他认为良好的文学教育应该实现自身趣味的新陈代谢,既要提高自身的审美能力,又要把眼界放宽放远,做到提高与广博的完美融合。他说:"趣味是对于生命的澈悟和留恋,生命时时刻刻都在进展和创化,趣味也就要时时刻刻在进展和创化。水停蓄不流便腐化,趣味也是如此。从前私塾冬烘学究以为天下之美尽在八股文、试帖诗、《古文观止》和了凡《纲鉴》。他们对于这些乌烟瘴气何尝不津津有味?这算是文学的趣味么?习惯的势力之大往往不是我们能想象的。我们每个人多少都有几分冬烘学究气,都把自己囿在习惯所画成的狭小圈套中,对于这个圈套以外的世界都视而不见,听而不闻。沉溺于风花雪月者以为只有风花雪月中才有诗,沉溺于爱情者以为只有爱情中才有诗,沉溺于阶级意识者以为只有阶级意识中才有诗。风花雪月本来都是好东西,可是这四个字联在一起,引起多么俗滥的联想!联想到许多吟风弄月的滥调,多么令人作呕!'神圣的爱情'、'伟大的阶级意识'之类大概也有一天都归于风花雪月之列吧?这些东西本来是佳丽,是神圣,是伟大,一旦变成冬烘学究所赞叹的对

---

① 朱光潜:《朱光潜全集》第 3 卷,《朱光潜全集》编辑委员会编,合肥,安徽教育出版社 1987 年版,第 352 页。

象，就不免成了八股文和试帖诗。"① 以上所提及的作品或者文学现象不可谓不经典，但是这些经典都会故步自封，这些流派与风格都会孤立排异，因而，这些文学现象的发展说明了必须进行新陈代谢、开阔眼界与胸襟的必要性，既要风花雪月，又不回避政治上的阶级斗争，但是，事实上，这是很难做到的，所以文学史会出现上述现象。

对于个体审美趣味的培养，朱光潜认为，上述现象之中的道理或者教训同样是适用的，必须在审美活动之中善待那些带有超越性的审美对象，也就是超出自身目前审美能力的新对象或者新境界、新风格、新手段，这样审美活动自身才是本真的，因为不具有超越性意义或者价值的审美活动只会停留在原地，那么，审美教育与审美发展就丧失了其存在的意义或者基本状态。他说：

> 艺术和欣赏艺术的趣味都与滥调是死对头。但是每件东西都容易变成滥调，因为每件东西和你熟悉之后，都容易在你的心理上养成习惯反应。象一切其他艺术一样，诗要说的话都必定是新鲜的。但是世间哪里有许多新鲜话可说？有些人因此替诗危惧，以为关于风花雪月，爱情，阶级意识等等的话或都已被人说完，或将有被人说完的一日，那一日恐怕就是诗的末日了。抱这种顾虑的人们根本没有了解诗究竟是什么一回事。诗的疆土是开发不尽的，因为宇宙生命时时刻刻在变动进展中，这种变动进展的过程中每一时每一境都是个别的，新鲜的，有趣的。②

就朱光潜对"趣味"之兴起尤其是对"趣味"之养成中生生不

---

① 朱光潜：《朱光潜全集》第3卷，《朱光潜全集》编辑委员会编，合肥，安徽教育出版社1987年版，第352—353页。
② 朱光潜：《朱光潜全集》第3卷，《朱光潜全集》编辑委员会编，合肥，安徽教育出版社1987年版，第353页。

息且境界渐趋更新的论述来看,其兴起系于闲暇时间的心神所寄托、行为处作,其养成的具体状态呈现为质朴的、原发性的、超越性的且主客不分的审美活动,这正是最佳的、带有"教育性"的审美活动的存在状态,其中的机杼便是"时间性",朱光潜由此把审美活动作为一个整体来看待,因为审美活动一旦产生或者正在涌现着的时候,我们绝对无法把审美主体与审美对象之间进行分离的操作的,一旦两者分离,审美主体不再指向审美对象,那么,审美活动就会终结。在这里朱光潜对"趣""味"所作的意义呈现状态的分析——时间性的超越或者意义的增值或更新,完全把审美教育活动的最为根本的呈现状态——涌现着的、提高性或者绽出性的愉悦活动,描画得淋漓尽致,这便是朱光潜美育思想最大的贡献之一,一如他这样说:

  生命生生不息,他们的发现也生生不息。如果生命有末日,诗总会有末日。到了生命的末日,我们自无容顾虑到诗是否还存在。但是有生命而无诗的人虽未到诗的末日,实在是早已到生命的末日了,那真是一件最可悲哀的事。"哀莫大于心死",所谓"心死"就是对于人生世相失去解悟和留恋,就是对于诗无兴趣。读诗的功用不仅在消愁遣闷,不仅是替有闲阶级添一件奢侈;它在使人到处都可以觉到人生世相新鲜有趣,到处可以吸收维持生命和推展生命的活力。①

[本文系 2016 年度国家社科基金项目"现象学美学中的时间性思想及其效应研究"(16BZW024)阶段性成果]

(原载《社会科学辑刊》2018 年第 3 期)

---

① 朱光潜:《朱光潜全集》第 3 卷,《朱光潜全集》编辑委员会编,合肥,安徽教育出版社 1987 年版,第 354 页。

对《西方美育思想史》书写的几点思考

朱立元◆（复旦大学中文系）

由笔者主持的国家社科基金重大项目《西方美育思想史》的研究工作目前正在紧张进行中。为了高质量地完成这个课题，笔者觉得我们课题组首先必须对一系列重要问题加以认真的思考，并形成共识。下面，笔者想就书写《西方美育思想史》的四大问题谈谈自己的看法。这既是对课题组成员初步讨论的总结和概括，也是对这项重大课题如何在一个统一主旨和思路的指导下，有序地展开各卷、各章节的具体研究、谨严叙述和历史书写的重要保证。

一

要对"美育"概念有一个统一的基本认识，并以此作为统领各卷的纲领。这是书写《西方美育思想史》的首要前提。如果在这一点上认识不一致，各卷的书写就会出现前后不一，甚至互相矛盾。

国内外学界对"美育"概念的理解历来有多种不同或者不完全相同的说法。我们需要明确我们自己的基本观点。这里有必要回顾一下"审美教育"（ästhetische erziehung）的提出者席勒的看法。他说，教育"有促进健康的教育，有促进认识的教育，有促进道德的教育，还有促进鉴赏力和美的教育。这最后一种教育的目的在于，培养我们的感性和精神力量的整体达到尽可能的和谐"①。从中我们可以看出：

（一）席勒心目中教育的内涵跟我们今天十分接近，即包括德育（促进道德）、智育（促进认识）、体育（促进健康）和审美教育四个大的方面。不过，看来在他那个时代，教育界原先主要只重视德、智、体三"育"，并不关注、甚至没有意识到美育，所以席勒重点提出美育并将它放在与其他三"育"并列的地位，这在当时应该是石破天惊的空谷足音。而且这种并列同时也表明美育与其他三"育"一样有着不可取代的相对独立性，这实际上就为美育争取到了在整个教育系统中合法的独立地位。

（二）席勒对美育的核心界定是"有促进鉴赏力和美的教育"②。这里，译文"鉴赏力"或"审美趣味"，席勒的原文是"geschmack"，意谓口味、味道，引申为品位、趣味、鉴赏等。所以两个译文都对，都肯定美育有助于培育审美趣味或鉴赏力。其实，关于趣味或者鉴赏问题，在英国经验派那里讨论得非常多，特别是关于趣味标准的争论更为热烈。比如休谟就写过一篇《趣味的标准》的著名论文，认为审美判断依赖于趣味或感觉，而非理性的推演，所以很难确定统一的客观标准。但他看到"如果我们已经证明了人们的趣味在基础上高低不一，有些人的趣味根据普遍的情感被承认在整体上要优于其他人，尽管要把它们具体地指出来非常困难"③。但还是应该避免相对主义，还是要为趣味或美确定一个有一定普适

---

① 席勒：《美育书简》，徐恒醇译，北京，中国文联出版公司1984年版，第108页。
② 这句话张玉能的译文是"有审美趣味和美的教育"。见张玉能编译：《席勒美学文集》，北京，人民出版社2011年版，第270页。
③ 休谟：《〈趣味的标准〉及其他随笔》（Hume, *of the Standard of Taste and Other essays*, ed. John W. Lenz, Indianapolis：The Bobbs-Merrill Company, 1965, p. 18）

性的标准,不过,这个标准不在客体,而在一些卓越的主观能力和品质。休谟说,具有良好趣味的真正的批评家应该"有健全的理智,并与精致的情感相结合,又通过锻炼得到提高,通过比较得到完善,还能清除一切偏见,唯其如此,批评家才能称得上有这种可贵的品质;因而,只要能发现这些品质,它们的评定就是趣味和美的真正标准"①。可以推测,这也许就是席勒的"有促进鉴赏力和美的教育"(或者"有审美趣味和美的教育")提法的一个出处。另一位经验派美学家博克把"趣味"或"鉴赏"(taste)界定为"心灵中被想象的作品和雅致艺术感动,或对其形成判断的那种或那些官能"②。在此,趣味是包括感觉、想象和理性在内的综合能力,前两者是本质性的,尤其想象是趣味的核心,理性只是次要的、辅助性的。博克的趣味观与休谟的基本一致。康德的趣味(鉴赏)观念受到英国经验派的极大启示。鉴赏判断或趣味判断(德文 geschmacksurteil,英文 taste judgement)是康德美学的核心概念之一。康德强调说"鉴赏判断是审美的",他还明确地解释道:"这里当做基础的鉴赏的定义是:鉴赏是评判美者的能力。"③ 换言之,鉴赏或者趣味不仅仅是对审美的静态描述,而且是就是一种审美能力。在《判断力批判》中,鉴赏和鉴赏判断是贯穿始终的核心范畴。席勒对美育的界定,毫无疑问是直接吸收、沿用了康德关于趣味或者鉴赏的理论。当代美国分析美学家比厄斯利对"taste"概念

---

① 休谟:《〈趣味的标准〉及其他随笔》(Hume, of the Standard of Taste and Other essays, ed. John W. Lenz, Indianapolis: The Bobbs-Merrill Company, 1965, p. 17)

② 博克:《论崇高和美》(Burke, A Philosophical Enquiry into the Origin of our Ideas of the Sublime and Beautiful, ed. Boulton, London: Routledge & Kegan Paul Limited, 1956, p. 13)

③ 康德:《判断力批判(注释本)》,李秋零译注,北京,中国人民大学出版社2011年版,第33页。

的解释是:"我们是否拥有一种特殊的官能,通过它我们就能够欣赏,或者品味美的对象……这种能力被人们称为'趣味'。"① 这与康德的界定完全一致。由此可见,在近现代西方美学史上,培养审美鉴赏力(或者趣味)始终是美育的核心含义。

(三)更重要的是,席勒把美育的目的、功用确定为"培养我们的感性能力和精神能力的整体达到尽可能有的和谐"②。以笔者之见,这句话包含多重意义,既指康德的认知(理智)与意志(道德)通过情感(审美、感性)达到心灵整体的和谐统一;也意谓席勒提出的将被现代工业肢解、分裂的人性通过审美重新弥合、统一起来的政治、伦理目标;还表示席勒力图通过游戏(即审美)冲动将片面发展、处于分裂状态的感性冲动与理性冲动融合为一体的理想;还有就是感觉、直观、情感、想象诸感性因素与认识、思考、推理诸理性因素通过审美鉴赏达到和谐的意思等等。不管如何理解,美育的目标显然落实在促进主体(人)的心灵的诸多方面及其多元功能的和谐统一和健康发展。

由上可见,席勒是从内涵和功能两个层面对美育加以界定的。从我们今天来看,美育的核心内涵和主要功能仍然是利用或者通过审美(含艺术鉴赏)能力的培育,来塑造人、改善人的心灵,使之和谐、均衡、健康地发展。西方美育思想史从古至今基本上就是在这个大框架下发展过来的,虽然早期并没有产生明确的美育意识,而且不同时代的人对美育有着不同的看法。早在古希腊,还没有"审美教育"的概念,但美育思想实际上已经存在,而且十分丰富。比如柏拉图虽然总体上贬低、否定艺术和审美,但是,他在青少年

---

① 门罗·C.比厄斯利:《西方美学简史》,高建平译,北京,北京大学出版社2006年版,第156页。
② 此句引文改用张玉能的译文,见张玉能编译:《席勒美学文集》,北京,人民出版社2011年版,第270页。

教育上却想方设法利用艺术和审美（包括自然美欣赏）使孩子从小就受到全面、良好的教育，塑造美好的心灵，他说，"这种教育就是用体操来训练身体，用音乐来陶冶心灵"①；还说，"用故事来形成儿童的心灵，比起用手来形成他们身体，还要费更多的心血"②。他还建议："我们不是应该寻找一些有本领的艺术家，把自然的优美方面描绘出来，使我们的青年像住在风和日暖的地带一样，四周一切都对健康有益，天天耳濡目染于优美的作品，像从一种清幽境界呼吸一阵清风，来呼吸它们的好影响，使他们不知不觉地从从小就培养起对于美的爱好，并且培养起融美于心灵的习惯吗？"③ 可见，柏拉图对青少年的美育是极为重视的，不但不排斥用艺术（当然是他认为健康、高尚的作品）来施教，而且是大力提倡用优秀艺术作品（包括描绘自然美的优美作品，实际上间接肯定了自然美的美育功能）对青少年实施美育，以陶冶、培养和改善他们的心灵。

古希腊以后各个时代西方的美育观念和实践有着很大变化和发展，但是，如上所述，总起来看，利用艺术鉴赏和审美来塑造人、改善人的心灵，这个"美育"概念的核心内涵和基本点始终未变，至于塑造什么样的人，则不同时期有不同的看法，比如柏拉图主张塑造合格的城邦人，中世纪要求塑造合格的有宗教信仰的人，而席勒基于现代社会造成人们心灵的内在冲突，提出用美育来加以调解，以实现心灵的和谐。就是说，美育在如何塑造人、改善人的心灵的具体方式、标准等方面会因时代而异、而多有变化。席勒对美育的界定和论述可以说是具有现代性的、比较完善的，而此前各个时代的美育思想则可能并不完善，对"人"的理解也不完全一样，

---

① 柏拉图：《理想国》，郭斌和、张竹明译，北京，商务印书馆1986年版，第70页。
② 柏拉图：《文艺对话集》，朱光潜译，北京，人民文学出版社1980年版，第22页。
③ 柏拉图：《文艺对话集》，朱光潜译，北京，人民文学出版社1980年版，第62页。

实施美育的方式、标准等也可能各不相同，但是，上述基本点则是古今贯穿的。

概而言之，我们课题组要对"美育"概念形成一个共识——美育就是利用审美和艺术来塑造人、改善人的心灵——以此作为编写美育思想史的贯穿思路。我们各卷的写作都应该牢牢把握住对美育的这个基本认识，对各个时代有代表性的美育思想进行尽可能客观的、实事求是的梳理、描述和分析，而不要以后来席勒比较现代、比较完善的美育观来简单地套用到对以前各个时代美育思想的述评上。

二

要严格区分美育思想史与美学史或者美学思想史的书写，不能把它们混为一谈。

我们有编写西方美学史、西方美学思想史的实践和经验。[①] 这当然是有利条件，对于编写《西方美育思想史》无论在资料收集、积累上，还是在体例框架的布局上，或者在主旨、思路、脉络的构想上，都一定大有启发、大有帮助。然而，这种经验也可能存在负面因素，也有可能成为我们编写《西方美育思想史》先入为主的条条框框和理论创新的束缚。

一般说来，美育属于美学的一部分，西方美育思想史应该是西方美学史或者西方美学思想史的一个重要组成部分。完整的美学史绝对应该包括美育思想史的内容，不包括美育思想史在内的美学史

[①] 笔者本人主持过《现代西方美学史》、《西方美学通史》（七卷本，与蒋孔阳联合主编）、《西方美学范畴史》（三卷本）、《西方美学思想史》（三卷本）等多种不同类型的西方美学史的著作。

至少是不完整的美学史。然而，遗憾的是，迄今国内外的大量美学史著作，包括我们自己编写的几部美学史或者美学思想史在内，论及美育思想的内容都十分薄弱，除了席勒以外，即使写到一些美育内容的，也或者比较简单、零散，或者一笔带过，使美育思想的历史演进成为美学史书写中一大"短板"。

我们现在专门编写西方美育思想史当然可以弥补美学史书写中的这个短板。但是，如何书写还是存在不同的方式、不同的思路。目前，我们最需要避免和克服的是，用美学史的写法来写美育思想史。这是我们最容易陷入的老思维习惯，笔者认为同时也是最容易落入的陈套。比如我们完全可能驾轻就熟地直接套用西方美学史的框架结构，以各个时代的美学思潮、流派或者代表人物为基本叙述线索，以其哲学、美学思想为叙述背景，重点提炼、发掘有关代表人物的美育思想、观念，加以梳理、概括和评述。这种写法对于我们来说是最为容易和轻松的，但也是学术价值最低的。因为这实际上只是把过去美学史书写不太关注、或有所忽视、或轻描淡写、一笔带过的美育思想部分凸显出来，加以重点书写而已，其美学史叙述的基本格局并没有根本改变。即使其成果命名为"西方美育思想史"，实际上只是西方美学史的一种"部门史"而已。所以，我们决不能采用这种偷懒的写法。

我们不妨以古希腊时期美育思想的书写为例。古希腊还没有明确的"美育"概念，尚处于美育观念不很自觉的时代，如果单纯从美学理论出发讨论美育思想，势必会大量涉及当时美的观念和哲学思想，就会重点按代表人物，即从前苏格拉底、苏格拉底到柏拉图、亚里士多德等的序列，由哲学、美学思想入手再具体到美育思想的叙述。这非常容易与美学史书写类同，虽然其中美育思想的内容、篇幅增大了，但还是没有跳出美学史的叙述框架；而且按照代表人物的时间顺序来写，会比较琐碎，贯穿线索不清晰。这是我们应该尽量避免的写法。

因此,要编写古希腊美育思想史,需要换一种思路,首先要立足于古希腊文献、制度和文物的遗存之上,进而展现古希腊的教育实践(包括艺术教育)及在此基础上形成、发展的美育思想,深入探讨那个时代伦理学观念的变化对美育思想的影响,以及各种文化艺术活动中所体现的美育思想及其变化,等等。据此,课题组对古希腊美育思想部分,将不按代表人物序列叙述,而拟梳理、归纳出四个专题进行写作:(一)神话与现实,基本文献的采集和古希腊文明的概述,呈现历史遗存、文献与美育思想的关系,揭示那个时代美育思想所建筑其上的经济社会基础和思想文化根源;(二)培育身心健康的少年儿童与古希腊的教育传统;(三)戏剧(悲剧与喜剧)演出,即艺术空间中的美育思想;(四)重要哲学家的美育思想。也不按一个一个代表人物排列下来分别叙述,而是按照专题再进行分类:第一,古希腊哲学中的"人",美育思想是对人的完善;第二,古希腊哲学中的美与善,美与善如何反映到美育思想中;第三,古希腊哲学中对艺术本质和功能的认识、反思及其对美育的影响。这几个专题几乎对古希腊所有重要哲学家都有思考和论述,而这些内容恰好是早期西方美育思想最重要、最有时代特点的方面。按照这个思路写作,就可以超越美学史书写的局限。

三

要区分美育思想史与美育实践史,以思想史为主线,实现美育思想史和实践史的有机结合。我们认为,美育思想史要区分理论和实践两个方面,美育思想史应该既涵盖某个时代美育实践中体现的美育思想,又重点关注那个时代哲学家、美学家对美育的看法。

本文上面想说的是,我们力图避免"自上而下"即从美学理论史（上）下到美育思想史（下）的书写路径，其中一个重要目的是，使美育思想的历史叙述更加贴近各个时代的美育实践，而不仅仅是介绍少数思想家、理论家有关美育的思考和论述。但是，我们更不能混淆美育思想史与美育实践史的界限，不能将美育思想史写成美育实践史。从我们初步掌握的材料看，近代以前西方美育的实践长期缺乏明确、自觉的指导思想，它虽然渗透到教育、宗教、伦理、艺术、文化、审美及科学等各个实践领域，乃至日常生活实践的方方面面，但是，远没有上升到自觉实施美育的高度。所以，美育实践的内容虽然极为庞杂丰富，却缺乏审美教育理论观念的指引，失之于零散琐碎。如果单纯依靠收集各个时代美育实践的资料，只是加以外在的分类铺叙，写出来的只能是缺少"灵魂"的、林林总总美育实践资料的堆砌和铺展。其中，好一点的还可能对各个时代美育实践的发展、演变进行一些梳理、归纳、提升，但充其量也只能写出美育实践史的某些方面、某些层次来；差一点的，连美育实践史的基本要求，即展现美育实践的历史发展线索的要求都达不到。这是我们书写美育思想史必须"敬而远之"的。

当然，严格区分美育思想史与美育实践史，并不等于美育实践及其历史发展不重要、不需要关注。相反，各个时代有代表性的美育思想必定来源于、根基于那个时代丰富、深厚的美育实践。如果脱离各个时代的美育实践，那就可能使美育思想史的书写流于空疏浅薄。因此，正确的美育思想史的书写方式，应当是"自上而下"与"自下而上"的结合，既要重点关注、概括特定时代有影响的思想家、理论家有关美育的思考和论述，这是书写美育思想史的主脉；同时又要在此主脉的引领下，注意收集各个时代美育实践的资料并从中发掘、提炼出相关的美育思想，展开历史叙述，以这种支脉的叙述来补充、丰富主脉的书写，达到两者的有机结合。总的说来，我们的美育思想史书写，应当以思想史为主线，努力追求美育思想史和实践史的有机结合。

下面以文艺复兴到18世纪这一历史阶段为例,对美育思想史如何结合美育实践史进行书写作一简要说明。从整个西方美育思想史的演进来说,现代美育思想在这一阶段尚处于酝酿之中,体系化的思想家不多,因此特别要注意美育思想史与实践史的结合,以后者来丰富、充实、展开前者。我们知道,19世纪之所以能产生比较成熟的现代美育思想,是因为从文艺复兴到19世纪初期的300余年间,人类在审美和艺术实践活动方面已经发生了重大进展,出现了一些重大提升,如:(一)艺术的公共化,包括美术学院的建立,艺术馆的产生、美术展览的出现,促进了民众审美趣味的提升;(二)18世纪大旅行的流行让二十出头的青年到各地游历,促使人们对自然的审美经验的产生,这就是拜伦、雪莱笔下所描述的旅行游历的情景,它与自然美的欣赏和情感教育有直接关联;(三)艺术教育的体制化和普遍化,如英国学校开设戏剧课程进行道德教育和语言教育,意大利对上层人士的培养,要求上音乐、修辞学和绘画等课程,以提升教育的品位,等等。这些事实上带有美育实践因素的艺术、审美活动的日渐丰富和公共文化艺术体制、机制的建立,有力地促进了现代美育观念和理论的孕育和诞生。在这个美育实践广泛实施、展开的过程中,像夏夫兹博里、休谟、博克这样的英国经验派哲学家也加入了对民众施教的讨论,同时,宫廷教育通过学校教育普及到民众,其中不乏美育的因素。到18世纪中后期,产生了美术的专业刊物和展览,出现了专门的剧评人和艺术评论家,公共媒介的出现使得部分民众和知识分子介入艺术评论,有效地提升了人们对艺术及其审美功能的认识,由此才使部分思想家、理论家逐步发现、领悟到审美可以教育人,进而逐步形成比较现代的审美教育理念。为了有深度地综述这三百余年里美育实践的状况以及发生的变化,展现艺术活动民众化、公共化、普及化对民众审美趣味提升的历程，我们需要多方面拓展资料，包括教育史、艺术教育史、私生活史（描述家庭中听音乐、看画、演剧等部分）、情感史（展现艺术对人的情感发展的影响，通过造型艺术和音乐艺术等的演出、欣赏实践总结、反思当时人的情感状态，以及培育健康感情、提高欣赏趣味的要求）等。

  与此同时，更为重要的是要系统梳理这个时期若干阶段的重要哲学流派、思潮的代表人物有关美育问题的思考和论述，总结、归纳、阐述、评析这些哲学家、思想家美育思想的精髓，如他们在趣味教育、情感教育等方面独特、深刻的见解。课题组初步打算紧密结合上述美育实践史的丰富内容，分述文艺复兴、英国经验主义、古典理性主义、启蒙运动、大陆理性主义这五大哲学、美学思潮中所体现出来的广博、精深的美育思想，努力在写作中达到理论与实践、历史与逻辑的统一。考虑到本课题是编写美育思想史，课题组将会注意美育思想和实践内容所占的比重、比例。写作中必须要突出大思想家美育方面的思想理念，把美育思想的历史叙述作为主脉，而把美育实践史的描述、勾勒作为支脉，由此落实以思想史为主线、思想史和实践史的有机结合。

四

  对西方美育思想在矛盾、曲折中发展的进程要进行辩证、动态的把握。

  西方美育思想的发展与美学思想的发展一样，有两个基本特点：一是具有阶段性，它不是一路下来、"一气浑成"的，而是分阶段的。从古希腊罗马开始，经中世纪、文艺复兴，一直到18世纪末席勒提出现代审美教育概念、范畴和理论，对美育的认识大体上经历了从不自觉到自觉，从将美育置于教育系统中被德育、智育支配的从属地位，到逐步提高对美育重要性的认识、直至赋予它与德育、智育、体育并列的地位，促使美育成为一门独立的现代学科，这样一个漫长的过程。19世纪以后，现代美育思想无论在理论上还是实践上都得到了新的多元开展。美育思想的这个发展历程可以分为几个大的阶段：古希腊罗马时期，美育的实践相当丰富，但是基本上作为培育道德高尚的公民的手段和方式，美育思想处于孕育阶段；中世纪在宗教和神学意识形态统治下，美育思想以曲折、冲突的方式艰难发展；文艺复兴使美育实践全面勃兴，也推动了美育思想日趋活跃和多样化；17、18世纪在经验主义和理性主义的反复争论中美育思想逐渐走出古典，走向现代，趋于成熟；到19、20世纪，美育在理论上虽然没有重大推进，但是在美育实践得到广泛、普遍、多样发展的基础上也有所拓展和深化。西方美育思想演变的阶段性告诉我们，一方面，要从历史实际出发实事求是地梳理出各个阶段美育思想主脉、支脉的流变，提炼、概括出其发展的特点；另一方面，不能把各个阶段的美育思想割裂开来，而应当看到它们之间的内在联系和不同程度的继承性，有时候即使看起来似乎有断裂，比如古罗马到中世纪好像一下子跌入"黑暗世纪"，其实不然，基督教神学思想与罗马时代的新柏拉图主义一脉相承。所以，各卷当然要写出自己的特点、特色，但同时要关照各卷之间的连续性或者承前启后的联系。

二是具有曲折性，总体上说，2000多年来西方美育思想不是直线演进的，而是充满矛盾、曲折和起伏，甚至有局部的逆转或倒退。这是我们必须认真关注的。前面讲到古希腊柏拉图的美育思想，其实，柏拉图思想也是充满矛盾的，他的主要方面恐怕是反对美育的，他担心艺术会煽动情欲、毒害公民的心灵，要把诗人逐出城邦。中世纪更为复杂，在某种意义上是对古希腊罗马美学、美育思想的倒退。恩格斯说："中世纪的历史只知道一种形式的意识形态，即宗教和神学。"① 又说："中世纪把意识形态的其他一切形式——哲学、政治、法学，都合并到神学中，使它们成为神学中的科目。"② 在这样一种至高无上的宗教神学和禁欲主义的统治下，艺术和审美的地位无疑是卑微的，有时候甚至遭到镇压和迫害。古希腊以来，对"美育"的内涵从两个层面考虑：一是艺术、审美的直接熏陶；二是道德提升与人性拓展。第一层面在中世纪的表现之一就是宗教音乐，格力高里咏叹调等教堂音乐对身处教堂中的教徒来说是有很强感染力的，这可以属于艺术教育的内容；但第二层面，中世纪的宗教神学普遍被认为是反人性的，这就与旨在改善人性的"美育"理念存在差异和矛盾。在写作中世纪美育思想史时，涉及的重要艺术实践内容包括教堂建筑、教堂音乐和圣像等艺术。这里面就存在诸多矛盾。比如，中世纪基督教艺术全盛期的哥特式教堂，外观上以整体向上腾飞的超越动势、内部的巨大空间、彩色玻璃的镶嵌画和神秘的光照设计等，烘托出一种庄严崇高的神圣和神秘的气氛，使教徒们的灵魂不由自主地得到升华和净化，这当然是中世纪富有特色的美育方式之一；但是，12世纪基督教西都会领袖圣伯尔纳却对教堂建筑中的绘画和雕塑装饰竭力反对，他严厉指责当时的哥特式教堂"升腾入云的高度，超乎寻常的长度，和毫无必要的宽度"，以及充斥其间的昂贵装饰和簇新的画像等，只能满足人们的眼福，却把对上帝的虔诚信仰抛诸脑后。圣像艺术本是中世纪宗教神学提倡的，但是公元8—9世纪的圣像破坏运动却反其道而行之，在实践上是反美育的。中世纪美育实践的这种内在矛盾我们不应该回避，而应该加以如实反映。这既显示出中世纪存在着某些

---

① 《马克思恩格斯文集》第4卷，中共中央马克思恩格斯列宁斯大林著作编译局编译，北京，人民出版社2009年版，第289页。
② 《马克思恩格斯文集》第4卷，中共中央马克思恩格斯列宁斯大林著作编译局编译，北京，人民出版社2009年版，第310页。

反美育的倾向，相对于古希腊罗马的美育思想在某些方面、某种程度上有所倒退；同时也表现出中世纪美育思想是在激烈的矛盾冲突中曲折前行的。当然，我们对中世纪美育思想发展过程中的矛盾冲突也不能过分夸大，因为中世纪宗教神学传统建立在上帝是至高的善、至高的美的前提下，基于这个前提完全可以、事实上也确实大量使用了艺术、戏剧等手段来表现这种最高的善和美，来对人进行教化，提升宗教感情，这也是美育的一个方面，是以一种很特殊的方式实施美育。

  对中世纪美育思想的写作，课题组有一些初步考虑，基本内容可以包括：（一）中世纪美育思想文献（包括文本和历史遗存实体两方面）的采集、整理和概括；（二）摸清中世纪的教育体制和一般知识教育方式，展现其中隐藏的具有审美教育因素的某些途径、方式。中世纪时期大学萌芽出现，从神学教育折射出中世纪人们的世界观、人生观；（三）8—9世纪的圣像破坏运动，这是一桩时间跨度较长的负面的艺术、审美事件，以此作为中世纪美育思想走向衰落的过程，阐明书写美育思想史的意义。（四）教父哲学与美育，从负面乃至美育思想空缺的现象说明在中世纪某些特定时期知识系统中美育的缺位状况。

  综上所述，由于西方美育思想发展的阶段性和曲折性，我们书写美育思想史就不能按照目的论的思路，以席勒之后现代美育理论观念成熟时期的尺度为目的或者结果，往前倒推、追溯，把从古希腊开始到今天，美育思想的发展，看成从不自觉的酝酿一步步渐变、成长、进步，向着既定方向、目标（现代成熟美育思想）直线演进的过程，而应该尊重历史，尊重事实，对西方美育思想在矛盾、曲折中发展的进程要进行辩证的分析、动态的把握和如实的叙述。

  以上就是笔者对书写《西方美育思想史》的四大问题的初步思

考,不当之处欢迎专家和课题组成员批评指正。

[本文为国家社会科学基金重大项目"西方美育思想史"(15ZDB024)阶段性成果]

(原载《美育学刊》2017年第5期)

席勒"中介论"美育思想简论

孟　丽　高迎刚◆（山东大学新闻传播学院，山东大学艺术学院）

席勒是德国古典主义美学的代表人物。鲍桑葵在《美学史》中评价席勒是"重要的桥梁"①，黑格尔则指出席勒的贡献在于克服并超越了康德思想"主观性与抽象性"的局限，"在思想上把统一与和解作为真实来了解，并且在艺术里实现这种统一与和解"②。以康德哲学为理论原点，席勒在人类历史上第一次提出美育这一概念，并以27封书信为主体构建出具有开创性的美育理论体系，完成了《关于人的审美教育书简》（又名《美育书简》，英文名称"On the Aesthetic Education of Man"），被哈贝马斯誉为"现代性的审美批判的第一部纲领性文献"③。席勒提出，通过审美教育的中介作用可以弥合人性的缺失，实现自然的人通过游戏冲动向道德的人的生成，在成就完美的人的同时，实现解放社会的美好理想。

关于席勒的"中介论"美育思想，许多学者认为其理论是不证自明的。如曾繁仁的《论席勒美育理论的划时代意义——纪念席勒逝世二百周年》一文直接对席勒美育理论的"中介"作用加以探

---

① 鲍桑葵：《美学史》，张今译，北京，中国人民大学出版社2010年版，第259页。
② 黑格尔：《美学》第1卷，朱光潜译，北京，商务印书馆2013年版，第76页。
③ 哈贝马斯：《现代性的哲学话语》，曹卫东译，南京，译林出版社2008年版，第47页。

讨。莫小红的博士论文《席勒与20世纪上半叶中国美育思潮》对席勒"以中介调和为功能的美育价值论"展开了深入研究。有的学者并没有直接使用"中介论"这一概念，但在其研究中却使用了与"中介"含义接近或类似的表述，如朱立元在《美育与人生》一文中所提出的"美育的途径，是每个人成就、提升、发展自我的必然途径"的说法，张玉能在《〈审美教育书简〉中的美学思想——美论与人性》一文中所说的"美可以使人性完整，使人成为真正的人"等，这些论述均蕴含席勒美育的"中介"价值。也有学者直接以"中介论"为研究对象，如谢芳薇的《现代性视域中的席勒美育"中介说"》和何晓云的《哈贝马斯对席勒审美"中介"思想的再理解》等。当然，也有学者对"中介论"持有不同观点，汪韶军在《审美王国是中介还是终点？——论席勒美育思想中的一个矛盾》中就以"终点说"否定"中介说"，他认为："席勒最终意在审美王国，审美王国不是通往道德王国的中介，它就是终点。"

笔者以为，席勒的美育思想以中介性为主要特点，并作为中介发挥着巨大作用，这是一个不争的事实，但出于准确认识和正确发挥席勒美育思想应有的社会作用的需要，我们依然应该对其理论构成、作用途径及其对我国当代文化建设的启示做出尽可能详细的梳理，如此方可能揭示出其在当前"美与非美"二律背反的社会状态中所能发挥的积极作用以及实现这一作用的有效途径。

一、"美"与"育"的张力

康德哲学深刻影响并启发着席勒，是席勒美育理论的逻辑起点，正如他在书简的第一封信中所说："我对您毫不隐讳，下述命题绝大部分是基于康德的各项原则。"① 他还说:"如果下述探讨为了使其对象接近知性而越出了感性的范围,那么也要请您多加原谅。"② 可见,《美育书简》酝酿着对康德的扬弃与超越。正如朱光潜先生所说的:"康德的著作引起了他(席勒)对美学问题进行辛勤的认真的思考。"③ 席勒本是康德的信徒,但对康德的主观唯心主义的观点甚不满,在1992年12月写给朋友克尔纳的信中,库勒说:"我看我已经找到了美的客观概念,这是康德所找不到因而感到绝望的,按照它的本质,它就是审美趣味的客观标准。"这一想法在其《美育书简》中得到了进一步发挥。

席勒美育"中介论"的基本内涵是"情感"与"自由",特征在于审美与美育先验地带有一种特有的张力、魅力与神秘性。这一特性可以从审美关系的两端——感性和理性的关系角度来理解。在感性本性和理性本性两种法则要求下,感性冲动和形式冲动这两种相反力量推动我们去实现他们各自的对象,"为了完成这两项任务,即把我们自身之内必然的东西转化为现实,并使我们自身之外现实的东西服从必然性的规律"④。为了对此加以说明,席勒在第十二封信中引入了"冲动"这一概念,他认为感性冲动会造成各种"情况",而形式冲动提供各种"法则",人性在这两种冲动的对立冲突中难以统一。在随后的第十三和第十四封信中,席勒给这两种冲动找到了调和的方式,也就是第三种基本冲动即游戏冲动,它可以将"两种冲动的作用结合在一起,它同时在道德上和自然上强制精神,因为它排除了一切偶然性,从而也就排除了一切强制,使人在物质

---

① 席勒:《美育书简》,徐恒醇译,北京,中国文联出版公司1984年版,第35页。
② 席勒:《美育书简》,徐恒醇译,北京,中国文联出版公司1984年版,第36页。
③ 朱光潜:《西方美学史》下卷,北京,人民文学出版公司1979年版,第439页。
④ 席勒:《美育书简》,徐恒醇译,北京,中国文联出版公司1984年版,第74页。

方面和道德方面都达到自由"①。席勒为其给出一个形象的例证："当我们怀着热情去拥抱一个我们理应鄙视的人时，我们就会痛苦地感到自然（本性）的强制。当我们敌视一个值得我们尊敬的人时，我们就痛苦地感到理性的强制。只要一个人既能引起我们的喜爱，又能博得我们的尊敬，那么情感的压力和理性的压力就同时消失了，我们就开始爱他，也就是说，同时让爱好和尊敬在一起游戏。"②感性冲动和形式冲动这两种冲动在本性上是完全独立又互相排斥的，而人性要求两种冲动以一种调和而非对立的方式一起发生作用时，就导致了第三种基本冲动——游戏冲动的出现，从而产生一种中间状态——美的状态。

　　"美"与"育"之间的张力何以存在，又如何作用？先来看美是如何产生的。席勒认为，美产生于感性冲动与理性冲动的对立冲突中，"美是从两种对立冲动的相互作用中、从两种对立原则的结合中产生出来的，所以美的最高理想要在实在与形式的尽可能完善的结合与平衡里去寻找"③，感性冲动的对象是最广义的生活，形式冲动的对象是一切形象，而游戏冲动的对象是"活的形象"。"活的形象"是现象的一切审美性质，是"最广义的美"。只有通过它，才能实现"实在与形式的统一、偶然性与必然性的统一、受动与自由的统一才完成了人性的概念"④。因为"在人的各种状态下正是游戏，只有游戏，才能使人达到完美并同时发展人的双重天性"⑤。换言之，"只有当人在充分意义上是人的时候，他才游戏；只有当人

---

① 席勒：《美育书简》，徐恒醇译，北京，中国文联出版公司1984年版，第85页。
② 席勒：《美育书简》，徐恒醇译，北京，中国文联出版公司1984年版，第85页。
③ 席勒：《美育书简》，徐恒醇译，北京，中国文联出版公司1984年版，第92页。
④ 席勒：《美育书简》，徐恒醇译，北京，中国文联出版公司1984年版，第87页。
⑤ 席勒：《美育书简》，徐恒醇译，北京，中国文联出版公司1984年版，第89页。

游戏的时候，他才是完整的人"①。在无比艰辛的探索中，席勒终于将感性与理性统一于审美游戏，并最终上升到完满人性的高度，开辟了具有人生价值的美育。

美如何与审美发生联，继而通过情感上升到人生自由？席勒指出，审美通过塑造"审美的心境"来发挥"育"的作用（哈贝马斯对席勒的这一观点持赞同态度，具体可参见后文所引哈贝马斯的相关论述）。席勒认为，美只能为感性的人提供"一种纯粹的形式"，而这仅有的一点"只有通过审美的心境才能做到"②，这就是席勒最重要的理论贡献——美育思想。席勒指出，美育所凭借的手段是美的艺术，在第九封信中他指出："现在我达到了所有我至今的考察所致力于此的那一点。这一工具就是美的艺术，在艺术不朽的范例中打开了纯洁的源泉。"③ 对于美的艺术，像康德一样的只强调静观是远远不够的，还应该"在你的朴素的心灵中抚育起决胜的真理，把它从你的心里显示到美的世界中去"④。席勒认为，艺术美的独特魅力是能够"将真理和美灌输到普通人性的深处"⑤，使人性能够"以不可摧毁的生命力胜利地显现出来"⑥。在高尚的艺术和自然的艺术的对比中，席勒格外强调高尚艺术在弥合人性分裂和引领人心向善方面所能发挥的巨大作用，他说："正如高贵的艺术比高贵的自然活得更久，由灵感塑造和唤起的艺术也走在自然之前。在真理把它胜利的光亮投向心灵深处之前，形象创造力截获了它的光线，

---

① 席勒：《美育书简》，徐恒醇译，北京，中国文联出版公司1984年版，第90页。
② 席勒：《美育书简》，徐恒醇译，北京，中国文联出版公司1984年版，第117页。
③ 席勒：《美育书简》，徐恒醇译，北京，中国文联出版公司1984年版，第61页。
④ 席勒：《美育书简》，徐恒醇译，北京，中国文联出版公司1984年版，第64页。
⑤ 席勒：《美育书简》，徐恒醇译，北京，中国文联出版公司1984年版，第61—62页。
⑥ 席勒：《美育书简》，徐恒醇译，北京，中国文联出版公司1984年版，第62页。

当湿润的夜色还笼罩着山谷,曙光就在人性的山峰上闪现了。"① 在第二十六封信中,席勒指出,"只有审美的心境才产生自由"②,"只有在这些地方,感官与精神,感受力和创造力才能在难能可贵的平衡中发展,这正是美的灵魂和人性的条件"③。这里的自由不同于认识论哲学中的自由,是对必然的把握,是一种超越实在、必然与理性的审美关系的自由。它经由审美的心境,得到自由与解放。

二、"中介"作用的显现

席勒十分关心社会现实,他的作品无不深刻批判了其所处的时代——这个被恩格斯称为"只不过是一个粪堆"④ 的 18 世纪末,"这个时代的每一部杰作都渗透了反抗当时整个德国社会的叛逆的精神"⑤。席勒指出,"利益成了时代的伟大偶像,一切力量都要服侍它,一切天才都要拜倒在它的脚下。在这个拙劣的天平上,艺术的精神贡献毫无分量,它得不到任何鼓励,从而消失在该世纪嘈杂的市场中。甚至哲学家的探索精神把想象力也撕成了碎块,艺术的领域在逐渐缩小,而科学的范围却在逐步扩大"⑥。他明确提出,"艺术是自由的女儿,它只能从精神的必然性而不能从物质的欲求

---

① 席勒:《美育书简》,徐恒醇译,北京,中国文联出版公司 1984 年版,第 63 页。
② 席勒:《美育书简》,徐恒醇译,北京,中国文联出版公司 1984 年版,第 132 页。
③ 席勒:《美育书简》,徐恒醇译,北京,中国文联出版公司 1984 年版,第 133 页。
④ 《马克思恩格斯全集》第 2 卷,中共中央马克思恩格斯列宁斯大林著作编译局编译,北京,人民出版社 1957 年版,第 633 页。
⑤ 《马克思恩格斯全集》第 2 卷,中共中央马克思恩格斯列宁斯大林著作编译局编译,北京,人民出版社 1957 年版,第 634 页。
⑥ 席勒:《美育书简》,徐恒醇译,北京,中国文联出版公司 1984 年版,第 37—38 页。

领受指示"①,因为"正是通过美,人们才可以达到自由"②。从这个角度来说,当席勒将美育由思辨拉回现实之后,美育开始真正发挥它的作用,成为了人性得以完整的中介、社会解放的中介和实现自由的中介。

(一)人性得以完整的中介

席勒认为,近代文明分裂一切理智。人的两种性格使自身处于对立状态,在自然性格里,感情支配了原则,人变成"野人";在道德性格中,原则破坏掉感情,人变成"蛮人"。他向往古希腊,认为那是理想的审美世界,他把对古希腊的赞美之情毫无保留地表现在他的诗歌中。他崇拜古希腊的艺术风气,认为古希腊无论是地理气候还是国家体制都有利于诞生众多优秀艺术家。他赞颂希腊人,认同温克尔曼的说法,认为他们同时拥有"高贵的单纯"和"静穆的伟大"。在古希腊时代,每个人都是人性完整的人,人与人之间也是和谐的存在,因为"他们既有丰满的形式,又有丰富的内容;既能从事哲学思考,又能创作艺术;既温柔又充满力量。在他们的身上,我们看到了想象的青年性和理性的成年性结合成的一种完美的人性"③。

席勒已朦胧意识到资本主义生产关系带来了劳动分工,现代人的人性被社会异化,被分裂为碎片,"永远束缚在整体中一个孤零零的断片上,人也就把自己变成一个断片了。耳朵里所听到的永远是由他推动的机器轮盘的那种单调乏味的嘈杂声,人就无法发展他生存的和谐,他不是把人性印刻到他的自然(本性)中去,而是把自己仅仅变成他的职业和科学知识的一种标志"④。他指出,千篇一

---

① 席勒:《美育书简》,徐恒醇译,北京,中国文联出版公司1984年版,第37页。
② 席勒:《美育书简》,徐恒醇译,北京,中国文联出版公司1984年版,第39页。
③ 席勒:《美育书简》,徐恒醇译,北京,中国文联出版公司1984年版,第49页。
④ 席勒:《美育书简》,徐恒醇译,北京,中国文联出版公司1984年版,第51页。

律的单调动作剥夺了劳动者的劳动愉悦和在劳动中获得的审美感情，是资本主义劳动分工撕裂了人性。但同时，席勒也看到了劳动工作是人类历史发展中的必要阶段，这是人类进步过程中所无法逃避的矛盾和必须面对的后果。这里，我们看到了马克思"异化"理论的雏形，因此，我们可以判断席勒对于资本主义生产方式的分析是正确的、超前的，但同时也看到了其唯心主义的局限性，就像恩格斯所说的逃向康德的理想那样，否定社会革命，希冀"把社会的理想建筑在人性的理想上面"①。

那么，按照席勒的理想，人性如何在异化的社会里寻求完整呢？那就是通过美的途径，美可以在潜移默化中实现教育人和改造人的目的，从而实现完整的人性。在第十七封信中，席勒明确指出，"这两种对立的限制将通过美而被排除。在紧张的人身上恢复和谐，在松弛的人身上恢复能力，并以此方式按照人的本性使局限状态返回到绝对状态，使人成为自身完美的整体"②。游戏冲动将感性冲动和形式冲动相结合，实现感性与理性、质料与形式、受动与主动的统一。美是游戏冲动的对象，它作为目的更作为手段，使人经由美从感性质料上升到理性形式，使人获得完全的自由，从而得到完整的实现。其他一切形式或者偏重于感性，或者偏重于理性，都使人性分裂，"由于相互作用，这两种冲动彼此制约着对方并同时受对方的制约，其最纯粹的产物就是美"③，这样才能"最后把两种对立的美消融在理想美的统一体中，就像人性的那两种对立形式消融在理想的人的统一体中那样"④。

（二）社会解放的中介

---

① 蒋孔阳：《德国古典美学》，北京，商务印书馆2005年版，第182页。
② 席勒：《美育书简》，徐恒醇译，北京，中国文联出版公司1984年版，第95—96页。
③ 席勒：《美育书简》，徐恒醇译，北京，中国文联出版公司1984年版，第92页。
④ 席勒：《美育书简》，徐恒醇译，北京，中国文联出版公司1984年版，第94页。

现实是席勒美育思想的出发点，自由是席勒所寄予美育的最高理想。18世纪的德国，政治上四分五裂，阶级分散、社会黑暗，生产力的落后导致人民生活疾苦不堪，德国的社会基础决定着它不可能复制法国大革命。然而，愈压抑的时代会遭到愈强烈的反抗，民族自由的呼声正在文学艺术领域如汹涌波涛般高涨。随着启蒙运功在德国的展开，一场"狂飙突进运动"正在广大知识分子中掀起，正如海涅所说："席勒为伟大的革命思想而写作，他摧毁了精神上的巴士底狱，建造着自由的庙堂。"① 这一时期的德国，康德、歌德、席勒、费希特、黑格尔等先后成为时代启蒙的巨擘，他们的作品无不发散着反叛精神，他们重视感性，崇尚自然，渴望实现自由。

在席勒看来，人受制于感性冲动和形式冲动，从而在力量的王国和法则的王国中失去精神的自由。席勒认为，只有当形式冲动和感性冲动共同发挥作用时人才能进入游戏状态，而美育能在力量的可怕王国和法则的神圣王国之间建立一个游戏的、情感的审美王国，在游戏冲动过程中，通过审美将和谐带入社会，从而使社会得到解放。从席勒开始，美育开始步入现实。库勒指出：资本主义生产关系使社会开始阶级分化，不同阶级处于对立状态，同时资本主义的生产方式则使人变成了机器。之后，与席勒几乎同时代的马克思指出社会矛盾的根源在于资本主义生产关系，他还从政治经济发展看到了人类未来走向，可以说，这是比席勒理论更现实、更高远之所在。但正如朱光潜在《西方美学史》中所说的："马克思把病源诊断为私有制，把私有制的消灭定为唯一的根本治疗方剂。席勒把病源诊断为人心腐化，于是就把审美教育定为治疗社会的方剂。"② 面对同一社会现实，两者分别找到了不同的拯救社会方剂。

---

① 海涅：《论浪漫派》，张玉书译，北京，人民文学出版社1979年版，第47页。
② 朱光潜：《西方美学史》下卷，北京，人民文学出版社1979年版，第446页。

席勒认为,努力解决一系列问题的手段就是审美教育,具体来说,席勒所提出的从人性改良达到社会改革的中介就是艺术的审美教育。18世纪以来的西方社会普遍重视艺术的教育作用,哈贝马斯在他的《论席勒的〈审美教育书简〉》中将席勒提出的审美教化置于民族集体生活语境之中,认为艺术作为美育的主要手段,以其能产生的特殊的"中和心境"参与教化过程,"一方面使物质性格摆脱外部自然的任意性,另一方面使道德性格摆脱自由意志"①。这种中介作用超越了个体的提升,肩负着"通过教化使人达到真正的政治自由的中介"② 的历史使命。

在第二十二封信中,席勒指出,"只有审美的训练可以导致无限"③,这里的"无限"可以指引我们"进入新状态"。艺术的教育就是审美训练的主要手段,"一部艺术作品的卓越只是在于最大限度地接近于那种审美纯洁性的理想"④。因为,"在我们所能达到的充分自由中,作品总会给我们留下某种特殊的心境和独特的倾向"⑤。席勒要求艺术和艺术家具有更高尚的理想性,虽然"没有完全自由的艺术",但"艺术大师的独特的艺术秘密就是在于,他要通过形式来消除素材"⑥,创造出能作用于心灵的艺术,实现审美自由。在当时的社会条件下,席勒所提出的无论是对完美艺术作品的呈现,还是以审美教育为手段,通过改造人性来改造社会,虽然都

---

① 哈贝马斯:《现代性的哲学话语》,曹卫东译,南京,译林出版社2008年版,第50页。
② 哈贝马斯:《现代性的哲学话语》,曹卫东译,南京,译林出版社2008年版,第47页。
③ 席勒:《美育书简》,徐恒醇译,北京,中国文联出版公司1984年版,第112页。
④ 席勒:《美育书简》,徐恒醇译,北京,中国文联出版公司1984年版,第113页。
⑤ 席勒:《美育书简》,徐恒醇译,北京,中国文联出版公司1984年版,第113页。
⑥ 席勒:《美育书简》,徐恒醇译,北京,中国文联出版公司1984年版,第114—115页。

没有触及最根本的经济基础和社会制度，构筑的是现实世界之外的审美乌托邦，但无疑是具有前瞻性的理论构想。

（三）实现自由的中介

在席勒之前，大多数哲学家认为人是生来自由的，自由是人的本质属性。卢梭在《社会契约论》中说："人是生而自由的，但却无往不在枷锁之中。"① 在席勒美育思想中，我们可以发现卢梭的影子，但席勒认为是美激发了自由的实现。从人类发展史来看，无论是个人还是整个人类，若要实现自由，必然要经历三种状态。席勒认为，人在"自然状态中只能承受自然的力量，在审美状态中他摆脱了这种力量，而在道德的状态中他支配着这种力量"②。人不可能径直由自然阶段上升到道德阶段，审美成为必由之路。

"美是形式，我们可以观照它，同时美又是生命，因为我们可以感知它。"③ 能否对审美外观进行观照是区分野蛮与文明的重要标志，而观照也是审美游戏的核心。"当人能够观照外观的时候，他就不再受物欲的驱使，他从自然的锁链中解放了出来，从而证明他具有外在的自由。同时，他又能够独立地行动，不以外界的物质为转移，从而证明了他具有内在的自由。"④ 席勒比康德的游戏观更进了一步，将其客观现实化，引入人生领域。在席勒看来，自然是审美游戏的源泉，质料过剩引起人身体器官的游戏，但人的审美游戏要高于仅仅有生理快感的动物游戏，这就要求理性参与到想象力中，当人以外观参与到想象力的游戏中时，审美游戏便产生了。因此，席勒得出结论："美是自由观照的作品"⑤，而"观照（思索）

---

① 卢梭：《社会契约论》，何兆武译，北京，商务印书馆1980年版，第8页。
② 席勒：《美育书简》，徐恒醇译，北京，中国文联出版公司1984年版，第121页。
③ 席勒：《美育书简》，徐恒醇译，北京，中国文联出版公司1984年版，第130页。
④ 蒋孔阳：《德国古典美学》，北京，商务印书馆2005年版，第189页。
⑤ 席勒：《美育书简》，徐恒醇译，北京，中国文联出版公司1984年版，第130页。

是人对他周围世界的第一种自由的关系"①。当人能自由观照时，人也就从现实的需求中产生了审美的需求。席勒将人对形式的观照视为游戏冲动的关键环节，而有意识的观照和反思是审美游戏的本质所在。在他看来，人在自然状态中，受到物质力量的限制；在道德的状态中，又受到道德意志的限制；唯独在审美状态中，这一切才变成自由游戏的对象。

  游戏是库勒审美教育的出发点，最终落在审美教育功能的实现上，而中间的过渡状态是"审美王国"。在《美育书简》的第二十七封信中，席勒就重点论述了他关于"审美王国"的理论，并指出这个王国的基本法则是"通过自由去给予自由"②。席勒指出："在权利的力量的国度里，人和人以力相遇，他的活动受到限制。在安于职守的伦理的国度中，人和人以法律的威严相对峙，他的意志受到束缚。"③ 显然，在这两个王国中人都是被限制和束缚的，是不自由的，但是，"在力量的可怕王国中以及在法则的神圣王国中，审美的创造冲动不知不觉地建立起第三个王国，即游戏和外观的愉快的王国。在这里他卸下了人身上一切关系的枷锁，并且使他摆脱了一切不论是身体的强制还是道德的强制"④。"只有审美的趣味能够给社会带来和谐，因为它把和谐建立在个人心中。"⑤

  审美王国被席勒看作是游戏的理想场所，这里既没有关系的枷锁，也逃离一切对象的束缚，人与对象的关系只有一种，那就是审美的关系，而在这种关系中，人会实现自由。但是，游戏和审美王国并不普遍地存在于现实生活，其原因既包括理想性的现实环境也

---

① 席勒：《美育书简》，徐恒醇译，北京，中国文联出版公司1984年版，第128页。
② 席勒：《美育书简》，徐恒醇译，北京，中国文联出版公司1984年版，第145页。
③ 席勒：《美育书简》，徐恒醇译，北京，中国文联出版公司1984年版，第145页。
④ 席勒：《美育书简》，徐恒醇译，北京，中国文联出版公司1984年版，第145页。
⑤ 席勒：《美育书简》，徐恒醇译，北京，中国文联出版公司1984年版，第145页。

包括持续性的审美关系。因此，席勒也看到了工业革命时代资本主义社会的局限性，他指出"这种平衡永远只是一种理想，它在现实中决不可能完全达到"①，他所说的这种理想的社会状态"也许只能在少数优秀的社会圈子里找到"②。

三、"中介论"的当代价值

作为一种人生美学，席勒发现并强调了美育所特有的能够将人从感性状态提升到理性状态的"中介"作用，从而以审美的态度对待自然、社会与他人，获得审美的生存。正因为美育具有特殊的中介作用，所以席勒认为它是德育、智育、体育等所不可取代的。他指出："有促进健康的教育，有促进认识的教育，有促进道德的教育，还有促进鉴赏力和美的教育。这最后一种教育的目的在于，培养我们感性和精神力量的整体达到尽可能和谐。"③ 他还进一步明确了美育与体育、德育的区别："使道德代替道德行为、知识代替所知道的事物、幸福代替幸福的体验，这就是体育和德育的任务，由美的对象产生美，这就是美育的任务。"④

柏拉图在《理想国》中曾断言，向一个人的灵魂中灌输真理，就像给一个天生的瞎子以视力一样不可能。席勒发现了美育的这一特殊中介作用，大胆提出：给我一个"中介"，我可以给盲人以"光明"！席勒的理论在当时确实有首开先河的重大意义，正如他自己所预判的那样："这个题目不仅关系到时代的鉴赏力，而且更关

---

① 席勒：《美育书简》，徐恒醇译，北京，中国文联出版公司1984年版，第92页。
② 席勒：《美育书简》，徐恒醇译，北京，中国文联出版公司1984年版，第147页。
③ 席勒：《美育书简》，徐恒醇译，北京，中国文联出版公司1984年版，第108页。
④ 席勒：《美育书简》，徐恒醇译，北京，中国文联出版公司1984年版，第93页。

系到这个时代的需求。"① 就如"康德的启示"所带给席勒的,席勒美育理论提供了一种全新的研究视角,一套人本主义的方法论理念。它似一束微亮却坚定的光,以其超越时代的智慧,给后人以启迪和昭示。

(一)影响中西美育发展的良种

在席勒美育观的影响下,产生了众多在西方美学史和中国美学进程中极为重要的思想学说。

席勒是黑格尔的前辈,也是他学术上的启智者。黑格尔很关注席勒的美育思想,伴随对席勒美育理论的研读与思考,他提炼出席勒书中"美的灵魂",将其用于对"道德"的讨论,完成了作为他整个哲学体系源泉的《精神现象学》。虽然这一时期他还没有提出艺术为绝对精神的一个环节的看法,但当他谈到艺术的宗教时,区分出抽象的艺术品、有生命的艺术品和精神的艺术品,和他后来在"艺术哲学"中,把艺术的发展分为象征的艺术、古典的艺术、浪漫的艺术三个阶段有密切联系。②

在西方美学史上,贯穿康德、席勒和马克思理论的,是一条清晰的指向人的基本生存的思想发展脉络。席勒发现了"异化"的母题③,从实现人的自由的角度,认为审美教育是化解矛盾的唯一手段。马克思发展了席勒的美育理论,同时将其拉回现实,明确揭示资本主义的"异化劳动",指出劳动创造了美,但是使工人变得畸形,他呼吁进行"彻底的、自觉地,保存了以往发展的全部丰富成

---

① 席勒:《美育书简》,徐恒醇译,北京,中国文联出版公司1984年版,第39页。
② 黑格尔:《精神现象学》上卷,贺麟、王玖兴译,北京,商务印书馆2013年版,第34页。
③ 关于"异化",笔者认为卢梭是异化理论的先驱,黑格尔将其上升至重要的哲学概念。

果的"① 人性复归，从社会实践中实现现实的自由。

在现代西方美学中，席勒是第一个关注到机械化社会分裂人性并对其提出严肃批判的，之后，更多的学者对资本主义发展的种种弊端进行了理性思考。马尔库塞的美学思想深受康德、席勒以来的西方人本主义的影响，他将一生的理论精华归结到了他最后一本著作《审美之维——对马克思主义美学的批判性考察》中。马尔库塞吸收席勒的美育思想，从而形成了其审美解放理论，在《单向度的人》一书中痛斥发达资本主义社会信奉单向度的技术思维，扼杀了人与艺术的多向度"自由"本性；哈贝马斯从席勒的美育理论基本问题研究中发现了冲破主体哲学的可能性，既捍卫审美的自律性，又反对审美的中心化。在其"交往理论"美学体系中，哈贝马斯认为中介就是其交往本身，而不是交往借助的外物，由此，哈贝马斯把中介的概念由"交往的中介"内化为"交往即是中介"。

中国现代美学的形成、发展和传播是与西方美育思想的传入息息相关的。20世纪初期的中国，正处于内忧外患、民族救亡的危急关头，广大优秀的知识分子从科学论、实业论、宗教论等一系列救国论中敏锐意识到，要想拯救国家首先要进行民众的思想启蒙。1904年，王国维将席勒的美育理论带到中国，倡导以德育、智育、美育、体育"四育"实现培养"完全之人物"的教育理想；而后蔡元培将美育引入国家教育方针，提出著名的"以美育代宗教"，从而第一次确立了美育在我国现代教育史上的重要地位。随着席勒美育思想在中国的译介传播，教育尤其是美育被赋予了思想启蒙的时代重任，开始了这一理论的中国本土化过程。传播者们普遍吸收西方哲学通用的知、情、意三分法，结合中国传统"礼教""乐教"

---

① 马克思：《1844年经济学—哲学手稿》，刘丕坤译，北京，人民出版社1979年版，第73页。

的美育观念,建立起中国化的智育、美育和德育的教育理念,揭开了中国审美教育乃至整个教育领域新的一页,影响至今。

(二)"美的艺术"的标准与艺术创作

席勒作为诗人能始终进行哲学思考并致力于回答时代难题,这一点是难能可贵的。正如他在 1794 年 8 月 31 日给歌德的信中所说的:"每逢我应该进行哲学思考时,诗的心情却占了上风;每逢我想做一个诗人时,我的哲学的精神又占了上风。"虽然这种矛盾也让他苦恼,但无疑对席勒的文学创作和哲学研究都是有益的。在他的时代,有许多作家都是一边进行艺术创作,一边进行理论探讨,这是很好的时代风气,只是在这方面,席勒的表现最为突出。在其不算太长的一生中,库勒创作了重要的剧本、诗歌等,而且还写了许多重要的美学论著,并首倡审美教育,这是有重大学术价值的。由此,我们可以发现,在艺术创作中,就创作主体来说,艺术家的目光不能仅仅盯住个人内心,更不能奉功利主义为最高准则,反映集体情感和社会现实的作品,才更能引发共鸣,在历史的变迁与历史的沉淀中不断焕发出历久弥新的魅力。

在创作实践中,席勒崇尚艺术表现的纯粹客观性,"表现的纯粹客观性是优良风格的本质,是艺术的最高原则"①,而不是传统的"艺术摹仿说"。他认为:"我们在艺术产品上所预见到的只是被模仿对象的自然,也就是说,他由自身规定而呈现在想象力的面前,只要不论是素材或者是艺术家把它(他)们的自然混入到其中,那么被表现对象就不再是由自身规定的,而成为他律的了。"② 席勒认为艺术在创作中应摆脱一切主观偶然性和客观偶然性,按照表现对象自身的内在规律自然而然地加以表现。纵然创作主体在创作过程

---

① 席勒:《美育书简》,徐恒醇译,北京,中国文联出版公司 1984 年版,第 181 页。
② 席勒:《美育书简》,徐恒醇译,北京,中国文联出版公司 1984 年版,第 179 页。

中不可能完全摒弃个体特色,但他的个人色彩不应该对艺术作品产生影响,"当被模仿对象在它的再现媒介中保持了自己的纯粹个性,当表现者完全放弃或排斥了自己的自然(本性)而表现出与再现媒介完全交融在一起——简言之——当一切都不是由素材规定的而是由形式规定出来的,那么这种表现就是自由的表现"①。席勒认为,创作主体应按照"表现的纯粹客观性"的原则,使其自然本性融合于创作形象的自由展现中。

就艺术作品而言,什么样的艺术才是"美的艺术"呢?席勒给出了答案:"它知道要排除自身艺术所特有的限制,而又不是去它自己的独特优点,并由于明智地运用它的独特性而赋予它一种更普遍的品格。"②"音乐在它的最高度提炼中必然成为形象,并以古典静谧的力量作用于我们;造型艺术在它的最高度完美中必然变得像音乐,并通过直接的感性显现打动我们的心。诗歌在其最完美的创造中必然像声乐艺术那样强有力地抓住我们的心,同时又像雕塑以静穆而爽朗的氛围萦绕着我们。"③任何的艺术作品都要依托一定的媒介展现其风格,这种媒介是服务于艺术创作的,而不应成为艺术创作的局限或障碍。此外,席勒也强调了艺术技巧的重要性,认为"技巧是自由表现的必要条件"④,但同时也强调,"技巧只有在它用于唤起自由的表象时才对美有所贡献"⑤。一则著名的故事可以成为这段话的注脚:有一块大理石,曾被多位雕刻家批评得一无是处,但米开朗基罗以独特的眼光发现并雕琢了这块普通的石头,把它变成举世瞩目的《大卫》雕像。《大卫》以它古典艺术的静穆力量和

---

① 席勒:《美育书简》,徐恒醇译,北京,中国文联出版公司1984年版,第180页。
② 席勒:《美育书简》,徐恒醇译,北京,中国文联出版公司1984年版,第114页。
③ 席勒:《美育书简》,徐恒醇译,北京,中国文联出版公司1984年版,第114页。
④ 席勒:《美育书简》,徐恒醇译,北京,中国文联出版公司1984年版,第158页。
⑤ 席勒:《美育书简》,徐恒醇译,北京,中国文联出版公司1984年版,第167页。

直接的感性光辉笼罩我们，为艺术家们留下了无尽的思考空间。

（三）审美情趣的培养与时代精神的重塑

席勒说："艺术家怎样在包围他的时代的堕落面前保护自己呢？那就要蔑视时代的判断。他按照他的尊严和法则向上看，而不是按照运气和日常需求向下看。"① 这里体现出席勒对"人的尺度"和"种的尺度"进行分辨的智慧。马克思告诉我们："动物只是按照它所属的那个种的尺度和需要来建造，而人却按照任何一个种的尺度来进行生产，并且懂得怎样处处都把内外的尺度运用到对象上去；因此，人也按照美的规律来构造。"② 我们看到，"种的尺度"是物种的标准与需要，而"人的尺度"不同于"一个种的尺度"与肉体的需要，人生产"整个自然界"并具有"自由的面对自己产品"的品格，这也正是人类高于其他动物的一个重要特征。

历史从蒸汽机的轰鸣中驶来，褪去素朴的粗野，却执着于奔往另一种野蛮。席勒在二百多年前早已讨论审美趣味的发展问题，他说："我们看到粗野的趣味首先抓住新鲜的和令人惊异的、五光十色的和稀奇古怪的事物以及激烈的和粗野的事物，而却回避开朴素和平静。这种趣味创造出风格奇异的形象，喜爱迅速的变化、华丽的形式、鲜明的对比、夺目的色彩和令人感伤的歌曲。在这个时代只有激起这种趣味并给它以素材的事物才叫做美的。"③ 席勒在这里指出，人的审美趣味是由低级向高级发展的，随着人类审美意识的发展，人们的审美需求越来越多样化，审美趣味也不断得到提升，虽然每个人的审美体验不尽相同，但"只有美才能使全世界幸福，

---

① 席勒：《美育书简》，徐恒醇译，北京，中国文联出版公司1984年版，第63页。
② 马克思：《1844年经济学—哲学手稿》，刘丕坤译，北京，人民出版社1979年版，第58页。
③ 席勒：《美育书简》，徐恒醇译，北京，中国文联出版公司1984年版，第142页。

谁要是受到美的魔力的诱惑，他就会忘掉自己的局限"①。在这里，席勒把审美置于一个很高的社会地位，同时也点明了大众审美趣味培养的重要意义。

如此一来，艺术的陶冶教化作用被凸现出来。当然，相形之下，席勒更加强调艺术的创作者——艺术家在大众趣味方面的主导作用，认为"多少世纪以来哲学家和艺术家一直在努力，将真理和美灌输到普通人性的深处"②。席勒认为艺术家控制着大众趣味的风向，要想培育良好的社会趣味首先需要提高艺术家的自身的趣味："你应该同自己的世纪一起生活，但不要成为它的产物。给予你的同时代人以他们所需要的东西，而不要给予他们所赞赏的东西。"③席勒在这里提醒艺术家应时刻把握时代脉搏，走在时代发展的前沿；艺术家不应一味迎合大众，应该从引领时代精神的高度进行艺术创作，以此激发、唤醒人性中真善美的部分，并以此滋养社会道德。席勒并不反对艺术表现丑，但认为表现丑是为了彰显美，艺术家有责任通过艺术创作营造高雅的社会审美环境，从而陶冶大众趣味。

当今社会，物质世界的高度发展与精神世界的极度匮乏形成新的美与非美的"二律背反"，艺术迷了双眼，在"种的尺度"中一味迎合大众审美趣味。我们正在逐渐成为席勒眼中"感觉迟钝的人"④。自然是人类的第一创造者，美是人类的第二创造者。如今的境况是，人类彷徨在寂静的春天，一边培养着大众趣味，一边站在道德制高点上批判着大众审美趣味的低俗化倾向。在如何对待自然的问题上，我们可以问道东方智慧；在如何对待美的问题上，我们

---

① 席勒：《美育书简》，徐恒醇译，北京，中国文联出版公司1984年版，第146页。
② 席勒：《美育书简》，徐恒醇译，北京，中国文联出版公司1984年版，第61—62页。
③ 席勒：《美育书简》，徐恒醇译，北京，中国文联出版公司1984年版，第64页。
④ 席勒：《美育书简》，徐恒醇译，北京，中国文联出版公司1984年版，第46页。

可以对话西方圣贤；而在反思自身处境的问题上，我们可以重读《美育书简》："如果你通过教育把时代的思想提高到必然和永恒的事物，如果你通过行动或形象创造把必然和永恒的事物转化为时代冲动的对象，那么你就给世界指出了方向。"[1]

在对席勒的"中介论"美育思想的探讨中，我们认识到了在人性弥合、社会进步、实现自由的过程中审美教育所能发挥的独特而又巨大的作用。美和自由作为人类亘古以来追求的最高理想，可以经由审美的教育的手段变为现实。在人类与时间的博弈之间，历史向时代呼吁：在人的生成中，加强审美教育，回归高雅审美趣味。这不仅关系到个体的发展，更关乎于社会的进步。

［本文系教育部人文社会科学重点研究基地重大项目"文化转型中的现代中国文艺美学理论进程"（15JJD750010）阶段性成果］

［原载《上海大学学报（社会科学版）》2017年第5期］

---

[1] 席勒：《美育书简》，徐恒醇译，北京，中国文联出版公司1984年版，第64页。

未竟的审美教育之路
——席勒对启蒙时代的反思

邹　蕴◆（上海社会科学院哲学研究所）

　　1789 年的法国大革命不仅没有实现席勒期望看到的"理性的王国"，反而在暴力流血和恐怖斗争中一发不可收拾，这一历史事件及其后续的发展，直接刺激了席勒重新审视"启蒙"的内涵。他通过研读康德等人的哲学著作，思考着感性和理性各自的局限，并由此联系到启蒙时代人们普遍"碎片化"的艰难处境，向曾经资助过他的丹麦公爵写了二十七封书信。这一系列的书信是他对启蒙时代的哲学反思，这些书信之后被结集成书，也就是我们现在看到的《审美教育书简》。他在这本回应时代弊病的著作中，提出了一个重要的论断："人们在经验中要解决的政治问题必须假道美学问题，因为正是通过美，人们才可以走向自由。"[1] 看到这个论断，我们不免产生疑惑：政治问题为什么要通过美学问题来解决？在当时"启蒙运动"占据主流的欧洲社会，席勒又提出了崭新的"审美教育"理念，从而帮助人们通向自由王国，那么我们不禁继续发问：所谓的"启蒙"在帮助人们解决政治问题的时候究竟存在哪些局限？"审美教育"又具备哪些优于"启蒙"的特征？审美在引导人们通向自由的时候，它和道德之间是怎样的关系？本文将以《审美教育

---

[1] 席勒：《审美教育书简》，冯至、范大灿译，上海，上海人民出版社 2003 年版，第 21 页。

书简》为文本基础，围绕上述这些问题探讨席勒提出"审美教育"的背景、审美教育的具体内容以及审美情感和道德情感的关联。

一、问题背景：启蒙的局限性

席勒在《审美教育书简》的第五封信中指出了法国大革命所产生的负面影响：尽管革命者推翻了封建王朝的统治，人们似乎从长期的麻木不仁中醒过来了，但是，他们不只是要求恢复自己的权利，而且"要用暴力夺取他认为无理地拒不给予他的东西"①。在这场看似由"理性"和"法则"主导的革命中，席勒在底层阶级中看到的，却是人们在市民秩序解除之后无法无天的粗野和残暴，也就是人们被"感性冲动"主导的状态；席勒在文明阶级中看到的，却是腐败通过法则得以固定下来，在他们中间，利己主义横行，每个人都只考虑如何在动荡不安的时代攫取自己的利益。简而言之，粗野和懒散的行事风格分别主导着底层阶级和文明阶级。如此一来，我们就不免费解：这场以启蒙思想为理论来源的革命，为什么带给人们的不是自由，而是混乱和分裂？正如席勒所揭示的："文明远没有给我们带来自由，它在我们身上培植起来的每一种力都只是发展出一种新的需要。"②席勒在这里所提到的"每一种力"指的是伦理国家③由理性所主导的力量，伦理国家在实现自身的过程中，竭力以统一的、标准的形式去塑造多样的、现实的人，却泯灭了人的

---

① 席勒：《审美教育书简》，冯至、范大灿译，上海，上海人民出版社2003年版，第39页。
② 席勒：《审美教育书简》，冯至、范大灿译，上海，上海人民出版社2003年版，第41页。
③ 伦理国家源于法则，受道德必然的支配，是人经历自然国家之后更高的要求。席勒将自己所处的时代视为"伦理国家"时期。

自然性。正是因为理性把人的自然天性撕成碎片，破坏了人本有的内在的和谐，才使得近代人像孤零零的零件一般，被利益和欲望所构成的大机器驱动着。席勒不仅一针见血地指出了近代人的生存困境，也揭示了启蒙思想中所存在的深层次问题。

康德生活在启蒙时代，不仅是启蒙思想的重要代表人物，而且对席勒的哲学和艺术思想产生了深远的影响。通过对康德和席勒的部分著作进行对比，我们不难发现，席勒对康德的思想既有继承，更不乏批判。先看康德是如何反思启蒙运动的。

首先，康德是这样定义启蒙的："启蒙运动就是人类脱离自己所加之于自己的不成熟状态。不成熟状态就是不经别人的引导，就对运用自己的理智无能为力。"[1] 换句话说，康德从来不认为人类缺乏理智，而是缺乏自己使用理智的决心和勇气，这种勇气的缺乏是人类自身所招致的。人类想要走出这种不成熟的状态，就要摆脱懒惰和怯懦的局面，所以启蒙就是人对理智的自由运用。

其次，康德指出："这一启蒙运动除了自由而外并不需要任何别的东西，而且还确乎是一切可以称之为自由的东西之中最无害的东西，那就是在一切事情上都有公开运用自己理性的自由。"[2] 从这句话我们可以看出，启蒙运动的内核就是自由，此外康德还强调，除了"公开运用自己理性的自由"之外，启蒙运动并不需要任何别的东西，而这种自由是最无害的。由此可以看出，康德把对理性的掌握和运用看作是人类成熟的标志，甚至是唯一的标志。

最后，尽管启蒙思想是法国大革命的理论来源之一，但是康德对于革命的态度是偏消极的。他认为普通大众只能慢慢地实现启

---

[1] 康德：《答复这个问题："什么是启蒙运动？"》，见《历史理性批判文集》，何兆武译，北京，商务印书馆1996年版，第22页。

[2] 康德：《答复这个问题："什么是启蒙运动？"》，见《历史理性批判文集》，何兆武译，北京，商务印书馆1996年版，第24页。

蒙，革命可以推翻个人专制和权势，却不能实现思想方式的真正改革。换句话说，革命也会带来新的偏见和束缚，同样会让人们陷入新的"不成熟状态"之中。

　　对比康德和席勒的思想，我们不难发现有一点是共同的：他们对于革命的态度都是消极的，也就是无法通过一蹴而就的方式去改变公众的思想。不论是康德的"启蒙"还是席勒的"审美教育"都主张以缓慢的方式去改变人。而二者最大的不同之处在于：康德把"理性"抬到了至高无上的位置，以至于感性几乎没有容身之地；席勒却主张通过审美教育来弥补近代人这种残缺分裂的状态，从而实现理性天性和感性天性的统一。

　　面对启蒙时代所遇到的困境，席勒指出了它的病根："因为一切民族在通过理性返回自然之前，都毫无例外地必然会由于拘泥理性而脱离自然。"① 这条指控同样也适用于康德的启蒙思想，尽管康德尖锐地指出启蒙就是"人类脱离自己所加之于自己的不成熟状态"②，但他把运用自己的理智放到了至高无上的地位，以至于他不相信理性之外的任何东西，也就是迷信理性的权威。席勒反对的正是这种感性和理性截然对立的局面，席勒在《审美教育书简》的第六封信中将人的感觉和理性的分离称为"直觉知性"和"思辨知性"的分离，前者主要是指"经验知性"或"想象力"，后者则是指"纯粹知性"或"抽象精神"。席勒所批评的区分一切事物的"知性"指的就是"思辨知性"，康德的"理智"或"理性"也属于"思辨知性"的范围。席勒曾指出"直觉知性和思辨知性就敌对地

---

① 席勒：《审美教育书简》，冯至、范大灿译，上海，上海人民出版社2003年版，第44页。
② 康德：《答复这个问题："什么是启蒙运动？"》，见《历史理性批判文集》，何兆武译，北京，商务印书馆1996年版，第22页。

分布在各自不同的领域，怀着猜疑和嫉妒守护各自领域的界限"①，他认为给近代人造成创伤的正是近代文明本身，科学的精确划分、职业和等级的区分都是近代文明的具体表现，而这背后正是妄图区分一切的知性在作祟。这种知性将人的内在天性无情地撕裂，使得他们无法发展出本质的和谐。因此，席勒隐晦地批判了以康德为代表的迷信理性的启蒙哲学："这样一种简直是分解成纯粹知性和纯粹观照的精神，它有能力把逻辑的严格束缚更换成文学创作力的自由运动，它有能力以忠实而贞洁的心意去把握事物的个性吗……只要哲学还必须把预防谬误当作它最高尚的职责，真理就总是要制造殉难者。"②

以康德为代表的启蒙思想片面地强调理性的重要性，却割裂了人的完整性。近代人如席勒所述，成为了"孤零零的小碎片"。那么，碎片化的近代人又如何复归自己本有的完整性？席勒主张要到古希腊时代中去汲取养分，从而帮助我们建立更好的人性。因为古希腊的"自然"将形象的创造和哲学的思考都恰如其分地结合在完整的人性里，而不是像近代人的"自然"那般，是艺术和智慧的牺牲品。古希腊的高贵艺术正是"自然"的完美体现，可以帮助我们剔除粗野、轻浮的言行，有助于建立高尚的人格，这也正是"审美教育"的意义所在。

二、美如何既释放又约束人的天性？

承接上文的论述，既然审美教育在塑造人格的意义上优于启

---

① 席勒：《审美教育书简》，冯至、范大灿译，上海，上海人民出版社2003年版，第47页。
② 席勒：《审美教育书简》，冯至、范大灿译，上海，上海人民出版社2003年版，第54页。

蒙,从而可以帮助我们更好地解决政治问题,那么我们就不免对席勒的另一个论断产生疑问:他认为,要使感性的人成为理性的人①,审美是唯一的路径。为什么审美成了塑造完整人性的独一无二的路径,它究竟有什么特别之处可以衔接直觉知性和思辨知性,而不让二者处于对立的局面?

席勒在《审美教育书简》的开篇就指出了,他所处的时代陷入了一种既粗野又疲软的困境,粗野统治着社会下层,疲软和懒散统治着社会上层。其后他又在第十封信中提出:"我们的时代应通过美从这种双重的混乱中恢复原状。"② 那么如何使这个论断在哲学上成为可能?席勒认为首先要区分"经验的美"和"美的概念","美的概念"并不来源于经验,只能到抽象的道路上去寻找。因此他就提出了"美的纯粹理性概念"的说法,这个概念必须从"感性和理性兼而有之的天性的可能性中推论出来……一言以蔽之,美必须表现出它是人的一个必要的条件"③,于是他就引出了感性冲动、形式冲动和游戏冲动三个概念。

感性冲动是由人的物质存在(也就是感性天性)而生,它将人放入时间的限制中,从而使人变成物质的存在,它扬弃了人格性;形式冲动来自人的绝对存在(也就是理性天性),它将人当作类属,超越一切感性限制而达到人格的自由,它扬弃了时间和变化。而文明的职责就在于:其一、防备感性受自由的干涉;其二、面对感觉的支配确保人格性。换句话说,就是既要培养感觉功能,又要培养

---

① 席勒这里所谓的"理性的人"不同于康德的"理性",席勒的"理性"有健全的、完满的、优美的意味。优美的心灵代表道德性格的极致,亦即人的整体性格之和谐。
② 席勒:《审美教育书简》,冯至、范大灿译,上海,上海人民出版社2003年版,第78页。
③ 席勒:《审美教育书简》,冯至、范大灿译,上海,上海人民出版社2003年版,第84页。

理性功能。而在游戏冲动中，人们既意识到自己的自由，同时又感觉到自己的生存，既意识到自己是物质又意识到自己是精神，人因此能够完整地观照到人性。简言之，人处于游戏冲动的时候，感性冲动和形式冲动一起活动。既然"美的纯粹理性概念"是从二者兼而有之的可能性中推论出来，那么游戏冲动和美又是什么关系？

根据席勒的阐释，游戏冲动的对象就是活的形象，也就是现象的一切审美特性，一言以蔽之，就是最广义的美。那么感性和理性（也就是"直觉知性"和"思辨知性"）如何能够在游戏冲动中共同运作而不再相互冲突呢？

解决这个问题的关键在于游戏冲动可以扬弃一切偶然性，所谓"偶然性"指的就是：一种冲动在强制我们的时候，另外一种冲动就受到压制，从而成为偶然的，而不是必然的。例如，感性冲动从物质方面强制我们的时候，形式冲动就被压制了，形式特性因而成为偶然的。反之亦然。游戏冲动则可以消解这种"偶然性"，因为它同时从物质和精神方面强制人心，而不再让二者处于相互压制的局面。这样一来，感性冲动和形式冲动都是必然的，并且二者不再是孤立地各自发挥作用，而是用席勒的话说："游戏冲动……把形式送入物质之中，把实在送入形式之中。"① 因此当人处在游戏状态的时候，便可进行一种自由的活动。

任何排他性的活动（即某种冲动的单独运作）都无法保证人的天性的完满实现，例如席勒反复批评的近代人的处境——人的天性被撕裂成碎片，由于科学的发展和职业的分工使得人们只能无限发展天性中的某一部分，对天性的其他部分却视而不见。相比之下，游戏冲动却可以保证人的天性完满实现，所谓完满的意思即是：既

---

① 席勒：《审美教育书简》，冯至、范大灿译，上海，上海人民出版社2003年版，第115页。

可以充分地发挥人的自然天性，又不让这些天性过度发展。而游戏冲动的对象——"美"则同时起着松弛作用和紧张作用，松弛作用就是使感性冲动与形式冲动各自停留在自己的界限之内，紧张作用就是使二者都保持自己的力。值得注意的是，所谓感性冲动的"松弛"并不是让感觉变得迟钝和物质不起作用，而是通过理性冲动来节制感性的强度，而不能任由它无限度地向深处发展；同理，形式冲动的放松并不是让思维陷入疲软的状态，而是通过感性冲动的丰富性来赋予理性以思维的源泉。美可以起到紧张作用则指的是：当人处于游戏冲动的时候，可以让感性冲动和理性冲动同时发挥作用，也即二者都发挥各自的力却又不压制着对方。

因为美让感性冲动和理性冲动既有所松弛，也有所紧张，所以席勒认为：美既约束又释放着我们的天性。同时，他认为希腊人的真正自由就来自这两个世界（感性和理性）的必然性之间的统一，希腊的"自然"是与艺术和智慧的魅力结合在一起的，是哲学思考和形象创造的融合。因此，席勒将希腊人看作是近代人的榜样。

综上看来，"美"既能释放天性，又能约束着我们的天性，既然它如此完满，那么席勒又为何一语道破它的不足？"美不提供任何个别的结果，不论是对知性还是对意志，它不实现任何个别的目的，不论是智力的还是道德的，它发现不了任何一种真理，它无助于我们完成任何一项义务；总而言之，美既不善于建立性格，也不善于启蒙头脑。"① 这个说法可以进一步转换成另一个问题：美既然不能为智力的发展和道德的实践提供任何具体的结果，那么为什么席勒还认为道德情感和审美情感之间具有一种本质性的关联？而这恰恰也是康德和席勒的分歧所在。康德认为道德主体应当是排除了

---

① 席勒：《审美教育书简》，冯至、范大灿译，上海，上海人民出版社2003年版，第167页。

所有感性因素的理性主体，而席勒的道德主体却是理性我与感性我的统一，是义务和情感的结合。

三、审美情感与道德情感的关联

尽管席勒认为美对于具体的道德决定于事无补，但他认为一颗优美的心灵必然同时也代表着道德性格的高尚，也就是人的整体性格的和谐。（"游戏冲动"的时候，人们突破了感性冲动和理性冲动的限制，尤其是二者之间的紧张关系。不拘泥于某个具体的功利目的。）换言之，席勒并不关心人在某种功能（知性、意志等）中的个别活动，因为那些有规定性的个别活动会把人限制住，唯有感受整体功能的活动才有可能进入无限的状态，审美情感正是通过调动起人的整体功能，从而把人引向无限的状态，而不拘泥于局部的实务。

根据席勒的逻辑，整体的性格培养好了，局部的功能自然会奏效。然而历史的经验会告诫我们：美常常以牺牲美德为代价而建立自己的统治，无数统治者因为迷恋美的外表而失去理智，最后失去真理和道德。但席勒所崇尚的"美"和这些经验事实中的"美"并不是一回事。在席勒看来，真正的"美"是不会危害习俗的真实性的。席勒把真正的"美"等同于审美假象，审美假象就是观赏的对象，它不同于和现实相混淆的逻辑假象。席勒是这样定义审美假象的："只有当假象是正直的（它公开放弃对实在的一切要求），并且只有当它是自主的（它不需要实在的任何帮助），假象才是审美的……审美假象的范围有多大，它在道德世界中的范围就有多大，也就是说，假象既不想代表实在，也无须代表实在。"① 根据上述定义，我们可以看出，审美假象有这么几个主要特点：其一，它与现实和真理有严格的界限，它并不想冒充实在；其二，它不需要通过求助于实在性来达到自己的目的，相反，一旦求助于实在反而会违背自身的目的。例如，不懂得美的交际的人，会为了实现人际关系的礼貌和融洽而虚情假意、阿谀奉承，这便是危害了习俗的真实性的假象，因而不是审美假象；其三，审美假象的产生和判断标准都与道德法则无关，但同时审美假象并不妨碍道德的评判，反而在对人产生的影响上与道德法则是一体的。所以，倘若有一种假象的成立是以牺牲道德为代价，那么这种假象就不是审美假象。关于审美和道德之间的关联，席勒在他的另一篇美学著作《论秀美与尊严》中也有所解释：

  人作为现象同时也是感官的对象。在道德感得到满足的地方，审美感也不该被取消，与一种理念相吻合不应以牺牲现象为代价。尽管理性总是极其严格地要求表达出伦常，但是眼睛对美的要求也不可忽略。这两种要求虽然是由不同的判决法庭发出的，但两者都是针对同一个主体，因而要满足这两个要求也必须出于同一个原因。最有助于人实现他作为精神人格的规定的那种心境，必须要允许这样的表达，它对作为纯粹现象的人也是最有利的。换句话说，人的伦常的成熟必须通过秀美来展现。②

  假使人的所有感觉的道德感终于都得到充分的保证，以致它可

---

① 席勒：《审美教育书简》，冯至、范大灿译，上海，上海人民出版社2003年版，第218—220页。
② 席勒：《席勒经典美学文论（注释本）》，范大灿译，北京，生活·读书·新知三联书店2015年版，第147页。

以毫无顾忌地让内心冲动指引意志，而又绝不会有内心冲动的决定违背意志的危险，这种道德感就被称为美的灵魂。在美的灵魂起作用的时候，并非每个性格都是道德的，而是整个性格都是道德的。①

根据第一段引文可以看出，道德情感的满足并不以审美情感的取消为条件，而且二者具有一种本质性的关联。再者，道德的成熟状态也必须通过审美的方式来展现，一颗道德高尚的心灵同时也应当是优美的。这便是"审美假象的范围有多大，它在道德世界中的范围就有多大"② 的含义。

第二段引文则为我们进一步解释了为什么审美不能为道德实践提供任何具体的帮助，原因在于审美对人的主体所起的作用是整体性的，它并不来自某个概念，也不会诉诸某个概念，所以无法提供规定性的法则，但这些都并不妨碍美的灵魂可以和道德规范达成和谐一致。正如席勒所说，当人的道德情感充分保证的时候，内心冲动可以和意志互不冲突，也就是审美情感和道德情感并行不悖。

相较之下，康德的道德主体则几乎不容审美情感的存在，他在《道德形而上学的奠基》中指出，"一个出自义务的行为应当完全排除偏好的影响，连带地排除意志的任何对象；因此，在客观上除了法则，在主观上除了对这种实践法则的纯粹敬重，从而就是即便损害我的一切偏好也遵从这样一种法则的准则之外，对于意志来说就不剩下任何东西能够决定它了"③。康德所讲的"义务"指的是行为

---

① 席勒：《席勒经典美学文论（注释本）》，范大灿译，北京，生活·读书·新知三联书店2015年版，第162页。
② 席勒：《审美教育书简》，冯至、范大灿译，上海，上海人民出版社2003年版，第220页。
③ 康德：《道德形而上学的奠基》，李秋零译，北京，中国人民大学出版社2013年版，第16页。

的必然性,"敬重"则是伴随着对这种必然性的确认的一种情感,是一种通过理性概念而自己造成的情感,它只包含对道德法则的兴趣,所以它不是一般意义上的情感。康德将一般意义的情感称作"偏好","偏好"指的是那些被动遭受的情感,"敬重"不同于"偏好"。除了"敬重"这种情感之外,康德的道德主体并不容许其他与"偏好"有关的情感存在,因此,在康德的这种主体性架构下,"人的双重身份(理性我与感性我)永远处于一种紧张关系之中"①。席勒则在康德思想的基础上,试图通过审美教育努力调和这种紧张。值得澄清的是,席勒的美育方案并不是把审美情感(也就是康德所说的"偏好")作为人们进行具体的道德判断的基础,而是通过审美教育来塑造完整、高尚的人格,这种完整、高尚的人格才是人们做出道德决定的基础。

结语:审美教育的困难及未竟的道路

根据前文三个部分的论述,我们不难回答本文开篇提出的问题:席勒之所以认为政治问题必须借助于美学问题来解决,是因为审美教育可以帮助性格断裂的近代人恢复完整的人性、实现高尚的人格。审美教育优于启蒙的意义在于,启蒙思想过于崇拜理性的权威,以至于不相信理性之外的任何东西,而审美教育却能帮助人们回归自然的天性,即实现感性冲动和理性冲动的统一。美既能释放天性,又能约束天性,从而使得人的感性天性和理性天性不再相互冲突,而是处于一种协调统一的状态。尽管审美无法给道德实践提供具体的帮助,但是审美情感和道德情感具有一种本质性的关联,

---

① 李明辉:《康德的"道德情感"理论与席勒对康德伦理学的批判》,《揭谛》2004年第7期。

因为一颗优美的心灵同时也代表着道德性格的高尚。

审美教育似乎为我们勾勒了一幅完美的图景:通过游戏冲动的调和,人们既免于粗野,又不会陷入概念的刻板,从而恢复完整健全的人性。然而,这个图景仍难免乌托邦色彩,通过审美教育来解决政治自由的构想,其最大的困难之处就在于:美和善的统一必须以完整的人格为前提,要培养完整的人格需要教化,而教化的成效只能在极少数的人身上实现。对于这一困境,席勒在《审美教育书简》的最后一封信中也指出了:"真的存在着这样一个美的假象国家吗?在哪里可以找到它?按照需要,它存在于任何一个心绪高尚的灵魂之中;而按照实际,就像纯粹的教会或共和国一样,人们大概只能在个别少数卓越出众的人当中找到。"① 席勒自己也很清楚他的方案是理想主义色彩极为浓厚的,通过个体的天性来实现整体的意志,这几乎是不可能完成的任务,因为现实中的国家不是由单纯美好的人性叠加而成的,还有诸多凌驾于个人天性之上的意志,也就是席勒所讲的"伦理社会"的处境。

即使现实的处境如此糟糕,也不能改变哲学家向往更好生活的努力,席勒不忍看到人们冒着粗野和平庸的危险而舍弃美的价值,所以坚持要在人们天性的塑造中完成一场彻底的革命,而这场革命远比一切政治革命要来得更为艰辛和漫长,甚至是永远处于未完成的状态。福柯在反思以康德为代表的启蒙思想时,他反对把"启蒙"视作一项政治运动、历史事件,或是一种理论和学说,因为它们都无法帮助人们真正走出"未成年"的状态。只有把"启蒙"看作一种态度、气质和哲学生活,才能保留启蒙思想的正面功能,即

---

① 席勒:《审美教育书简》,冯至、范大灿译,上海,上海人民出版社2003年版,第239—240页。

"对我们的历史存在做永久批判的特征"①,因为"'批判'的作用正是确定在什么条件下运用理性才是正当的,以断定人们所能认识的、应该去做的和准许期望的东西"②。席勒的美育之路是一条永远未完成的道路,正是这样一条未竟之路,恰恰能够保存福柯所讲的启蒙的重要功能——对现实的自我批判,因为人的自我修炼正是在趋向神性③的途中打开的。

(原载《文艺争鸣》2018年第1期)

---

① 福柯:《何谓启蒙》,见《福柯集》,顾嘉琛译,上海,上海远东出版社2002年版,第536页。
② 福柯:《何谓启蒙》,见《福柯集》,顾嘉琛译,上海,上海远东出版社2002年版,第533页。
③ 席勒认为人在自身的人格中带有趋向神性的天赋,"神性"即一种完满的、理想化的人格品质。

杜威对审美经验的身体重释及其美育指向

李 震◆（浙江师范大学人文学院）

一、对经验概念的改造

杜威曾经总结过欧美哲学传统中经验概念的五个要义：（一）经验首先是一种认识事件，经验的意义主要在于它与认识的关系；（二）经验主要是一种精神性的东西，它促使内部经验是否符合外部世界的问题产生；（三）经验是对某物是什么的单纯记录和被动接受，经验的认识论价值在于其作为表象；（四）经验是离散状态的、简单个别的感觉要素的聚合，经验中不具备连续性；（五）由于经验以感觉来界定，所以它与思考或理性相对立。[①] 可以说，杜威的总结触及了传统经验论的软肋。有鉴于此，杜威对经验概念进行了改造。

在杜威看来，经验与自然相联系，自然代表着经验产生的周围环境，它源自有机体与周围环境的相互作用。杜威认为，"经验是有机体与环境相互作用的结果、符号与回报"[②]，相互作用的模式是"做"与"受"。"经验首先是一种经历的过程，一种经受某种事情的过程，一种遭受和激情，一种情感——在这些词的本义上——的

---

① 罗伯特·B.塔利斯：《杜威》，彭国华译，北京，中华书局2002年版，第54—56页。
② 约翰·杜威：《艺术即经验》，高建平译，北京，商务印书馆2010年版，第25页。

过程……换句话说,经验不过就是同时的做和遭受。"① 在杜威那里,经验具有基础性的地位,我们本身就生活在经验之中的,换句话说,我们作为有机体,为了适应环境,就得做出相应的反应,这就是所谓的"做";而周围环境不断变化,也承受着来自有机体的作用,这就是所谓的"受"。打个比方,经验就像一池水,我们就像水里的鱼,鱼在水里游动,改变了水的状态,水也反作用于鱼,随时改变鱼的运动状态,鱼无论到哪里,都还是在水中,是池水的一部分,两者是互不分离,又相互作用,共同存在。"做"与"受"不断地相互作用,经验不断产生,只有这样才能推动整个人类社会向前发展。

杜威在《经验与自然》中对经验有过这样的描述:

"经验"是一个詹姆士所谓的具有两套意义的字眼。好像它的同类语"生活"和"历史"一样,它不仅包括人们做些什么和遭遇些什么,他们追求些什么、爱些什么、相信和坚持什么,而且也包括人们是怎样活动和怎样受到反响的,他们怎样操作和遭遇,他们怎样渴望和享受,以及他们观看、信仰和想象的方式——简言之,能经验的过程。"经验"指开垦过的土地,种下的种子、收获的成果以及日夜、春秋、干湿、冷热等等变化,这些为人们所观察、畏惧、渴望的东西;它也指这个种植和收割、工作和欣快、希望、畏惧、计划。求助于魔术或化学、垂头丧气或欢欣鼓舞的人。它之所以是具有"两套意义"的,这是由于它在其基本的统一之中不承认在动作与材料、主观与客观之间有何区别,但认为在一个不可分析

---

① 陈亚军:《哲学的改造:从实用主义到新实用主义》,北京,中国社会科学出版社1998年版,第110页。

的整体中包含着它们两个方面。①

从这段话可以得出以下几点：第一，经验是原初性的，没有所谓的主客之分，主客体只是经验的两个方面；第二，经验既是名词性的，指向过去，又是动词性的，指向现在以及未来，包括正在做的过程及其结果；第三，经验不是主体对世界的一种反映，经验本身就是世界。这继承了威廉·詹姆斯的看法。詹姆斯曾说："我把直接的生活之流叫做'纯粹经验'，这种直接的生活之流供给我们后来的反思与其概念性的范畴以物质材料。"② 可见，杜威所谓的"经验"无所不包，是组成宇宙世界的基础，杜威将其形容为我们所遭遇的物质世界以及精神世界，是一个不可分割的整体，所以，经验就代表着我们生活的世界。

简言之，杜威赋予了经验以本体地位，指出"经验就是生活"，它源自有机体与环境的一种相互作用，是过程与结果的统一，它强调情境的作用，具有动态性，指向未来的特点。这种对经验概念的彻底改造，克服了传统二元论的束缚，人在接触环境中，不再区分出主体、客体，而是相互作用，相互参与，相互影响。这种经验概念为重释审美经验铺平了道路。

二、从一个经验（an experience）到审美经验

经验是有机体与环境相互作用的产物，环境是不断变化的，也因为如此，有机体也在不断调整自己，经验因此源源不断，就人类

---

① 约翰·杜威：《经验与自然》，傅统先译，南京，江苏教育出版社2005年版，第8页。
② 威廉·詹姆斯：《彻底的经验主义》，庞景仁译，上海，上海人民出版社2006年版，第49页。

社会而言，经验可以被理解为人与周围环境的相互作用而产生的生活经验，这种生活经验生生不息，但并非所有的生活经验都是审美经验，从生活经验到审美经验，中间还有一个中介者，这就是杜威所说的"一个经验"。在杜威看来，"我们在所经验到的物质走完其历程而达到完满时，就拥有了一个经验"①。这一描述显然不够具体。何谓"完满"，怎么才算"走完其历程"？这些问题需要进一步解答。

首先，"完满"与"走完其历程"是相辅相成的，这揭示了一个经验的整体性和连续性。杜威认为，"这一个经验是一个整体，其中带着它自身的个性化的性质以及自我满足"②，一个经验的"每个相继的部分都自由地流动到后续的部分，其间没有缝隙，没有未填的空白"③，当我们把握到一个经验的时候，这个过程是连续的，中间没有间断，比如我们在听一场音乐会，从音乐会开始的那一刻，我们就沉浸于音乐之中，我们与周围环境相互协调，处在一种和谐的状态，这种状态一直延续到音乐会结束，此时就可以说，我们拥有了一个经验。在拥有一个经验的时候，人们几乎感受不到它，作为主体的人是彻底融合在其中的。

其次，一个经验是情感性的，但同时也是有目的的、理智的、集中的。杜威承认"使一个经验变得完满和整一的审美性质是情感性"④，然而情感的参与并不意味着情感的泛滥。杜威认为，一个经验需要情感，但需要理智的节制，一个经验"从最终的意义上讲，它们是理智的"⑤，许多生活经验不能成为一个经验的原因就是因为

---

① 约翰·杜威：《艺术即经验》，高建平译，北京，商务印书馆2010年版，第41页。
② 约翰·杜威：《艺术即经验》，高建平译，北京，商务印书馆2010年版，第41页。
③ 约翰·杜威：《艺术即经验》，高建平译，北京，商务印书馆2010年版，第43页。
④ 约翰·杜威：《艺术即经验》，高建平译，北京，商务印书馆2010年版，第48页。
⑤ 约翰·杜威：《艺术即经验》，高建平译，北京，商务印书馆2010年版，第43页。

它们是散漫的、麻痹性的、没有目的的。一个经验要想具有整体性,在其走完历程的过程中,有情感投入,但也必须学会节制,带有目的与理智,这样才能不间断,相对集中于经验本身,达到某种平衡。

最后,一个经验是"做"与"受"的平衡。在杜威的哲学里,"做"与"受"是经验不断产生的一种形式,有机体与环境相互作用就是一个"做"与"受"的过程,两者不断调整以适应对方,相互促进发展。杜威认为,经验是有机体的"做"与环境的"受"相互作用而产生的,而且这种相互作用成为一种关系,这种做与受的关系达到平衡的时候,才会有一个经验的产生,一个经验才是完美的。相反,"太多的做,或者太多的接受性,或受任何一方的不对称,都会使知觉变得模糊,使经验变得片面和扭曲"①。

一个经验可以被视为审美经验产生的前期准备,因为在杜威看来,一个经验具有审美性质,审美经验并非是神秘之物,它是一个经验的集中与强化,是一个经验的清晰化的表达。审美经验又是如何发生的呢?杜威形象地描述了一个向山下滚动的石头是如何拥有具备了审美性质的一个经验的:

石头带着欲求盼望最终的结果;它对途中所遇到的事物,对推动和阻碍其运动,从而影响其结果的条件感兴趣;它按照自己归结于这些条件的阻滞和帮助的功能来行事和感受;以及最后的终止与所有在此之前作为一种连续的运动的积累联系在一起。这样,这块石头就将拥有一个经验,一个带有审美性质的经验。②

---

① 约翰·杜威:《艺术即经验》,高建平译,北京,商务印书馆2010年版,第52页。
② 约翰·杜威:《艺术即经验》,高建平译,北京,商务印书馆2010年版,第46页。

从这段描述中可以看到审美经验的产生机制：一是欲求目的，这是审美经验开启的动力；二是其中的阻滞作用，阻滞让经验具有了节奏性，这种节奏使经验避免了单调与重复；三是连续性，即审美经验是不间断的发生，是连贯的。

就运动机制而言，审美经验仍然遵守"做"与"受"的相互作用这一基本原则。习惯上，审美经验强调的是接受的一方，即审美经验是某一对象在接受者一方产生的一种特殊效果，但杜威并不赞同这一传统说法。他认为："人们也许会做得精力充沛，受得深刻而强烈。但是，除非它们相互联系并在知觉中成为一个整体，所做的东西就不是审美的。"① 换言之，在审美经验的产生中，制作与欣赏是相互补充的，审美经验并非仅仅产生于接受的一方。"审美经验仅有而独特的特征正在于，没有自我与对象的区分存乎其间，说它是审美的，正是就有机体与环境相互作用以构成一种经验的程度而言的，在其中，两者各自消失，完全结合在一起。"② 从这里可以知晓，审美经验源自一个经验，与一般经验不同的是，审美经验是一种完满的经验，在程度上更为趋向于经验本身，而且在审美经验发生之时，自我与对象是相互作用，融合在一起的。

在杜威看来，一个完整的经验有其生长的动态过程，有开端、发展、高潮，而审美经验正是一个经验发展到顶端出现的经验，两者的区别是程度上的，而不是质的。杜威认为，"只有在先前长时间持续的过程发展到一个突出的阶段，一个横扫一切的运动使人忘记一切，在这个高潮中，审美经验才会凝结到一个短暂的时刻之中"③。一个经验在其发展历程的最顶端才是审美经验，它是活生生

---

① 约翰·杜威：《艺术即经验》，高建平译，北京，商务印书馆2010年版，第59页。
② 约翰·杜威：《艺术即经验》，高建平译，北京，商务印书馆2010年版，第289页。
③ 约翰·杜威：《艺术即经验》，高建平译，北京，商务印书馆2010年版，第65页。

的生活经验。杜威并不否认生活经验的繁杂,在他看来,生活经验就像一条流淌的河流,但是这条河流并不一定是持续不断的,生活经验的特点就在于它的不持续性与繁杂性,就像我们每天的生活一样,我们总会感觉如果没有明确的目标的话,我们的时间总是会被打碎,被各种各样的琐碎事物所占据,忙忙碌碌,却没有任何成就感,这就是生活经验间断性的最好证明。而审美经验的不同之处就是它是不间断,有开始、发展、高潮、结束的完整的经验,这就像我们心无旁骛地做一件事,沉浸其中,获得愉悦,而当我们反观这个经验的时候,我们就可以称之为"审美经验"。一句话,审美经验也就是生活经验之流中的突出与高潮部分,如果把生活经验比作一个风平浪静的海面的话,那么审美经验就是生活经验里掀起的朵朵美丽浪花。审美经验虽然是短暂的,但由于生活经验不断涌现,就存在审美经验不断出现的可能性,理论上说,只要经验经历一个完整的发展过程,审美经验就会出现。至此,"生活经验→一个经验→审美经验"这样一条线索在杜威的美学中显现出来。

三、审美经验的身体维度

在杜威的重释下,审美经验从根源上来说是人与周围环境相互作用的产物,它本身并没有脱离生活经验;从发生机制上来说,审美经验的发生动力是需要、冲动与欲求,与身体相关;从运动机制上来说,审美经验是有目的的经验,它具有理智、实践的因素,在情感、能量、节奏的指引之下,蕴藏于身体过程中。由此,审美经验内含了身体的维度。

杜威哲学一直以来都在批判传统的二元论思维方式,其中包括身体与心灵的对立,杜威认为,"所有心灵与身体,灵魂与物质,精神与肉体的对立,从根本上讲,都源于对生活会产生什么的恐惧"①。在杜威看来,哲学源于人类对确定性的寻求,因此,才会有诸如柏拉图的"理念"、黑格尔的"绝对精神"等,在这些思想背后,现实世界都是可变的,某种精神世界才是永恒的,人类内在的对偶然性的恐惧,使人类渴望寻找确定性,随之而来的是精神、心灵相对于物质、身体有着无可比拟的优越性,这就是身—心的对立根源所在。在杜威的哲学逻辑中,这种对立的身心观是不存在的,身体与心灵本身就是统一的。杜威将世界看成是有机体与环境相互作用的经验世界,在这个经验世界里,世界本身就是流变的,人类自身不应该恐惧偶然性,有机体通过与环境互动,两者相互适应,就已经能够促进自身的发展。因此,在杜威的经验哲学里,去除了人类对偶然性的恐惧,身体和心灵都是经验世界的一部分,心灵本身就与有机体联系着,"没有这种联系,动植物就会死去;没有它们(有机体),最'纯粹的'心灵也不会继续下去"②。在杜威看来,这个自然的世界存在那里,并不存在一个超越自然的精神世界统治着自然世界,"这个世界就是认识的题材,因为心灵就是在那个世界里面发展出来的"③。既然心灵本身就属于这个自然的世界,它跟身体的地位应该就是平等的,两者的区别只是在功能上面,即心灵在意识层面指导身体性的行为,身体是心灵意识的延伸与扩展。

舒斯特曼曾指出,杜威视野中的审美经验是对生活经验的关注、感受与集中,生物学因素形成了审美经验的根基,并因此塑造

---

① 约翰·杜威:《艺术即经验》,高建平译,北京,商务印书馆2010年版,第26页。
② 约翰·杜威:《艺术即经验》,高建平译,北京,商务印书馆2010年版,第177—178页。
③ 约翰·杜威:《经验与自然》,傅统先译,南京,江苏教育出版社2005年版,第177页。

了我们关于美的艺术和想象性思维的、最具精神性的体验。① 以生物学为原点,杜威将身体维度引入对审美经验的阐释之中,这为审美经验带来了两个方向上的变化:其一,身体的参与让审美经验容纳了生理上的需要、欲望等成分,审美经验不再是心灵化的神秘经验,而是成为接地气的审美化的生活经验;其二,审美经验因为身体的参与也被赋予了积极的创造性,身体不再是被心灵操控的身体,而是具有生产性、创造性的身体,身体甚至造就了一个新的世界。在杜威看来,这种创造性既在于创造新的、异于寻常生活经验的审美经验,也在于创造新的审美生活。

  身体的维度一方面是生物性的欲望本能的维度。当杜威将身体引入审美领域,也就意指欲望是审美的一部分。在杜威看来,每一个经验都源自最初的冲动,而"冲动成为完整经验的开始,是因为它们来源于需要"②,也就是说,审美最初的动力是源自欲望需求。杜威还重新解释了感觉的含义,他认为,"感觉"本身具有很宽泛的含义,"它几乎包括了从仅仅是身体与情感的冲击到感觉本身的一切——即呈现在直接经验前的事物的意义"③。换句话说,通过身体性的感官知觉,我们能够最直接的理解现实事物呈现出的意义,这种意义的呈现其实就是审美意义的涌现,而审美意义涌现的基础是人的身体感觉。所以杜威才认为"为了把握审美经验的源泉,有必要求助于处于人的水平之下的动物的生活"④。杜威想利用生物学的视角,让审美回归感性,强调这种感官的灵敏性。在审美活动中,"审"这个动作不一定就是传统的"看",这个"审"往往是作

---

① 理查德·舒斯特曼:《身体意识与身体美学》,程相占译,北京,商务印书馆2011年版,第252页。
② 约翰·杜威:《艺术即经验》,高建平译,北京,商务印书馆2010年版,第67页。
③ 约翰·杜威:《艺术即经验》,高建平译,北京,商务印书馆2010年版,第25页。
④ 约翰·杜威:《艺术即经验》,高建平译,北京,商务印书馆2010年版,第21页。

为主体的人对周围环境的敏锐观察，这种敏锐的感觉是将普通的生活经验推向审美经验必不可少的一个步骤。换句话说，身体提供了感官的敏锐性使人们能够用审美的眼光看待生活经验。

既然身体成为训练审美眼光的重要因素，那么身体本身所具有的欲望、需要等因素理所当然地成为审美的一部分。杜威曾对康德的审美经验论进行了批判。康德是审美经验无功利的奠基者，但在杜威看来，"它（康德心理学）假定所有的'快感'，都完全是由个人与私下的满足构成的，'观照'所带来的快感却被排除在外"①，杜威认为，每一个经验都有冲动、需要、欲望的成分，只有我们在生活中变得麻木不仁的时候，这种欲望才会消失，而欲望的消失恰恰也就意味着对生活经验失去了更多的激情。因此，杜威认为："在审美对象中，强烈的感性性质占据着主导地位，这本身，从心理学上说，就证明了欲望的存在。"② 而杜威所谓的感性性质，很大程度上是指身体感觉。杜威将身体的维度引入对审美经验的理解当中，使审美经验有别于传统心灵化的经验，而使它成为生活经验的一种，它有赖于身体感官，身体感觉决定着审美经验能否出现。

另一方面，身体的参与促使审美经验具有了创造性。按照杜威的观念，我们处在一个有机体与环境相互作用的经验世界，环境不断变化，有机体也随之改变，以适应环境，达到与周围环境的平衡，审美经验在这种平衡状态下出现，也就是说，有机体与环境之间是一个不断打破平衡又重现平衡的动态过程。而身体是我们接触世界的第一媒介，"活的身体将活的生物与其环境主动联系起来，因此，提供意义真正的可能性"③。为了适应环境的不断变化，第一

---

① 约翰·杜威：《艺术即经验》，高建平译，北京，商务印书馆2010年版，第296页。
② 约翰·杜威：《艺术即经验》，高建平译，北京，商务印书馆2010年版，第296页。
③ 亚历山大·托马斯：《杜威的艺术、经验与自然理论·导言》，谷红岩译，北京，北京大学出版社2010年版，第9页。

需要调整的便是我们的身体,换句话说,身体实际上处在一种未知状态,这种未知性使身体具有无限的可能性与创造性。

那么,身体如何具备创造性呢?原因在于身体具有重构感觉的作用,它让各个感官之间联合起来,创造出完整的体验过程,身体又与心灵的统一,创造出新颖的审美意义。杜威并不是如康德一般在意审美经验"纯"或者"不纯",在他看来,审美经验就是活态化的生活经验,它的重点是感受、体验生活经验,利用身体感觉创造出异于寻常生活经验的审美化的经验。杜威认为,生活经验之所以与审美经验分离,是因为"在许多的经验中,我们的不同感官并没有联合起来,说明一个共同而完整的故事"①。换句话说,身体要发挥重构感觉的作用,将视觉、触觉、听觉等联合起来,这种联合不仅是感觉间的联合,也是感觉与意义的联合。举例来说,在面对一道精美菜肴的时候,如果我们只用嗅觉与味觉去吞咽这道菜,那只能说我们在吃菜,并不能到达品尝这道菜的境界,那么这个时候我们所获得的经验并不能是审美的;而当我们利用身体的重构作用,从色、香、味等方面重新尝试这道菜,打通我们的身体感觉,利用身体的感官创造出不同于品尝其他菜肴的体验,甚至通过这道菜联想到菜所代表的文化含义时,我们所获得的愉悦,才是真正意义上的审美愉悦,身体的创造性也正体现于此。面对生活经验,我们不仅要用身体去体验、感受,还要在身体感觉的基础上,用心去体会,这就是杜威所说的"进入表面之下的感觉的融合"。"正因为这种重构,视觉艺术也具有某种乐感,我们常说建筑是流动的音乐就是在这种意义上说的;而且也因为这种重构,音乐艺术亦具有画

---

① 约翰·杜威:《艺术即经验》,高建平译,北京,商务印书馆2010年版,第24页。

面的特质。"① 身体感觉之间具有天然的潜在联系和相互作用，使我们在审美活动中能够创造出新颖的经验，在不确定的、流动的生活经验中，身体对感觉的重构是创造出审美经验的根本原因，这种创造性也使人的日常生活能够不那么庸常，能够获得更为深刻的审美体验。

四、美育指向：工具性的身体经验

杜威的论述使审美经验在美学知识体系中的位置获得了重估，这一重释让我们看到，人们可以通过身体训练，增进自身的感知能力，丰富生活经验，从而获得深化审美经验的能力。其中，身体感觉经验具有工具性的价值，这使得杜威的理论为美育提供了身体层面的指向。

实用主义也被称为工具主义，工具主义的含义是指"观念、思想、理论是人用以使其行动取得成功的工具，因而它们能否使人的行动取得成功便成为它们的真理的标准"②。这种思维方式影响了杜威对许多问题的思考，也包括审美领域。杜威的美学剥离了审美经验的神秘性，使之显现出"源于日常经验，由生活经验集中和强化而来"的本色。更重要的是，审美经验不仅是通过"看"来体会的，还可以通过"练"来加强，以此为指引，杜威构想了强化审美经验的途径：通过身体训练，完善人的感知能力，丰富并创造经验，让生活经验审美化，最终让生活更加美好。杜威审美经验论的工具主义倾向就体现在它使身体训练取得了合法性，身体经验得以

---

① 汪堂家：《杜威的审美经验理论及其当代启示》，《中国高校社会科学》2014 年第 5 期。

② 俞吾金主编：《杜威、实用主义与现代哲学》，北京，人民出版社 2007 年版，第 19 页。

被锤炼,直至达到审美化的效果上。

本文已经提及,杜威身心统一的观念恢复了身体在审美领域的地位,不仅如此,杜威在审美经验论的基础上,赋予了身体训练以滋养身体感觉、培育审美经验的作用。舒斯特曼在《实用主义美学》中提到:"对杜威来说,没有任何东西可以与审美经验那充实的当下直接性相媲美。"[①] 经验之所以是审美的,是因为它对生活的直接感受,重点在于用审美的眼光观察生活,用我们的身体感受周围的世界。杜威利用生物学的方法教导人们要向动物学习,向野蛮人学习,学习什么?就是学习敏锐的感觉能力。"野蛮人的生活在许多情况下是呆滞的。但是,当野蛮人在极为活跃之时,他对周围世界的观察力最为敏锐,他的精力最为集中。"[②] 只有当感觉能力无比敏锐的时候,人们才能够集中注意力于他们所感受的世界,正如阿诺德·贝林特所说的,"美感具有特别丰富的可能性,因为通过身体多重感官的作用,我们对被建构的环境的感知力得到了增强"[③]。这说明,通过身体训练,完善人的感知能力,从而增强身体经验,获得更多更好的审美经验是可行的。

就身体训练而言,杜威本人就有切身感受。他曾认真修习过亚历山大技法。亚历山大技法是一种身体训练法,由美国著名身体治疗学家亚历山大(F. M. Alexander)创立。技法的理论来源是亚历山大对自己特殊经历的反思与总结。亚历山大曾因为一个不良的身体习惯动作而失声,他通过观察自己的身体动作发现,即使自己有意识地去改变那个不良动作,但是因为习惯的原因,总是会失败。

---

① 理查德·舒斯特曼:《实用主义美学:生活之美,艺术之思》,彭锋译,北京,商务印书馆2002年版,第35页。
② 约翰·杜威:《艺术即经验》,高建平译,北京,商务印书馆2010年版,第21页。
③ 阿诺德·伯林特:《美学回归与艺术新变中的美感论》,黄仲山译,《民族艺术》2015年第1期。

通过调查研究，亚历山大得出结论："通过良好的姿势和自我使用来达到身体、认知和道德的改进。"① 杜威赞同亚历山大的观点，并认为亚历山大的身体观念为他提供了具体的"实体"，来填充他的理论观念的"框架形式"。杜威作为亚历山大一个长期忠实的学生，不仅研习他的文本，为亚历山大的三本著作写过充满赞颂性的介绍，更通过亚历山大技法来训练自己，认为亚历山大技法对自己身体素质的提升起到了很大的作用。

身体感觉是审美活动的重要一环。杜威倡导通过身体训练，提高感知能力，深化审美经验，这种审美观也符合美学史上审美离不开感性的观念。鲍姆加登创立美学是为了研讨如何完善人的感性认识，感性认识与人的感知能力直接相关，那么人的感受力就直接关系到人是否能够去审美。舒斯特曼认为："我们的感性认识依赖于身体怎样感觉与运行，依赖于身体的所欲、所为和所受。"② 换言之，身体感官层面的感受、体验是感性的根本，而感性作为审美的最重要的内容，感受和体验自然成为审美不可或缺的重要因素，因此，提高身体层面的感知力有利于人们获得更充分的审美体验。杜威谈及艺术欣赏时说："从艺术作品的立场看，其一大功能就是冲破我们养成的生活习惯所形成的、阻碍我们的敏感与热诚的藩篱，冲破我们特殊职业在我们的周围竖起的层层屏障，而让我们的感觉、我们的视觉、我们的听觉和运动感接受清新的洗礼，使他们重新意识到环绕着我们的事物，更加深刻地意识到它们的存在。"③ 这

---

① 理查德·舒斯特曼：《身体意识与身体美学》，程相占译，北京，商务印书馆2011年版，第290页。
② 理查德·舒斯特曼：《实用主义美学：生活之美，艺术之思》，彭锋译，北京，商务印书馆2002年版，第352页。
③ 刘放桐主编：《杜威全集·晚期著作》第13卷，上海，华东师范大学出版社2015年版，第309页。

就是说，面对艺术作品，我们需要用我们的身体感官，用视、听、触等手段，直面艺术作品和审美经验本身，从而获得审美享受。审美经验的直接性也决定了身体感官在审美过程中发挥重要作用。舒斯特曼曾提到，杜威审美观的最终标准是经验，"他的知识工具主义理论，将所有探究的最终目的——包括科学的和美学的，不是视为单纯的真理或知识本身，而是视为更好的经验和经验价值"[①]。换言之，杜威审美经验论的最终目的是让人们学会感受、体验，学会发现、更新、创造，以求获得更好的经验。审美经验的获得能够提升我们的生命力，让我们的生命体验更为丰厚和深刻，因此，通过不断训练我们的身体感觉，提升我们对美和艺术的感知力，就显得十分必要。杜威强调了身体对审美经验的作用，树立和充实了美育的基本原则和具体形态。这些美育思想的最终落脚点都在于人的生活，而强调行动、实践与效果的思维方式，体现的正是杜威美学的工具主义倾向。这种将身体经验工具化的做法，也让审美经验更多地承担起了引导、改造人类自身的责任。

［本文系国家社会科学基金重大项目"西方美育思想史"（15ZDB024）阶段性成果］

（原载《美育学刊》2017年第5期）

---

① 理查德·舒斯特曼：《实用主义美学：生活之美，艺术之思》，彭锋译，北京，商务印书馆2002年版，第35页。

辑二

"以美育代宗教"
讨论专题

对"以美育代宗教"的批判性分析

彭　锋◆（北京大学艺术学院，北京大学美学与美育研究中心）

对于蔡元培在一百年前提出"以美育代宗教"的主张，学术界有不同的反响。无论是支持还是反对，都需要建立在理性分析的基础之上，尤其是其中的一些概念，特别是宗教、审美、艺术等核心概念，需要做进一步的分析。

一、宗教与迷信

严格说来，蔡元培提出的"以美育代宗教"，只是一种旗帜鲜明的主张，而不是一种详细论证的学说。蔡元培给出了三点理由：美育是自由的，而宗教是强制的；美育是进步的，而宗教是保守的；美育是普及的，宗教是有界的。① 显然，这种对比是比较粗糙的，尤其是对宗教的理解过于简单化。熟悉康德学说的蔡元培，按理应该知道宗教与迷信的区别。遗憾的是，他不仅没有将宗教与迷信区别开来，而且差不多将宗教直接等同于迷信了。在《判断力批判》中，康德明确将宗教与迷信区别开来："只不过以这样一种方式，宗教就内在地与迷信区别开来了，后者在内心中建立的不是对

---

① 蔡元培：《以美育代宗教》，见文艺美学丛书编辑委员会编《蔡元培美学文选》，北京，北京大学出版社1983年版，第180页。

崇高的敬畏，而是在超强力的存在者面前的恐惧和害怕，受惊吓的人感到自己屈服于这存在者的意志，但却并不对它抱有高度的尊重：这样一来，当然也就不能产生出良好生活方式的宗教，而只不过是邀宠和献媚罢了。"① 康德这里的区分，在卡西尔那里得到了更加清楚的表达。在卡西尔看来，迷信或者原始宗教与道德或者文明宗教之间的区别，在于心理状态或者态度的不同：迷信或者原始宗教通过禁止和恐吓引起的心理状态是消极的恐惧；道德或者文明宗教通过理想和激励引起的心理状态是积极的热情。迷信或者原始宗教将约束和义务强加给人，依靠外在力量让人被动地屈服；道德和文明宗教让人自由地接受约束和义务，依靠内在力量让人主动地追求。②

如果真的能够像康德和卡西尔那样将宗教与迷信区别开来，蔡元培所说的宗教就不是真正的宗教，而是迷信，相反蔡元培所说的美育倒有点像宗教。如此一来，蔡元培所说的"以美育代宗教"就变成了"以宗教代迷信"。如果蔡元培主张的是"以宗教代迷信"，那么他就不仅能够得到来自康德和卡西尔的支持，而且能够得到一大批宗教哲学家的支持。

不过，这并不意味着"以美育代宗教"就毫无意义，或者就可以完全被替换为"以宗教代迷信"。事实上，康德和卡西尔等人的区分本身也是有问题的。从历史上看，宗教与迷信之间存在着千丝万缕的联系，几乎所有宗教都起源于迷信，而且不管多么发达的文明宗教，其中仍然多少残存着迷信的成分。康德和卡西尔意义上的宗教，只是一种理论构想，在现实中并不存在。既然宗教与迷信之间存在着难以割裂的关系，与其保留宗教一词，不如用一个新词比

---

① 康德：《判断力批判》，邓晓芒译，北京，人民出版社2002年版，第103页。
② 卡西尔：《人论》，甘阳译，上海，上海译文出版社1985年版，第138—139页。

如美育来代替它。于是,"以宗教代迷信"至少可以更加明确地表达为"以美育代迷信"。换句话说,如果"以美育代宗教"有疑问的话,"以美育代迷信"就可以规避某些疑问。如果我们认识到蔡元培所说的宗教主要指的是迷信,那么"以美育代宗教"就仍然有它的合理性。

二、感性与完善的感性

在对宗教有了简要的分析之后,我们再来分析一下美育。众所周知,美育最早在席勒那里得到了详细的论述,其中的美是审美的简写,源于鲍姆嘉通对美学的界定。1730 年鲍姆嘉通在《关于诗的哲学默想》中率先使用了被译为美学的 aesthetica,这个词语的本来意思是感性认识,从字面上来看跟美并没有多大的关系。无论是感觉还是感性认识,与宗教都相隔有距。借用冯友兰关于人生境界的理论来说,感觉相当于自然境界,宗教相当于天地境界,在它们之间还有功利境界和道德境界。由此可见,感性认识与宗教信仰之间的差距,相当于最高人生境界与最低人生境界之间的差距,以美育代宗教的困难之大由此可以想见。

但是,鲍姆嘉通、康德乃至席勒所说的感性认识真的能够直接等同于感觉吗?在鲍姆嘉通那里,美学研究的并不是一般的通过五官获得的知识,而是完善的感性认识,即通过心灵获得的感性认识,可以与逻辑媲美的感性认识。如果考虑到在鲍姆嘉通之前,英国人夏夫兹博里和哈奇生已经将内在感官与外在感官区别开来,认为与美和艺术有关的是内在感官而非外在感官(艾迪生区分了感觉与想象,认为美与想象有关),那么鲍姆嘉通所说的感性认识并不是一般的通过感官获得的知识这一点就变得更加明确了。换句话说,鲍姆嘉通所说的完善的感性认识,相当于通过心灵获得的直觉，而不是通过感官获得的感觉。艺术和美，与心灵或者内在感官有关，与五官或者外在感官无关。这一点在康德的哲学中有更加明确的体现。在《纯粹理性批判》中，感觉真是认识的素材，与美和艺术全然无关。在《判断力批判》中，与美和艺术有关的也不是感性认识，而是判断力、趣味和天才。因此，如果将 aesthetica 根据字面意思译为感性认识，而且不区分感性认识与完善的感性认识，不区分内在感官与外在感官，那么由此带来的误解之大，远胜于将它译为美学。因为在夏夫兹博里、艾迪生、哈奇生、鲍姆嘉通、康德那里，无论他们说的是内在感官、想象、完善的感性认识还是判断力，至少都与美有关，与美丑的识别有关。识别美丑的感官（即美感）其实不是感官，确切地说不是视听嗅味触五种外在感官，而是与心灵有关的内在感官、想象、完善的感性认识、判断力等。正因为如此，韦尔施指出，鲍姆嘉通构想的美学，表面上看起来与感性有关，实际上是控制感性，甚至是反感性的。[①] 韦尔施以席勒为例，认为席勒的审美教育，并不是感性的解放，而是对感性的教育、规范、管制和消灭，尽管最终的目的或许也是感性，但不再是初级感性或者原初的感性，而是高级感性。"原初的感性和高级的感性状态不是并肩而立，也不是一个压过一个，而是第二个完全消灭第一个。上流社会的席勒是审美需求的严格执法者，他需要的是对审美需求的完全顺从。"[②] 席勒这里的初级感性与高级感性的区别，是 18 世纪欧洲美学家普遍采用的策略：在夏夫兹博里和哈奇生那里，是外在感官与内在感官的区别；在艾迪生那里，是感觉与想象的区别；在康德那里，是感觉与判断力的区别。由于这种区分的

---

① 韦尔施：《重构美学》，张岩冰、陆扬译，上海，上海译文出版社 2006 年版，第 86 页。

② 韦尔施：《重构美学》，张岩冰、陆扬译，上海，上海译文出版社 2006 年版，第 87—88 页。

普遍存在，因此韦尔施强调："这并不仅仅是席勒一个人的观点，就它强调了升华需求而言，它是整个传统美学的观点。"①

舒斯特曼在休谟的趣味理论中，发现了同样的区分。在舒斯特曼看来，趣味本来没有高级与低级、自然与病态的区分，休谟力图证明上流社会的趣味是高级的、自然的，普罗大众的趣味是低级的、病态的，而且进一步证明对于高级的、自然的趣味的追求，是普罗大众的自由行为，其中的目的就是他尖锐地指出休谟的趣味理论实际上是统治阶级巩固自己高人一等的社会地位。舒斯特曼尖锐地指出，审美教育其实是一场阴谋。②

如果韦尔施和舒斯特曼等人的分析是正确的，美育就不是简单的感性的自由和解放，其中也包含强制。如果美育中也包含强制，它与宗教就没有质的区别。这样一来，美育倒是可以代替宗教了，只是这种代替将变得毫无意义。当然，我们也可以不将初级感性与高级感性尖锐对立起来，将高级感性视为初级感性的自然发展的结果，如果真是这样的话，美育与宗教之间的区别就体现出来了。遗憾的是，这一点在蔡元培那里，并没有得到充分的论述。

三、艺术与现代艺术

蔡元培的"以美育代宗教"的主张并不是孤立的。18世纪的美学家暗中将美育等同于宗教，其中典型的表现是：作为美学核心概念的无利害性，本来是一个宗教术语。到了19世纪，在欧洲出现了

---

① 韦尔施：《重构美学》，张岩冰、陆扬译，上海，上海译文出版社2006年版，第88页。
② Richard Shusterman, *Of the Scandal of Taste*, in *Eighteenth-Century Aesthetics and the Reconstruction of Art*, edited by Paul Mattick, Cambridge, Cambridge University Press, 1993, p. 110—111.

一种将宗教与审美结合起来的潮流。例如，在英国维多利亚时期就涌现了许多宗教－审美理论，它们试图将基督教的主张与美结合起来，将道德与艺术调和起来。① 离蔡元培最近的，是20世纪的现代艺术理论，其中以贝尔在《艺术》中的论述最有代表性。该书出版于1914年，比蔡元培提出"以美育代宗教"早三年。

在贝尔看来，艺术不是对外部世界的再现，而是有意味的形式。对此，贝尔做了这样的解释："在各个不同的作品中，线条、色彩以某种特殊方式组成某种形式或形式间的关系，激起我们的审美情感。这种线、色的关系和组合，这些审美地感人的形式，我称之为有意味的形式。'有意味的形式'，就是一切视觉艺术的共同性质。"② 需要注意的是，贝尔所说的审美情感并不是一般的愉快，而是一种更深刻、更崇高的情感，也就是所谓的狂喜，它源于我们对形而上的"物自体"或"终极实在"的感受。"留下来的能够激起我们审美感情的东西又是什么呢？如果不是哲学家以前称做'物自体'，而现在称为'终极现实'的东西又能是什么呢？⋯⋯所谓'有意味的形式'就是我们可以得到某种对'终极实在'之感受的形式。"③

贝尔所说的这种审美情感，其实就是宗教情感。鉴于在情感和终极实在的追求方面，艺术与宗教都十分类似，因此贝尔将艺术与宗教等同起来，对艺术做了宗教化的理解："根据我个人的理解，宗教表达的是个人对宇宙的感情意味的感受。如果我发现艺术也是这同一种感受的表达，也决不会因此感到诧异。然而这两者所表达的感情似乎都与生活感情不同或者高于生活感情。它们也肯定都有

---

① Hilary Fraser. *Beauty and Belief：Aesthetics and Religion in Victorian Literatur*，Cambridge，Cambridge University Press，1986.
② 贝尔：《艺术》，周金环、马钟元译，北京，中国文联出版公司1984年版，第4页。
③ 贝尔：《艺术》，周金环、马钟元译，北京，中国文联出版公司1984年版，第36页。

力量把人带入超人的迷狂境界，两者都是达到脱俗的心理状态的手段。艺术与宗教均属于同一世界，只不过它们是两个体系。人们试图从中捕捉住它们最审慎的与最脱俗的观念。这两个王国都不是我们生活于其中的世俗世界。因此，我们把艺术和宗教看做一对双胞胎的说法是恰如其分的。"①

不过需要指出的是，在贝尔心目中，能够与宗教等同起来的艺术并不是传统的再现艺术，而是具有明显的表现主义和形式主义倾向的现代艺术。在现代主义艺术家看来，他们所从事的艺术与宗教具有很大的相似性。例如，蒙德里安就明确指出："尽管艺术有自身的目的，但它像宗教一样，是我们借以认识宇宙的工具。"② 当然，蒙德里安这里所说的艺术，不是传统的写实绘画，而是以抽象绘画为代表的新艺术。"新艺术是解除了压迫的旧艺术……在这种意义上艺术变成了宗教。"③ 不仅艺术可以等同于宗教，而且比宗教更纯粹。"作为人类精神的纯粹创造，艺术被表现为在抽象形式中体现出来的纯粹的审美创造。"④ 对于蒙德里安的这种转变，戈尔丁做了这样的总结："总之，对蒙德里安来说，艺术开始成为宗教经

---

① 贝尔：《艺术》，周金环、马钟元译，北京，中国文联出版公司 1984 年版，第 54 页。
② Piet Mondrian. *The New Art－the New Life：The Collected Writings Of Piet Mondrian*, edited and translated by Harry Holtzman and Martin James, Boston, Da Capo Press, 1986, p. 42.
③ Piet Mondrian. *The New Art－the New Life：The Collected Writings Of Piet Mondrian*, edited and translated by Harry Holtzman and Martin James, Boston, Da Capo Press, 1986, p. 319.
④ Piet Mondrian. *The New Art－the New Life：The Collected Writings Of Piet Mondrian*, edited and translated by Harry Holtzman and Martin James, Boston, Da Capo Press, 1986, p. 28.

验的替代者。"① 由此可见,在与蔡元培提出"以审美代宗教"差不多同一个时期的欧洲现代艺术运动中,有了"以艺术代宗教"的主张。但是,我们需要注意的是,蔡元培心目中的艺术与现代艺术似乎没有什么关系,蔡元培的美学与贝尔的美学也没有什么相似的地方。

四、结语

蔡元培的"以美育代宗教"的主张,由于没有严密的论证,从它作为一种理论或者学说来说,存在不少缺陷,但它并不是空穴来风,而是与欧洲18世纪以来的美学、文学、艺术实践有着广泛的联系。更重要的是,他似乎预见了后来的美学家对现代社会的工具理性的批判。蔡元培"以美育代宗教"的号召,经常被片面地理解为反对宗教。事实上,蔡元培并不完全反对宗教,相反他看到了宗教与艺术在很多方面具有相似性,尤其是它们在表达人类情感上具有不可替代的功能。蔡元培甚至认为社会的混乱、堕落和战争等,是科学过于发达、宗教过于衰落的结果。不过,蔡元培主张,宗教的许多有益的功能可以在艺术和审美中得到保留和发扬,而宗教的一些不好的东西,比如迷信、宗教组织的腐败等,又可以在审美和艺术中被毫无保留地抛弃。因此,在我们看来,蔡元培"以美育代宗教"的主张可以从两方面来理解:一方面是关于宗教的重新理解,一方面是关于艺术的重新理解。对于中国这样一个缺乏严格意义上的宗教传统的国家来说,一种审美化的宗教或者以人为中心的宗

---

① Piet Mondrian. *The New Art — the New Life*: *The Collected Writings Of Piet Mondrian*,edited and translated by Harry Holtzman and Martin James,Boston,Da Capo Press,1986,p. 28.

教，也许比西方的亚伯拉罕传统的宗教更为合适。另外，对中国人来说，艺术绝不是无利害性的游戏，而是可以在社会实践中发挥重要功能（比如某些宗教功能）的严肃事业。中国文化对审美和艺术的推崇，表明在这样一个缺乏严格宗教传统的国家中，人们可以在审美和艺术中找到他们的精神寄托。

［原载《郑州大学学报（哲学社会科学版）》2017年第5期］

"以美育代宗教"的四个美学误区

潘知常◆（南京大学新闻与传播学院）

百年之前的 1917 年 4 月 8 日，蔡元培提出了著名的"以美育代宗教"说，20 世纪的中国美学，从此与它血脉相连，同时，关于它的讨论也至今未曾停止。

无疑，百年中国的持续发酵的美育热潮应该由此开始，"以美育代宗教"也因此而成为中国百年美学历史中的第一美学命题。然而，由于时代的局限，随着讨论的深入，这一美学命题也逐渐暴露出了其自身所存在的美学误区。而今，驻足新的百年之交，新的关于"以美育代宗教"的思考也必须从对于它的美学误区的反思开始。

一

在我看来，"以美育代宗教"的美学误区有四，这就是：对于宗教的误读（尤其是基督教）、对于信仰的误读、对于审美的误读和对于美育的误读。

首先看对于宗教的误读。"以美育代宗教"的提出，意味着人类的全新的灵魂建构已经必须在宗教之外来完成，即必须借助于审美去完成。也就是说，长期雄霸人类灵魂建构中心的宗教已黯然退场。然而，这"退场"却并不简单。

"以美育代宗教"的美学误区正是由此而生。即它虽然顺应了长期雄霸人类灵魂建构中心的宗教的黯然退场这一历史主潮,并且因此而功莫大焉,但它却忽略了这"退场"的"并不简单",并且因此而始终没有能够把这一"退场"洞悉分明。

例如,从蔡元培开始,百年中在几乎所有的关于"以美育代宗教"的讨论中都存在着某种共同的缺憾,即未能将"以美育代宗教"放在世界格局中来评价。

正值"无神的时代",人类期待着"无神的信仰","以美育代宗教"正是对于这个时代的积极回应,也是来自东方的回应,它的重大意义无疑恰恰在此。而且,其中还存在着对于西方的基督教(这就是蔡元培所特指的必须以"美育"去加以取代的"宗教")的历史意义与终极价值的认真思考。然而,也恰恰就是对于基督教的误读,导致了蔡元培提出的"以美育代宗教"美学命题时的一个根本缺憾。因为,甚至是还在根本尚未开始认真面对基督教之前,他就已经轻率地对基督教予以全盘的否定。然而,文艺复兴和宗教改革以来的历史证明,基督教(新教)对于现代社会的推动作用有目共睹,它与人类审美活动之间的血脉相连也十分密切。因此,尽管在"以美育代宗教"要取代的宗教里,基督教确属首当其冲,但是,我们并不能仅仅只看到前后的取代,而更要看到两者之间的共通。例如,倘若能够在基督教与美育所共同禀赋着的"神圣性"上面着力运思,"以美育代宗教"的美学命题也就不难别开生面。但遗憾的是,从蔡元培开始,百年中几乎所有的讨论者都不约而同地把这个"共通"轻轻放过了。①

还为所有研究者所忽视了的,是蔡元培对于"法式启蒙"的片面倚重。熟知蔡元培的人应当都记得他一再表白的要"以法国为最","固与法国为同志也","灌输法国学术于中国教育界,而为开一新纪元"。为此,他甚至"感无限之愉快,而抱无限之希望"。而且,在强调教育与宗教分离的时候,他所举出的楷模也是法国。在他看来,1886—1912年间的法国教育之所以十分发达,正是因为"厉行教育与宗教分离之政策",凡国立学校中与关系宗教之分子,一律开除。因此从小学至大学的任事者中都已经没有了教会中人。总之,是教育超然于各派教会之外。

可是,众所周知,就西方实际的现代化途径而言,存在着盎格鲁-撒克逊人的神本主义现代化(所谓"英式启蒙")与法国人的人本主义的现代化(所谓"法式启蒙")以及斯拉夫人的社会主义的现代化("法式启蒙"的变种)的不同。"英式启蒙"的"有神论+个人主义"也是严格区别于"法式启蒙"的"无神论+个人主义"的。由此,从"英式启蒙"出发与从"法式启蒙"出发,由于背后存在着北欧的"新教改革"与南欧"文艺复兴"的不同,对于"以美育代宗教"的提倡,自然也会有其截然的不同。

---

① 在这方面,陈独秀与罗家伦的眼光却敏捷而深刻,陈独秀在《基督教与中国人》(《新青年》1920年第2期)中说,我们今后"要把耶稣崇高的伟大的人格和热烈的深厚的情感培养在我们血里,将我们从坠落在冷酷黑暗淤浊坑中救起"。对此,钱玄同在《答廷芳先生》(《生命》1922年第2期)的信中,赞誉云:陈独秀的观点可当做他的主张。赵紫宸也在《圣经在近世文化中的地位》(《哲学》1923年第8期)中表示赞同,说:"近代批评孔教的巨擘独秀先生熟悉圣经,故能引据经训,证明其说,并不是盲板之谈。"又说:"陈独秀先生说:'欧洲的文化从哪里来的?一种源泉是希腊各种学术,一种源泉是基督教。'此说最当。"另外罗家伦也在致熊子真的信(《新潮》1920年第5期)中提出:宗教和美育的最大功用,都是安慰情感。因此,如把信仰和宗教分开来说,美育实有代宗教之可能,只不过,关于"代"的性质、程度、方法,都还要再去详加思考。

何况，更为重要的是，"宗教"是否必须被美育所"取代"，其实还都是一个亟待重新考量的问题。

确实，我们已经看到，从百年前开始，不论是"以哲学代宗教"、"以道德代宗教"、"以科学代宗教"、"以美育代宗教"还是"以革命代宗教"，宗教都是始终被搁置在亟待去取代的位置上，似乎不去取而代之就不足以言文化的成功。而且，这里的宗教其实也都是遥遥指向在西方现代化进程中占据主流地位的基督教的。为此，梁漱溟先生指出：宗教问题是中西问题的分界线，这无疑是颇具眼光的。

在这种大的历史背景下，尽管也存在着王国维这样的并未轻易地将宗教乃至基督教全然否定的清醒者，但是绝大部分人却并非如此。如蔡元培，他虽然深刻意识到了宗教乃至基督教所带来的巨大困惑（蔡元培先生称之为"今日重要问题"），但他所提出的解决途径却是从拒绝"信从基督教"开始。他认为，基督教是"教祸"和"独断之宗教"。① 基督教的进入中国，也是对于中国的一种文化侵略，是"用外力侵入个人的精神界，可算是侵犯人权的"②。由此，百年以来，以蔡元培为代表的国人对于宗教尤其是基督教的敌视态度不难窥见。

当然，在中国这样一个无神论传统浓郁的国度动辄将宗教与社会进步截然对立起来，尤其是动辄将西方的基督教与社会进步截然对立起来，其实都并不令人特别意外，因为即便是有神论传统浓郁

---

① 蔡元培：《蔡元培选集》，北京，中华书局1959年版，第43页。
② 蔡元培：《蔡元培选集》，北京，中华书局1959年版，第193页。值得注意的是，百年之后的李泽厚也仍旧如此。2012年第12期《中国企业家》刊载的李泽厚的《小步走，慢慢来》中说："现在西方有很大的问题，基督教作为宗教性道德的源头已经不能规范和引导社会性道德了，所以我大胆预言，两百年后，儒学会在全世界战胜基督教，因为中国这套最符合人情（大笑）。"

的西方,我们也同样可以听到"上帝死了"的喧嚣,而且,犹如中国的"以美育代宗教",西方的尼采、韦伯以及法兰克福学派所提出的审美救赎,就其实质而言,也同样是意味着对于在现代化中占据主流地位的基督教的取代。

可惜,在中国与西方之间,这一切还都只是表面的相似。因为从西方来看,"宗教在近代的衰微,只不过意味着宗教不再是人的生活无可争辩的中心和统治者;而教会也不再是人生最终和无庸置疑的归宿和避难所"①。即这只是意味着基督教逐渐回到了真实的自身,"以美育代宗教"因此也应该是转而尝试以美育作为"人的生活无可争辩的中心和统治者",作为"人生最终和无可置疑的归宿和避难所",而不是对于基督教的作用与价值的全盘否定,更不是美育自身的被等而下之,不是美育自身的超越维度、信仰维度和形而上维度的丧失。事实上,基督教之为基督教的一线血脉——"神圣性"——仍旧在美育中被呵护和传递下来。

遗憾的是,在中国,却没有人意识到基督教在西方近代社会为什么竟然会成为"人的生活无可争辩的中心和统治者"与"人生最终和无可置疑的归宿和避难所",也没有意识到基督教在"民主""科学"背后的强大作用力。例如,从蔡元培开始,中国的美学家们都普遍未能意识到西方基督教通过否定"教权"以高扬"神权"与再借助"神权"以高扬"人权"的这一根本奥秘,因此一则误以为否定"教权"就是否定宗教,二则误以为可以越过"神权"去高扬"人权",进而也就没有意识到西方美学的进步中所实际存在着的与基督教一脉相承的这样一种隐秘的关联,更没有意识到在西方美学中所蕴含的美学共同价值中偏偏还深刻蕴含着基督教的重大影

---

① 威廉·巴雷特:《非理性的人——存在主义哲学研究》,杨明照、艾平译,北京,商务印书馆1995年版,第24页。

响，从而误将在西方现代化道路上起根本推动作用的基督教等同于避之唯恐不及的瘟疫，并且将审美与基督教简单地对立起来，以致错误地认定为前后相继的"取代"关系。

也因此，在新的百年之交，新的关于"以美育代宗教"的思考也就必须从全面、客观地思考基督教在西方社会和西方美学中的深刻影响开始。

二

对于信仰的误读，是第二个美学误区。

由于蔡元培本人以及从他开始的中国美学家们所普遍存在着的对于基督教的误读，进而也就没有能够意识到在西方基督教背后的"信仰"的出场，于是，以美育去取宗教而"代"之，就被片面地加以强调。结果，因为"信仰"而培育起来的人的尊严、权利以及自由、平等即"人是目的"的观念，在中国的美育中就没有被真正关注到。人类精神中的绝对价值、终极价值也没有在美育中被开掘出来。真正被注意到的，只是所谓美育之为美育的低层次的艺术趣味的培养与艺术素质方面的教育。

换言之，对于"以美育代宗教"的提倡，本来更亟待引起关注的，应当是信仰得以从中孕育而出的宗教尤其是基督教的"神性"。在基督教，因为人首先直接对应的是神（而且与神的对应还是与人的对应的前提），人以展现上帝的荣耀为荣耀（而不是以展现自己的荣耀而荣耀），而人与神之间的直接对应恰恰正是自由者与自由者之间的直接对应。这样，人之为人也就如同上帝，他自身所禀赋的自由属性同时被先天地赋予了一种绝对的尊严与权利。而且，还由于这自由被认为是上帝所赋予的，因此也就绝对不会让渡。正如西方学者乌尔比尔认定的：人有可以放弃的自由，因此有自愿的奴隶，但是基督徒不行，因为人是上帝的造物，自由属于上帝，人当然无权放弃。而且，既然是上帝所恩赐的一切，当然也就必须无条件地恪守。于是，作为完整的自由的一个至为重要的组成部分——内在的自由——也就在基督教中被特别地予以关注、开掘和凸显。正如黑格尔所说："只有在基督教的教义里，个人的人格和精神才第一次被认作有无限的绝对的价值。"① 而这也正是基督教与信仰之间的内在契合之处。由此，基督教作为"信仰"得以孕育而出的温床，其积极意义才真正显现出来。而审美之所以能够"取代"基督教而得以在现代社会登上历史舞台，也恰恰是因为它与宗教、哲学一样，是"信仰"得以孕育而出的温床。

这也就是说，人类是意义的动物，信仰则是对于人类借以安身立命的终极意义的孜孜以求。卡西尔指出，人类"被一个共同的纽带结合在一起"，这个"共同纽带"就是终极意义，也就是"信仰"。② 它是人类的本体论诉求和形而上学本性，也是人类的终极性存在。借用蒂利希的说法，它是"人类精神生活的深层"和"人类精神的所有机能"③。至于人类的哲学、艺术与宗教等，则"都被看做是同一主旋律的众多变奏"。可惜我们过去既误解了哲学、艺术，也误解了宗教，或者误以为信仰只隶属于宗教，④ 或者误以为信仰只隶属于哲学、艺术，其实，尽管在形式上存在理论的、感性的抑或天启的区别，但是，这三者的深层底蕴却都应该而且必须是信仰。

---

① 黑格尔：《哲学史讲演录》第1卷，贺麟、王太庆译，北京，商务印书馆1981年版，第51—52页。
② 恩斯特·卡西尔：《人论》，甘阳译，上海，上海译文出版社1985年版，第78页。
③ 保罗·蒂利希：《文化神学》，陈新权、王平译，北京，工人出版社1988年版，第9页。
④ 哲学、艺术都是在宗教的基础上起步的，因此与信仰并非水火不容。歌德说，如果人不信仰哲学，那就信仰宗教吧，其实也是在提示我们去关注哲学、艺术背后的信仰。

当然，就人类社会的历史来看，信仰主要是孕育于宗教之中的。在西方，则是孕育于基督教之中。关于基督教，马克思说过，它是"人的自我异化的神圣形象"①，"是还没有获得自身或已经再度丧失自身的人的自我意识和自我感觉"，"是人的本质在幻想中的实现"，是"锁链上那些虚构的花朵"。② 显然，在基督教那里，价值关系是存在的，但却是被颠倒了的。自我意识也是存在的，但也是被颠倒了的。"只有当实际日常生活的关系，在人们面前表现为人与人之间和人与自然之间极明白而合理的关系的时候，现实世界的宗教反映才会消失。只有当社会生活过程即物质生产过程的形态，作为自由结合的人的产物，处于人的有意识有计划的控制之下的时候，它才会把自己的神秘的纱幕揭掉。"③ 这意味着，当"实际日常生活的关系，在人们面前表现为人与人之间和人与自然之间"的极不明白而且也不合理的关系的时候，才是所谓的"宗教反映"，也就是所谓基督教的反映。而"当实际日常生活的关系，在人们面前表现为人与人之间和人与自然之间极明白而合理的关系的时候"，"神秘的纱幕揭掉"了，而呈现出的正是信仰。

由此出发，我们不难发现，宗教（例如基督教）的退场，并非只需要简单地被美育取代即可，而是亟待信仰的出场。

这一点，已经成为西方思想家们的共识。施泰格缪勒指出："我们首先遇到的是世界观哲学，它想要取代宗教满足人们对形而

---

① 《马克思恩格斯选集》第1卷，中共中央马克思恩格斯列宁斯大林著作编译局编译，北京，人民出版社1995年版，第2页。
② 《马克思恩格斯选集》第1卷，中共中央马克思恩格斯列宁斯大林著作编译局编译，北京，人民出版社1995年版，第1—2页。
③ 《马克思恩格斯全集》第23卷，中共中央马克思恩格斯列宁斯大林著作编译局编译，北京，人民出版社1972年版，第96—97页。

上学的需要,企图对那些不能再从宗教找到支持的人给以支持。"①而这样一种"世界观哲学"无疑就是信仰。因此,正如丹尼尔·贝尔指出的:"现代性的真正问题是信仰问题。"② 也正如歌德所说的:"世界历史的唯一真正的主题是信仰与不信仰的冲突。"③ 还正如巴雷特所说的:"信仰与理性之间的对立……是今天的一个关键问题。"④ 甚至,连中国的梁启超也意识到:"中国当以有信仰而后进。"

更何况,作为人类从终极关怀的角度对于"精神"的关怀,作为人类特有的文化存在方式,作为人类的终极价值表达形式,信仰是人类特有的自由选择与精神权利,它体现着对现实的超越和对未来的终极关怀。通过它,人类脱胎而为"万物之灵",并最终从自然的"物性"中超越而出,以"灵性""精神性"屹立于天地。

不过,信仰的建设也不容易。

首先的困境当然是宗教——即便是基督教——已经没有办法再作为信仰孕育的温床。由于制度宗教已经遭遇了致命的打击,而且,其中的认识论的部分也已一蹶不振,而价值论的部分也仅仅因为蕴含着共同价值——信仰而存在,因而,基督教乃至宗教都无法继续担当信仰孕育的温床了。不但无法继续,"随着宗教这一包含一切的框架的丧失,人不但变得一无所有,而且成为一个支离破

---

① 施泰格缪勒:《当代哲学主流》上卷,王炳文、燕宏远、张金言等译,北京,商务印书馆1986年版,第1—2页。
② 丹尼尔·贝尔:《资本主义文化矛盾》,赵一凡、蒲隆、任晓晋译,北京,生活·读书·新知三联书店1989年版,第28页。
③ 弗里德里希·包尔生:《伦理体系》,何怀宏、廖申白译,北京,中国社会科学出版社1990年版,第363页。
④ 威廉·巴雷特:《非理性的人——存在主义哲学研究》,杨明照、艾平译,北京,商务印书馆1995年版,第93页。

碎的存在物"①。

更何况,由于长期寄居于宗教也长期被宗教独霸,宗教对于信仰的阐释也仅仅是"宗教信仰",而并非信仰。然而,信仰与宗教信仰并不对等,信仰也更不能与宗教对等。信仰远比宗教根本,也远比宗教原始。当然,这并不是说宗教在信仰的孕育中就已经毫无作用,事实上,在它自己的领域,它还是能够发挥自己的积极作用的,只是毕竟已经回归本位,再也无法像过去那样担当大任了。"雅斯贝尔斯作为一个新教徒,他在新教中看不到最终解决人类灵魂中的紧张状态的办法。"② 这句话所描述的就是这样一种窘境。它昭示着我们,不是趋近宗教,而是趋近信仰,才是唯一正确的选择。③

其次的困惑是,要对信仰从"有神"向"无神"加以创造性的转换。卡西尔指出:"宗教的反对者总是谴责宗教的愚昧和不可理解性。但是,当我们考虑到宗教的真正目的,这种责备就成了对它的最高褒奖。宗教不可能是清晰的和理性的。它所叙述的乃是一个

---

① 威廉·巴雷特:《非理性的人——存在主义哲学研究》,杨明照、艾平译,北京,商务印书馆1995年版,第35页。
② 威廉·巴雷特:《非理性的人——存在主义哲学研究》,杨明照、艾平译,北京,商务印书馆1995年版,第32页。
③ 近年来,有一部分学者以信仰基督教的选择来投身信仰的建设,对此我有不同看法。蒂利希说过,在信仰建构中,知识分子的重要性必须强调,因为依靠宗教已经没有力量了。可是,也不能简单地去依靠普通大众,而需要依靠知识分子,但是,这些知识分子如果只信仰基督教却不去信仰信仰,却也必然是失败的。倘若在这些知识分子身上"没有这种预示的创造力,人类历史中无数的可能性也许依然得不到实现"。"没有乌托邦的文化总是被束缚在现在之中,并且会迅速地倒退到过去之中,因为现在只有处于过去和未来的张力之中才会充满活力。"(保罗·蒂利希:《政治期望》,徐钧尧译,成都,四川人民出版社1989年版,第136—137页)"具有充分的存在力量而向前进的人","保持自己完整性的人","具有本体论意义上的不满的人","能够把存在的一切去方面都推向前进"的人,一切才会有完整的力量。

晦涩而忧伤的故事：关于原罪和人的堕落的故事。……宗教绝不打算阐明人的神秘，而是巩固和加深这种神秘。……因此可以说，宗教是一种荒谬的逻辑；因为只有这样它才能把握这种荒谬，把握这种内在矛盾，把握人的幻想中的本质。"①

其实，信仰就是这样的与"荒谬的逻辑""内在矛盾"并存，也因此，要把它从宗教中剥离出来，也并非易事。但是，这又是必须的。因为正是在这样的剥离过程中，人类自身才得以不断实现自我的解放和觉醒。恩格斯在给伯恩施坦的信中说道："无神论作为对宗教的单纯的否定，它始终要涉及宗教，没有宗教，它本身也就不存在，因此它本身还是一种宗教……"②"无神论"当然不是"宗教"，恩格斯之所以要把它称为"宗教"，无非是在强调务必要把两者都同等地放在"信仰"的平台上去思考。在以无神思维去否定有神思维的同时，把"信仰"从中剥离出来。1875年，马克思在《哥达纲领批判》中说得更加明确："资产阶级的'信仰自由'不过是容忍各种各样的宗教信仰自由而已，工人党则力求把信仰从宗教的妖术中解放出来。"③

在这里，无神是必须的前提。1871年，恩格斯在一封信中说："要知道，马克思和我本来差不多就像巴枯宁一样早就是坚定的无神论者和唯物主义者。"④"无神论者"和"唯物主义者"在这里并列了起来，这表明无神论和唯物主义两者在马克思、恩格斯那里必须是同时并存的。而且，也是在这个意义上，他们才会指出："一

---

① 恩斯特·卡西尔：《人论》，甘阳译，上海，上海译文出版社1985年版，第17页。
② 《马克思恩格斯文集》第10卷，中共中央马克思恩格斯列宁斯大林著作编译局编译，北京，人民出版社2009年版，第522页。
③ 《马克思恩格斯文集》第3卷，中共中央马克思恩格斯列宁斯大林著作编译局编译，北京，人民出版社2009年版，第448页。
④ 《马克思恩格斯文集》第10卷，中共中央马克思恩格斯列宁斯大林著作编译局编译，北京，人民出版社2009年版，第362页。

切宗教都不过是支配着人们日常生活的外部力量在人们头脑中的幻想的反映。"① 而且，在宗教中的"幻想的反映"必将消失，"因而宗教反映本身也就随着消失"②。而"由清一色的无神论者所组成的社会是能够存在的，无神论者能够成为可敬的人"，"他宣告了不久将要开始存在的无神论社会的来临"。③

不过，对于"有神的宗教"的否定也并非对于"无神的宗教"的否定。恩格斯曾经提示，费尔巴哈的《基督教的本质》揭示了"我们的宗教幻想所创造出来的那些最高存在物只是我们自己的本质的虚幻反映"，"它直截了当地使唯物主义重新登上王座"，也因此，"我们一时都成为费尔巴哈派"了。④ 但是，尽管如此，他仍旧对于费尔巴哈把性爱和性关系"尊崇为'宗教'"的做法予以严厉批评："如果无神的宗教可以存在，那么没有哲人之石的炼金术也可以存在了。"⑤ 正确的做法是把有神的信仰转换为无神的信仰。也正是着眼于此，在他们看来，费尔巴哈给自己的哲学提出的任务"是将上帝现实化和人化"⑥，也就是把上帝还原为人，证明事实上"无神"。可是，在马克思看来，这并非结束，因为，"主要的事情还没有做"："费尔巴哈是从宗教上的自我异化，从世界被二重化为

---

① 《马克思恩格斯文集》第9卷，中共中央马克思恩格斯列宁斯大林著作编译局编译，北京，人民出版社2009年版，第333页。
② 《马克思恩格斯文集》第9卷，中共中央马克思恩格斯列宁斯大林著作编译局编译，北京，人民出版社2009年版，第334页。
③ 《马克思恩格斯文集》第1卷，中共中央马克思恩格斯列宁斯大林著作编译局编译，北京，人民出版社2009年版，第330页。
④ 《马克思恩格斯文集》第4卷，中共中央马克思恩格斯列宁斯大林著作编译局编译，北京，人民出版社2009年版，第275页。
⑤ 《马克思恩格斯文集》第4卷，中共中央马克思恩格斯列宁斯大林著作编译局编译，北京，人民出版社2009年版，第288页。
⑥ 费尔巴哈：《费尔巴哈哲学著作选集》上卷，北京，生活·读书·新知三联书店1959年版，第122页。

宗教的、想象的世界和现实的世界这一事实出发的。他做的工作是把宗教世界归结于它的世俗基础。他没有注意到，在做完这一工作之后，主要的事情还没有做。"①

值得注意的是，关于这"还没有做"的"主要的事情"，马克思、恩格斯事实上讲过多次，例如，"就德国来说，对宗教的批判基本上已经结束；而对宗教的批判是其他一切批判的前提"②。"对天国的批判变成对尘世的批判，对宗教的批判变成对法的批判，对神学的批判变成对政治的批判。"③ 恩格斯指出，这是"第一次对唯物主义世界观采取了真正严肃的态度，把这个世界观彻底地（至少在主要方面）运用到所研究的一切知识领域里去了"④。那么，这"还没有做"的"主要的事情"是什么？就是信仰的建构。恩格斯说："只有对自然力的真正认识，才能把各种神或上帝相继从各个地方撵走。"⑤ 但是要完成信仰的建构，"自然力"就远远不够了，还亟待"精神力"的建构，亦即信仰的建构。借用1844年马克思和恩格斯在《神圣家族》中所说的，揭露了青年黑格尔派和黑格尔的唯心主义"思辨结构即黑格尔结构的秘密"⑥ 之后，现在要做的，无疑应该是揭示"精神力"结构的秘密。

---

① 《马克思恩格斯文集》第1卷，中共中央马克思恩格斯列宁斯大林著作编译局编译，北京，人民出版社2009年版，第504页。
② 《马克思恩格斯文集》第1卷，中共中央马克思恩格斯列宁斯大林著作编译局编译，北京，人民出版社2009年版，第3页。
③ 《马克思恩格斯文集》第1卷，中共中央马克思恩格斯列宁斯大林著作编译局编译，北京，人民出版社2009年版，第4页。
④ 《马克思恩格斯文集》第4卷，中共中央马克思恩格斯列宁斯大林著作编译局编译，北京，人民出版社2009年版，第297页。
⑤ 丹尼尔·贝尔：《资本主义文化矛盾》，赵一凡、蒲隆、任晓晋译，北京，生活·读书·新知三联书店1989年版，第356页。
⑥ 《马克思恩格斯文集》第1卷，中共中央马克思恩格斯列宁斯大林著作编译局编译，北京，人民出版社2009年版，第276页。

而且，"精神力"结构的秘密的揭示，无异于人类学术研究的珠穆朗玛峰。长期以来，我们习惯于著名的三种把握世界的方式：真的尺度、善的尺度、美的尺度。然而，实际上，这并不真实。赖尔就郑重指出过：知情意"这个传统的学说非但不是不证自明的，而其实这样一团混乱和错误的推理，我们最好不要重建它了。应该把它看做一个理论的古董"①。其实，真正的把握世界的方式应该是四种，即知、情、意、信。在这方面，罗素的话异常深刻："信念是心的分析中的中心问题，信念似乎是我们所做的最'心理'的事物，这事件离开由单纯的物所作的事件最远。"② 也因此，信仰地把握世界，应该是一个亟待回应的重大问题。人类立足于自身超越本性的对作为终极存在、终极解释和终极价值的根本承诺，是一个终极关怀。可是，过去在神圣世界与世俗世界的分离中，或者将之诉诸上帝，或者诉诸物神，或者将之"神化"，或者将之"物化"，而现在需要的却是实现信仰层面的伟大革命，使之真正成为超越本性和价值追求的真实体现。马克思指出："人的根本就是人本身。"既然如此，我们就必须摈弃过去那种脱离人本身来理解和把握人的实体化、抽象化的做法，从人类自身生命活动的具体展开把握人的命运。无疑，在信仰的建构问题上，也应当如此。

进而，对于美育的认识也必须从信仰的高度来加以把握。在这方面，蔡元培对于"美育"的思考存在着明显的缺憾。他尽管已经注意到了反对宗教与反对宗教的所谓"哲学主义的信仰心"的根本区别，但是，却未能对于美育的信仰维度这一重大取向给以充分的关注。由此，蔡元培对于美育与艺术教育之间的区别，也就没有能

---

① 吉尔伯特·赖尔：《心的概念》，刘建荣译，上海，上海译文出版社1988年版，第60—61页。
② 罗素：《心的分析》，贾可春译，北京，商务印书馆2009年版，第173页。

够予以充分关注。在他那里,美育被矮化为艺术教育,美育的诸多功能也被艺术教育所取代,以致美育竟然失去了自身的价值定位和目标预设,并导致美育落入了困局。

更为值得注意的是,尽管"以美育代宗教"体现了现代性的核心特征,尽管美育的"复魅"与宗教的"祛魅"在其中也始终同步展开,但是,对美育与宗教之间关系的不同定位,也导致了不同美学家的不同选择。因此,百年来,并不是所有的美学家都紧紧盲目地跟随在蔡元培身后亦步亦趋,例如,王国维就没有像蔡元培那样地"去宗教化"和完全否定宗教(尤其是基督教),也没有完全地否定美育的神圣性、超越性与形而上属性,而是走向美育的信仰化。换言之,王国维是在清除了宗教的愚昧、迷信因素之后又在美育中延续了宗教的神圣性、超越性与形而上属性,而蔡元培则是坚定不移地"去宗教化"和认为宗教是多余的、落后的,是必须被取而代之的。这样,尽管诞生于 20 世纪 80 年代的生命美学从起步伊始就与王国维所开辟的美育道路心有灵犀并且不谋而合,但是百年来的中国美学的主流却令人遗憾地与王国维开辟的美育道路擦肩而过,而是始终在蔡元培开辟的美育道路上愈行愈远,并且逐渐远离了美学的根本抉择。

三

第三个方面是对于审美的误读。

与宗教、信仰密切相关的是审美。如前所述,宗教(包括基督教)其实只是信仰的极不明白而且也不合理的关系的反映,那么,信仰的"极明白而合理的关系"的反映又何以可能?由此,审美无疑也就呼之欲出。然而,在这方面,从蔡元培开始,中国的美学家们也仍旧存在着深刻的误解。在这方面,最大的疏忽在于没有洞察到区别于西方美学的外在超越、对话式超越和"神人"精神,在中国美学只是内在超越、境界式超越和"人神"精神。区别于西方美学的"天路历程",在中国美学中只是"心路历程"。其中所匮乏的,恰恰就是神性一维。当然,没有神性一维并不影响中国人的"成圣",但是却无法"成神",因此中国只有"三不朽"而没有"灵魂不朽"。既然无法"成神",那么,中国的审美乃至中国的美育又如何去取宗教(尤其是基督教)而代之呢?

换言之,中国美学中始终都没有神性一维,而只有人性一维。关注的不是人与神的区别,而是人与动物的区别。并且关注的只是"逍遥",而不是"救赎"。其中虽然存在"天地人仁"和"天地人道",却不存在"天地人神"。儒家没有"神"人,只有"圣"人。道家没有"神圣",只有"神秘"。禅宗更是既无"神"也无"神秘"。蔡元培希冀以这样一种人性之维的美学去取代神性之维的宗教(尤其是基督教),无疑并不可能。①

显然,能够取代宗教的,应该是所谓的神圣之美。可是,众所周知,孕育神圣之美的温床唯有西方的基督教文化,正如张世英先生所说:"这是我们从西方基督教文化遗产中所能得到的一点启发。"确实,神圣之美的出现一定是由于"绝对的他者"的存在,

---

① 对此,应该说,百年来中国的美学界都始终若明若暗,并且把曾经的与佛教的对话与百年中才刚刚开始的与基督教的对话混淆起来。其实,古老的中国有对于"有"的思考(儒)和对于"无"的思考(道),也有对于"空"的思考(禅),但是,却确实没有对于"神"(神圣)的思考。至于救赎,则更是陌生。韦伯就郑重提示过:"印度所有源之于知识阶层的救赎技术,不论其为正统的还是异端的,都有这么一层不只从日常生活、甚而要从一般生命与世界,包括从天国与神界当中解脱出去的意涵。因为即使是在天国里,生命仍是有限的,人还是会害怕那一刻来临,亦即,当剩余的功德用尽时,不可避免地要再度坠入地上的再生。"(马克斯·韦伯:《印度的佛教——印度教与佛教》,见《韦伯作品集Ⅷ》,康乐、简惠美译,桂林,广西师范大学出版社2005年版,第222页)因此,在中国,其实是只有"解脱",没有"救赎"。

而且也恰恰是因为这个"绝对他者"的存在，一切一切的美才都集中到了彼岸的一边。至于此岸的这边，则只有丑陋。可是，在中国，所谓神圣之美竟然存在于"人与宇宙协同共在"的天地君亲师的天地境界之中，这实在是一场百年中国美学历程之中的关公战秦琼式的美学混战。

与此相关的，是对于审美本身的理解。

当然，还可以进而思考的是作为"以美育代宗教"的首倡者的蔡元培对于西方美学源头的阐释。尽管蔡元培已经注意到了"以美育代宗教"与康德、席勒与中国美学之间的关系，但他却过多强调了康德美学中存在对于作为审美的前提条件的"非功利"的强调方面，而忽视了康德对于作为审美的根本目的的"人是目的"以及对于自由与尊严的呵护。其实，康德美学对于"非功利"的强调，只是在强调审美的前提条件，而不是强调审美的根本的目的。至于审美的根本目的，则关系到康德美学的第二个方面，即"人是目的"和对于人的自由与尊严的呵护。蔡元培显然没有注意到这个区别，而是偏向到了"非功利"的一边。甚至还认为，康德承认上帝的存在，最终走向了宗教神秘主义，而蔡元培则摒弃了其神秘主义倾向。①

李泽厚的人类学本体论的美学就是如此。在美学研究中，李泽厚十分提倡所谓的的工具本体、心理本体，但是，人类的审美活动从来都是以个体为前提的。真正的美学，必须以自由为经、以爱为纬，必须以守护"自由存在"并追问"自由存在"作为自身的无上使命。然而，实践美学的"实践存在"却是一个历史大倒退。它从人的"自由关系"退到了"角色关系"。也因此，在李泽厚那里，

---

① 姚文放：《蔡元培"以美育代宗教"说对于康德的接受与改造》，《社会科学辑刊》2013年第1期。

人的自由存在从未进入视野，进入的只是作为第二性的角色存在（例如，主体角色的存在），因此，自由是缺失的，也因此，人是目的、人作为终极价值以及人的不可让渡、不可放弃的绝对尊严、绝对意义也是缺失的。而审美之为审美，却势必孜孜以求于借助追问自由问题并殊死维护人之为人的不可让渡的无上权利、至尊责任这一唯一前提。在审美中，人之为人也势必从各种功利角色、功利关系中抽身而出，从关系世界中抽身而出，不再受无数他者的限制，不再是角色中、关系中的自己，而成为自由的自己、无角色无关系的自己，并且因此而获得精神上的自由和灵魂得救的自主权，从而，以自由作为核心，以守护"自由存在"并追问"自由存在"作为根本追求，以尊重和维护每一个体的自由存在、尊重和维护每一个体的唯一性和绝对性、尊重和维护每一个体的绝对价值、绝对尊严作为自身使命。在此，人类被有效地从动物的生命中剥离出来，并且通过重返自由存在来"把肉体的人按到地上"①，"来建立自己人类的尊严"②。

当然，从蔡元培到李泽厚，事实上只代表着百年中国美学的一种取向，却绝非唯一取向。众所周知，百年中国美学还存在着另外一种美学取向，这就是生命美学的取向。颇具意味的是，这两种美

---

① 席勒：《论崇高Ⅱ》，见郑法清、谢大光主编《席勒散文选》，张玉能译，天津，百花文艺出版社1997年版，第99页。

② 不过，就审美救赎而言，也必须予以关注的是，一方面，审美救赎是在现代化社会所出现的一个特定现象。作为人类的一种独特的精神现象，审美救赎希望赎回马克思所呼唤被现代社会所放逐了的"合乎人性的生活"。另一方面，在关于审美救赎的思考中，也不应片面凸显审美的现实功能的问题。其实，审美救赎毕竟是一种乌托邦、一种想象，例如尼采的"酒神精神"、巴赫金的"狂欢化"、俄国形式主义的"陌生化"、奥特加的"非人化"等。这也就是说，审美救赎其实只是作为与虚无主义的互补而存在的，离开了虚无主义，审美救赎并不存在。而且，审美救赎也不可能等同于对于虚无主义的现实拯救。因为，真正的现实拯救必须是从现代社会的自身中生长出来。

学取向都与西方马克思主义美学存在着密切的对应。从蔡元培到李泽厚的美学取向,对应于以列宁、卢卡奇为代表的实践论美学,生命美学则是与从康德开始的尼采、海德格尔、法兰克福学派、福柯等的生命美学密切对应。这就正如沃林所指出的:"从浪漫主义时代以来,在'唯美主义'的幌子下,美学越来越多地假定了某种成熟的生命哲学的特征。正是这个信念把从席勒到福罗拜,再到尼采,再到王尔德,一直到超现实主义者的各个不同的审美领域的理论家们统一起来了。尽管这些人之间存在着种种差异和区别,但他们都同意这样一个事实:审美领域体现为价值和意义的源泉,它显然高于单调刻板日常状态中的'单一生活'。从这个方面来说,在现代世界美学已经变成工具理性批判的最重要的武器库之一。"[1] 而福柯更提示我们:"道路已被法兰克福学派打开了。"[2] 在这个过程中,尽管存在着康德的"美学革命"亦即"审美王国"到尼采、海德格尔、法兰克福学派的"革命美学"亦即"审美乌托邦"再到福柯的"生命美学"亦即"审美异托邦"的差异,然而关于审美本身的深长思考却是其共同之处。因此,生命美学关于审美的具体思考,无疑不潜存着与西方马克思主义美学的诸多共同之处,并且在西方马克思主义美学通过批判理性束缚、市场泛滥以维护人的自由与尊严之外,中国的生命美学也可以在通过批判封建愚昧、人权泯灭以维护人的自由与尊严方面开拓出审美研究的东方特色,从而为百年来的中国美学研究走出对于审美的误读做出自己的特殊贡献。遗憾的是,生命美学所长期付出的这些努力,都被遮蔽在从蔡元培到李泽厚的美学取向之外,始终未能引起足够的关注与重视。

---

[1] 理查德·沃林:《存在的政治——海德格尔的政治思想》,周宪、王志宏译,北京,商务印书馆2000年版,第216—217页。
[2] 米歇尔·福柯:《结构主义和后结构主义》,见杜小真编选《福柯集》,上海,上海远东出版社1998年版,第493页。

四

最后，关于"以美育代宗教"的第四个误区：对于美育的误读。

首先必须指出的是蔡元培的"以美育代宗教"在逻辑上是明显矛盾的，因为"美育"与"宗教"根本就不对等。相比之下，倒是王国维早于他所提出的"美术者，上流社会之宗教也"更合乎逻辑。可是，颇具深意的是，尽管蔡元培自己也觉得其中存在矛盾，因此有时也会改为"以美术代宗教""以艺术代宗教"，但在正式的场合，他却始终坚持"以美育代宗教"。如在《美育代宗教》的演讲中他就说："只有美育可以代宗教，美术不能代宗教，我们不要把这一点误会了。"① 为了弥补漏洞，蔡元培的方法是，将"宗教"理解为"宗教教育"，也就是把"宗教"的"教"理解为教育的"教"。于是，"以美育代宗教"，就成了"以美学教育代宗教教育"，结果，"以美育代宗教"也就成了一个教育学命题，而不再是美学命题。也正是出于对这一失误的觉察，李泽厚才在《己卯五说》中改称为"以审美代宗教"。

其次，对美育本身，蔡元培的看法也存在问题。所谓的"宗教"，在他看来，是特指西方的基督教。这样一来，取西方基督教而代之的也应该就是西方的美育。可是，在蔡元培那里却不是这样。他所谓的美育，只是孔子所谓的美育，即"诗教""乐教"。当然，孔子所谓的美育倘若要取代孔子所谓的宗教，那倒起码是合乎逻辑的，但孔子所谓的美育又如何去取代西方所谓的宗教（基督教）？那完全又是一场关公战秦琼式的误打误撞。也因此，尽管蔡元培能够敏锐地捕捉到世界已经进入了"无神的时代"这一时代脉

---

① 蔡元培：《简易哲学纲要》，北京，北京出版社2005年版，第249页。

搏，同时又能够敏锐地意识到美学在这个时代的特定价值与作用，但却未能提供正确的回答。

换言之，蔡元培敏捷发现的，是一个"以审美代宗教"的重大课题，但是却因为出于种种现实的考虑（例如教育总长的对于教育工作的重视），却把它替换为一个"以美学教育代宗教教育"的教育学的现实课题。这样，他也就始终未能觉察宗教（基督教）与审美（包括美育）之间的在作为根本问题的终极关怀上的一致，也就始终未能觉察审美（包括美育）只是在宗教没有办法在"弱相关"的条件下再像过去那样去包打天下才得以应运而出，也才得以去尽职尽责发挥自己的作用。而且，审美（包括美育）与宗教之间也并非取代与被取代的关系，而是都在从不同的角度去共同地为信仰的建构、终极关怀的建构各尽所能。

或许在蔡元培看来，美育只是善的工具。在这方面，他与后来的李泽厚堪称心有灵犀。在李泽厚看来，审美所要企及的只是"以美启真"、"以美储善"和"以美立命"之类的功利目的。为此，他甚至还提出了所谓的"积淀说"。他在追问"美是什么"的时候借用"有意味的形式"来说明所谓的美无非就是"形式里积淀了内容"，因此，"有意味的形式"就是美。然而，无数的审美实践都告诉我们，更加重要的是形式创造了内容，创造了美，是艺术的形式、主题和意义以及抽象的点、线、面创造了美。换言之，在形式之外、形式之前、形式之上，都没有美。也因此，美必然是先于真也先于善的。所谓"形象大于思想"和海德格尔所说的艺术中的"真"要大于认识中的"真理"，也正是这个意思。并且，倘若所谓审美其实并非意在追求真理，而是意在维护自由，倘若审美只为审美的根本目的在于维护人之为人的不可让渡的权利与尊严，是把人自身当作目的，是为了人自身的提升与超越，而"不是以培养和精炼审美趣味为目的"，那么所谓美育，充其量也就只能是对于每一个人自己的自由本性和神圣不可侵犯的权利意识的唤醒与引导，而不可能是善的工具，不可能是"以美启真"、"以美储善"和"以美立命"，甚至也不可能是诸多学者所津津乐道的情感教育、艺术教育和人格教育等。

而且，必须要指出的是，对于美育问题的关注，王国维无疑比蔡元培还要先知先觉。早在 1903 年，王国维就已经在中国首次提出了美育的问题。在《论教育之宗旨》《孔子之美育主义》《教育家之希尔列尔》《论近世教育思想与哲学之关系》《去毒篇》《人间嗜好之研究》等一系列文章中，王氏都反复提到以文学、美术、音乐对国人进行美的教育。例如，在《论教育之宗旨》中，王国维指出："盖人心之动，无不束缚于一己之利害；独美之为物，使人忘一己之利害而入高尚纯洁之域，此最纯粹之快乐也。"在他看来，美育"使人之感情发达，以达完美之域"，因此，"美育即情育"。① 而且，更为重要的是，王国维并没有简单地否定宗教，而是以审美、以艺术为宗教，大力提倡在宗教衰微的中国去以美育取代宗教的缺位，这或许正是他 1904 年在《红楼梦评论》中就已经以艺术为解脱的根本原因："设有人焉，备尝人世之苦痛，而已入于解脱之域，则美术之于彼也，亦无价值。何则？美术之价值，存于使人离生活之欲，而入于纯粹之知识。彼既无生活之欲矣，而复进之以美术，是犹馈壮夫以药石，多见其不知量而已矣。"②"美术之务，在描写人生之苦痛与其解脱之道，而使吾侪冯生之徒，于此桎梏之世界中，离此生活之欲之争斗，而得其暂时之平和，此一切美术之目的也。""故美术之为物，欲者不观，观者不欲；而艺术之美所以优于自然

---

① 王国维：《王国维文集》第 3 卷，姚淦铭、王燕编，北京，中国文史出版社 1997 年版，第 58 页。

② 王国维：《王国维文集》第 1 卷，姚淦铭、王燕编，北京，中国文史出版社 1997 年版，第 16 页。

之美者，全存于使人易忘物我之关系也。"① "能使吾人超然于利害之外者""非美术何足以当之乎？""故究竟之慰藉，终不可得也。"②"自已解脱者观之，安知解脱之后，山川之美，日月之华，不有过于今日之世界者乎？"③

显然，王国维对于美育的思考极为深刻。因为他是出之于对宗教的价值与功能的同情与理解，强调在宗教衰微的时代，赋予美育以宗教的性质与功能，认定美育就是此岸中的彼岸，以形而上的美育取代形而上的宗教，以美育的王国取代宗教的"天国"，以审美的超越性取代宗教的超越性，而且，宗教的神性也被他转化为美育的内在要素。

不难看出，在王国维对于美育的宗教性质与功能的强调的背后，蕴含着的正是对于美育的信仰维度这一重大取向的敏锐洞察。而且，这一维度的充分展开，也正是中国20世纪一系列关于美育的深刻思考的重要起点。遗憾的是，王国维的这一思考并未引起时人的普遍关注。

最后，在蔡元培所提出的"以美育代宗教"美学命题中，至为重要的是对于美育的"教堂"属性的关注，而并非对于其"课堂"属性的关注，因此，这一命题的最为重大的意义是在于"全新的灵魂重建"的美学方案。与此相应的则是，美育之为美育，只有在审美救赎的背景下，才能够深入地加以讨论。

众所周知，人类失落的生命，过去只能在宗教中才能够被赎

---

① 王国维：《王国维文集》第1卷，姚淦铭、王燕编，北京，中国文史出版社1997年版，第3页。
② 王国维：《王国维文集》第1卷，姚淦铭、王燕编，北京，中国文史出版社1997年版，第2页。
③ 王国维：《王国维文集》第1卷，姚淦铭、王燕编，北京，中国文史出版社1997年版，第15页。

回，这就是人们已经非常熟悉的宗教救赎，然而，在宗教退出历史舞台的主导地位之后，人类失落的生命又将如何去赎回？审美救赎，当然应该是首先的选择。审美救赎，意味着对于自己所希望的生活以审美的方式赎回。人注定为人，但是却又命中注定生活在自己并不希望的生活中，而且也始终处于一种被剥夺了的存在状态，它一直存在，但是却又一直隐匿不彰，以致只是在变动的时代中我们才第一次发现，也才意识到必须要去赎回，然而，因为已经没有了彼岸的庇护，因此，这所谓的赎回也就只能是我们的自我救赎，也就是所谓的审美赎回、审美救赎。

也因此，关于美育的讨论，也就不能在艺术教育的层面进行，而只能在审美救赎的层面进行。遗憾的是，百年中关于"以美育代宗教"的讨论中，对于这个层面，却往往未曾顾及，或者仅仅一笔带过，这无异于一次世纪性的美学失误。

其实，早在百年前蔡元培提出"以美育代宗教"之初，他对于审美救赎的问题并非毫无察觉，因此在他提出的"以美育代宗教"的美学命题中，也实际存在"以审美代宗教"与"以美学教育代宗教"的两种不尽相同的美学取向。当然，由于甲午海战的失败，焦头烂额的古老中国急于向西方学习，因此对于"科学""理性""民主"和对于自然的奴役、神的迷信、君主专制的破解，都毕竟不可能像西方那样深思熟虑地及时反省，而是一味赞美之。但是，就广义而言，我们又不能说，就面临外在的合法性规范的崩解这一角度而言，蔡元培提出的"以美育代宗教"又与西方的对于虚无主义的克服存在着内在的根本一致。

"虚无主义意味着，最高价值的自行贬黜。"[1] 作为一种现代之后的特定现象，在过往的将"最高价值"绝对化之后，虚无主义则

---

[1] 海德格尔：《尼采》，孙周兴译，北京，商务印书馆2002年版，第26页。

是将"虚无"绝对化。一旦"虚无"被绝对化，它也就成了绝对的否定，成了关于"虚无"的主义。而且，虚无主义的关键就是"上帝之死"。有人认为，既然如此，重新把上帝请回神坛，事情不就圆满解决了吗？但事情远没有那么简单。众所周知，虚无主义是商品拜物教的必然结果。商品拜物教无疑确实亟待批判，否则无以达成对于信仰物化的"解蔽"。它可以被称之为"非神圣形象"中的异化，是信仰的物化形态——物神的泛滥。按照马克思的看法，商品拜物教也是一种宗教——"感觉欲望的宗教"，因为无法把人提高到自身感觉欲望之上，导致现代人陷入粗鄙化和外在化的感觉和欲望的泥潭中无法自拔。但是，对于新神——物神的批判，却绝对不能借助旧神——上帝的重新出场来完成。这是因为，对旧神——上帝的批判，也是同等重要的。它是对于信仰神化的"去魅"，可以被称之为"神圣形象"中的异化，是以抽象化、外在化的方式对于人的超越性的表达。正是因此，对于虚无主义的正面阻击，只能通过敞开信仰的本真意蕴，并且同时展开对于信仰物化的"解蔽"与信仰神化的"去魅"，才能够成功达成。而且，正是因此，宗教的退场才亟待美育的对于信仰的推进来加以实施并加以完成。

也因此，我们可以说，以审美去救赎合法性规范崩解的虚无之路，"审美代宗教"而并非"以美学教育代宗教"，这应该是蔡元培在中国所开创的第一次完全与世界同步的美学大讨论。他所提出的"以美育代宗教"，也应该是中国美学史上第一个世界性的美学命题，而这一美学命题在百年中国的长盛不衰，乃至在过去的百年中所出现的三次引人瞩目的美学热，也都一再证明着这一美学命题以及审美救赎在东方中国的强大生命力。

而且，假如说尽管尼采的克服虚无主义的审美救赎思路受到了海德格尔的严厉批评，认为这个美学方案虽然意在克服虚无主义却最终反而成为一种虚无主义的表现，但是无论如何，它却毕竟可以因为是西方的第一个克服虚无主义的美学方案而永垂青史,那么,蔡元培也如此。尽管他的"以美育代宗教"的克服虚无主义的审美救赎思路也绝非完善——甚至较之尼采而言,要更加不完善,但是,它却毕竟可以因为是非西方的中国的第一个克服虚无主义的美学方案而同样永垂青史。

然而,也必须指出,为蔡元培所忽视了的,却是席勒与尼采之间的截然不同的美学路径的差异。① 同样是面对审美与宗教的关系,在席勒,是审美作为美育,在尼采,却是审美作为宗教;在席勒,是审美的去宗教化,是对于宗教的否定,因为宗教是多余的、落后的,必须被取而代之的,审美则正是因此而应运而生,因此也是审美的去神性化、去超越性化与去形而上属性化,在尼采,则是趋向审美的宗教化,因此在清除了宗教的愚昧、迷信因素之后,又在审美与艺术中延续了宗教的神性、超越性与形而上属性。于是,昔日曾经由宗教来满足的,今日被转移到了审美。审美,成为当今之世的拯救之道、救赎之道。

而且,在西方,从尼采开始的审美救赎还绝非结束,而只是开始。他们在席勒的"趣味的满足"以及感性与理性的协调的审美教

---

① 在这个方面,众所周知,蔡元培选择的是席勒。值得注意的是,继之的鲁迅,却毅然选择了尼采。区别于王国维从叔本华那里汲取了"意志",鲁迅转而从尼采那里汲取了"意力"。区别于"意志"的"事已如此""你应该","意力"是"自身的解救者"和"快乐之施主",是"我要它如此""我要"。必须强调,"意力"早在梁启超那里就已经使用。更早的龚自珍、谭嗣同也已经使用过"心力"。鲁迅显然并非从中国文化入手。他明确地说:"孔孟的书我读得最早,最熟,然而倒似乎和我不相关。"所谓"意力",完全是从尼采的思想出发,是以个体的人格来承担起过去的上帝的职责。而且,其中的昂扬的生命力也是中国文化所匮乏的。不过,他对于"意力"的阐发更多的是从"社会"的角度而并非"存在"的角度,并且与进化论相互整合,最终形成自己的启蒙思想(参见伊藤虎丸:《鲁迅如何理解在日本流行的尼采思想》,载《鲁迅研究》第十辑,北京,中国社会科学出版社 1987 年版),这则是一大缺憾。也因此,也就再一次地与审美救赎擦肩而过。

育歧途外毅然继续前行，在审美救赎的道路上取得了丰硕的研究成绩。可是，在中国，蔡元培所提出的"以美育代宗教"却被转而在席勒的审美教育意义上去详加讨论，这导致了百年来的在审美救赎这个世界性课题的研究上中国美学家们的成绩竟然微乎其微。也因此，面对宗教的弱化，审美何为？审美何谓？我们又不能不说，蔡元培所提出的"以美育代宗教"的克服虚无主义的审美救赎思路尽管确实是上个世纪初年在中国就已经开始的一个最有共同价值的提问与回答，但是它并不完美，只不过是一个堪称一个完美的开始，一个在百年中始终可以去"接着讲"的开始。

更何况，关于审美救赎的思考，还意味着中西美学的平等对话。纵观百年的中国美学研究，到处可见的都是跟随在西方后面的亦步亦趋，诸多的研究专著与论文中出现的，也都是顺从的姿态，而不是对话的姿态。当然，认真的学习与领会永远是极为重要的，但是，这毕竟只是研究的开始。可是，在中国的很多美学家们看来，却以为这就是研究的结束。因为我们始终误以为西方已经结束了真理，因此也就始终以代西方权威传言为荣，始终以为中国的工作就只是为西方理论提供例证，始终以为中国人的智商处于绝对劣势，因此而不惜自甘被动、俯首帖耳。然而，正如乔纳森·卡勒所说：作为理论，其本身的准则就是反思。倘若我们放弃"反思"的权利，放弃平等对话的机遇，并且不去毅然以西方权威作为质疑的对手，那么，不论我们如何努力，其结果都必然是我们的出发之处，就是我们的失足之处。① 而在审美救赎问题上，我们显然不难发现，这实在是一个中西美学间可以同台竞技的舞台。当我们从蔡元培开始，一路走过康德、席勒、尼采、韦伯与西方马克思主义美学中的法兰克福学派之后，应该不难发现，相对于西方的侧重于理性的丰富性，以便给予自我感觉以充分的形而上的根据，中国应当侧重的是自由意志与自由权利。在西方，是期望从窒息理性的使人不成其为人的"铁笼"中破"笼"而出，在中国，却应当是从窒息人性的不把人当人的"铁屋"中破"屋"而出。自由意志与自由权利的成长，因此而成为审美救赎的中国特色、中国方案。在这个方面，中国美学无疑大有文章可做，而且也完全可以在关于审美救赎问题的思考与反省方面展示中国的特色、做出中国的贡献。可惜，这一切却始终未能引起我们的高度重视与深入的思考。

综上所述，尽管蔡元培提出"以美育代宗教"的美学命题已经百年，国内对于这一美学命题的研究也已经百年，但是在充分开掘这一世纪第一美学命题的价值与贡献之余，对于其各种误读却使得我们始终未能走得比蔡元培更远。这使得蔡元培所提出的这一世纪第一美学命题至今还仍旧只是一个未完成的美学命题，一个待阐释的美学命题。不但其中的真正的美学价值至今未被完全揭示出来，而且其中的根本的美学缺憾、美学失误也仍旧未被彻底揭示出来。

幸而，美学的新的百年已经开始，新的关于"以美育代宗教"的思考也已经开始，在洞察了其中的四个美学误区之后，相信我们

---

① 因此，中西美学对话其实也并非什么中西文化、中西美学交流的必然要求，而是20世纪人类坠入价值虚无的深渊之际所提出的必然要求。这个问题完全是绝对性的，而并非民族性的（比起绝对的精神境遇，民族的精神境域实在不算什么）。显然，谁能够解决这一困境，谁就有资格成为新的精神资源。因此，人类坠入价值虚无的深渊才是真正值得关注的"事情本身"，而并非是为一种民族精神辩护。在此意义上，本文所即将深入展开的对话也只是与全世界的美学先知的精神对话，而并非肤浅的中西美学间的对话。

可以比蔡元培走得更远。不难想象,在新的百年,对于蔡元培所提出的"以美育代宗教"的美学命题的全新拓展,应该是可以预期的!

[原载《郑州大学学报(哲学社会科学版)》2017年第5期]

蔡元培"以美育代宗教说"的历史语境和现代价值

刘成纪◆(北京师范大学哲学学院)

现代以来,中国启蒙思想者提出了一系列关于宗教的替代方案,如陈独秀的"以科学代宗教"、蔡元培的"以美育代宗教"和梁漱溟的"以道德代宗教"等。但近一个世纪的精神实践证明,无论科学、美育还是道德,均没有取代宗教。相反,宗教反而显现出日趋恒久的生命力。但是,从20世纪以降中国美学的发展看,"以美育代宗教说"对于美学学科而言依然显现出无以复加的重要性,重点在于它赋予了美学一种类似宗教的特质,使其具有了神圣价值。这种神圣性一方面使美学在中国现代人文教育中始终占据了超越其他学科之上的价值,即审美境界被视为人生的最高境界;另一方面则使美育在中国历史上原本占据的地位得到了现代理论的强化,使中国美学之于中国文化乃至国家层面制度文明建构的价值日益得到彰显。下面我将结合这一学说产生的历史语境,重新揭橥它的价值和意义。

一、"以美育代宗教说":历史语境与时代共识

从历史来看,在清末民初,新兴思想者提出的诸多社会变革方案,几乎都是以对宗教的批判为前提的。之所以出现这种状况,直

接的动因还在于当时中国面临的列强环伺的背景。如李鸿章讲"今日所急，实为数千年未有之变局"，"又为数千年来未有之强敌"。①作为对这种情势的应激性或防御性反应，1898年，以康有为为代表的维新派提出了"保国""保种""保教"② 三大主张。其中所谓的"保教"，就是要维系孔门之教在国家意识形态方面的主导性。此后，康有为及其追随者则直接将国疲民弊的主因归于中国缺乏一种可以与西方抗衡的宗教，并据此主张将儒学国教化。如其所言："今则各国皆有教，而我独为无教之国。各教皆有奉教、信教、传教之人，坚持其门户，而日广大之。"③ "将欲重道德之俗，起畏敬之心，舍教何依焉。"④ 而"中国数千年来奉为国教者，孔子也"⑤。但值得注意的是，在清末民初，自戊戌变法至袁世凯称帝，再到北洋政府、张勋复辟，凡是社会的守旧势力大多是康氏孔教主张的拥护者，也即"保教"与"保皇"显现出惊人的一体关系。这预示着宗教信仰虽然是跨越中西的人类普遍现象，但在当时的中国却成为阻碍社会变革的最显在力量。这种状况不能不引起具有新思想的启蒙知识分子的警惕。

　　清末民初，梁启超是康氏将孔子国教化的最早批评者，他在1902年发表《保教非所以尊孔论》一文。此后近十年，刘师培、张东荪、章太炎等先后介入讨论，其主旨在于恢复孔子作为思想者

---

① 李鸿章：《奏陈方今天下大势》，见张勇编《中国思想史参考资料集·晚清至民国卷》上编，北京，清华大学出版社2005年版，第21页。
② 康有为：《保国会章程》，见姜义华、张荣华编校《康有为全集》第4集，北京，中国人民大学出版社2007年版，第54页。
③ 康有为：《孔教会序》，见姜义华、张荣华编校《康有为全集》第9集，北京，中国人民大学出版社2007年版，第342页。
④ 康有为：《中华救国论》，见姜义华、张荣华编校《康有为全集》第9集，北京，中国人民大学出版社2007年版，第325页。
⑤ 康有为：《孔教会序》，见姜义华、张荣华编校《康有为全集》第9集，北京，中国人民大学出版社2007年版，第341页。

（而非教主）的本来面目。至五四新文化运动时期情况则有新变，启蒙思想者开始考虑在反孔教的基础上如何寻找替代方案，以为未来中国开出新的文化和思想远景，这种思考显然比一味反对孔教更具建设性和前瞻性。其中的代表是陈独秀的"以科学代宗教"和蔡元培的"以美育代宗教说"。

从学理上讲，蔡元培为替代宗教开出的美育方案，要比陈独秀的"科学"方案更具合理性。这是因为在科学和美育之间，科学解决的是对对象世界的客观认识问题，美育则奠基于人的情感，以给人带来精神抚慰为目的，这种目的与宗教的功能具有类似性。同时，宗教关注超验世界，而美育给人提示的正是从现象世界向超验（实体）世界上升的通道，与宗教最相切近。如蔡元培所讲："美感者，合美丽与尊严而言之，介乎现象世界与实体世界之间，而为之津梁。……故教育家欲由现象世界而引以到达于实体世界之观念，不可不用美感之教育。"① 与此比较，近代以来科学虽然是宗教的最大否定性力量，但它也极易因此将人类引向另一个反人性的极端。如蔡元培所言："我以为现在的世界，一天天往科学路上跑，盲目地崇拜物质，似乎人活在世上的意义只为了吃面包，以致增进了贪欲的劣性，从竞争而变成了掠夺。""要知道科学与宗教是根本绝对相反的两件东西。科学崇尚的是物质，宗教崇尚的是情感。科学愈昌明，宗教愈没落；物质愈发达，情感愈衰颓。……我的提倡美育，便是使人类能在音乐、雕刻、图画、文学里又找见他们遗失了的情感。"② 从这些言论不难看出，蔡元培提出"以美育代宗教"，并不是从宗教彻底走向反宗教，而是要找到一个既反对宗教迷信又

---

① 蔡元培：《对于教育方针之意见》，见文艺美学丛书编辑委员会编《蔡元培美学文选》，北京，北京大学出版社1983年版，第4—5页。
② 蔡元培：《与时代画报记者谈话》，见文艺美学丛书编辑委员会编《蔡元培美学文选》，北京，北京大学出版社1983年版，第214—215页。

与宗教具有类似性的替代者。易言之，在美育与宗教之间，两者并不是因敌对而相互取代的关系，而是因类似而相互接替的关系。

也许正是基于美育与宗教之间的这种类似性，五四运动前后，虽然学界针对宗教提出了诸多替代方案，但围绕蔡元培的美育形成的共识却最大。如陈独秀讲："至于宗教有益部分，窃谓美术哲学可以代之。"① 梁漱溟后来提出"以道德代宗教"，但他所谈的道德，主要是指中国传统道德中最具审美性的侧面，即礼乐。如其所言："礼乐使人处于诗与艺术之中，无所谓迷信不迷信，而迷信自不生。孔子只不教人迷信而已，似未尝破除迷信。他的礼乐有宗教之用，而无宗教之弊；亦正惟其极邻近宗教，乃排斥了宗教。"② 此外，后来提出"以哲学代宗教"的冯友兰，当时则直接讲出宗教的诗性或审美特征，如其所言："近来中国有非宗教运动，其目的原为排斥帝国主义的耶教，其用意我也赞成。至于宗教自身，我以为只要大家以诗的眼光看它就可以了。许多迷信神话，依此看法，皆为甚美。至于随宗教以兴之建筑、雕刻、音乐，则更有其自身之价值。"③ 从这种观点的趋同性可以看出，鉴于宗教与当时西方文化入侵以及与中国专制传统的共生关系，虽然以科学、道德、哲学等取代宗教均具有必要性和合理性，但在学理和功能层面，美育却因为与宗教的高度类似而在其中占据了优先性和主导性。或者说，美育的情感特征和精神抚慰功能，使其既成为宗教的近亲，又避免了宗教的虚妄；既属于宗教中的"有益"部分，又具有超越宗教的现代性。

与此比较，科学和道德则均不具有这种特性。如冯友兰所言：

---

① 李建主编：《儒家宗教思想研究》，北京，中华书局2003年版，第35—55页。
② 梁漱溟：《中国文化要义》，上海，上海人民出版社2011年版，第110页。
③ 冯友兰：《三松堂全集》第2卷，郑州，河南人民出版社2001年版，第19页。

"科学与宗教,常立于互相反对之地位。若宗教能自比于诗,而不自比于科学,则于人生,当能益其丰富,而不增其愚蒙。"① 同样,在中西历史上,宗教的一项重要功能就是引人弃恶向善,具有鲜明的道德价值。但没有情感基础的道德则极易成为伪道德,就此而言,梁漱溟将他的"以道德代宗教"更具体地解释为"以礼乐代宗教",其实无非是将道德问题情感化、审美化。也就是说,一种美好的道德必然是从美育出发的道德。在美育和德育之间,"以美育代宗教"构成了"以道德代宗教"不可动摇的基础或前提。

二、两种传统:蔡元培的历史态度与美学选择

在中国现代学术史上,美育是一个从西方传入中国的概念。关于它向中国的译介,蔡元培曾讲:"美育的名词,是民国元年我从德文 Asthetische Erziehung 译出,为从前所未有。"② 这种背景极易使人将美育视为纯粹的西学或新学,甚至认为蔡元培的反宗教(孔教)就是反传统。确实,从史料看,蔡元培对孔教缺乏好感。1912年他就任国民政府教育总长,首先就对清政府的癸卯学制(1904年)进行改造,即删掉其中的"忠君""尊孔"条目,增加美育。如其1912年主持颁布的《教育宗旨令》:"兹定教育宗旨,特公布之,此令。注重道德教育,以实利教育、军国民教育辅之,更以美感教育完成其道德。"③ 此后,他又在《在信教自由会之演说》《致许崇清函》中抨击孔教,认为"所谓'以孔教为国教'者,实不可

---

① 冯友兰:《三松堂全集》第2卷,郑州,河南人民出版社2001年版,第19页。
② 蔡元培:《蔡元培美学文选》,文艺美学丛书编辑委员会编,北京,北京大学出版社1983年版,第186页。
③ 璩鑫圭、唐良炎主编:《中国近代教育史资料汇编·学制演变》,上海,上海教育出版社1991年版,第651页。

通之语"①。但同时必须指出的是,蔡元培的反孔教并不是反孔子,更不是反传统,而是要通过反康有为捏造的国教,恢复孔子在中国历史上的本来面目。如其所言:"夫孔子之说,教育耳,政治耳,道德耳。……孔子自孔子,宗教自宗教,宗教、孔子,两不相关。"② 这也意味着,在清末民初中国思想界的整体动荡中,其实存在着两种传统:一种是维新派根据"保教"即"保国""保种"的逻辑,炮制出的将孔子神道化、迷信化的伪传统;另一种是启蒙思想者试图恢复的,孔子作为理智清明的人文主义者,作为教育家、政治家和道德家的真传统。

今天,我们已习惯于根据清末至五四时期中国知识分子对于传统文化的态度,将其分为保守派和新文化派两大阵营,而事实上问题要复杂得多。如梁启超本是清末康有为阵营的干将,但对康氏将孔子奉为"万世教主"的举措却持尖锐批评态度。如其所言:"孔子者,哲学家,经世家,教育家,而非宗教家也。西人常以孔子与梭格拉底并称,而不以之与释迦、耶稣、摩诃末并称,诚得其真也。"③ 另像章太炎,既是清末的革命派,也是文化上的国粹派,他同样直斥康有为的国教运动。如其所言:"孔教之称,始妄人康有为,实今文经师之流毒。"④ 认为孔子传历史、开儒术、言名教、言教育,皆与宗教无关。再如当时著名的"西化派"人物陈独秀也指出,孔教之教"是教化之教,非宗教之教"⑤,"孔子精华,乃在祖述儒家,组织有系统之伦理学说。宗教玄学,皆非所长"⑥。这意味

---

① 蔡元培:《蔡元培全集》第2卷,高平叔编,北京,中华书局1984年版,第491页。
② 蔡元培:《蔡元培全集》第2卷,高平叔编,北京,中华书局1984年版,第491页。
③ 李建主编:《儒家宗教思想研究》,北京,中华书局2003年版,第177页。
④ 李建主编:《儒家宗教思想研究》,北京,中华书局2003年版,第21页。
⑤ 李建主编:《儒家宗教思想研究》,北京,中华书局2003年版,第154页。
⑥ 李建主编:《儒家宗教思想研究》,北京,中华书局2003年版,第172页。

着，在清末至五四新文化运动时期，虽然思想界对中国传统文化的价值评估存在差异，但共识依然存在，即与当时甚嚣尘上的孔教运动保持截然切割的态度。换言之，他们大多仍对中国传统文化怀有敬意，并将其作为建设新文化的重要资源来看待。

与此一致，从蔡元培一生的言论看，他不但不反孔子和中国传统，而且对受儒家教化陶冶出的传统给予了高度肯定。甚而言之，在他看来，由于中国传统美育没有受到宗教的过度钳制，它的艺术精神往往比西方更宽容，更具有社会传播价值。如其所言："我国古代乐与礼并重；科举时代，以文学和书法试士，间设画院，宫殿寺观的建筑与富人的园亭，到处可以看出中国人是富于美感的民族。"① 基于这种评价，他把中国传统形态的美和艺术作为审美教育的重要资源。如其谈到中国古代的礼乐之教："中国古代之教育，礼乐并重，亦有兼用科学与美术之意义。"② 在现代艺术教育机构的创设上，他也主张中西并举，兼容并包。像民国早期由其倡导成立的多所艺术院校，其中有西画科也有国画科，中国传统的书法摹印也在其中。这种跨越中西的美育观念和实践证明，现代以来，学术界长期将蔡元培归类于西化派是有失公允的。他从来没有将中国漫长的美育传统排斥在现代教育体系之外。或者退而言之，他至多不过是反对近代保教派捏造的伪传统，而回归一种更具真实性的中国传统罢了。

确实，在五四新文化运动时期，中西之分是一个相当复杂的问题，尤其面对宗教更是如此。像康有为等保教派，表面上好像在捍卫传统，但他炮制孔教并力图将其定为国教的作为，则实是对西方

---

① 蔡元培：《蔡元培美学文选》，文艺美学丛书编辑委员会编，北京，北京大学出版社1983年版，第181页。
② 蔡元培：《蔡元培美学文选》，文艺美学丛书编辑委员会编，北京，北京大学出版社1983年版，第9页。

的模仿，即以西方标准为中国补宗教，具有明显的西化倾向。与此相反，一些被视为西化的启蒙知识分子，他们反对孔教，试图恢复孔子作为教育家、道德家的本来面目，则更像一批儒家的原教旨主义者。据此可以看到，蔡元培对中国美育传统的发现，比当时一般公认的保守派更具真切性，更接近中国历史的实然状况。同时，由于有西方视野，他也更有能力激活传统并使其获得现代性。这是对中国现代美育的重大贡献。

蔡元培将中国传统美育纳入现代美育体系，使中国现代美育具有了本土化的历史深度。除此之外，他对这一学科的理论认识和边界把握也极具洞见。如他讲："美育者，应用美学之理论于教育，以陶养感情为目的者也。"① 这一简单定义摆正了美学理论、美术作品与美育实践之间的关系。直至现在，大多数美育实践者仍然忽视理论，直接将美育等同于艺术教育，这是这一领域长期流于肤浅的主因。关于美育的范围，他也澄清道："我向来主张以美育代宗教，而引者或改美育为美术，误也。我所以不用美术而用美育者，一因范围不同，欧洲所设之美术学校，往往只有建筑、雕刻、图画等科，并音乐文学，亦未列入；而所谓美育，则自上列五种外，美术馆的设置，剧场与影戏院的管理，园林的点缀，公墓的经营，市乡的布置，个人的谈话与容止，社会的组织与演进，凡有美化的程度者均在所包；而自然之美，尤供利用。"② 蔡元培的这一观点提出于1930年，在五四前后，他所说的美术往往指"美的艺术"，包括音乐等时间性艺术，但这显然不符合世界通例，有校正的必要。更重要的是，他将美育的范围从视听觉艺术一直拓展到城市设施、乡村

---

① 蔡元培：《蔡元培美学文选》，文艺美学丛书编辑委员会编，北京，北京大学出版社1983年版，第134页。
② 蔡元培：《蔡元培美学文选》，文艺美学丛书编辑委员会编，北京，北京大学出版社1983年版，第179页。

建设以及社会组织演进、自然等，几乎世界所在便是美育所在。这种空间广度加上由对中国美育传统的发现达至的历史深度，共同为中国现代美育展现出了一幅"大美育"的图景。

三、"以美育代宗教说"：现代意义的再开启

从以上分析可知，在清末民初至五四时期，宗教成为知识界思考的重点问题，有其独特的历史语境，也具有较大的偶然性。也就是说，没有康有为等人对孔子宗教化的近代改造在先，便很难想象会有诸多"代宗教"的现代方案被提出。但是，这种时代命题的偶然性并不能减损蔡元培提出"以美育代宗教说"的重大意义。列述如下：

首先，"以美育代宗教说"赋予了美育类似宗教的性质，这种类似使中国现代美育分有了宗教所具有的精神高度和神圣性。如上所言，蔡元培选择美育作为宗教在新时代的替代者，一个重要原因是美育为人从现象世界通向实体世界提供了通道。在他看来，美育是引人从现象界向实体界擢升的手段，但最终"必以实体世界之观念为其究竟之大目的"[①]。也即美育能够使人超越现象世界的人我之别、人物之别，将人的精神引向高远、神圣之境。如其所言："人既脱离一切现象世界相对之感情，而为浑然之美感，则即所谓与造物为友，而已接触实体世界之观念矣。"[②] 这个由美育陶冶出的实体世界之观念，不是宗教，但具有宗教性。它为人性提供了超拔的目

[①] 蔡元培：《蔡元培美学文选》，文艺美学丛书编辑委员会编，北京，北京大学出版社1983年版，第3页。
[②] 蔡元培：《蔡元培美学文选》，文艺美学丛书编辑委员会编，北京，北京大学出版社1983年版，第5页。

标，"足以破人我之见，去利害得失之计较"①。据此不难看出，在五四新文化运动时期，美育确实具有改造并重塑国民性的重大功能。今天，中国美学日益生活化、心灵鸡汤化，与此相关的美育则日益坠入世俗化的小资情调。面对这种状况，重提蔡元培由宗教剥离出的"纯粹之美育"的神圣性，重提精神境界的超拔和高远问题，无疑具有重要的现实校正意义。

其次，"以美育代宗教"是中国启蒙思想者关于现代国家建构的诸多设想的组成部分，美育因参与了这一进程而使其意义变得宏大。如前所言，康有为在清末民初主张将孔子宗教化，将孔教立为国教，是与其帝制思想密切相关的，有鲜明的政治动机。与此比较，蔡元培的"以美育代宗教"虽然更多涉及人性养成和情感陶冶，其影响也多在于文化领域，但这种人性和文化目标是天然指向国家政治建构的。或者说，鉴于宗教在传统国家政治中发挥的重大作用，与其直接构成接替或取代关系的美育，也必然有其相应的价值关注。像在"以美育代宗教说"中，蔡元培最推崇美的普遍共享性，这正是他在政治层面追求共和的基础。在五四时期，明确而系统地将美引向政治的是张竞生，他提出美的社会组织法、美的政府等主张，被后人称为美治主义。与此比较，蔡元培虽然没有明确强调美育在国家治理层面的作用，但他讲的美育却又远远溢出了美和艺术的边界，与城乡建设、社会的组织及演进密切相连。这意味着蔡元培所讲的美育，并没有自我设限于仅关乎个体精神的层面，而是有着宏大的家国关切。这种关切昭示着一种审美政治，对当代形态的"美丽中国"建设具有重要的参考价值。

再其次，蔡元培将中国传统美育资源纳入现代美育体系，这为

---

① 蔡元培：《蔡元培美学文选》，文艺美学丛书编辑委员会编，北京，北京大学出版社1983年版，第72页。

重新定位美和艺术在中国传统教育中的地位提供了契机。如前所言，蔡元培之所以提倡"以美育代宗教"，是因为美育类似宗教。同时，包括他在内的五四时期的思想者，也大多认为中国传统教育尚未充分达到宗教的高度。这意味着，美育和中国传统教育在类似宗教这一点上具有高度的契合性，或者说中国传统教育天然地就是美育性质的。事实也是如此，中国社会自西周始，诗教、礼教、乐教构成了中国人成人教育的主干，其最终目标是"游于艺"。在国家层面，历代王朝无不以"兴礼乐"作为国家治理成功的标志，这种礼乐政治无疑也是一种雅化的审美政治。据此可以看到，在中国文明史上，美育不仅关乎历代士人对艺文的雅好，更关乎这个国家延续数千年的立人和立国目标。换言之，在传统中国，美育从来没有必要取代宗教，因为美育本身就构成了中国人的宗教；在中国传统教育体系中，不是存不存在美育的问题，而是整个传统教育本身就是美育的问题。当然，今天我们能对这门学科之于传统中国的价值给予更高的肯定，其起点仍要追溯到蔡元培。也就是说，在五四这个以西学为时尚的时代，他能不抱偏见地接纳传统，为后世重论美育之于传统中国的价值开了先声。

最后，蔡元培的美育观和美育实践，为重建美学与美育实践的一体关系提供了一个具有恒久价值的方案。如前所言，蔡元培所讲的美育，就是应用美学理论于教育。这一定义确立了美学理论之于美育实践的先导性、奠基性和引领性。从史料看，蔡元培首先是一位对德国美学有专深研究的美学家，然后才是美育的倡导者、政策制定者和实践者。如果没有美学理论的先行指引，所谓的美育实践必然陷入盲目和肤浅。目前，我国美育和艺术教育界之所以长期饱受技术化和实利化的诟病，根本原因在于疏离于美学理论，丧失了这一领域应有的人文目标和精神底蕴。相反，一些理论造诣深厚的美学家也并非适任美育工作，这则是因为他们艺术实践能力的匮乏。20世纪80年代，朱光潜曾讲："不通一艺莫谈艺，实践实感是真凭。"① 这明显是说良好的艺术实践能力是介入美育的必备条件。据此来看，由蔡元培关于美育的定义，昭示的是一条美学理论与艺术实践重建一体关系的道路。唯有两者融汇，才能为未来中国的美育开出光辉前景。

〔本文系国家社会科学基金艺术学重大项目"传统礼乐文明与当代文化建设研究"（17ZD03）阶段性成果〕

（原载《美术》2018年第1期）

---

① 朱光潜：《朱光潜全集》第10卷，《朱光潜全集》编辑委员会编，合肥，安徽教育出版社1993年版，第504页。

再思"美育代宗教"
——在 20 世纪早期美学与佛学关系中的一个考察

杨　光◆（山东师范大学文学院）

学术界普遍认同佛学或者佛教思想是中国现代美学建构中重要的本土资源，但长期以来专门从佛学角度切入的中国现代美学史研究较为匮乏，到新世纪之初才有零星的突破。就笔者所见，2006年詹志和在《佛陀与维纳斯之盟：中国近代佛学与文艺美学》一书中较早地系统研究了近代中国文艺美学史中的佛学影响问题，明确指出"将近代佛学与近代美学会通起来进行全面系统的研究"是应当去深入开垦发掘的一片领地。"在中国近代思想文化和文学艺术发展史的研究领域里，有很多问题，如果从会通'佛''美''二学'的角度去研究，将会得到更清晰的认识和更深透的理解。"① 彭锋在《中国美学通史·现代卷》中把美学与佛学的亲缘关系列为早期西方美学传入中国的五个特点之一。他发现最初传播美学的中国学者，多数对佛学也感兴趣，比如萧公弼、吕澂、黄忏华、李叔同、丰子恺等。② 从时间上看，彭锋所列举的萧公弼、吕澂、黄忏华、李叔同几人展开其美学活动的时间多数在 20 世纪 20—30 年代，但

---

① 詹志和：《佛陀与维纳斯之盟——中国近代佛学与文艺美学》，长沙，湖南师范大学出版社 2006 年版，第 4 页。
② 彭锋：《中国美学通史·现代卷》，南京，江苏人民出版社 2014 年版，第 100—101 页。

实际上在他们之前的 20 世纪初到 1920 年代的近 20 年时间里，王国维、梁启超和蔡元培就已经开启了现代中国美学的建构历程。佛学在他们的美学思考中或多或少都占有一席之地。而 20 世纪 30—40 年代，被誉为现代中国美学双峰的朱光潜、宗白华二人的美学思想中仍然不乏佛学的身影。因此公允地讲，至少在 20 世纪的前半段，佛学与美学在现代中国美学史中始终保持着亲缘关系。百年前，蔡元培提出的"美育代宗教"命题在宗教与美学问题上首次明确显露出现代中国美学建构试图厘清"信"与"情"之复杂关系的意图。而若将该命题具体落实在 20 世纪早期中国佛学与美学的关系问题中进行考察，则可以发觉，将"美育代宗教"在 1917 年的提出视为近代"佛美二学同盟关系的解体"的标志和喻示了"美学"对"佛学"的"僭越",① 这一观点仍有进一步商榷的空间。进而，潜伏于"美育代宗教"这一百年命题内的某些尚未为学界所明确意识和揭示的层面也由此得以初步地呈现出来。

一、"教"与"学"的区分：井上圆了宗教学理念的影响

对照阅读蔡元培 1900 年的《佛教护国论》和他 1912 年之后的《哲学大纲》（1915）、《在信教自由会之演说》（1916）、《非宗教运动》（1922）等文章中关于宗教的表述，可以看到，对于宗教之"教"，蔡元培的看法其实经历了一个变化的过程：从早年的教化之"教"向后期的迷信之"教"的转变。《佛教护国论》（1900）中，他认为："国者，积人而成者也。教者，所以明人与人相接之道者

---

① 詹志和：《佛陀与维纳斯之盟——中国近代佛学与文艺美学》，长沙，湖南师范大学出版社 2006 年版，第 301 页。

也。国无教，则人近禽兽而国亡，是故教者无不以护国为宗旨者也。"① 此时，蔡在人际关系交往的社会伦理意义上理解"教"之含义，故而，在他看来，凡对人伦社会关系有教化之用的精神实践活动都可称为"教"。所以，他将孔子的儒家学派与庄子、传统佛教等都视为"教"，认为"我国之教，始于契，及孔子而始有教士"，称孟子等儒家人物为"孔教"信徒，并将儒家与佛教等同视之。"且孔与佛皆以明教为目的者也。教既明矣，何孔何佛，即佛即孔，不界可也。"② 从我们所见资料看，蔡对儒家是一种"教"的理解至少到他留学德国时还有所显露，德国学者Roland Felber曾指出蔡元培在1908年德国莱比锡大学的入学名册上"没有回答关于宗教信仰这一项，但1910年和1912年他的回答是孔教"③。虽然蔡元培的这一行为不是十分正式的一种表态，但我们认为这仍然可以说明此时他还是在较为笼统地使用"教化"之"教"与宗教之"教"。

而1912年蔡元培留学回国担任民国的教育总长之后，首先发布的却是废止民国教育系统中"读经"的命令，将传统儒家经典排除出民国教科书。尽管实际落实情况比较复杂，但蔡元培的这一做法确实是他面对当时康有为、陈焕章等人推动的"尊孔读经"运动和袁世凯的"学校祀孔"命令做出的一种对抗。按理说，当时袁世凯将儒家孔教化的行为其实与蔡元培将儒家学说视为"孔教"的早期观点之间是有所契合的。那么，此时蔡元培对"孔教"化运动的抵

---

① 蔡元培：《佛教护国论》，见中国蔡元培研究会编《蔡元培全集》第1卷，杭州，浙江教育出版社1997年12月，第272页。
② 蔡元培：《佛教护国论》，见中国蔡元培研究会编《蔡元培全集》第1卷，杭州，浙江教育出版社1997年12月，第272页。
③ Roland Felber：《蔡元培在德国莱比锡大学》，见蔡元培研究会编《论蔡元培——纪念蔡元培诞辰120周年学术讨论会文集》，北京，旅游教育出版社1989年4月，第461页。

制表明了其将儒家学说视为与佛教相并立的一种"教","教化"与"宗教"模糊性的那种情况已经发生了变化。在接受西方现代思想之后,他能够更为清楚地划分出教育教化之"教"与宗教之"教"的区别。1915 的《哲学大纲》中,他借康德之言指出"哲学与宗教,各有其范围,而不必互相干涉"①。在 1916 年的《在信教自由会之演说》中更为明确地说:"宗教是宗教,孔子是孔子,国家是国家,各有范围,不能并作一谈……孔教不成名词,国教亦不成名词,然则所谓'以孔教为国教'者,实不可通之语。"② 可见,此时的蔡元培已经不再将儒家学说视为一种"教"。或者说在教育的意义上,蔡元培至少还可以认同将儒家称为"孔教",但在宗教意义上,他绝不认同儒家是"孔教",儒家思想可以成为"国教"。而为了根本上撇清教育之"教"和宗教之"教",索性彻底放弃"孔教"这个名词更为干脆利索。进而 1917 年及以后,在"美育代宗教"命题中蔡元培反复阐明审美教育作为一种现代教育从宗教教化中分化独立出来的历史必然性和必要性。其中关键的区别是随着教育为有疑之信的观念的确立,作为无疑之信的迷信之"教","宗教"在蔡元培的思想中被更加警惕地对待。在 1922 年的《非宗教运动》中,这种区别体现得就更为鲜明:"现今各种宗教,都是拘泥着陈腐主义,用诡诞的仪式,夸张的宣传,引起无知识人盲从的信仰,来维持传教人的生活。这完全是用外力侵入个人的精神界,可算是侵犯人权的……我的意思,是绝对的不愿以宗教参入教育的。"③

---

① 蔡元培:《哲学大纲》,见中国蔡元培研究会编《蔡元培全集》第 2 卷,杭州,浙江教育出版社 1997 年版,第 306 页。
② 蔡元培:《在信教自由会之演说》,见中国蔡元培研究会编《蔡元培全集》第 2 卷,杭州,浙江教育出版社 1997 年版,第 493—495 页。
③ 蔡元培:《非宗教运动》,见中国蔡元培研究会编《蔡元培全集》第 4 卷,杭州,浙江教育出版社 1997 年版,第 591 页。

但如果就此认为蔡元培对"宗教"理解的变化仅仅发生在其留学德国期间，这种看法恐怕仍然不符合事实。众所周知，蔡元培对西方学术文本的接受最初并不是通过英德语言，而是通过日语。据周佳荣的研究，1894年蔡元培开始涉猎译本西书。甲午战后的1896年初他就阅读了日本人冈本监辅的著作，开始学读日文并进行翻译。周佳荣认为："可以肯定地指出：日文书籍的阅读和翻译，是晚清时期蔡元培吸收新知的一大途径，就是他一生学问思想的主要成分，例如他的哲学成就和对宗教的看法，他的教育理论和对学制的见解等，亦莫不渊源于此。"① 而在宗教观问题上，蔡元培受到最大影响的应属日本人井上圆了。

王青在《井上圆了与蔡元培宗教思想的比较研究》一文中较为详细地考察了蔡对井上圆了的接受关系。对于蔡元培在《佛教护国论》中明确表达受到井上圆了思想的影响问题，王青指出，蔡元培在《佛教护国论》中对"教"的理解"有'教化'与'宗教'概念模糊混同的地方"，他是"站在中国的历史与文化传统的背景下，作为拯救亡国危机的思想原理的一个选项而主张振兴光大佛教的"。这与"井上圆了因为确信日本佛教'护国爱理'，即是统一了国家性与真理性的普遍性宗教而欲向全世界普及推广、以此抵抗以基督教为代表的西方近代思想文化对明治日本的精神侵蚀的出发点"不同。而对于蔡元培翻译井上圆了《妖怪学讲义》的问题，作者又指出"井上圆了妖怪学研究的出发点虽是以'科学'破除'迷信'，但最终目的却是为了论证不可知的宗教世界的存在，而蔡元培翻译井上妖怪学的目的却是昌明'科学'，视'宗教'为'迷信'"②。

---

① 周佳荣：《从清末中日关系论蔡元培思想的发展》，见蔡元培研究会编《论蔡元培——纪念蔡元培诞辰120周年学术讨论会文集》，北京，旅游教育出版社1989年版，第475—477页。
② 王青：《井上圆了与蔡元培宗教思想的比较研究》，《世界哲学》2013年第3期。

令人感兴趣的是，作者的这两处观点表达表明：在对井上圆了的接受中，一方面蔡元培模糊理解了"教化"之"教"与"宗教"之"教"，另一方面他又比井上圆了更为明确地突出了"宗教"反科学的迷信属性。理论上，一旦明确了"宗教"的反科学性，则宗教之"教"与教化之"教"的根本区别也就可以被意识到。这也就意味着，蔡元培思想中的"宗教"意义早在1900到1906年间就较为清晰了。但这一结论却和他留德期间仍然将儒家看作宗教信仰的"孔教"这一行为相冲突。对此，人们可以认为从对井上圆了的接受中，蔡元培对"宗教"作为迷信之教的认识开始萌芽。因为毕竟井上圆了的宗教观也受到西方现代思想的影响，他曾明确表述教与学的区别为："概言之，教与学之别在于一以崇信为本，一以疑念为本。理学、哲学以疑念为本进而探求其理，宗教以崇信为本退而消除其疑念，并且宗教赖以成立的神体完全属于想象之物。"[1] 而留德之后，这种认识在蔡元培直接经历现代学术洗礼后更为成熟且坚定。而就我们关注的问题来说，更为值得提出的问题是为什么蔡元培对井上圆了宗教观的接受没有直接导致其现代宗教观的成熟？也许，该问题的关键就在于"佛教"。

二、非宗教不非佛教：蔡元培宗教观中的"裂隙"

应该说，"佛教"问题在蔡元培的宗教观中始终处于一个不那么清晰的位置上。对他来说，佛教更像是一个宗教"异"数。他常常明确地反对基督教、伊斯兰教，但对佛教的批评则明显缓和许多。《佛教护国论》自不必说，文中他指责基督教说："彼耶氏之徒，消人之拜偶像，而不知其拜空气之同一无理也，袭君主之故

---

[1] 卞崇道：《井上圆了宗教学思想述评》，《日本研究》2009年第1期。

智,称天以祸福人而恶哲学之害已也而仇之,是亦教之极无理者矣。"而在基督教、孔教和佛教三家比较中,他更为推崇佛教。"譬之食也,设盛筵,张三席,耶也,佛也,儒也……佛之席则恶犬所不至,而匕箸又秩然焉……学者而有志护国焉者,舍佛教而何藉乎?"①《以美育代宗教说》中,他指出:"盖无论何等宗教,无不有扩张已教、攻击异教者杀之。基督教与回教冲突,而有十字军之战,几及百年。基督教中又有新旧教之战,亦亘数十年之久。"但对于佛教,则是"至佛教之圆通,非他教所能及"。虽然作为宗教,佛教和其他宗教一样不免于"宗教之累",需要改变。② 但佛教在蔡元培心目中的地位仍然要高于其他宗教,尤其是基督教。而从蔡元培个人经历中,也可以看到尽管他不信佛也不拜佛,但他一生对佛教经典的阅读从未间断,与黄宗仰、太虚法师等佛教界人士经常交往,如果条件允许也并不排斥参与佛教文化活动。③

那么,蔡元培为什么会对"佛教"稍微高看一眼?仅仅从他对中国传统文化的熟稔程度来解释有些过于笼统。其更为直接的原因恐怕仍要追溯到井上圆了那里。井上圆了本人就以佛教哲学家名世。而井上圆了对佛教进行哲学化处理的宗教学理念直接影响了蔡元培的宗教观及其对佛教的看法,或者说对接了蔡元培在传统中国

---

① 蔡元培:《佛教护国论》,见中国蔡元培研究会编《蔡元培全集》第1卷,杭州,浙江教育出版社1997年版,第274页。
② 蔡元培:《以美育代宗教说》,见中国蔡元培研究会编《蔡元培全集》第3卷,杭州,浙江教育出版社1997年版,第60页。
③ 蔡元培在日记中记载他早年就阅读《楞严经》,1927年还曾托张元济向佛教人士姬觉弥借《续藏经》《道藏》等书。参见牟小东:《从蔡元培、张元济往来书札中看蔡元培先生二三事》,见蔡元培研究会编《论蔡元培——纪念蔡元培诞辰120周年学术讨论会文集》,北京,旅游教育出版社1989年版,第457页。蔡元培与黄宗仰的交往,可参见李安庆、孙必有:《蔡元培与黄宗仰》,同见上书,第439—450页。詹志和在《佛陀与维纳斯之盟——中国近代佛学与文艺美学》中也较为详细地梳理了蔡元培个人经历中参与佛教文化活动的情况。

文化中对佛教学术化的理解。"吾读日本哲学家井上氏之书而始悟。井上氏曰：佛教者，真理也，所以护国者也。又曰：佛教者，因理学、哲学以为宗教者也。小乘义者，理学也；权大乘义者，有象哲学也；实大乘义者，无象哲学也。"① 根据卞崇道的研究，"有象哲学"和"无象哲学"在井上圆了的宗教哲学中分别对应"实验哲学"（形而下学）和"纯正哲学"（形而上学）。② 承接这一观点，可见佛教在蔡元培看来是所有宗教中最可以被哲学化把握的一种宗教，某种程度上大乘佛教作为无象哲学甚至位于形而上学的最高位置。同时，井上圆了比较基督教和佛教后认为，"耶稣教属情感的宗教"而"佛教是智力的宗教"。"佛教是基于哲学原理，遵从逻辑规则建立的，即所谓知而后信。立足此教的佛、未来、地狱、极乐，本来都不是由单纯的想象情感产生的。""情感的宗教是释迦以前的宗教，释迦以智力的宗教取代了情感的宗教。"③ 用梁启超的话来说，佛教是智信而非迷信。同样处于晚清佛学复兴潮流中的蔡元培对此是认同的。与佛教相对照，蔡元培对基督教就不这么看，他认为基督教是无理的，是"恶哲学之害己也而仇之"。而如果基督教也能像佛教那样讲"真理"，那么他认为基督教也不必批判。"使其教而果真理与，则即耶即佛可也，即耶即孔可也，不界可也。然而耶氏之非真理，则既言之矣。"④

就笔者所见，蔡元培对宗教与佛教关系的最集中论述见于他在《佛教护国论》之后一年写的《哲学总论》（1901）。这段论述较长，

---

① 蔡元培：《佛教护国论》，见中国蔡元培研究会编《蔡元培全集》第1卷，杭州，浙江教育出版社1997年版，第273页。
② 卞崇道：《井上圆了宗教学思想述评》，《日本研究》2009年第1期。
③ 卞崇道：《井上圆了宗教学思想述评》，《日本研究》2009年第1期。
④ 蔡元培：《佛教护国论》，见中国蔡元培研究会编《蔡元培全集》第1卷，杭州，浙江教育出版社1997年版，第274页。

但因其重要性，引用如下：

无象哲学，惟纯正哲学一科而已，其于理论上考究物、心、理三体之性质、规则，当为理论学无疑。将以何者为应用学耶？或曰：无象哲学之应用者，即有象哲学。然有象哲学中论理学、伦理学、审美学之类，其所归极之问题，用纯正哲学之所定，虽有可为纯正哲学之应用者，而未可为直接之应用。何则？非能举其所论定之结果而应用之于无象之实地，不过移而应用于有象之上而已，故谓之间接之应用学。直接应用，则宗教学是矣。余尝研究佛教，而见其中所论究者，正纯正哲学；其宗教，正发见纯正哲学直接之应用也。于是论定纯正哲学为理论学，而智力的宗教学为应用学。若夫情感的宗教学，则有象哲学中之应用学而已。何者？情感之神，有意志、有思想、有情感，神象而非神体，论究此神象之学，必属于有象哲学明矣。或曰：若是，则耶苏教的得无智力的宗教钦？曰：否。彼教以有一定之形质而生于此世如耶苏者为神子，又以有意志、目的、爱憎之情而创造世界为神父，是神象之宗教，即不免于情感的也。然耶苏教中，固有非个体之神象而普通之神体如哲学者，学理上所论究之神，是余所谓理体而非情感的之神象也，故余谓耶苏教他日必一变而为智力的宗教。今日之耶苏教，则纯然情感的宗教而已，且其近来哲学者所论神体，惟止于论究，而未能组织宗教以示其应用。故谓智力的宗教，世界中惟佛教而已。

余尝以佛教为世界不二、万国无比之宗教，非惟其教之立智力的神体而已，非惟其起于三千年前之宗教能符合于今日之哲理而已，以其组织全是纯正哲学之应用。西洋学者方求于哲学上组织宗教，而未能；而释迦于三千年之太古既组织之，实可异也。纯正哲学有物体哲学、心体哲学、理体哲学之三种；其应用之宗教，亦不可无此三种，如物宗、心宗、理宗是也。而佛教者，即以此三种组织为有宗、空宗、中宗。有宗与物宗虽有不同一之感，而空宗、中宗正心宗、理宗是也。余以是论佛教为哲学上之宗教。（从日本井上圆了君《佛教活论》中节译）①

尽管尚不清楚蔡元培的这段论述从井上圆了《佛教活论》中节译的究竟是最后一段还是更多，但井上圆了的宗教学与佛教思想对他的影响无疑体现得非常明显。无论是文中表露的"有象哲学"和"无象哲学"的基本论述框架还是对基督教的看法。当然对我们来说重要的还是他对佛教与宗教关系的看法。佛教之所以是"世界不二、万国无比之宗教"，是因为佛教既是无象哲学、纯正哲学，也是应用哲学、有象哲学，是宗教性与哲学性融合的最完美的。或者说，在哲学与宗教的关系中，"佛教"不是一个能够被简单划归到某一边的特殊类型。对井上圆了如此，对蔡元培来说也是如此。

《佛教护国论》和《哲学总论》中蔡元培对佛教哲学性和宗教性的理解，其基本的逻辑框架都直接源自井上圆了。进而可以发现，"宗教"一词对于蔡元培来说最初就不是一个笼统的概念，其内部存在着某种由佛教和基督教之差异表征着的"裂隙"。由此，回到我们上文的问题，为什么蔡元培对井上圆了宗教学的接受没有直接导致其现代宗教观的成熟？其原因也许就在于井上圆了本人的宗教学理念中看待"佛教"的那种暧昧方式。他一方面认为"佛教"是"智力的"，是"基于哲学原理"的，具有"学"的性质，另一方面也认为佛教是宗教的。一方面他主张对佛教进行哲学化处理，而另一方面他也试图用哲学化处理后的佛教去抵御、对抗和批判西方的基督教入侵从而拯救甚至弘扬本土佛教，而佛教和基督教

---

① 蔡元培：《哲学总论》，见中国蔡元培研究会编《蔡元培全集》第1卷，杭州，浙江教育出版社1997年版，第357—359页。引文着重号为引者加。

的这种对抗很大程度上仍是在宗教层面或宗教意义上的对抗,不是哲学意义上的对抗。① 尽管井上圆了对"学"与"教"的区分很清楚。

而当蔡元培在井上圆了的宗教学理念框架中写作《佛教护国论》和《哲学总论》中的宗教与佛教部分时,井上圆了思想中对待"佛教"的暧昧性在蔡元培这里一方面呈现为教化之"教"与宗教之"教"的模糊性,另一方面也呈现为佛教和基督教之间的高下之别。也就是说,因为井上圆了的影响,蔡元培"宗教"观的不笼统反而导致了他在"教化"和"宗教"二义上的模糊性,这是十分有趣的"思想旅行"现象。而就本文的核心论题来说,这意味着当我们要将"美育代宗教"命题视为"佛美二学同盟关系"之解体的标志时,蔡元培宗教观中这一"裂隙"的存在提醒着我们应该更为谨慎地下此判断。

从今天的观点看,应该说蔡元培对基督教的理解存在问题。因为中世纪神学哲学对于西方近现代哲学的发展来说绝不是完全的阻碍。而井上圆了对佛教的哲学化与西方的基督教哲学化,从宽泛意义上看也是内在相通的。更重要的是,"信"与"理"的纠缠冲突本就是宗教与哲学关系的根本问题。神学哲学如此,佛教哲学也是如此。从王青的结论看,井上圆了同样也是在这一对纠缠与冲突中走向了将日本佛教作为普遍性宗教推广的道路。而对于蔡元培来说,尽管他接受哲学化"佛教"的影响,可他仍然不能否认佛教的宗教性质,也仍然必须面对"信"与"理"的纠缠与冲突。如他在《佛学与佛教及今后之改革》(1927年)中提出用佛法统称"佛教"

---

① 根据卞崇道的研究,井上圆了在1882年的《耶稣教防御论》中指出在哲学意义上基督教和佛教可以是朋友而非敌人。由此可见,其"防御"是在宗教意义上的防御。参阅卞崇道:《井上圆了宗教学思想述评》,载《日本研究》2009年第1期。

与"佛学"的建议。蔡元培论述"考证""校勘""证明""比较"这佛学四义之后,指出这四种"都是佛学而非佛教,唯阿赖耶识、轮回等,无法证明,似不能不谓为带宗教性质也。他如二乘之厌世主义,及密宗与迷信等,似乎与宗教不分家,故佛法亦得谓为宗教"①。可以认为,蔡元培运用"佛法"称谓的原因表明了他试图在此称谓内部保留"信"与"理"的冲突与纠缠,从而统合佛教的宗教性与学术性。这仍然是其早年接受井上圆了佛教观的余音。由此,每当蔡元培在一般"宗教"意义上面对"佛教"问题时,其处理就不得不"辩证"起来,而不像他对基督教那样果断坚决。比如1912年后,他对"尊孔读经"中儒家宗教化的反对很大程度上就是对儒家基督教化的担心与反对,而不是一般宗教意义上的反对。"所可怪者,我中国既无欧人此种特别之习惯,乃以彼邦过去之事实作为新知,竟有多人提出讨论。此则由于留学外国之学生,见彼国社会之进化,而误听教士之言,一切归功于宗教,遂欲以基督教劝导国人。而一部分之沿习旧思想者,则承前说而稍变之,以孔子为我国之基督,遂欲组织孔教,奔走呼号,视为今日重要问题。"②

三、"美育代宗教"意味着蔡元培主张用美学否定佛学吗?

既然佛教哲学化仍然无法彻底摆脱"信""理"之冲突,那么蔡元培早年在《佛教护国论》中那种"舍佛教而何藉乎?"的勇气也就值得再度思量了。舍佛教真的就无所凭借了吗?1917年的蔡元培以"美育代宗教"的命题回答了这个问题,其答案是"有",可

---

① 蔡元培:《佛学与佛教及今后之改革》,见中国蔡元培研究会编《蔡元培全集》第6卷,杭州,浙江教育出版社1997年版,第10页。
② 蔡元培:《以美育代宗教说》,见中国蔡元培研究会编《蔡元培全集》第3卷,杭州,浙江教育出版社1997年版,第57—58页。

以凭借"美学",凭借"审美教育"。但这是否意味着在佛学与美学问题上,蔡元培瓦解了佛学与美学的结盟呢?答案是"否"。美学与美育并非是与佛教哲学相对立,而是和强制、保守、有界的宗教相对立。更合适的说法是,相较于早年的与真理相关而能护国的佛教(佛学),新文化运动后的蔡元培找到了美学与审美教育这个更为合适的"凭借"。用"美"之信仰和"美"之教化来取代"迷"之信仰与教化,来沟通"智"之信仰与教化。如果联系《哲学总论》那段长引中的言论,早年蔡元培认为"审美学"属于间接应用"无象哲学"的"有象哲学",宗教学为直接应用"无象哲学"的"有象哲学"。而"佛教"兼容"无象哲学"与"有象哲学"。因此某种意义上,此时的佛教(佛学)位于美学之上。但到了宣扬"美育代宗教"时,美学与佛学的位置在蔡元培的思想中颠倒过来了。

所谓的"颠倒"是指,基于蔡元培"宗教"观内部的复杂性,"美育代宗教"之"代"不是单纯取代之意,还有代替与改造之意。其所取代的是基督教等迷信和佛教的迷信维度,其所代替或改造的是智信之佛教("舍佛教")。就如《以美育代宗教说》中,蔡元培在指出"佛教圆通"之后,转而所论"学佛者苟牵教义之成见,则崇拜舍利受持经忏之陋习,虽通人亦肯为之。甚至为护法起见,不惜于共和时代,附和帝制"。当此类情况出现时,智信之佛教就受累于迷信之"教"了,在此意义上,"莫如舍宗教而易以纯粹之美育"①。也如同他在《佛学与佛教及今后之改革》(1927)中提出的用"佛法"之名来统称"佛学"与"佛教"的建议,及他给太虚法师的信(1928)中所言:"毘卢寺之会,最好采用全国佛学会之名,而避去教字(名佛学,则研究佛陀哲学者,皆可与会;名佛教,则

---

① 蔡元培:《以美育代宗教说》,见中国蔡元培研究会编《蔡元培全集》第3卷,杭州,浙江教育出版社1997年版,第60页。

未信佛教者,恐不愿到会也,故有此请)。如荷赞成,甚幸。"①

可见,即使在"美育代宗教"命题提出后,蔡元培心目中的"佛教"仍然并非一般"宗教"所能概括,与他早年接受的井上圆了佛教观相一致。他始终认为佛教是可以改造的宗教,是可以用"学"来替换的"教"。因此,尽管蔡元培并没有非常明确且直接地论及美学美育和佛学的关系,我们仍可以推论认为,在取代的意义上,"美育代宗教"不等于"美育代佛学"。在佛学与美学关系问题中考察"美育代宗教"命题,更合适的表述可能是:一则,相较于佛学,美学和美育更适合作为中国文化现代转型的抓手和切入点。二则,美学和美育有助于中国传统佛教文化的现代改造,这种改造可以不是取代式的,可以是契接式的。这在蔡元培的某些表述中也能够看出些端倪。比如1915年《哲学大纲》中就宗教发展趋势问题,他指出:"一神教之领域,渐趋于凡神教,在今日亦已见端。欧美通行之退阿索斐(Theosophie)会,融合古今各大宗教之精义,而悉屏去其仪式,以文学美术之涵养,代旧教之祈祷,其诸将来宗教之畴范与。"②此处的"代"显然在论宗教的语境中使用,意为"代替"。1930年的《以美育代宗教》中,他承认"宗教上不朽的一点,止有美",但同时"因为宗教中美育的原素虽不朽,而既认为宗教的一部分,则往往引起审美者的联想,使彼受智育、德育诸部分的影响,而不能为纯粹的美感,故不能以宗教充美育,而止能以美育代宗教"③。

---

① 蔡元培:《致太虚函》,见中国蔡元培研究会编《蔡元培全集》第11卷,杭州,浙江教育出版社1997年版,第339页。
② 蔡元培:《哲学大纲》,见中国蔡元培研究会编《蔡元培全集》第2卷,杭州,浙江教育出版社1997年版,第339页。
③ 蔡元培:《以美育代宗教》,见中国蔡元培研究会编《蔡元培全集》第3卷,杭州,浙江教育出版社1997年版,第586页。

在对蔡元培与井上圆了的关系研究中，与王青所发现的诸种断裂不同，廖钦彬更多地指出了二者在理念上的连续性。通过分析比较《妖怪学讲义》中井上圆了的宗教哲学观和蔡元培的"美育代宗教"命题，廖钦彬发现"前者透过低俗、不可思议、迷信之说，由下而上，寻求真怪（理想境地）；后者则透过向知识分子讲述美学、美育、美感、艺术等，由具美感的文化层面，来追寻美的普遍境界。前者看似低俗，后者则显得高雅难攀。但就两者藉由追求理想世界，试图重探现实、现象世界（假境）与本体、真实世界（真境）之间关系的态度，可知两者走的道路并无二致"[①]。值得注意的是，对于井上圆了来说，能够沟通现象世界与真实世界的所谓真正的宗教，其所指只能是其心目中情智兼备的佛教。对于蔡元培来说，能够沟通现象世界与实体世界的是"美感"和"教育"（美育）。因此，廖钦彬的研究启发我们思考：如果说蔡元培在宗教观问题上受到了井上圆了的影响，那么蔡元培提出"美育代宗教"的内在思想渊源和逻辑框架中，井上圆了宗教学的影响以往是否被低估了，或者说我们是否过度强调了该命题的西欧影响而忽视了其东亚环节？进一步地，如果说井上圆了的宗教学思想实际构成了"美育代宗教"命题的参照系统，也就意味着蔡元培是将井上氏的"佛教哲学"置换成了"美感教育"。他最终没有像井上圆了那样走向佛教（佛学）而是走向了美学（哲学）。对于蔡元培的思想演变而言，从《佛教护国论》到"美育代宗教"就并非单纯地两极化转变，而是存在着深潜其中的承续逻辑。[②] 那么，视"美育代宗教"命题为"佛美二学结盟瓦解"之标志至少属于言之过早，即使这一

[①] 廖钦彬：《井上圆了与蔡元培的妖怪学——近代中日的启蒙与反启蒙》，《中山大学学报（社会科学版）》2017年第2期。
[②] 《哲学总论》（1901）中，审美学、教育和宗教学、佛学在蔡元培看来都是应用哲学，一间接一直接，亦可为一证明。

看法不是完全错误的。

  值此"美育代宗教"命题提出百年之际,我们之所以仍然需要对该命题进行再度思考,不仅因为该命题在现代中国美学建构与现代中国教育体系中占据着重要的地位,更在于该命题本身关涉着远为复杂的国际学术思想交往流变背景和本土学术资源的现代化转化难题,仍然存在众多值得进一步探讨的问题。在"美育代宗教"命题提出的当时,该命题就引起了某些争议和误解。比如,佛学与美学关系视阈中,吕澂就对蔡元培的"美育代宗教"说提出过学术性的质疑与批评。吕澂提出批评的出发点正是其从佛学思想生发出来的"唯识美学"。有研究者认为,吕澂对蔡元培美育观的批评主要是误解了"美育"与"美术"的区别。① 而在我们看来,吕澂的批评应该还有"佛教"与"佛学"动因。或许正是蔡元培宗教观中"释家"位置的特殊性,使得吕澂一方面从"唯识美学"出发对"美育代宗教"中佛教(佛学)表面上的被抛弃表达了不满,另一方面他也没有真正抓住蔡元培在佛教佛学与美学美育之关系方面的深层立场。至于蔡元培为什么最终没有像井上圆了那样走向(佛教)佛学而是走向了美学(哲学),也没有像同时代的梁启超那样积极主动地促成佛学与美学的"契接"② 等问题,这牵涉诸如西方

---

① 关于吕澂的"唯识美学"及其对蔡元培美育观的批评,可参阅刘颜玲:《论吕澂"唯识美学"》(《社会科学辑刊》2012 年第 2 期)和《论吕澂的美育观——兼论他对蔡元培"美育代宗教"说的误读》(《理论界》2011 年第 6 期)等文。

② 关于梁启超美学思想中的佛学与美学关系问题,请参阅詹志和:《佛陀与维纳斯之盟:中国近代佛学与文艺美学》中的梁启超部分(长沙,湖南师范大学出版社 2006 年版),郭焕苓:《论梁启超佛学思想对其美学观的影响》(山东师范大学硕士论文,2017),何轩:《论梁启超的"应用佛学"与其小说观之关系》(《湖北大学学报(哲学社会科学版)》2006 年第 5 期),郭焕苓、杨光:《佛学、文艺与群治:梁启超美学思想的佛学色彩管窥》(《香山美学论集》,北京,社会科学文献出版社 2017 年版,第 170—180 页),及拙作《"宇宙未济人类无我"的佛学因素——梁启超"趣味"论美学与中华美学精神》(待刊稿)等。

学术经历、学者与政治人物共存的复杂身份、国家文化立场差异等诸多因素。对上述问题，留待撰文再论。

［本文系教育部人文社会科学重点研究基地重大项目"中华美学精神与20世纪中国美学理论建构"（17JJD720010）阶段性成果］

［原载《郑州大学学报（哲学社会科学版）》2018年第2期］

关于蔡元培"以美育代宗教"的思想及其逻辑可能性

王文革◆（北方工业大学文法学院）

1917年，蔡元培先生发表《以美育代宗教说》① 演讲，提出"以美育代宗教说"。此后蔡元培又发表《以美育代宗教》②（1930年）、《美育代宗教》③（1932年）等文章，坚持并进一步阐发其美育代宗教的观点。"以美育代宗教说"百年来影响深广，为美育融入教育发挥了重要作用。现在，加强和改进美育已成为人们的共识。美育已与德育、智育、体育一起列为国家的基本教育方针。国务院办公厅《关于全面加强和改进学校美育工作的意见》（国办发〔2015〕71号）明确提出了学校美育的目标、任务，要求"到2020年，初步形成大中小幼美育相互衔接、课堂教学和课外活动相互结合、普及教育与专业教育相互促进、学校美育和社会家庭美育相互联系的具有中国特色的现代化美育体系"。可以说，蔡元培当年的很多美育思想在今天得到了真正的、有效的实施。尽管如此，我们仍然有必要对"以美育代宗教说"进行深入研究，把握其深刻内

---

① 金雅主编、聂振斌编：《中国现代美学名家文丛·蔡元培卷》，杭州，浙江大学出版社2009年版，第93—96页。
② 金雅主编、聂振斌编：《中国现代美学名家文丛·蔡元培卷》，杭州，浙江大学出版社2009年版，第108—109页。
③ 金雅主编、聂振斌编：《中国现代美学名家文丛·蔡元培卷》，杭州，浙江大学出版社2009年版，第121—124页。

涵,创新理论,消除歧见,更好地推进美育工作。

一、蔡元培关于"以美育代宗教说"的基本思想

蔡元培认为,早期宗教兼具知识、意志、感情三种作用,随着科学文化的发展,知识、意志的作用离开宗教而独立;而与宗教最有密切关系的,只有情感作用,即所谓美感。而与宗教相关的美育,常受宗教之累,"失其陶养之作用,而转以激刺感情。盖无论何等宗教,无不有扩张己教、攻击异教之条件"。宗教排斥异己,其情感作用受到宗教目的的限制,于是,"鉴激刺感情之弊,而专尚陶养感情之术,则莫如舍宗教而易以纯粹之美育"。(《以美育代宗教说》,1917年)

他在1932年发表的《美育代宗教》一文中进一步阐发了宗教已经衰落、不能再行使其在知识、道德甚至体育方面的教育功能的观点,"单是科学已尽够解释一切事物的现象,用不着去请教宗教";"现在宗教对于德育也是不但没有益处而且反有害处的";"就体育而言,也用不着宗教"。至于美育,"宗教可不可以代美育呢?我个人以为不可,因为宗教上的美育材料有限制,而美育无限制,美育应该绝对的自由,以调养人感情"。蔡元培在另一篇《以美育代宗教》(1930年)中明确认为,一、"美育是自由的,而宗教是强制的";二、"美育是进步的,而宗教是保守的";三、"美育是普及的,而宗教是有界的"。他还进一步强调,不能以宗教充美育,只能以美育代宗教:"因为宗教中美育的原素虽不朽,而既认为宗教的一部分,则往往引起审美者的联想,使彼受智育、德育诸部分的影响,而不能为纯粹的美感,故不能以宗教充美育,而止能以美育代宗教。"

美育何以能克服宗教的弊端或制约呢?蔡元培认为,这是因为

美育的内容或材料是美，而美具有普遍性、超越性。关于美的普遍性，他说："盖以美为普遍性，决无人我差别之见能参入其中。食物之入我口者，不能兼果他人之腹；衣服之在我身者，不能兼供他人之温，以其非普遍性也。美则不然。即如北京左近之西山，我游之，人亦游之；我无损于人，人亦无损于我也。"关于美的超越性，他说："美以普遍性之故，不复有人我之关系，遂亦不能有利害之关系。马牛，人之所利用者，而戴嵩所画之牛，韩干所画之马，决无对之而作服乘之想者……盖美之超绝实际也如是。"（《以美育代宗教说》，1917年）这个思想来自康德的美学思想，但蔡元培进行了非常生动的、中国化的表达。因为美具有普遍性和超越性，于是，以美育代宗教，便能克服宗教的弊端，使人获得自由、培养高尚精神："纯粹之美育，所以陶养吾人之感情，使有高尚纯洁之习惯，而使人我之见、利己损人之思念，以渐消沮者也。"（《以美育代宗教说》，1917年）蔡元培深受中国传统文化熏染，同时在他41岁至45岁留学德国期间专门考察了德国的教育，对西方的审美教育深有感触。美育最早本是席勒所提出的，但蔡元培所赋予美育的主要内容却是康德的思想。席勒看到了现代人感性与理性的分裂，于是提出一个"游戏冲动"，来弥合感性与理性的裂隙。在20世纪初的中国，感性与理性的分裂问题也许不是开展美育的根本出发点，因为感性与理性的分裂问题在中国也几乎不是问题。蔡元培更看重的是美育陶养情感、健全人格的作用。在这方面，康德的美学思想能清晰深刻地表达美育的材料（审美对象或美）的价值，也许正好启发或契合了蔡元培的思想。

蔡元培认为，美育的作用，就是陶养情感："美育者，应用美学之理论于教育，以陶养感情为目的者也。……美育者，与智育相辅而行，以图德育之完成者也。"（《美育》，1930年《教育大辞书》

条目)①美育的情感功能能够取代宗教,但又没有宗教所存在的弊端和制约。蔡元培《美育与人生》认为,人的情感是需要"陶养"的,"人人都有感情,而并非都有伟大而高尚的行为,这由于感情推动力的薄弱。要转弱而为强,转薄而为厚,有待于陶养。陶养的工具,为美的对象,陶养的作用,叫作美育";而美育之所以能陶养感情,就是因为美具有普遍性、超越性(《美育与人生》,1931年)。②

另外,他所说的美育不仅仅指学校美育。他在1922年刊发的《美育实施的方法》中说,教育的范围有家庭教育、学校教育、社会教育,"我们所说的美育,当然也有这三个方面"③。单就学校教育来说,专属美育的课程有音乐、图画、运动、文学等,"但是美育的范围,并不限于这几个科目,凡是学校所有的课程,都没有与美育无关的",如比例、节奏,是数的关系;数学游戏,可以引起滑稽美感;几何形式,是图案术所应用的;声学与音乐、光学与色彩关系密切等等。不仅数学,其他学科,如物理、化学、植物学、地理学、历史、天文学等等也无不可以成为美育的资料,美育可以渗透到各门课程。

中国传统文化本来就有"乐教""诗教"的传统,乐教、诗教很大程度上就是古代的美育。人们通过乐教、诗教习得一种雅致的、诗意的生活方式、获得一种精神的自由和寄托。即使是佛教中国化的成果禅宗,其重要影响也主要是表现在对文学艺术和生活方

---

① 金雅主编、聂振斌编:《中国现代美学名家文丛·蔡元培卷》,杭州,浙江大学出版社2009年版,第104页。
② 金雅主编、聂振斌编:《中国现代美学名家文丛·蔡元培卷》,杭州,浙江大学出版社2009年版,第125—126页。
③ 金雅主编、聂振斌编:《中国现代美学名家文丛·蔡元培卷》,杭州,浙江大学出版社2009年版,第99—103页。

式上。中国传统文化并不排斥宗教,宗教也没有像西方中世纪那样成为精神世界的统治者,也没有与世俗文化发生严重的矛盾冲突。实际上,在中国传统文化中宗教并不是一个问题。蔡元培也明确说:"中国自来在历史上便与宗教没有甚么深切的关系,也未尝感非有宗教不可的必要。"① 蔡元培提出"以美育代宗教说",其所针对的是当时向西方学习的人们将"一切归功于宗教,遂欲以基督教劝导国人",以及"一部分之沿习旧思想者""以孔子为我国之基督,遂欲组织孔教"的现象(《以美育代宗教说》)。不论是欲引进基督教还是自办孔教,这些人的出发点都是看重宗教在社会生活中的重要作用和影响,以为通过宗教的作用可以提升国民的精神、进而推进中国社会的发展。宗教在历史上曾经起过的教化作用,蔡元培也是不否认的,但到了20世纪,面对西方宗教在认识、道德等方面的作用均已衰颓并被科学、伦理学等所取代的现实,再来倡导宗教,显然是不合时宜的。另外,虽然宗教在情感陶养方面也是有作用的,但因为宗教在情感陶养方面存在诸多弊端,所以也应当有更好的文化教育方式来加以取代。这个能够取代宗教情感陶养作用的文化教育方式,便是美育。蔡元培说:"宗教是靠着自然美,而维持着他们的势力存在。现在要以纯粹的美来唤醒人的心,就是以艺术来代宗教。因为西湖的寺庙最多,来烧香的人也最多,所以大学院在西湖设立艺术院,创造美,使以后的人都移其迷信的心为爱美的心,借以真正的完成人们的生活。""大学院看艺术与科学一样重要。艺术能养成人有一种美的精神,纯洁的人格。"(1928年4月9日,蔡元培先生出席西湖国立艺术院开院式,发表演讲《学校是为

---

① 蔡元培:《蔡元培全集》第5卷,高平叔编,北京,中华书局1988年版,第508页。

研究学术而设》①） 在他看来，美育能够将迷信的心改移为爱美的心，培养出高尚纯洁的人格。

蔡元培关于美育的很多思想直到今天都具有很强的现实性，仍然对我们的美育工作具有很强的启发性。同时，我们也应看到其"以美育代宗教说"在学界所引起的争议。其中主要的争论有美育与宗教是否存在论域错位、美育能否取代作为信仰的宗教等。

二、争议之一：美育与宗教是否存在论域错位？

蔡元培"以美育代宗教说"在学界所引起的争议之一，是美育与宗教是否在一个论域，也即：将美育与宗教并列起来，是否合乎逻辑？有学者质疑："从逻辑上与学理上看，美育与宗教的关系在逻辑上根本不对称，无法彼此取代；在学理上也并非互相排斥而是彼此兼容"，美育属于教育的方面，宗教属于文化或信仰方面，将美育与宗教并列起来，是混淆了二者的论域；从逻辑上讲，可以是"以艺术代宗教"、"以审美代宗教"或"以美术代宗教"，但不能是"以美育代宗教"。

蔡元培并非不知"以美术代宗教"的说法，但他执意强调的是"以美育代宗教"。

蔡元培这里所说的宗教，更多的关注是宗教作为教育的"教"，也就是强调宗教在知识教育、道德教化和情感教育方面的作用，而不是信仰方面的作用："宗教本旧时代的教育，各种民族，都有一个时代，完全把教育委于宗教家。"（《以美育代宗教说》）他看到了宗教在这些方面的衰颓以及在情感教育方面所存在的弊

---

① 金雅主编、聂振斌编：《中国现代美学名家文丛·蔡元培卷》，杭州，浙江大学出版社2009年版，第86—88页。

端，加上当时中国社会所存在的大量与宗教相关的迷信活动，所以便不遗余力地倡导美育，将美育提高到替代宗教的高度予以重视和开展。这样，美育的社会价值就得以彰显。当然我们也不能将"以美育代宗教说"仅仅视为一种宣传的策略，而是在当时的社会环境下它是有着很强的针对性和现实性的。蔡元培并不否认宗教在情感教育方面曾经发挥过的作用。他在一个谈话中说："要知科学与宗教是根本绝对相反的两件东西。科学崇尚的是物质，宗教注重的是情感。科学愈昌明，宗教愈没落，物质愈发达，情感愈衰颓，人类与人类一天天隔膜起来，而互相残杀。根本是人类制造了机器，而自己反而成了机器的奴隶，受了机器的指挥，不惜仇视同类。"（《与〈时代画报〉记者谈话》，1930年）① 这一段话表明，科学的片面发展、宗教的没落、情感的衰颓，导致人类的异化，于是各种争端纷然而起。在当时人们大力倡导"赛先生"的时候，蔡元培已经发现科学的片面发展所带来的弊端，这不能不说是非常深刻和敏锐的看法。从这里我们也可以看到，蔡元培对于宗教的作用也是非常客观理性的。宗教的没落是人类精神发展的必然结果，但宗教没落所造成的精神上的空缺是需要用更加合理的精神文化形态加以填充和弥补的。在这种情况下，美育的作用便显得十分重要："我们提倡美育，便是使人类能在音乐、雕刻、图画、文学里又找见他们遗失了的情感。"（《与〈时代画报〉记者谈话》，1930年）② 这里蔡元培是从教育之"教"的角度，而不是从信仰之"教"的角度来看待宗教、美育的。

蔡元培始终强调的是美育而不是美术（艺术）代宗教。他在

---

① 金雅主编、聂振斌编：《中国现代美学名家文丛·蔡元培卷》，杭州，浙江大学出版社2009年版，第220页。

② 金雅主编、聂振斌编：《中国现代美学名家文丛·蔡元培卷》，杭州，浙江大学出版社2009年版，第220页。

《美育代宗教》的演讲中说:"只有美育可以代宗教,美术不能代宗教,我们不要把这一点误会了。"他在1930年《以美育代宗教》的演讲中说:"我向来主张以美育代宗教,而引者或改美育为美术,误也。我所以不用美术而用美育者:一因范围不同,欧洲人所设之美术学校,往往只有建筑、雕刻、图画等科,并音乐、文学亦未列入。而所谓美育,则自上列五种外,美术馆的设置,剧场与影戏院的管理,园林的点缀,公墓的经营,市乡的布置,个人的谈话与容止,社会的组织与演进,凡有美化的程度者,均在所包,而自然之美,尤供利用,都不是美术二字所能包举的。二因作用不同,凡年龄的长幼,习惯的差别,受教育程度的深浅,都令人审美观念互不相同。"我们从这里可以感到,蔡元培所说的"美术",多半也是"美术教育";美术(教育)的范围过于狭窄,而他所谓"美育"的范围则要宽广许多,包括学校的、社会的、自然的以及生活的方方面面,正所谓"凡有美化的程度者,均在所包"。他认为,审美可以让人享受人生的乐趣,"知道了享受人生的乐趣,同时更知道了人生的可爱,人与人的感情便不期然而然地更加浓厚起来。那么,虽然不能说战争可以完全消灭,至少可以毁除不少起衅的秧苗了"(《与〈时代画报〉记者谈话》,1930年)。① 这里,蔡元培以美对个人的作用为出发点,提出了美的社会作用,即,由一时的审美愉悦,到人生的可爱,进而增进人与人之间的情感,于是便可以消除不少纷争的苗头。这里的审美活动,就不仅仅是一种作为精神享受的审美活动,而且是具有教化、修身作用的审美活动。也许,在他看来,这世上并不存在纯粹是审美活动的审美活动;只要是审美活动,无不具有美育的作用。这就有点像禅宗所谓"担水砍柴,无非

---

① 金雅主编、聂振斌编:《中国现代美学名家文丛·蔡元培卷》,杭州,浙江大学出版社2009年版,第220页。

妙道"的说法，担水砍柴既是生活也是修行。

这样，我们可以看出，他的"美育"，是包含着"美术"、包含各种审美活动在内的一种教育活动。如果我们对照蔡元培在1930年《教育大辞书》"美育"条目给"美育"所下的定义，我们就会发现，他对"美育"一词在使用中的范围或外延，要比他所下的定义宽广。蔡元培使用"美育"一词的涵义，与我们现在所使用的"美育"一词的涵义，是有所不同的；当代更趋向于从狭义的角度即学校的审美教育的角度来使用"美育"一词。考虑到"美育"一词的范围，以及宗教作为教育之"教"的作用，蔡元培的"以美育代宗教说"将"美育"与"宗教"并列，在逻辑上就应当属于同一个层面的概念，不存在论域错位的问题。

三、争议之二：美育能否取代作为信仰的宗教？

应当看到，宗教不仅仅是教育之"教"，也是一种信仰之"教"。宗教的本质是信仰，所要解决的是精神寄托与灵魂安顿的问题。诸如"我是谁""我从哪里来、要到哪里去""人生的终极意义何在"等问题，都可谓是永恒之问。"以美育代宗教说"提出以美育取代宗教，其逻辑上潜在地包含了美育也具有培养信仰、替代信仰的功能。但美育能否承担起这样的功能呢？有学者对"以美育代宗教说"提出质疑，认为"只要人类最为深层的生命困惑存在，宗教就必然存在"，"以美育这种只有终极关怀与信仰维度先行莅临才能够存在的东西作为安身立命之地，甚至错误地以美育去代宗教，真是匪夷所思"。这里所涉及的是美育代宗教的可能性问题。中国哲学中的境界思想以及张世英先生所提出的美的神圣性思想，也许可以对这个问题做出肯定回答。

冯友兰提出四个境界，从低到高，分别是：自然境界，功利境界，道德境界，天地境界。他在论及蔡元培"以美育代宗教说"时认为审美活动所达到的境界是"一种最高的精神境界"①。冯友兰这里所说的最高精神境界，应当指的是他所说的天地境界。这个最高的精神境界，张世英称为审美境界。张世英把人的生活境界分为四个层次，即欲求境界、求知境界、道德境界和审美境界。张世英先生的境界说与冯友兰大体相似。张世英先生也认为，在审美的境界，"美既超越了认识的限制，也超越了功用、欲念和外在目的以及'应该'的限制，而成为超然于现实之外的自由境界"②。这个审美的境界体现了张世英"万有相通"的思想。

张世英把"个体与天地万物融为一体"的情况称为"万有相通"："万物各不相同而又相互融通"③。"万有相通"的另一个表述就是"万物一体"④。"万物一体"作为一种精神的境界，在张世英先生的境界说里具有特别的地位。他说："审美想象把每一物背后不出场的、无穷无尽的东西，甚至逻辑上不可能的东西，都潜置于'想象'之中，都纳入万有相通的一体之中，其所达到的主客融合是全然无限的，人由此而获得一种无限性自由的审美享受。它是人生最充分的自由之境。"⑤"万物一体"的境界也就是审美的境界，是人生或精神的最高境界。在张世英先生看来，这样的"无限自由"之境，其美（感）具有"神圣性"的特点。⑥ 在这里，张世英先生受到西方基督教思想的启发，认为可以从西方基督教那里"吸取一点宗教情怀"，这就把美（感）与宗教关联了起来，只是这种

---

① 冯友兰：《中国现代哲学史》，广州，广东人民出版社1999年版，第61页。
② 张世英：《万有相通的哲学》，《光明日报》2017年6月26日。
③ 张世英：《万有相通的哲学》，《光明日报》2017年6月26日。
④ 张世英：《万有相通：哲学与人生的追寻》，北京，北京师范大学出版社2013年版，第149页。
⑤ 张世英：《万有相通的哲学》，《光明日报》2017年6月26日。
⑥ 张世英：《张世英文集》第7卷，北京，北京大学出版社2016年版，第260页。

"宗教情怀"又并非真正的宗教情感，所崇拜的"上帝"也并非宗教里的上帝。

他明确指出："具有神圣性的'万物一体'的境界是人生终极关怀之所在，是最高价值之所在，是美的根源。"① 张世英先生还认为"万物一体"是真善美的统一体。② 这样，"万物一体"的境界就具有了根本性、终极性、本源性的意义，于是，"万物一体"的境界就被赋予了神圣性。关于这种神圣性的美（感），叶朗先生等也给予了生动的阐发。③ 可见，这种最高层次的美（感），指向人生的终极意义，指向心灵的自由解放，其超验性、形上性与宗教信仰相类，具有信仰的特点与作用。

张世英先生的"万物一体"境界说以及美（感）的神圣性观点，从信仰的角度，给"以美代宗教"提供了逻辑可能性。

另外，王元骧先生也认为，美与艺术能够取代宗教而具有宗教的功能，"艺术作为审美客体之所以能取代宗教，从根本上说不是它的感性外观，而恰恰在于它的内在精神，在于它的超验性和形上性"。他从美与艺术的性质、创造、功能三个方面分析了美与艺术所具有的这种超验性和形上性。④ 因为美与艺术具有这样的"超验性""形上性"，与宗教的信仰相类，于是，以美代宗教便具有了可能性。王元骧先生是从美与艺术本身所具有的特性而展开分析的。

需要指出的是，对于中国传统文化来说，宗教不是问题，信仰也不是问题。在生活中审美，在审美中修身，是中国传统文化所具有的一个特点。人们常常提到的"孔颜之乐"便体现了这个特点。

---

① 张世英：《境界与文化》，北京，人民出版社2007年版，第245页。
② 张世英：《万有相通：哲学与人生的追寻》，北京，北京师范大学出版社2013年版，第150页。
③ 叶朗：《把美指向人生》，《光明日报》2014年12月17日。
④ 王元骧：《评蔡元培"以美育代宗教说"》，《社会科学战线》2013年第7期。

子曰:"贤哉回也,一箪食,一瓢饮,在陋巷,人不堪其忧,回也不改其乐。贤哉回也。"(《论语·雍也》)子曰:"饭疏食饮水,曲肱而枕之,乐亦在其中矣。不义而富且贵,于我如浮云。"(《论语·述而》)在这里,生活、审美、修身是一体的事情。王子猷寄居空宅,也要让人种上竹子,谓"何可一日无此君!"生动地体现了"万物一体"的人生境界。董其昌在《画旨》中所说的学得画家"气韵"的方法是"读万卷书,行万里路"。如果说"读万卷书"是学习,那么,"行万里路"便是一种包含着生活、审美的修养过程。伯牙学琴的故事也颇能说明这一点。成连把伯牙"诓骗"到蓬莱岛,把他一个人留在岛上,让他在孤独寂寞中去生成、感受、体味鼓琴所需要的情感。在这种情况下,伯牙终于生成了那种情感,从此成为天下弹琴的高手。(《乐府古题要解·水仙操》)一个人在海岛上去体验、感受、生成那种能够移人之情的感情,就不仅仅是一种情景式教学,而是一种学习、审美、生活合而为一的教学活动。聂振斌先生说:"蔡元培的'以美育代宗教说',充分说明了中国文化的理想境界是艺术—审美而非宗教;中国人的道德人格培养是靠内省的,完全是自由自觉的,毫无外在的强迫。这两个方面都是靠艺术—审美教育来完成的。"[①] 如果考虑到中国传统文化中修养、审美、生活常常是一体化的这个特点,那么,我们就可以说"以美育代宗教"是有其逻辑、有其理据的。

(原载《北方工业大学学报》2018年第4期)

[①] 聂振斌:《蔡元培的美育思想及其历史贡献》,《艺术百家》2013年第5期。

辑四

大学
美育研究

美育树信仰
——互联网时代大学美育的目标

王一川 ◆ （北京大学艺术学院）

说到大学美育的目标，一个流行的见解是美育旨在培养个体的健康的审美趣味，或者至多是培育健康的人格。这种表述当然在原则上绝对没错，但细究起来，却实在是没有点到真正的关键处。一旦追寻中国现代美育思想的源头，特别是诊断当前互联网时代大学美育所患症候，就会发现上述流行观点确实到了需要认真纠正和果断改变的时候了。

在被称为互联网时代的当今时代，大学美育应当怎样做，是从事这项工作的大学美育同行们共同关心的问题之一，甚至说开来看，也同时是大学生及其家长普遍关心的热门话题之一。人们已经知道，今天这个互联网时代有其独特性：几乎整个人类社会都被置于互联网的运作与控制中，被它诱惑、影响、支配、建构或形塑，直接地或间接地，你甚至业已无法逃避，也无处逃避。它所展示的即时传播、大量信息、个人化、碎片化、信息过剩，特别是双向互动功能等，会前所未有地满足人人都有知情权和话语权的需求，力图让一切都暴露在阳光下。特别是随着人们所说的"网生代"成为大学生群体中的主干，这些年轻人的全部社会生活的根基似乎都已建立在互联网的无所不在的构造网络之中了。这就对当前大学美育的目标提出了新的更高的要求。

一、"网生代"大学生的信仰问题

说到"网生代",通常是指生长于互联网时代并习惯于运用互联网去从事日常生活、学习乃至追寻人生意义的一代或数代人。而鉴于当前大学在校生(以下一律简称大学生)中的大多数都可以列入上述"网生代"行列,因而"网生代"大学生无疑已成为当前大学美育的对象之主干群体。

探讨互联网时代大学美育所面临的"网生代"对象群体的特点,不妨从五年多前上映的故事片《搜索》谈起。该片讲述这么一件与互联网有关的网络直播新闻事件:都市白领叶蓝秋在意外查出淋巴癌晚期后几乎痛不欲生,在公交车上赌气拒不为一老人让座,并说出一时气话"要坐坐这儿",导致老人怒而按她气话所指,径直坐到了她的大腿上。这一幕碰巧被实习记者杨佳琪及时跟拍而上传到互联网上,引发网民围观。这件看起来的偶发的事件,却随即彻底改写了牵连其中的五位女性以及更多人的命运:叶蓝秋本人一下子就变得声名狼藉了,万念俱灰的她一心赴死;媒体新人杨佳琪则借机出名,她的上司、资深电视人陈若兮力图固守新闻道德,不幸遭遇职场与情场双失意;上市集团老总富豪沈流舒一家因此而陷入不安的湍急漩涡中,其阔太太莫小渝居然选择从被人们羡慕加嫉妒的婚姻中逃出,沈的年轻女秘书唐小华则借机成功上位;失业且负债的婚庆公司打工仔杨守诚则获意外之财,在伴随叶蓝秋逃逸的过程中竟无法自拔地爱上了她……这则网络直播新闻产生了一种类似"蝴蝶效应"的神奇后果。这么一件偶发小事,由于互联网的特殊发酵作用,竟然迅速演变成一桩轰动性的社会大事件,导致所有相关人物的命运都被改写,而在其中如鱼得水的受益者则是年轻的"网生代"个体,如媒体新人杨佳琪和老板女秘书唐小华。

这里叙述的虽然不是大学校园事件，但在互联网业已深深嵌入全社会各个角落的当今时代，却对大学教育特别是大学美育应当怎样开展，发出了一种普遍性的警示。警示之一在于，正像叶蓝秋在公交车上的遭遇那样，一名普通大学生的日常生活和学习都可能处在互联网的无所不在的网络规训之中，他不可能轻易挣脱这种网络的可怕规训甚至残酷惩戒。叶蓝秋是由于刚刚得知自己身患绝症才在一瞬间出现心理抑郁问题，此刻她本来就已经成为"精神病人"了，但在互联网的无情曝光的摧残之下，这个本应受到特殊同情和关怀的"病人"却在一瞬间被网络公共舆论"打成"了道德败坏之人，从而立即坠入万劫不复的道德深渊。警示之二在于，也正像叶蓝秋在走投无路之下最终选择自尽一样，身处于互联网中的普通大学生，容易在网络的强大规训之中突然间变成千夫所指的焦点性人物，以异乎寻常的速度迅速迷失自我，并且难以找到自我拯救的有效途径，从而轻易走上绝路。其自我迷失的焦点就在于，在网络世界的无情打击下，作为个体生存之根基的信仰容易失落，从而可能遭遇到深重的信仰危机。

在此情形下，互联网时代的大学美育该怎样做？有两种可能的选择方案。一种方案是，把互联网视为"万恶"之源，要求大学生们断然舍弃互联网而回归于过去的无网年代？这显然办不到，因为整个当今世界及其时代潮流，已经把包括大学生在内的全球居民放置于国际互联网的无所不在的网络框架之中，使之无可选择和无路可逃，并且借此加以重新形塑。所以，大学美育要主动选择甩开互联网而自行其是或另搞一套，显然是行不通的。这就使得我们只能采取另一种选择方案，这就是，当今时代大学美育不仅不能脱离互联网的作用而进行，反而需要利用互联网而进行。这就是说，互联网时代的大学美育，要善于利用学校教育方式，当然也要利用互联网所提供的便利，对受教育者网生代大学生实施美育，这种美育的重心在于培育大学生的以信仰养成为核心的艺术素养,使其成为高素养的文化公民。

如何针对互联网时代大学生的生存和学习的特点而实施以信仰养成为核心的大学美育?这本来是见仁见智的事,这里也不妨提出几点建议供参考。

二、大学美育的反思性

首先应指出的是,在美育的性质上,当前互联网时代的大学美育应当特别突出大学美育的反思性特点,也就是突出对互联网的规训的拆解、批判或抵抗作用。过去时代的大学美育面临的普遍问题在于,美育资源较少甚至较为贫乏,需要积累、集中或开发优质资源以开展美育。而在当今互联网时代,当一名普通大学生自己都可以从互联网的几乎无所不有的美育资源中获取自身需要的养分时,大学美育的重心就应当稍作调整,从美育资源的提供转变为美育资源的甄别、选择或反思了。

确实,如今的互联网上美育信息已经十分丰富,审美与艺术知识则格外丰盈,查询和学习空前便捷,但与此同时,又错漏百出,误导现象十分严重,给人带来诗人穆旦《出发》中所说的"你给我们丰富,和丰富的痛苦"。针对互联网上的过剩信息容易给人带来"丰富的痛苦"这一弊端,大学美育应善于引导大学生养成美育知识的辨识、质疑、反省或批判态度,也就是对古今中外已有美育方式采取一种习惯性的反思态度。应在迈克尔·波兰尼所谓"显性知识"与"隐性知识"的结合上更加突出"隐性知识"的优先地位,强化"个人知识"的培育。在今天我们纷纷崇尚古代优秀传统文化的时候,鲁迅的以《狂人日记》为代表的作品中的强烈的反思性态度和观点,都可以起到一种及时的警醒作用:帮助我们时刻保持头脑的清醒,以及反思的态度。并非一切被视为文化遗产的东西都无条件地富有当代价值,关键还是从中发掘或提炼出黑格尔意义上的"活的现实"因素。黑格尔指出:"一切材料,不管是从哪个民族和哪个时代来的,只有在成为活的现实中的组成部分,能深入人心,能使我们感觉到和认识到真理时,才有艺术的真实性。正是不朽的人性在它们多方面意义和无限转变中显现和起作用,正是这种人类情境和情感的宝藏,才可以形成我们今天艺术的绝对的内容意蕴。"① 重要的是,把古代遗产中经过反思后的"活的现实"因素提炼出来,融入当代现实的创造性转化之中。

三、大学美育的经典性

进一步看,在美育资源及手段上,当前互联网时代大学美育应当致力于强化大学美育的经典性特点。

互联网上美育资源及手段高度先进、便捷、丰富,大学生都能随时从网上获取自己感兴趣的东西,以往高深和难以企及的如今变得通俗和俯拾即是了。但是,这些可以随时拾取的东西往往具有低俗化、游戏化、休闲化、娱乐化等特点,甚至垃圾遍地,以次充好、误人子弟。有鉴于此,用作大学美育手段的艺术作品鉴赏及其环境培育都应当具有经典性,也就是要把那些经过时间检验后,以及当代人的理性反思后仍然具有典范地位的东西教给学生。不过,需要看到,艺术经典跟艺术时尚潮流所好尚的东西并不一定一致。与那些低俗艺术作品总是给人以轻松愉快不同,经过反思后的艺术经典给人的有时可能不是快感而恰恰正是痛感,也即不是舒适而是沉重,或不是麻木而是启迪。正像美国当代批评家布鲁姆所主张的

---

① 黑格尔:《美学》第2卷,朱光潜译,北京,商务印书馆1981年版,第381页。

那样,经典"文本给予的不是愉悦而是极端的不快,或是一个次要文本所不能给予的更难的愉悦","成功的文学作品是产生焦虑而不是舒缓焦虑"。① 但这种来自经典的"极端的不快"体验,由于加入了当代审美理智的精心过滤、筛选或凝炼,却往往可以唤醒或强化公众的社会关怀之责任感和个性涵养之自觉性。

说到艺术经典,今天的大学生可能会同时与至少四大类艺术经典形态相遇:一是先秦至清代的中国古代优秀传统文化艺术品,二是清末民初以来的中国现代文化艺术品,三是20世纪50年代以来的中国当代文化艺术品,四是"西学东渐"以来的外国优秀文化艺术品。可见在理论上看,一名普通大学生完全有条件同时接受到来自多重美育资源的日常熏陶。

中国古典优秀文化艺术品,确实应当成为当前互联网时代大学美育的宝贵资源之一。《红楼梦》第23回写贾宝玉和林黛玉在"三月中浣"的春情萌动时节在大观园里共读当时的"禁书"《西厢记》,产生了深切的共鸣:

> 宝玉听了喜不自禁,笑道:"待我放下书,帮你来收拾。"黛玉道:"什么书?"宝玉见问,慌的藏之不迭,便说道:"不过是《中庸》《大学》。"黛玉笑道:"你又在我跟前弄鬼。趁早儿给我瞧,好多着呢。"宝玉道:"好妹妹,若论你,我是不怕的。你看了,好歹别告诉别人去。真真这是好书!你要看了,连饭也不想吃呢。"一面说,一面递了过去。林黛玉把花具且都放下,接书来瞧,从头看去,越看越爱看,不到一顿饭工夫,将十六出俱已看完,自觉词藻警人,余香满口。虽看完了书,却只管出神,心内还默默记诵。

---

① 哈罗德·布鲁姆:《西方正典》,江宁康译,南京,译林出版社2005年版,第21、27页。

宝玉笑道："妹妹，你说好不好？"林黛玉笑道："果然有趣。"宝玉笑道："我就是个'多愁多病身'，你就是那'倾国倾城貌'。"林黛玉听了，不觉带腮连耳通红，登时直竖起两道似蹙非蹙的眉，瞪了两只似睁非睁的眼，微腮带怒，薄面含嗔，指宝玉道："你这该死的胡说！好好的把这淫词艳曲弄了来，还学了这些混话来欺负我。我告诉舅舅舅母去。"说到"欺负"两个字上，早又把眼睛圈儿红了，转身就走。宝玉着了急，向前拦住说道："好妹妹，千万饶我这一遭，原是我说错了。若有心欺负你，明儿我掉在池子里，教个癞头鼋吞了去，变个大忘八，等你明儿做了'一品夫人'病老归西的时候，我往你坟上替你驮一辈子的碑去。"说的林黛玉嗤的一声笑了，揉着眼睛，一面笑道："一般也唬的这个调儿，还只管胡说。'呸，原来是苗而不秀，是个银样镴枪头。'"宝玉听了，笑道："你这个呢？我也告诉去。"林黛玉笑道："你说你会过目成诵，难道我就不能一目十行吗？"

随后又叙述林黛玉一个人聆听《牡丹亭》唱段时，不禁回想起此前的那一系列相关的阅读体会，产生了更加丰富的诗意联想：

这里林黛玉见宝玉去了，又听见众姊妹也不在房，自己闷闷的。正欲回房，刚走到梨香院墙角上，只听墙内笛韵悠扬，歌声婉转。林黛玉便知是那十二个女孩子演习戏文呢。只是林黛玉素习不大喜看戏文，便不留心，只管往前走。偶然两句吹到耳内，明明白白，一字不落，唱道："原来姹紫嫣红开遍，似这般都付与断井颓垣。"林黛玉听了，倒也十分感慨缠绵，便止住步侧耳细听，又听唱道是："良辰美景奈何天，赏心乐事谁家院。"听了这两句，不觉点头自叹，心下自思道："原来戏上也有好文章。可惜世人只知看戏，未必能领略这其中的趣味。"想毕，又后悔不该胡想，耽误了听曲子。又侧耳时，只听唱道："则为你如花美眷，似水流年……"林黛玉听了这两句，不觉心动神摇。又听道："你在幽闺自怜"等句，亦发如醉如痴，站立不住，便一蹲身坐在一块山子石上，细嚼"如花美眷，似水流年"八个字的滋味。忽又想起前日见古人诗中有"水流花谢两无情"之句，再又有词中有"流水落花春去也，天上人间"之句，又兼方才所见《西厢记》中"花落水流红，闲愁万种"之句，都一时想起来，凑聚在一处。仔细忖度，不觉心痛神痴，眼中落泪。

  从林黛玉作为符合作家对完美的读者的理想设定的"拟想读者"的阅读体验中，可集中见出古代经典艺术所产生的意味深长的魅力。

  同时，从人们对吴昌硕、齐白石、黄宾虹、潘天寿等画家的花鸟画或山水画的欣赏，则可以见出清末民初以来面对西方绘画的强势冲击而寻求振兴的中国传统艺术在现代实现自身的转型再生的强大生命力。路遥的长篇小说《平凡的世界》里的孙少平，十分喜爱19世纪欧洲及苏联的文学作品，从这些外国文学艺术品中获得了新的生活"诗情"。这一点可以见出外国文化艺术品的美育价值。至于中国当代文化艺术品的美育价值，只要提提观众从电影《芳华》里重温《草原女民兵》《英雄赞歌》《驼铃》《绒花》等歌舞作品的情景就清楚了，尽管它们是否都算得上"经典"或许还有争议。但有一点是可以肯定的，这就是对那些"文革"后期和改革开放时代初期的亲历者来说，该片结尾时缓缓播放而不绝如缕的《绒花》这首歌，可以引出一个令人激动的纯真年代的亲切回忆，尽管年轻的大学生观众可能难以投入进去。大学生们所喜爱的，则可能是另一些艺术作品，例如更体现当今时尚潮流的美剧和网剧等。

  当美育资源异常丰富时，特别是当互联网时代流行趣味有可能左右大学生的爱好时，大学美育就需要主动地加以选择和优化组合了。而在此时，突出艺术经典在大学美育过程中的优先价值，就具有了必要性。这种经典优先性所要达到的目标，与其说仅仅在于满足大学生的日益增长的审美需求，不如说指向更高而又更根本的美育目标——大学生的信仰构成的优化。

四、大学美育的信仰性

这就需要看到，从根本上说，在美育目标上，互联网时代的大学美育应当优化大学美育的信仰性特点。如果说，"网生代"大学生的日常生活方式常常受到网络共同体的挤压或扭曲（当然这一点是与网络共同体的自由紧密相连的），导致人生信仰面临迷失的痛楚，特别是互联网上的美育资源及手段常常破除已有的规范和信仰而造成平等化、平均化或个人化，那么，大学美育的目标就应当是优先或重点培育大学生的与艺术兴趣紧密结合的人生信仰或信念。

按照蔡元培以来有关大学美育的阐述，美育的目标首先应当落实在个体高尚人格的养成上，尽管这还不是美育的终极目标。在蔡元培看来，"美育之实施，直以艺术为教育，培养美的创造及鉴赏知识；而普及于社会"。这里说的是美育的主要任务。而美育的方式则依赖于包括大学在内的多种机构，"是故东西各国，莫不有国立美术专门学校、音乐院、国立剧场等之设立，以养成高深艺术人才，以谋美育之实施与普及，此各国政府提倡美育之大概情形也"。而他所理想的"美育之目的，在陶冶活泼敏锐之性灵，养成高尚纯洁之人格"[1]。显然，美育的目标在这里是被明确地规定为"高尚纯

---

[1] 蔡元培：《创办国立艺术大学之提案（摘要）》，见文艺美学丛书编辑委员会编《蔡元培美学文选》，北京，北京大学出版社1983年版，第169页。

洁之人格"的"养成"上的。

不过，这还不能代表蔡元培自己的完整的美育目标建构。这就需要重新考察他在"五四"年代提出的"美育代宗教"之说。应当讲，这是一个重要而又待落实的未完成的审美现代性规划。一方面，它之所以重要，是由于它的制订凸显出美育的信仰地位（可取代宗教信仰）；而另一方面，它之所以停留在待落实的和未完成的水平上，是由于它出于历史局限，暂时忽略了实现信仰所必需的中国传统资源——以古典"心学"（含儒道禅等）为核心的中国古代文化传统。假如没有"五四"年代熊十力和梁漱溟等倡导的以儒学为代表的"心学"传统在现代的创造性转化，而只满足于从西方借鉴来现代美育观念和艺术手段等，那样的大学美育就只能是舍本逐末，培育的很可能是空心人。

正是在蔡元培提出"以美育代宗教"命题之后不久，他所聘请的梁漱溟到北大讲授《东西文化及其哲学》（该书初版于1921年），在中国与西方哲学和印度哲学三者之间的比较视野中提出了中国哲学的信仰特质：与西洋文化"直觉运用理智"不同，中国文化的特点在于"理智运用直觉"。再后来，在抗日战争的连天烽火中，冯友兰在西南联大期间相继出版"贞元六书"，建构起现代新儒家体系，从而为现代中国人如何传承传统信仰问题提供了一种方案。他关于哲学讲理而使人知、艺术不讲理而使人觉的观点，可以帮助我们领会中国传统艺术及诗教等精髓。假如蔡元培的"美育代宗教"说能与后来梁漱溟和冯友兰等有关中国文化传统的探索相匹配，那就可能不失为富有意义的中国现代美育方案了。

不过，今天提出这个看法也为时不晚：与其说当代中国人需要"美育代宗教"，不如说更需要美育树信仰，这就是要通过美育手段去帮助受教育者重新树立其发源于本民族传统根基上的人生信仰，也就是从艺术形象所创造的指向未来的审美意象中发现新的人生价值信念。假如说丧失本民族传统根基的现代中国人本来就需要重新树立新的人生信仰的话，那么，当今互联网时代的当代中国人就更应当优先看护或拯救容易在网络世界里被扭曲的个体灵魂。正因如此，蔡元培以来有关大学美育的目标之说，就需要重新予以完整地表述：大学美育的根本目标，与其说在于个体高尚纯洁人格的养成，不如说在于个体高尚纯洁之人格以及作为其灵魂的个体信仰之养成。

  落实到当前，互联网时代大学美育的目标，似乎就应当是在互联网成为社会生活的一个基本特质和全球多元文化艺术相互激荡的复杂情境中，帮助大学生在指向未来的审美意象中树立基于本民族文化传统的现世人生信仰。在这个意义上，美育永远不能简单地等同于旨在培育学生的艺术技巧和艺术兴趣的艺术教育，而是要让艺术教育服从于和服务于更高和更基本的个体信仰的养成。

  当前推进大学美育，需要继承蔡元培有关"美育代宗教"的遗志，并且需要以美育树信仰的新姿态重新出发，将美育目标扎扎实实地指向大学生个体信仰的养成，再切切实实地通过调动多重美育资源，涵养大学生的与审美意象紧密结合的信仰素养，以便为中华民族伟大复兴时代高素养文化公民人生信仰的养成尽一份力量。假如继续将大学美育仅仅理解为培育大学生的审美爱好或艺术趣味上，那必然是舍本逐末，如同丢了西瓜而捡了芝麻一样糊涂。切实找到个体信仰这一根本目标，互联网时代大学美育才会重新确立自己的方向和重心。

（原载《美育学刊》2018 年第 5 期）

和同之辨：大学审美教育的一个重要视角

赵　勇◆（武汉大学教育科学研究院）

大学时期是人的身心发展走向成熟的关键时期，抓住这一时期，科学进行审美教育，对于培养大学生的健全审美素养和健全人格，有着非常重要的作用。大学生有其自身独特的思维能力和认知水平，必须从他们群体的认知规律、情感需求和道德需求出发，精心设计审美教育体系，才能起到事半功倍的效果。具体来讲，大学生审美教育工作不仅要实现大学生个体自由的最大伸展，更要注重大学生群体核心价值观的整体塑造，这两个方面同时构成了大学生审美教育的两个重要维度。"和同之辨"是我国传统文化中重要的理论资源，蕴含着丰富的美学智慧。"同"即同一，就是把相同的事物放在一起，追求共同的东西，使一致，使统一，使相同；"和"即和谐，就是把不同的事物放在一起，尊重差异的东西，使包容，使协调，使和谐。从"和"与"同"的辩证关系入手来审视大学生审美教育，会给当下研究带来重要启示。大学生群体和个体在身心发展方面都呈现出鲜明的客观类属性格和主观特殊性格，"国家不仅应该尊重个体中客观和类属的性格，而且还应该尊重他们身上主观和特殊的性格；并且当国家在扩大不可见的道德领域的时候，国家也不应该使现象领域灭绝人迹"。① 在大学生审美教育研究与实践中，要同时注重大学生作为青年人的客观类属性格和主观特殊性格的共同培养。特殊的年龄阶段和开放的外部环境，使大学生主张个性独立，追求主体自由性的最大伸展；同时，生活在社会主义大家庭里，又要求大学生认同社会主义的主流意识形态和核心价值体系。因此，追求个性自由和审美认同是大学生审美教育研究的两个重要维度。通过"和"与"同"的辩证关系，分析大学生审美教育中主体自由发展与群体审美认同两个维度之间的关系，使之形成特有的张力结构，是深化大学生审美教育研究与实践的一个重要视角。

一、当前大学生审美教育存在的问题

改革开放以来，党中央和国务院一直非常重视在校大学生的审美教育问题，并先后出台了一系列关于加强大学生审美教育工作的文件，把审美教育直接纳入高等学校人才培养目标之中，强调高等学校要培养德、智、体、美全面发展的人才，由此，大学生审美教育得到了长足的发展。但是，仔细审视近年来我国高校在大学生审美教育中所做的工作，仍然会发现存在一些问题，这些问题主要表现在以下几个方面。

首先，以美学知识教育等同于审美教育。这是目前在高校审美教育中普遍存在的问题，一讲到对大学生开展审美教育，就想到开设美学课程。其实，审美教育与美学知识教育是两个不同的概念，审美教育是通过培养人们认识美、感受美、鉴赏美和创造美的能力，从而使受教育者具有美的理想、美的情操、美的品格和美的素养。美学知识教育只是审美教育中的一个方面，严格说来，还属于

---

① 席勒：《审美教育书简》，张玉能译，南京，译林出版社2009年版，第8页。

智育的领地,是对美学的基础知识、基本原理进行传授的教育。笔者曾对近 20 所地方高校的审美教育进行调研,他们对青年大学生实施审美教育的主要做法,基本上都是以开出美学基础知识类的课程作为达成手段的。

其次,以艺术教育等同于审美教育。毋庸置疑,艺术教育是审美教育的重要领地,是实施审美教育的重要途径之一,但艺术教育绝对不是审美教育的全部。曾繁仁先生指出,"我们还要将美育与专业的艺术教育区别开来,美育尽管要凭借艺术教育的途径,但美育却不同于专业的艺术教育。专业艺术教育是以培养专业艺术工作者为其目标的,而美育则是以培养健康的审美情趣与较高的审美能力为其目标的"①。艺术教育等同于审美教育,压缩了审美教育的现实路径,使审美教育仅仅局限于校内、课内,忽视了与社会、与环境、与地域文化的灵性互动,削弱了各种审美教育力量的协同,使审美教育单一化、形式化,在很大程度上影响了审美教育的效果。

再次,强调审美教育的德育功能,忽略了批判性审美观的培养。审美教育应当强调主流价值,传播正能量,凸显社会主义核心价值观,把德育融于美育之中,这是审美教育的主体。在具体的美育实践中,存在只注重正面灌输、只选取没有任何争议的艺术作品进行施教的现象,将那些存在争议的艺术作品放置在一边,更缺乏对它们的深入剖析和批判性分析,结果是只让学生知道什么是正确的,没有让学生知道什么是不正确的、为什么是不正确的,致使学生未能在具体的审美实践中养成批判性的审美观,不利于学生审美鉴赏力的培养,使审美教育平面化、同质化。

最后,现代信息技术和新兴媒体的快速发展,带来了多元化的

---

① 岳友熙:《西方美学、审美教育与生态美学——曾繁仁教授学术访谈》,《甘肃社会科学》2008 年第 4 期。

文化现实,影响了青年群体类属性格的发展。一方面,随着计算机技术和网络技术的发展,大学生所处的文化环境日益复杂。微博、微信、博客、贴吧、论坛、直播平台等新兴媒体的快速发展,使来自四面八方的各种不同的声音快速传播,广大青年学生面对的文化现实愈益复杂,内里良莠俱在、好坏难分。另一方面,现代社会物质主义、拜金主义、享乐主义等不良风气盛行,多元价值观念遍布,"主流媒体"的影响力逐渐变弱,人们不再接受一个"统一的声音",每一个人都在独立获得的资讯中,对事物做出"是"或"非"的判断,致使许多传统的价值观念遭到颠覆,广大学生出现迷茫和困惑。这两个方面都决定了广大青年学生在价值观念的求同上遭到阻碍,影响了青年群体类属性格的发展,也很难形成广泛意义上的审美认同。

大学生审美教育不仅要注重主体自由的合理伸展,更要对其群体类属性格的形成进行积极的引导和建构。从"和"与"同"的辩证关系出发来审视当下大学生审美教育存在的问题,可以快捷高效地提高高校的审美教育工作质量。

二、大学生审美教育的"和"之维

中国古代哲学中"和"的思想对大学生审美教育有着重要的启示。《国语·郑语》中史伯说过这样一段话,"夫和实生物,同则不继。以他平他谓之和,故能丰长而物归之;若以同裨同,尽乃弃矣。"[①] 史伯说的是,各种因素(比如阴和阳)和谐,则万物蓬生。如果只有某一种因素,比如只有阴或只有阳,万物就无法持续生长

---

① 左丘明:《国语·郑语》,见《二十五别史·国语卷十六》,济南,齐鲁书社2001年版,第253页。

并繁衍发展。不同的物种聚集在一起，且不同的物种之间能够互溶、平衡、共生，这就是和谐，只有和谐了，万物才能丰茂，才能实现共同的成长。如果只追求单一、同一，只有阴或只有阳，则一切万物就都废弃了。这里体现了史伯朴素的辩证法思想，正如人类社会一样，他要求的是承认社会成员间的差异，承认所有成员的个别性和特殊性，尊重差异，包容不同，不追求整齐划一，这样才会有和谐之说，才能够产生合力，才能够实现不同人的共同发展。只有发扬民主，尊重人的个性，充分激发人的创造活力，才能形成一种强大的合力，才能实现真正的和谐。在社会领域是这样，在高校育人领域也是这样。

首先，尊重大学生的主体自由性是审美教育工作的前提。一方面，大学生都处于20岁左右的年纪，虽然在生理、心理成长上具有某些一致性、共同性，甚至有着部分相同的诉求，但是，更多的还是他们的差异性，因为每个大学生都有着自己不同的生活经历和成长经历，有着不同的性格特点，自我意识比较强烈，这些都是客观的存在，是无法改变的现实，作为审美教育的施教者，必须承认这一现实，并正确对待这一现实。另一方面，作为审美教育的施教者，在开展审美教育活动时，必须考虑到受教者的身心特点和个性特点，精心设计施教内容、施教方法和施教形式，尽量做到让具有各自不同性格特点、人生阅历和成长经历的学生都能够有所共鸣、有所认同，也就是达到"和"的境界，最大限度地发挥施教效果，避免老师在那里滔滔不绝，学生在那里无动于衷的情况出现。究其原因，就是因为我们部分施教者忽略了大学生群体追求主体自由的身心特点，对大学生这一美育对象的特点缺乏深入的了解。孔子讲人"成于乐"，就是指人在音乐中能够完成自身的建构。而"乐"的最高境界是"和"，不同的乐音高低配合才能创作美妙的乐曲，不同性格特征的人相互尊重、相互接纳才能形成构建和谐的动力，才能在尊重大学生个体的主体自由性的前提下，达成审美教育的目标。

其次，有效整合各类审美教育资源是做好审美教育工作的基础。审美教育的施教者必须有效整合美学知识资源和艺术教育资源、新兴媒体资源和课堂教学资源的力量，最大程度地发挥他们在审美教育中的角色作用。前面已经指出，在高校审美教育中，存在以美学知识教育等同于审美教育的现象，但并不是说，美学知识教育就是不需要的；相反，它是开展审美教育的基础，试想，如果大学生连关于美的概念、美的本质、美的规律、美的范畴，以及审美心理、美的发展历程等基本的常识性问题都不清楚，又怎么能事半功倍地接受美的事物的熏陶和浸润？同样，我们说存在以艺术教育等同于审美教育的现象，也不是说在审美教育中主要以艺术教育为主就是不对的；相反，我们说艺术教育是审美教育的主阵地，是高效地开展审美教育的主要依托，是集中开展审美教育的主要抓手。我们说，现代信息技术和新兴媒体的快速发展，带来了多元化的文化现实，影响了青年群体类属性格的发展，但是，我们同样也借助这些媒介平台投放审美教育资源，对学生进行潜移默化的影响。问题的实质不在于有哪些因素在影响着我们的审美教育，而在于我们如何借助"和"的思想，把这些林林总总的因素都包容和接纳起来，有效地整合起来，使它们构成审美教育的合力，最大程度提高审美教育的效果。

总之，"和"的思想给了我们这样的启示，在高校的审美教育中，要学会接纳青年学生群体的性格特点，更要尊重他们的不同个性；要学会整合各种审美教育资源，最大程度地发挥各类审美教育资源的效能；要学会调整学生个体与学生群体的关系，帮助他们在事物的对立、矛盾中达致和谐、统一。"喜怒哀乐之未发，谓之中；发而皆中节，谓之和；中也者，天下之大本也；和也者，天下之达道也。致中和，天地位焉，万物育焉。"① "中"是天下最大的根本，"和"是天下最普遍的规律。做到了"中""和"，天地就能够各安其位，万物便能够生长、发育、繁衍。尊重青年人的个性发展，并不代表允许其恣意妄为，而是要深入了解他们的身心特征，进行积极、合理的引导，让青年人通过对自我身心的调试，实现身心的健康发展。

三、大学生审美教育的"同"之维

荀子《乐论》认为："乐合同，礼别异，礼乐之统，管乎人心矣！"② 意思是说，乐代表相同的方面，用来平衡和协调人的行为；礼用来辨别不同的方面，用于分别人们之间的阶层和社会地位的不同，礼乐之道，都是关乎人的内心的，关乎主体内在的各种冲突的。乐对社会很重要，它是从人的心灵深处来谋求与社会的一致、同一。礼对社会统治同样重要，但是，如果只用礼仪来规范社会成员的阶层划分和等级地位，就会造成整个社会心理的失衡和社会情感的偏颇。一个国家的稳定，既要能按照礼的要求，区分出等级层次，更要能按照乐的要求，将那些区分出等级层次的阶层再团结起来，形成共同的价值追求，才能确保社会的长治久安。这给我们启示，在大学生审美教育实践中，尊重大学生的主体自由固然重要，但同时更要加强大学生群体的类属性格的塑造，生活在社会主义大家庭里，广大青年学生必须树立以社会主义核心价值观为主导的具有广泛意义的审美认同，才能成为社会主义事业的合格接班人和延

---

① 杨洪、王刚译注：《中庸》，兰州，甘肃民族出版社1997年版，第1页。
② 吉联抗译注：《孔子 孟子 荀子 乐论》，北京，人民音乐出版社1959年版，第30页。

续者。

　　首先，青年大学生具备形成广泛意义上的审美认同的身心基础。从身心发展来看，大学生都是20岁左右的青年人，其生理发展和心理发展都已进入相对成熟阶段，他们有理想、有朝气、有激情，处处充满青春的活力；他们崇尚独立，关注自我，思维敏捷，呈现出向辩证思维发展的重要特征。"就整体而言，青年是社会中一支最有生气的力量，代表着祖国的发展前途，他们不仅是社会主义国家的建设者，同时也是民族精神的传承人和再创者。尤其是青年中的高知识群体，对社会发展起着引领潮流的重要作用。"① 他们乐于接受新生事物，能够接受新生事物，甚至创造新生事物。他们开始对社会、对人生、对自我有着独立的思考，由于生理发展、教育经历基本相同，在教师的引导下，在世界观、人生观和价值观上比较容易达成相对的一致性，比较容易形成统一的价值取向和审美观念，合理地调动起来会形成一股强大的合力，为大学生群体类属性格的形成，特别是为把社会主义核心价值观融入学生的审美价值取向之中奠定了基础。

　　其次，把社会主义核心价值观融入大学生的审美教育之中，是培养社会主义建设者的必然要求。当下文化环境多样，良莠并存。单就文艺作品而言，就有不少问题，正如习近平总书记《在文艺工作座谈会上的讲话》中所指出的那样："在有些作品中，有的调侃崇高、扭曲经典、颠覆历史，丑化人民群众和英雄人物；有的是非不分、善恶不辨、以丑为美，过度渲染社会阴暗面；有的搜奇猎艳、一味媚俗、低级趣味，把作品当作追逐利益的'摇钱树'，当作感官刺激的'摇头丸'；有的胡编乱写、粗制滥造、牵强附会，制造了一些文化'垃圾'；有的追求奢华、过度包装、炫富摆阔，

---

① 李素菊：《青年信仰与宗教文化》，北京，东方出版社2009年版，第30页。

形式大于内容;还有的热衷于所谓'为艺术而艺术',只写一己悲欢、杯水风波,脱离大众、脱离现实。"① 凡此种种,都在一定程度上干扰了大学生正确的价值观和审美观的构建,也对高校美育工作者提出了巨大的挑战。当前,大学生的价值观教育往往局限于思想道德教育层面。简单的说教和一味的灌输,使得大学生审美教育游走在美的边缘,无法深入大学生身心发展的实际中去。审美认同的建构停留在过于笼统、难于操作的现实层面上。事实上,由于青年人身心发展日趋独立,说教与灌输的方式往往收效甚微。只有从青年自身所处的文化环境出发寻找认同,才能实现美育的根本目的。当下青年思想政治教育往往倾向于历史事件的说教。"单是同属一个地区和一个民族这种简单的关系还不够使它们属于我们的,我们自己的民族的过去事物必须和我们现代的情况、生活和存在密切相关,它们才算是属于我们的。"② 只有从当下的文化和青年人对这些文化的身心体验出发寻找审美认同,才能引导青年群体抵制各种不良诱惑,才能形成巨大的民族向心力。

  总之,高等学校作为培养社会主义事业接班人的场所,要以社会主义核心价值观为引领,凝聚青年人对社会的共识,充分发挥文化凝聚人心、弘扬主旋律、传播正能量的重要作用。把社会主义核心价值观融入大学生审美教育之中,引导学生批判地对待各种艺术现象,并以其作为坚实的内核充盈到大学生整个审美实践中,养成积极向上的审美追求。尤其对"有正能量、有感染力,能够温润心灵、启迪心智,传得开、留得下,为人民群众所喜爱"③ 的艺术作品实现审美认同,是高等学校实现大学生审美教育的核心目标之

---

 ① 习近平:《在文艺工作座谈会上的讲话》,新华网,2014 年 10 月 15 日。
 ② 黑格尔:《美学》第 1 卷,朱光潜译,北京,商务印书馆 2010 年版,第 346 页。
 ③ 习近平:《在文艺工作座谈会上的讲话》,新华网,2014 年 10 月 15 日。

一。也只有通过这样的方式,才能实现审美共通感,培养具有审美能力的综合性创新人才。

四、大学生审美教育的应然路径

"和"与"同"是对大学生进行审美教育的两个重要维度,二者的辩证关系形成了大学生审美教育所特有的张力结构。审美教育不仅要尊重大学生个体自由的充分发展,更要兼顾青年群体审美认同的合理建构,这两个方面同等重要却各有所指。从青年的身心发展特征来看,主体自由性的最大伸展是其发展的重要前提。然而,绝对的自由不仅不能实现其健康发展,反而会造成一盘散沙的局面。同样,审美认同的形成是社会秩序构建的重要保障,但整齐划一的审美标准同样会抹杀个体之间的差异,而且一味地说教也容易引起青年人的叛逆心理。相对来讲,审美认同相当于理性的法则,能够形成某种统一;主体自由相当于自然的法则,可以深入青年审美教育实践的方方面面。"理性的法则通过不受诱惑的意识而铭记在人心中,自然的法则通过不可泯灭的情感而铭记在人心中。因此,如果道德的性格只有牺牲自然的性格才能保住自身,那就永远证明教育还是不完美的;如果一部国家宪法只有取消了多样性才能促成统一状态,那么这样的宪法就还是非常不完善的。"① 大学生审美教育的具体实践,必须是尊重大学生张扬的个性发展,同时以合理的价值观进行因势利导。作为大学生审美教育的两个维度,主体自由与审美认同之间必须保持各自的度,同时还要做到相互配合、协调一致,才能保证大学生审美教育的合理发展。

"和"与"同"的辩证关系,在大学生审美教育的不同层面,

---

① 席勒:《审美教育书简》,张玉能译,南京,译林出版社2009年版,第8页。

其表现也不尽相同。大致来看，主体自由的发展可以深入大学生个体审美教育的实践，而相对来讲，审美认同则更倾向于理论导引。在审美教育实践中，"和"与"同"是一对矛盾体，有时具体延展为理论与实践两者走向各自的极端。我们看到的事实是，在高校里一些埋头于美育理论研究的专家学者，却不从事大学生的审美教育实践；一些从事于审美教育的管理人员，却缺乏对系统的审美教育理论的深谙。实现大学生审美教育"和"与"同"的辩证发展，需要从以下方面进行努力。

第一，要加强大学生审美教育的组织机构建设。在国家设定的高校人才培养目标中，德育、智育、体育均有相应的组织机构进行管理、规划和设计，如德育由学校宣传部牵头，智育由教务处牵头，体育由公共体育教学部牵头，唯独美育掉在了空挡里，没有专职的部门进行管理。因此，高校要把大学生的审美教育落在实处，做得扎扎实实，就必须成立专门的管理机构，同时成立美育工作委员会，对大学生四年的审美教育工作进行系统的规划、设计，建立相应的规章、制度，使审美教育工作科学化、规范化、常态化。

第二，要加强大学生审美教育的师资队伍建设。师资队伍是实施大学生审美教育的主要依托和骨干力量，高等学校应当建立一支专兼职相结合的师资队伍，实现专业师资与非专业师资、校内师资与校外师资的有机统一，他们各展其长，互补其短。特别是在电脑技术及网络文化飞速发展的今天，各种新思想、新潮流蜂拥而至，人们的追求和价值取向呈现多元化发展态势。作为一名合格的美育教师，还需要有坚定的理想信念、鲜明的态度立场、开阔的国际视野、正确地判断是非的能力和掌控全局的能力。在浩如烟海、俯拾皆是的审美教育素材中，能去伪存真、去芜存菁，真正把那些弘扬新风尚、传递正能量、带来好效果的美育素材汇聚起来，整合起来，投放到审美教育的实践中去，切实提升审美教育的效果。

第三，要加强大学生审美教育的育人机制建设。毫无疑问，高校是实施审美教育的主体，但作为大学生来讲，他是一个活在现实中的人，他还要接受来自社会等方方面面的影响，学校应当建立一种统合机制，在充分分析学校、社会等角色作用的前提下，把学校各方面力量、社会各方面力量有机统合起来，系统发挥它们的合力；高校尤其应当利用地方美育资源，来充盈高校审美教育工作，以切实调动大学生的积极性，培养他们的兴趣，使他们在实现个性自由的同时，形成巨大的审美合力，进而达成审美认同。

第四，要加强大学生审美教育的校园文化建设。校园是大学生生活、学习的地方，校园文化直接浸润着学生的成才成长。高校要充分发挥校园文化的审美教育功能，在图书馆、校史馆、博物馆等馆舍建设上，要尽量给学生以美的熏陶；要精心设计名人塑像、文化长廊、景点景观等艺术作品和设施，引导学生树立健康向上的审美观；更要发挥特色鲜明的楼群设计、窗明几净的学习教室、干净卫生的实验室等场所的美育作用，让学生在学习、生活中不断获得美的浸润。

第五，要加强大学生审美教育的考核评价建设。考核评价是监督认定审美教育效果的必然环节。应当说，这也是目前高校审美教育中最薄弱的环节。在当下高校的审美教育体系中，既没有负责考核评价的组织部门，也没有适用考核评价的指标体系，更没有对考核评价结果进行发布或使用的制度规定。随着国家对高校美育工作的重视和相关文件的颁布实施，我们有理由相信，一种全新的针对高校的审美教育工作体系将会很快地付诸实践。

正像美学专家滕守尧所指出的，"世界各国教育经历了三个阶段：第一阶段是传授知识的灌输式教育阶段；第二阶段是鼓励学生自由发展，开掘学生的智能的阶段；第三阶段即是当代的新阶段，是融合式教育阶段。融合包括各科的融合、本国语与外国语的融合、专业学习与真实生活内容的融合、美学与各科的融合,即把美学原则作为各科教育的基本原则,把传授知识转换成种种的形象和活动。将以上四种融合结合起来,就是普通教育转化为美的教育。"① 当真正实现"普通教育转化为美的教育"的时候,也就是实现大学生审美教育"和"与"同"的辩证统一的时候。

〔本文为全国教育科学规划教育部重点课题"基于应用型人才培养的地方大学通识教育课程体系构建研究"(DIA120284)阶段性成果〕

(原载《山东社会科学》2017 年第 4 期)

---

① 滕守尧:《美育——教育现代化的关键》,《北京大学学报(哲学社会科学版)》1995 年第 2 期。